潮州人

華人移民のエスニシティと文化をめぐる歴史人類学

志賀市子 編

風響社

まえがき――潮州人とはだれか

「潮州人《ちょうしゅうじん》」とはだれか。こう尋ねられたとき、「潮州人」について、なにがしかのイメージをすぐに思い浮かべることのできる日本人はそれほど多くはないかもしれない。日本では、「潮州人」は「広東《カントン》人」、「福建《ふっけん》人」、「客家《ハッカ》人」などに比べてあまりなじみのある存在とは言いがたいからである。だが香港や東南アジアの華人社会では、「潮州人」という言葉を聞いたことがないという人はまずほとんどいないと言ってよいだろう。

事典風に言えば、「潮州人」とは中国広東省東部の潮州・汕頭《さんとう》地域（以下「潮汕《ちょうさん》地域」と略称する）にルーツを持ち、「潮州語」を話す人々の集団であり、「広東人」（「広府人」）、「福建人」、「上海人」、「客家人」などと同様に、「漢族」というエスニック・グループの下位に位置付けられる方言集団、またはサブ・エスニック・グループの一つである。

潮州人は広東語では「チウヂャウヤン」、閩南語《びんなんご》音では「デージウナン」、中国語の標準語音では「チャオチョウレン」と呼ばれ、中国語の文献では「潮人」、「潮州人」、「潮汕人」、「潮籍人士」、欧文文献では〝**Chaozhouren**〟、〝**Chiujauyahn**〟、〝**Teociu**〟、〝**Teochew**〟などの名称で表記される。いったい彼らはどういう人々なのだろうか。

潮州人は、広東人や福建人よりも少数派であるにもかかわらず、どこの地域でも独特の存在感がある。潮州人といえば、だいたいにおいて勤勉、商売上手、倹約家（吝嗇）、徒党を組む（団結力が強い）、排他的である（自己意識が強い）

といった正負相混じったイメージで語られる。潮州文化といえば、潮州料理、功夫茶《コンフーチャー》（工夫茶と表記されることもある）などの独特の飲食文化や潮州劇、潮州音楽などの信仰、民俗、芸術文化が挙げられることが多い。日本人の筆者に対しては、潮州語の音の響きが日本語に似ているとか、日本人のように勤勉で、細かい手作業が得意であるとか、日本人との類似性を挙げる人が少なくなく、潮州人と日本人は親戚かもしれないなどと言う人もいる。

博物館の展示や学術書の記述に現れる潮州人像や潮州文化もだいたい似たようなものである。二〇一〇年に新しく建てられた広東省博物館新館の常設展示には広府人、客家人と並んで潮汕人の展示コーナーがある。そこには、「工夫茶」、「潮綉《ちょうしゅう》」（潮州刺繍）、「木雕」（木彫りの工芸品）、「陶瓷」（陶磁器）など、「潮州らしい」とされるさまざまな文化が紹介されている。潮州の歴史と文化を紹介する学術書では、潮州人は海洋民族で進取の気風を持つ人々として描かれている［隗芾 二〇一二］。潮汕文化を網羅的に解説した『潮汕文化概説』の目次には、まず潮人経済として潮州会館や工芸品、潮汕風俗として三山国王信仰や仏教、飲食文化として潮州料理と工夫茶、最後に潮汕建築という項目が立てられている［陳澤泓 二〇〇一］。

巷に氾濫するこうした言説の根底にあるのが、「潮州人とは中国中原地域にルーツを持ち、広東省東部の沿海地域という風土のもとに育まれ、その一部は海外へと移住し、移住先においても独自の文化伝統、民族気質を継承、維持している民族集団である」という民族観である。潮州人をそのような民族集団と解することについて、「潮州人」というエスニックな輪郭がはっきりとした地域で、もっと言えば「潮州人」というアイデンティティを自覚している人々の集団を対象とするならば、疑問をはさむ余地はないように思われる。

だが、たとえ複数の地域にそのようなアイデンティティを持つ人々の集団を見出しえたとしても、彼らをすべて一括りにして、同じ潮州人とみなすことができるのかという疑問は残る。たとえば中国の潮州人、香港の潮州人、タイの潮州人は同じエスニック・グループに属する人々と言えるのだろうか。中国の潮州人と香港の潮州人、あるいはタイの潮州人が出会ったときに、ルーツを同じくすることで互いに親しみを感じたり、共同で何らかの活動を行うことはあるかもしれない。だが、彼らは潮州人であると同時に、香港人であったり、タイ人であったり、漁師であったり、公務員であったり、仏教徒であったり、キリスト教徒であったりするわけで、とりわけ現代社会においては言うまでもないことだが、一人の人間は複数のアイデンティティを持ち、時と場合に応じてそれらを使い分けている。日本に住む日本人とペルーの日系人が同じエスニック・グループに属する人々とは言えないように、中国の潮州人とタイの潮州人も同じとはいえない。したがってマレーシアの潮州人であるA氏と香港の潮州人であるB氏がビジネスパートナーであるからといって、「同じ潮州人だから」と短絡的に決めつけることはできない。彼らの行動原理をすべて華人や潮州人の特性と結びつけて論じようとするのは、「観察される全ての現象を専ら『華人（学）』へと回収させようとする」悪しき「循環論」［津田二〇一六：二三］として批判されるのが落ちである。

潮州系移民によってもたらされたとされる「潮州文化」の中身も同じとは限らない。同じ「潮州料理」というラベルが貼られていても、汕頭の庶民的な潮州料理と香港の高級レストランの潮州料理とでは、食材も調理のしかたも見映えも、さらには「潮州料理」という名前が喚起する意味も大きく異なる。もっとも、潮州料理が香港に行って高級志向になった程度のことならたいした問題ではないかもしれないが、ある地域では潮州人を象徴する文化とされているものが、別の地域ではまったく違う意味づけがなされていたり、そのような文化自体見あたらないという場合は、なぜそうなのかをもっと考えてみるべきであろう。韓愈《かんゆ》や三山国王《さんさんこくおう》信仰は、潮汕地域では潮州人の代表的な信仰と見なされているが、台湾では客家の代表的な信仰と見なされている。東南アジアでは潮州人が信仰する代表的神格と見なされている宋大峰《そうたいほう》祖師に至っては、台湾では影も形も見られず、名前すら聞かれない。いったいなぜこのような状況が生じたのだろうか。

そもそも台湾には、歴史的に遡ってみても、潮州府から潮州語を話す人々が長期にわたって多数移住したはずなのに、現代台湾の「四大族群」と呼ばれるエスニック構成（閩南人／客家人／外省人／原住民）のなかに「潮州人」は存在しない。このような、消えてしまった、あるいは見えなくなってしまった「潮州人」を、いったいどのように取り扱ったらいいのだろうか。通常彼らはホスト社会、もしくは多数派のエスニック・グループに同化したのだと説明される。だが、二〇世紀にシンガポールに渡った潮州人は福建人や客家人に同化しなかったのに、清代に台湾に渡った潮州人はなぜ福建人や客家人に同化してしまったのだろうか。

タイ国では、華人のタイ化が進み、祖先が潮州出身であっても、潮州語を話さず、中国の習慣とも中文名とも縁のない人々が多数を占めるようになっている。それにもかかわらず、潮州由来の信仰や潮州式葬送儀礼や法会が、タイ人の中流層の間で盛んに行われている現状を、いったいどのようにとらえたらいいのだろうか。

本書は、「潮州人」をテーマとして日本で初めて出版される学術的な論集である。客家に関する書籍は日本でこれまで多く出版されてきたが、潮州人に絞った書籍はなぜか今まで出版されてこなかった。本書が、これまでことさらに問われることのなかった「潮州人とはだれか」「潮州文化とはなにか」という問いを敢えて発するのはなぜか。「潮州人とはだれか」を問うことによって、いったい何が見えてくるのか。本書をお読みになれば、各章の執筆者の丹念な観察の中から、あるいは斬新な分析の中から、その答えをいくつも見出すことができるだろう。

本書は専門書ではあるが、中国系移民、華僑華人といった話題に関心を持つ一般の読者や大学生、大学院生にも理解できるよう、できるだけわかりやすい表現を心掛けた。またより身近に感じてもらうために、読み物として三本のコラムを収録した。本書がアジア地域における民族や文化の境界をめぐるダイナミズムの一端について、あるいは一つのカテゴリーでくくられがちな中国系移民とその文化について、新たな発見をしたり、再考したりする機会となれば幸いである。

編者　志賀市子

●目次

あとがき……405
索引……418

装丁＝オーバードライブ・前田幸江

中国華南地域と東南アジア

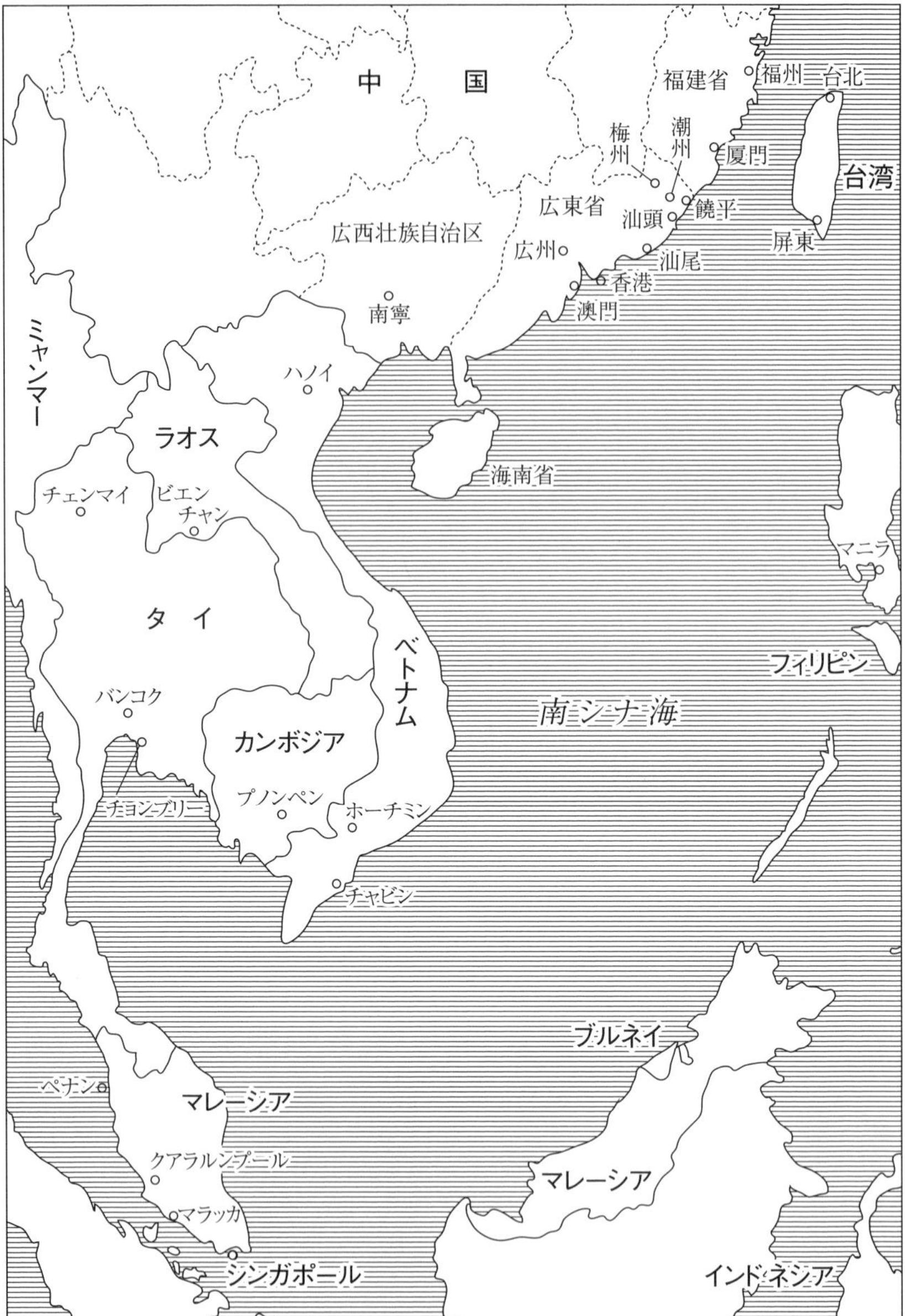

潮州人——華人移民のエスニシティと文化をめぐる歴史人類学

序章　「潮州人」のエスニシティと文化をめぐって

志賀市子

一　本書のねらい

本書は、潮汕地域にルーツを持つ潮州系移民の、歴史的、多元的、かつ状況によってゆれ動くエスニシティを、彼らが育み、継承してきた多様な文化との関連から、歴史学と人類学の両方の視点と方法によって描き出すことを目的とするものである。

「潮州人」の公式的な定義とは、「中国中原地域にルーツを持ち、広東省東部沿海地域という風土のもとに育まれ、その一部は海外へと移住し、移住先においても、民族集団としてのまとまりと、独自の文化伝統、民族気質を継承、維持している人々である」というものである。ここには、あるエスニック・グループを、共通の祖先から発し、現代にいたるまで脈々と引き継がれている「民系」[1]の一つであるとみなす民族観が反映されている。

潮州人を独自の文化伝統と民族気質を育んできた民系と見なし、その文化とエスニシティを論じる研究は数多い[2]。そのなかには、現代においても、また海外の移民先においても、その伝統と気質が永続的に引き継がれているかのように描きだす、いわゆる本質主義的な研究も少なからず見られる[3]。

歴史的に見れば、中国華南地域における「粤人《えつじん》」、「潮人《ちょうじん》」、「福佬《ふくろう》」「客家《ハッカ》」といった、出身地や言語・文化の違いによる人間集団のカテゴリー化――中国語では「族群《ぞくぐん》」と称される――は、フロンティアとも言われるこの流動性の高い地域において、人の移住と定着が長期にわたって繰り返され、漢族と非漢族、移住民と土着民とが接触、交流、摩擦、融合するプロセスを通して形成されてきた。

程美宝によれば、広東の地方文献における「粤」の意味は百越の越に由来し、古くは広東全体を指していたが、明清期以降「粤人」は広府語方言を話す広州府の人を指して用いられるようになり、それとともにその他の府に属する人々は、恵州府の人であれば「恵人」、潮州府の人であれば「潮人」などと称されるようになった。清末に書かれた張心泰の『粤游小志』の「風俗」の項には、潮俗と粤俗の違いを対比させて論じる部分がしばしば見られるという［程美宝　二〇〇六：四九］。

また明清期の広東の地方志には、自己の文化的優劣性を誇る常套手段として、南方に遷移した北方人の文化、すなわち中原文化の薫陶を受け、文明化されてきたことを示す逸話がしばしば登場する。潮州の場合は唐代の詩人韓愈が必ず引き合いに出され、北宋の詩人蘇軾《そしょく》が恵州に左遷されていた時に、依頼を受けて執筆した「潮州韓文公廟碑文」の中の、「始め、潮人は未だ学を知らず、公（韓愈のこと）が進士の趙徳に命じてかれらの師とならせてから、潮の士は皆文と行に篤くなり、（その影響は）庶民にも及んだ(4)」という一節が、歴代の『潮州府志』や『広東通志』に繰り返し引用されてきた［程美宝　二〇〇六：五七］。同じ北宋の詩人陳堯佐《ちんぎょうさ》が潮州を「海浜鄒魯《かいひんすうろ》(5)」と称えた故事もまた同様である。

こうした前近代までの地域や言語に根差した自己意識や他者表象は、一九世紀末以降、西洋から入ってきた新しい学術思想の影響を受けて、複雑に進化していくことになる。一九三〇年代に、客家の知識人羅香林《らこうりん》が「民系」という概念を以て、客家が中原から南方に移住してきた正統漢族であるとする「客家中原起源説」を唱えた背景には、ヨーロッパから新しく入ってきた人種学や民族学の影響があったと言われている。人種的意味を帯びた民族観念の影響を受けて、族群は血統によって区分される種族という意味合いを強く持つようになっていった［程美宝　二〇〇六：七七、陳春声　二〇〇七：七四］。

さらに近代以降は、上海や香港、またはシンガポールといった開港地や植民地を舞台として、出身地の異なる華人の接触、交流、摩擦が生まれ、それにともなって、前近代とは異なる新たな地域アイデンティティやエスニシティが形成されるようになった。上海の被差別民ともいうべき「蘇北人《そほくじん》」を通して、中国史におけるエスニシティの創出過程を考察したエミリー・ホニグ［Honig 1992］は、エスニシティを「同じ政治的経済的システム内にいる人々が、自己と他者の二項対立を確立するために、文化的差異という概念を創造し、発動し、操作する」プロセスと定義している。「そうした境界を創り出すおびただしい属性の中でも、言語、人種、宗教、歴史、地理的起源がとくに利用される」が、さまざまな地方出身者がひしめく上海では、とくに出身地に基づくアイデンティティが社会階層を構造化し、大衆的なプライドや偏見の感情を形づくってきた。貧しいスラム地区で、人力車夫やゴミ拾いといった最下層の職業に就かざるを得なかった蘇北人は、その貧しさゆえに差別され、その被差別の構造は、出身地や言語の微妙な差異によって正当化されてきた［Honig 1992: 1-17］。

「蘇北人」が上海でなければ生まれなかったように、「潮州人」というエスニシティの形成も、香港という場所と切り離すことはできない。では、「潮州人」エスニシティは、社会階層と関係しているだろうか。香港では、「潮州人」といえば富裕な商人というイメージが流布している一方で、初期の香港史にしばしば現れる、貧しく粗野で徒党を組む「苦力《クーリー》」（港湾で働く運搬人夫）というイメージも根強い。香港のある飲食ガイドブックには、潮州人の経営する「海味《ホイメイ》」（海産物の乾物）問屋が軒を連ねる香港島西営盤の「海味街」の由来を次のように紹介している。

（ここは）かつて「三角碼頭《さんかくはとば》」と呼ばれる埠頭があったところである。「三角碼頭」は、珠江デルタ地域、福建、潮州、東南アジアを行きかう船の最大の中継港であり、沿岸には倉庫が立ち並び、船荷の積み下ろしをする大勢の「苦力」たちが働く場所であった。苦力の大多数は潮州人であった。彼らの団結精神は義兄弟の契りを結んだ仲間内において発揮され、落地生根した後は同郷の仲間たちと助け合って事業を起こし、鹹魚業や海味貿易、茶楼などの商売を営んだ。そのため海味街では日常的にさまざまな潮州文化に触れることができる。たとえば潮州人が経営する本物の「潮州打冷《ダーラン》(6)」の「大排檔《ダーイバイトーン》」（屋台）が集まる「潮州巷」や旧暦七月の「盂蘭打醮」（盂蘭勝会）はその代表的なものである［鄺裕棠　二〇一三］。

潮州人の貧しく粗野な苦力のイメージは、しかしながらホニグの描き出した上海の蘇北人とは異なり、相席を避ける、結婚を忌避するといった被差別のスティグマとはならず、しばしば潮州人の団結精神や反抗精神のあらわれとして描かれる。またときには、無一文で香港に出てきた潮州出身の若者がホンコンフラワーの商売で大儲けをし、後に不動産業に転じ、やがてアジア一の富豪となった李嘉誠《りかせい》（一九二八―）の伝説のように、「白手起家」（裸一貫で出世する）の潮州商人の姿が重ね合わされるのである。潮州料理の文化人類学的な研究を試みた李偉儀は、「打冷」からふかひれ料理などを出す高級料理に進化した潮州料理は、潮州人のみならず、香港人の上昇志向やたたき上げ精神を暗示する社会的隠喩として機能している、と指摘している［李偉儀　一九九七：一六五―一八八］。

このように、エスニシティとしての「潮州人」の形成には、潮州に由来するさまざまな文化とそれを担ってきた潮州人の姿が密接に関わっている。次節で述べるように、とりわけ潮州語や潮州の食文化、宗教信仰や儀礼、芸能といった庶民文化と、こうした文化を支え、媒介してきた潮州商人のトランスナショナルな商業活動に負うところが大きい。

客家の場合、先述した羅光林を始めとする客家の知識人による言論や崇正会《すうせいかい》の活動、台湾の客家文化社会運動など、知識人の政治的な意味合いの強い文化運動が大きな役割を果たしてきたが［飯島　二〇〇七：一九五―二二六］、潮州人の場合、知識人が積極的に潮州人の自己意識を高めるような運動を興したという事実は、現代を除いてとくに見出せない。現代では、一九九〇年になってようやく、著名な潮州出身の学者饒《じょう》宗頤《そうい》の提唱により、大学や研究機関に所属する潮州出身の研究者が中心となって「潮州学」の学会が組織されたが、それも多分に、先行する「客家学」の盛況に刺激を受けてのことである。多少意外ではあるが、潮州人は客家に比べて、「潮州人であること」や、「潮州文化とは何か」といったことに、割合最近まで比較的無自覚だったようなのである。それはなぜかと考えてみると、客家の場合は、地域名ではない「客家」という民族名称を普及させ、自らの文化をわざわざ「客家文化」と命名して発信していく必要があった。それに対して潮州人の場合は、「潮州菜」、「潮州劇」、「潮州刺繍」など、「潮州〇〇」という地名を冠した品物は巷にあふれており、地域名そのものが地域アイデンティティを喚起する作用を持つため、あらためて「潮州人とはだれか」とか、「潮州文化とは何か」といった問いを発する必要がなかったためではないかとも考えられる。

潮州人のエスニシティを論じる歴史・人類学的研究は、近年、宗教・信仰文化とエスニシティとの関わりに注目した研究が大きな成果を上げており［横田　二〇一六］、本書もその一つと見なすことができよう。本書は文部科学省の科学研究費補助金による共同研究（平成二四～二六年度科学研究費補助金・基盤研究（C）「東南アジアの華人慈善団体に関する人類学的研究――潮州系のエスニシティとネットワーク」（研究代表者：志賀市子）の研究成果を基礎としているため、本書の収録論文は善堂に関するものが多くを占めている。善堂《ぜんどう》とは伝統中国において広く行われてきた慈善団体の形態であるが、善堂を構成する文化資源――とくに善堂の祀る神々、信仰活動、儀礼、埋葬習俗など――には極めて地方色豊かな民俗宗教文化が反映されている。移民のエスニシティと宗教を関連付けた先行研究の一つ『アジア移民のエスニシティと宗教』において、編者の一人である吉原和男は、宗教によってエスニシティが喚起されたり、宗教がエスニシティの差異化の象徴として作用したりする点を強調している〔吉原　二〇〇一：二三〕。本書でも、いくつかの章が取り上げているように、潮州系善堂の宗教・信仰文化が、潮州人を他の民族集団から際立たせ、エスニシティやエスニック・アイデンティティを喚起する作用を果たしてきたことは、まぎれもない事実である。

ただし、エスニシティと文化の関係について、エスニシティは文化と切り離しては語れないが、文化はエスニシティの境界を越えて、甚だしい場合はエスニシティとは関係なく、勝手に伝わったり、異質なものと結びついたりする。言葉を換えて言えば、エスニシティの構築過程において文化が重要な指標になることは確かだが、エスニシティが文化の担い手や継承者を限定的に規定していくとは限らないということである。たとえば、潮州系善堂の提供する儀礼や活動の場は潮州人や華人にのみ開かれているわけではなく、潮州の善堂文化の持つ慈善観や功徳観は、現代タイの上座仏教徒やベトナムの大乗仏教徒にも受け入れられている。現代のタイでは潮州系善堂の儀礼が、エスニックなアイデンティティや文化的背景とは関わりなく、参加者それぞれの個人的な霊魂観、功徳観、慈善観に基づいたニーズを満たすことのできる受け皿になっている点が興味深い。タイ社会に根付いた善堂の活動や近年タイ各地で盛んな「修骷法会《しゅうこほうえ》」と呼ばれる無縁死者の法要の事例は、この問題を考えていく上で格好の材料を提供している。

本書がエスニシティと文化という観点から潮州系移民を取り上げること、それ自体は決して目新しい試みとは言えない。だが、本書はこれまでの華人移民のエスニシティ研究では十分とは言えなかった次の三つの点を補うことを意識して構成されている。

第一に、客家と比べて日本ではこれまで正面切って取り上げられることの少なかった潮州系移民のエスニシティに焦点をあてるともに、複数の地域における「潮州人」や「潮州文化」の比較を視野に入れた点である。

従来の研究では、シンガポールの潮州人、マレーシアの潮州人、タイの潮州人というように、一つの国や地域の潮州人の実態、それも潮州人の活動が顕著な地域の実態を通して潮州人を語る傾向があった。だが本書では、中国、台湾、香港、タイ・バンコク、シンガポール、マレーシア・ペナン、ベトナム・ホーチミンの潮州系移民について取り上げている。潮州系移民とその文化のこうした地域間比較によって、いったい何が見えてくるだろうか。

華人のサブ・エスニック・グループの存在形態は、移民のホスト社会の政治経済的状況や移民の人口規模、生業、居住形態、移民時期、さらには華人社会内部のエスニック構成によっても異なり、しかもそれらは常に変化し続けている［市川 二〇〇七］。潮州系移民の存在形態や文化も当然ながら例外ではない。潮州会館、潮州商会、善堂、盂蘭勝会など、潮州人を語る際に必ず言及される「潮州人らしい」文化のありかた——役割、規模、意味など——もまた、国や地域によってヴァリエーションが見られる。瀬川昌久が客家研究を通して指摘しているように、「われわれ意識」がいかに顕在化するかは、それらが問題とされる社会的「場」のあり方に依存しているのである［瀬川 一九九三：一八］。

第二は、歴史的な視点を重視し、執筆者にも歴史研究者を加え、近代以前の潮汕地域の社会史や移民史についても多くの頁を割いている点である。グローバル・ヒストリーを志向するマキューンは、一九九〇年代以降流行したいわゆる「華人ディアスポラ」研究に対して、多様な背景を持った人々が歴史的な文脈と切り離され、「華人ディアスポラ」としてひとくくりにされる可能性があると批判する。だがその一方で、ディアスポラという観点から華人移民史を描き出すことは、人々のトランスナショナルなリンクや感情的な紐帯に光をあて、これまでの国家ベースの歴史叙述を補うものになると評価する［McKeown 1999: 306-313］。マキューンが述べるように「ディアスポラは歴史的な産物であることが問われなくてはならない」［McKeown 1999: 312］のであれば、現在われわれが各地で目にし、耳にする「潮州人」のありようもまた、中国華南地域から東南アジアへと広がるこの地域において、数世紀にわたって繰り広げられてきたグローバルな人や物や情報の交流が生み出した歴史的産物であることが問われなくてはならない。

本書第一章の蒲論文は、一八世紀から一九世紀にかけて、南洋地域を拠点として活動していた潮州人がどのような人々として表象されていたのかを、宣教師のまなざしを通して明らかにしようとしている。また第三章横田論文に描かれる近代以前の台湾への移民の事例からは、潮州府から海外に渡った人々がすべて自動的に「潮州人」というアイデンティティを持ったり、「潮州人」というラベルを付与されていったりしたわけではなかったことが見えてくる。(7)

第三は、華僑華人研究の負の側面、すなわち海外の華人コミュニティにおける中国性の維持・継承を検証することが自己目的化することを避けるために、執筆者に東南アジア研究者を加え、ホスト社会において華人文化がどのように意味づけられているのかという視点を加えた点である。中国を研究してきた華僑華人研究者の多くは、中国系人移民がもたらしたとされる文化資源を、中国語で書かれた資料を用い、中国語話者を対象としたフィールドワークを行うことから研究する。だが本書第九章の片岡論文は、そのような調査ではなかなか見えてこない、タイ社会から見た、タイ語で語られる潮州系善堂の役割を描き出している。

本書は、科研の共同研究の成果を踏まえつつも、対象を善堂に限定することなく、宗教信仰から儀礼、演劇などの民間芸能、さらには潮州人商家の家族文化、女性たちの役割に至るまで、潮州人社会が育んできた豊かな文化の一端を描き出すことを意図している。(8) 詳しくは第三節の本書の概要で紹介したい。

二　潮州人の僑郷「潮汕地域」と潮州系移民の歴史

本節では、潮州人の僑郷である「潮汕地域」の概要と、潮汕地域から海外への移民の歴史を簡単にたどってみたい。広東省東部の韓江デルタ地域に広がる「潮汕地域」、すなわち潮州・汕頭地域は、世界各地に散らばる華人のサブ・エスニック・グループの一つ「潮州人」（または「潮汕人」）のふるさと、すなわち僑郷である。清代の潮州府の行政範囲にもとづき、海陽（現在の潮州市及び潮安県）、潮陽、掲陽《けいよう》、澄海《ちょうかい》（現在の汕頭市）、饒平《じょうへい》、南澳《なんおう》、恵来、普寧《ふねい》、大《だい》埔《ほ》、豊順の一〇県にまたがる地域を指すが、大埔、豊順は客家語圏に属することから、この両県を除いた八県を「潮州八邑《はちゆう》」と称することもある。

潮州府は明代に置かれて以来、雍正一一年（一七三三年）に梅州を含む内陸地域が嘉応州として分離してからも、依然として広東省東部地域の政治、経済、文化の中心地として繁栄した。だが咸豊一〇年（一八六〇年）に汕頭《さんとう》が条約港として開港してから後は、政治・経済の中心は近代都市として発展した汕頭市に移っていった。潮州と汕頭という二大都市名を組み合わせた「潮汕地域」という略称は、汕頭開港以降に使われるようになった比較的新しい呼び方である。

潮汕地域は漢代から漢人の移住が始まったが、唐代に入ってもなお人煙まばらな未開の地であった。唐代中期、この潮汕地域に文明をもたらした人物とされているのが、潮州に刺史として左遷された詩人の韓愈である。韓江《かんこう》の鰐を退治し、学校を興して儒学を伝えたとされる韓愈は、潮州人にとっていわば文化英雄的な存在である。韓江のほとりに建てられた韓文公祠を初めとして、韓愈は中国内外の潮州系の寺廟に祀られる代表的な神格の一人となっている。

宋代以降、福建省南部（閩南）からの移民が大量に流入し、潮州は閩南文化の影響を強く受けることになった。

このため潮汕地域で話されている潮州語は閩南語（福佬語）に近く、文化的にも、媽祖信仰や「功夫茶（工夫茶）」と呼ばれる喫茶文化など、閩南地域と共通するところが多い。一般に独自の文化と歴史を擁する民族集団としての「潮汕民系」の形成は、宋代に始まると考えられている［陳澤泓　二〇〇一：九九―一〇六］。

宋代までもっぱら移民の受入地であった潮汕地域が、移民の送出地となるのは明代以降のことである。一五世紀から一六世紀にかけての東シナ・南シナ海域では、王朝の海禁政策の隙間をついた民間の海上交易が盛んとなり、倭寇を初めとする密貿易者や海賊が横行したが、その中には潮汕地域出身の海商が少なからず含まれていた。黄挺によれば、明代に編纂された潮州地域の族譜（宗族の系譜や祖先の事績を記した文書）には、一六世紀初頭から、海上貿易に従事して南洋地域に渡り、その地に没した族人の記録が見られるという［黄挺　二〇一五：二一六］。潮州人の東南アジアへの大規模移住は、一六世紀後半、海賊の林道乾率いる潮州人約二〇〇〇人が、現在のタイ南部のパタニ地方を支配していたマレー人の王朝パタニ王国へ移住したのが最も早い記録とされている。台湾への移住も明末清初以降本格化した。

清代中期になると、潮汕地域では人口過密と耕地不足が深刻化し、多くの人々が生計の道を求めて海外へと渡った。一七世紀末に反清復明を掲げた鄭氏政権の資金源を断つために施行された海禁・遷海令が解除されると、人々がまず向かった行先は台湾であった。日本統治時代に行われた台湾漢人の祖籍別人口統計（一九二六年）によれば、潮州府を祖籍とする人口は一三万四八〇〇人で、全人口の三・六パーセントを占めていた［陳漢光　一九七二：八八］。饒宗頤は、一九四六年の『僑声報』を引用し、台湾における潮州語話者は一八万九九〇〇人に上り、台湾人口の約三％を占めると述べている(9)［饒宗頤　一九九六］。

李文良は、清代に台湾に渡った広東省内の福佬語（潮州語）集団は、少数者であったがゆえに、移住後さまざまな変化が生じた可能性があると指摘している。彼らは、多数派である漳州人や泉州人と言語的に近いために、漳泉に同化していき、やがて祖先が広東省から来たことを強調しなくなるケースもあれば、逆に閩南人から祖籍が異なると言う理由で遠ざけられたことから、客家語を習得し、祖籍も客籍地域にあると主張するようになるケースも考えられるという〔李文良 二〇一一：二五九―二六二〕。このように近年の台湾族群研究では、広東出身の福佬語集団の存在に注目することで、漢人移民の移住後の祖籍とアイデンティティに見られる変化や国家の民族分類が及ぼした影響について論じる研究が次々と発表されている。詳しくは第三章の横田論文を参照されたい。

一七世紀後半以降、潮汕地域が送り出した移民のもう一つの主要な行先はシャム（暹羅、タイ王国）を主とする南洋地域（東南アジア）である。汕頭開港以前、広東省東部からの移民は、澄海県に位置する樟林港《しょうりんこう》から出発したが、当時、「紅頭船」と呼ばれる帆船（ジャンク）に乗って南洋地域へ向かう乗客は、俗に「過番客《かばんかく》」と呼ばれた。一七六七年、シャムのトンブリーに王朝を築いたタークシン王（中国名：鄭信または鄭昭）の父親鄭鏞《ていよう》も、樟林港から紅頭船に乗りシャムへ渡った潮州人の一人であった。タークシン王は潮州人を重用したため、シャムへ渡る潮州人の数は一層増加し、一九世紀までにシャムの華人の中で大きな勢力を占めるようになった。

第一章の蒲論文が指摘しているように、南洋地域に移住した潮州人の多くは農業や商業に従事し、卓越した能力を示した。とりわけ潮州人の操船技術と商業ネットワークがいかんなく発揮されたのが、米や南方の特産物を扱う輸出入業とそれに付随する精米業や金融業だった。一八世紀半ばまでに、シャムからの米穀輸入はシャムとの関係が深い潮州商人がほぼ独占した。

一九世紀に入ると、潮汕地域では人口増加に加えて治安の悪化、自然災害、飢餓、疫病の流行などにより、移民を押し出す圧力が前世紀にも増して高まった。一八世紀から一九世紀にかけて、潮州系移民を生み出すプッシュ要因となった社会的状況については、第一章の蒲論文をお読みいただきたい。

中国人移民の形態と規模に決定的な変化が生じたのは、一八四二年に香港がイギリスの植民地となり、厦門《アモイ》（厦

広東省東部

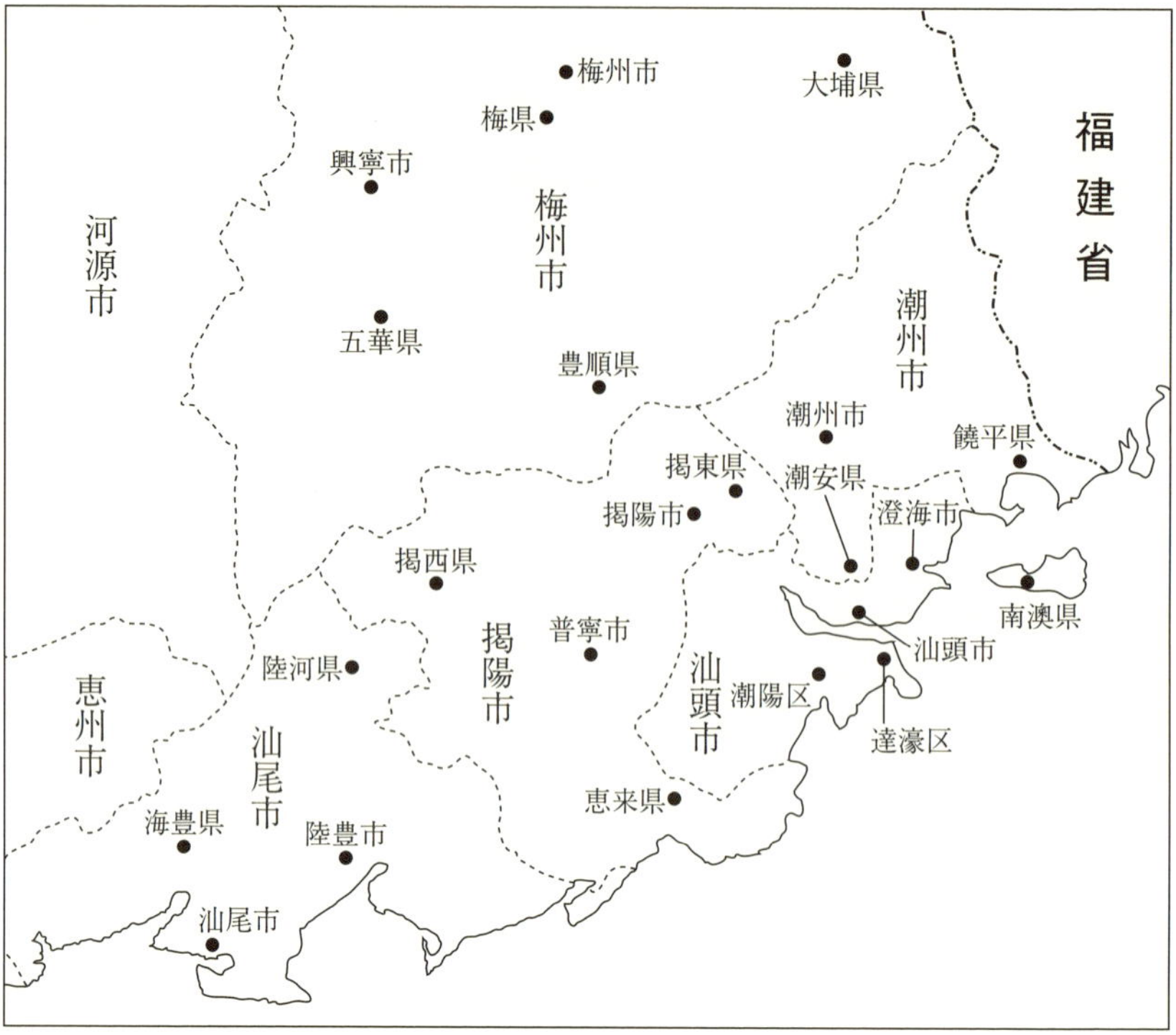

門）、汕頭が条約港として開港してからである［Mckeown 1999: 313］。潮汕地域では、一八六〇年に汕頭港が開港されると、人々は大挙して植民地開発のために大量の労働力が必要となった香港や海峡植民地や新大陸へと向かった。杉原薫の作成した表「中国人移民の東南アジアへの出国者数」［杉原 一九九六：三〇二］によれば、一八六九年から一九〇〇年までに汕頭から東南アジア各地へ出国した中国人渡航者の累積数は一三〇万人以上に上った。汕頭からの出国者は、一八八〇年代からシャムへの直航ルートが次第に重要性を増したこともあって、一九〇七年に初めて海峡植民地向け出国者を上回った。また汕頭からの出国者の多くは香港経由で帰国した。一九二〇年代に入ると中国から東南アジアへの渡航者数はさらに増加し、出国者数がピークに達した一九二七年には、汕頭港から二〇万人近

い人々が海外植民地やシャムへと渡った［杉原 一九九六：三〇二―三〇三］。

華人の大量移民の時代を迎え、拡大するアジア太平洋経済とリンクするイギリス帝国主義の出先機関となった香港は、海外の華人移民を結びつける結節点としての役割を果たすこととなった［Mckeown 1999: 313-314］。香港において、「潮州人」が、明確な輪郭と自己／他者表象を伴って立ち現れてくるのはまさにこのときからである。

植民地以前の香港は農村、漁村の点在する人口一万人に満たない辺境地域であった。香港島及び当時は宝安県の一部であった新界地区に居住していたいわゆる「原居民」のエスニック構成は、一般に「本地人」、「客家人」、「水上人」、「福佬人」の四種類とされる。本地人とは、香港及びその後背地である広東省珠江デルタ地域出身の広府方言（広東話）を話す人々で、「広府人」にほぼ相当する。客家人とは、客家方言を話す人々で、広東省梅州や恵州地域出身者が多い。水上人とは俗に「蛋家《たんか》」と呼ばれる、船で暮らす水上居民を指す。「福佬人」とは福佬方言（閩南話）を話す人々という意味であり、潮州語を話す人々もここに含まれる。開港初期の香港における「福佬人」のイメージは、長州島などの離島や新界の海辺で暮らす閩南語を話す漁民というものだった。ここには、いわゆる大商人や苦力として表象される潮州人は、まだ現れていない。

だが、開港まもない一八五〇年代初頭の香港にはすでに、潮州出身の商人による貿易商社が複数設立されていた。そのなかでもとくに著名なものに、饒平県隆都前渓村出身の陳氏一族が創業した「乾泰隆」と、澄海県出身の高満華が創業した「元発行」がある。両者はともにシャムで成功した華僑であり、米や各地の特産物の輸出入（南北貿易）で財を成し、香港に出店した。その事業は、一八八〇年代までにはすでに、バンコク、シンガポール、ベトナムのチョロン、汕頭にまで拡がっていた［Choi 2015］。

この他、香港における潮州人の商業活動には、南洋各地で薬材や茶葉などさまざまな雑貨の輸出入を営むいわゆる「南洋辦荘」(10)があった。南洋辦荘は、航路と地域によってシャムを拠点とする「暹羅荘」、ベトナムを拠点とする「安南荘」、シンガポール及びマラヤを拠点とする「石叻荘」の三つに分かれており、『香港紀略』を著した頼連三によれば、一九三〇年以前に潮商が香港に開設していた「荘口」（支店）の数は二〇〇余に上ったという［李龍潜 一九九七：五五三］。こうした潮州商人の商業ネットワークは、「香叻暹汕郊」（香港、シンガポール、タイ、汕頭を結ぶネットワーク）と呼ばれ、やがて南北貿易にとどまらず、近代的な金融や輸送システムを具えた一大貿易ネットワークへと発展した［Choi 2014］。

各地の潮州商人が連携し、広府人や福建人商人に対抗するなかで、潮州人の自己意識も徐々に高まっていった。一八六八年には早くも、潮州商人が多数を占める南北行の業縁団体「南北行公所」が香港に創立され、一九二〇年には潮州八邑商会が、また一九二八年には香港潮州同郷会が設立された［李龍潜 一九九七：五六一―五六四］。

一方、広東省東部地域における主要な移民の送出港となった汕頭の開発も、一八六〇年の開港以来急速な勢いで進んだ。かつて沙汕頭と呼ばれていた小さな漁村は、市政庁が置かれた一九二一年には人口八万人の近代的な商工業都市へと変貌を遂げた［袁偉強 一九九八：二四八］。一八六〇年にアメリカ、イギリスの領事館が置かれ、キリスト教のミッションやイギリスの貿易会社が汕頭に拠点を置くようになると、外国人や他地域からの移民が増加し、洋風建築や騎楼[11]が立ち並ぶ近代的な街並みがつくられていった。

汕頭は、日本では「スワトウ」の呼び名で知られているが、日本と浅からぬ関わりがある。その発端は日清戦争の勝利によって日本が台湾を領有した後、台湾総督府が対岸工作の一つとして、台湾と往来の盛んな汕頭、厦門、福州などを含む華南地域への関心を強めたことに始まる。日本の三五公司が潮汕鉄路の工事を請け負った頃から日本人が増加し、一九〇四年には、厦門領事館の分署として汕頭に日本領事館が開設された。一九〇九年の日本領事館の報告によれば、汕頭在住の外国人は日本人一四〇名、英国人一二二名、台湾人一〇九名、ドイツ人九三名、イギリス籍中国人八二名、アメリカ人五五名とあり、日本人が最も多かった［蒲 二〇一五：四］。一九一五年には台湾総督府が派遣した日本人を校長とする東瀛学校が開設され［蔡蕙光　二〇一二］、一九二四年にはやはり台湾総督府から派遣された日本人医師が常駐する博愛医院が開設された［中村　一九八九］。

国立国会図書館のデジタルアーカイブで検索してみると、日本語による汕頭情報は戦前を通じて、領事館や台湾総督府の官報や経済事情報告、あるいは民間のビジネスマンや旅行者の出張記、旅行記などの形で、断片的とはいえかなり豊富に出回っており、日本人の汕頭に対する関心の高さをうかがい知ることができる。汕頭とその後背地が南洋華僑の送金によってうるおっていた様子は、台湾銀行調査課が刊行した『広東・広西両省出張報告概要』（一九一九）にも、次のように描写されている。

> 試ミニ汕頭ニ於テ一週数回入港シ来ル南洋ヨリノ汽船ヲ見ンカ其ノ旅客ノ殆ト全部華僑ノ帰還者ニシテ彼等ハ何レモ各自数百弗乃至数万弗ヲ携帯シ汕頭上陸後種々ノ外国品ヲ買求メ奥地方面ニ帰路ヲ急ク有様ニ一驚ヲ吃スベシ［台湾銀行総務部調査課　一九一九：四八］。（原文は旧漢字）

華僑送金は、移民の仲介業者や送金業務を取り扱う専門業者を通すなどさまざまな方法があり、一般に「僑批」[12]と呼ばれた。海外各地の華僑から僑批を預かった代理人は、帰国時にそれらを携えて郷里の家族に配達し、受取人が署名した受取証を海外の送金者に返信し、送金の証拠とした。清末には「水客」と呼ばれる移民仲介人がもっぱら送金を請け負っていたが、民国期に入ると僑批を専門に扱う業者「僑批局」が登場し、香港、シンガポール、バンコクなど東南アジアの主要都市に事務所を置くようになった［濱下　二〇一三：一〇六―一〇七］。

僑批を支えるネットワークは、水客を主とした時代から僑批局が登場した時代に至るまで一貫して、郷里や宗族や方言を同じくする者同士の排他的なサブ・エスニシティとアイデンティティに依拠してきた［Liu & Benton 2016］。「潮汕僑批」は潮州人の商習慣や親族関係、商業ネットワークのあり方を反映した商業文化として注目され、現在はユネスコの「世界の記憶（Memory of the World）」（いわゆる「世界記憶遺産」）にも登録されている。[13]

海外移民の増加に伴うこうした潮州人の商業ネットワークは、海外から潮汕地域へ物や金や海外からの情報を流入させる一方で、潮汕産の物や文化を海外へ流出させる役割も果たした。たとえば潮州女性の繊細な手で刺繡を施されたハンカチや衣料品は、日本では戦前から「汕頭《スワトウ》刺繡」の名で知られているが、こうした女性たちの作る手工芸品が海外に販路を開拓し、代表的な「潮州文化」の一つと見なされるようになっていく背景には、海外に出て働く男性の商業ネットワークが存在した。詳しくは第二章の蔡論文をお読みいただきたい。

潮州商人のネットワークの拡がりとともに、潮州劇や潮州音楽などの「潮州文化」も、香港、バンコク、シンガポールやチョロンなどのチャイナタウンに波及した。本書に収録した田仲一成のコラムによれば、潮州劇は潮州人の海外貿易の拠点となった香港、シンガポール、マレーシア、タイにおいて盛行したという。バンコクには潮州劇専門の劇場があり、シンガポールには潮州劇団が八つもあった。詳しくは、田仲のコラムをお読みいただきたい。

さらに、潮州商人のネットワークにほとんど必ずといっていいほど付随していたのが、善堂や徳教に代表される宗教・慈善活動である。とりわけ潮陽県を発祥地とし、香港や東南アジア各地に広まった民衆宗教教派としての「徳教」は、吉原和男の研究によって早くから指摘されているように、潮州商人の情報交換の場であると同時に、儒仏道三教を融合する中国の伝統的な宗教文化を扶乩[14]や書画といった文人的なスタイルで伝えていく場でもあった［吉原　一九七八］。徳教が東南アジアの潮州系商人のコミュニティにおいて大きな教勢を持つに至ったのは、教団内の権力構造が、支持者である潮州商人の富や慈善行為をめぐる威信の文化と分かちがたく結びついていたからでもある［黃蘊　二〇一一：二〇八―二一四］。第七章の陳景熙論文は、その徳教がタイへと伝播・定着する過程のなかで、タイの宗教的環境にいかに適応していったかについて論じている。第五章黄論文は、マレーシアやシンガポールにおいて、徳教と善堂が潮州人アイデンティティの喚起にいかに関わってきたかを描き出している。

こうして見ていくと、香港や東南アジアにおける「潮州人」のエスニシティは、潮州商人のトランスナショナルなネットワークと各地の潮州人コミュニティの経済的、文化的活動、そしてそのネットワークを介して運ばれ、消費される潮州産の商品や芸術文化を通して形づくられていったと言うことができよう[15]。

だがここで注意すべきことは、すでに述べたように、香港や東南アジア各地に形成された潮州人コミュニティは決して同質ではなく、移民の人口規模や移民時期、華人社会内部のエスニックな構成によって異なっており、さらにはホスト社会との政治経済的関係の変化によっても大きく変動してきたという点である。したがって、潮州由来の文化の受容や継承についても、各地の潮州人コミュニティが置かれたそれぞれのコンテクストに基づいて分析することが求められていることは言うまでもない。

一九四〇年代前半は、日本軍の占領地域における圧政や海上封鎖によって海外渡航は激減した。だが日中戦争が終結するとまもなく、華南地域を襲った深刻な飢饉や国共内戦による混乱を避けて、香港や東南アジアへと新たな移民の波が押し寄せた。第六章の芹澤論文で描かれるベトナム・ホーチミン市チョロン地区の華人は、主として一九四〇年代に中国華南地域から戦乱を避けてベトナムに逃げてきた第一世代と、その後ベトナムで生まれた第二世代、第三世代によって構成されている[16]。

タイでも、第七章の玉置論文で触れているように、一九四六年から一九四八年までの三年間に、移民船にすし詰め状態で乗り込んだ中国人難民が押し寄せ、バンコクの華僑団体が救援に乗り出した。だが、一九四九年に中華人民共和国が成立すると、タイ政府は反共政策を強化し、その結果中国からの新たな移民の受け入れは大きく制限され、華僑学校の中国語教育や慈善団体や商会などの社団の活動にも強い圧力と制限が加えられた。

香港の場合は、一九世紀末から戦前を通して長い移民の歴史があり、さらに戦後は一九五〇年代から六〇年代にかけて、中国大陸から香港へ移民・難民が押し寄せる「難民潮」という時代が続いた。戦後香港に移住した潮汕地域からの新しい移民は、九龍半島や新界の新興開発地区に多く住みつき、そこで新たに慈善団体や商人団体を組織していった。

一方、第五章の黄論文がとりあげているマレーシア・ペナンの場合、一九五〇年代末、ペナン島の華人人口はすでに八〇パーセント以上がペナンで生まれ育った第二世代だった［Küchler 1965: 439］。マレーシアでは一九三八年から一九四七年の一〇年間に戦争や移民を制限する政策が施行された結果、新しく入ってくる移民の数が減少し、その後の一〇年間に自然出生率が向上したためである［陳景熙ほか 二〇一六：三〇］。

一般的に、新しい移民の流入が途絶え、現地で生まれ育った二世が主流になってくると、第一世代が持ちこんだ言語や文化は急速にその担い手を失う。ペナン島の潮州人コミュニティでは、一九六〇年代にはすでに潮州語や潮州文化の継承が困難になりつつあったのではないかと考えられる。黄論文でとりあげている南洋同奉善堂檳城分堂の経楽股は、もともと子供たちが放課後に潮州音楽を学ぶ一種のクラブとして設立された(17)。ペナン生まれの二世である子供たちはそうやって郷里の言葉や文化に親しみながら成長し、それが現在の南洋同奉善堂檳城分堂の前身となったのである。

最後に、海外在住の潮州系移民から僑郷である潮汕地域に対する投資や援助、または文化資源再興の動きについて補足しておきたい。近代汕頭の都市インフラや産業の多くは、東南アジアで成功した潮州系、客家系華人の投資によって発展した。第二次世界大戦後は、タイの主要華人団体が連合し、戦乱で荒廃した祖国を救うための「暹羅華僑救済祖国糧荒委員会」を組織し、義援金と救援米を送っている［玉置 二〇一二］。

改革開放政策が始まってまもない一九八一年には、海外在住潮州人の投資を期待して、汕頭市経済特区の建設が始まった。同郷会や宗親会、寺廟や善堂を介した民間の交流も盛んとなった。潮陽和平郷にある宋代の禅僧大峰祖師の墓や大峰祖師の功績を記念して建てられた報徳古堂も、タイ・バンコクの華僑報徳善堂を始めとする東南アジアの潮州系善堂の寄付によって復興、整備され、多くの海外在住潮州人が訪れる聖地となっている。

海外の潮州系移民からの僑郷への働きかけは、中国本土における潮州人アイデンティティを強化するとともに、伝統的な潮州文化を復興し、国内外に広めていこうという動きへとつながっている。

三　本書の概要

本節では本書の収録論文について簡単に解説を加えておきたい。本書は二部構成をとっている。第一部では主として中国本土と台湾をフィールドとする論文及びコラムを配し、第二部では主として香港と東南アジア地域をフィールドとする論文及びコラムを配している。

一　蒲　豊彦「宣教師が見た一九世紀の潮州人」

蒲論文は一九世紀のシャムや潮汕地域で布教を行った宣教師の文書を資料として、西洋人がいつ、どこで潮州系移民と出会い、彼らをどのように見ていたのかを詳細に描き出している。一九世紀初頭にシャムに赴いた宣教師たちはそこで出会った潮州人たちを「やや粗野な人たち」だが、「愛想がよく、外国人に対して好意的である」と記していた。ところが、宣教師が本格的に潮汕地域に入った一九世紀後半になると、その潮州人観は野蛮、残忍、堕落、無法状態、食人が行われているというものに変化していく。蒲は、その要因を当時の潮汕地域の社会状況に求めている。すなわち宣教師たちは、村々や宗族間の械闘が激化し、「むき出しの過酷な生存競争にさらされ」ていた人々に出会ったのである。潮汕地域からの海外移民が急増するのはまさにこの時期であった。

宣教師文書に描かれた華人のサブ・エスニック・グループ像というテーマで、まず想起されるのは客家である。客家という自称は、一八三〇年代に東南アジア地域で布教していたドイツ人宣教師カール・ギュツラフが、広東語とも福建語とも異なる言語集団の存在に気づき、後に香港や広東省で活動したアイテル、ピトン、ボールといった宣教師が、この異質な言語集団に言及する際に用いた Hakka の語に由来する〔飯島 二〇〇七：四六―五五〕。彼らが英文雑誌 *The China Review* に執筆した Hakka に関する記事は、羅香林やその後の客家研究者によって頻繁に引用され、そのことによって「客家」という名称が民族集団の名称として人口に膾炙していった〔田上 二〇〇七：一五六〕。

蒲論文から改めて確認できることは、ある意味客家は宣教師によって発見され、近代知識人の文化運動を通して、民族意識や民族文化が創出されてきたのに対して、潮州人の場合はそうした意識的な創出という側面をあまり持たなかったという点である。それが事実であるとすれば、では「われわれは潮州人である」というエスニック・アイデンティティはいったいいつ頃から、どこで、どのようにして、顕在化していったのだろうか。この問題を解く鍵の一つとして、本書では、これまで述べてきたように、海外移民を通して形成された潮州人の商業ネットワークとそのネットワークを介して各地に運ばれた潮州産の商品や宗教文化、民間芸能に注目する。続く第二章の蔡論文は、トランスナショナルなネットワークの一方の側である僑郷に焦点をあてている。

二　蔡 志祥（川瀬由高訳）「外の世界へ――一八五〇年から一九五〇年の潮汕における移民母村の女性」

蔡論文が取り上げるのは、大量移民の時代を迎えた一九世紀半ばの潮汕地域において、青壮年男性が不在の村や家で、留守を預かる女性たちである。移民を送り出す側の村や家族についての社会学的または人類学的な調査研究としては、本章で参照されている陳達の研究のほか、アメリカの人類学者D・H・カルプによる鳳凰村の研究〔Kulp 1966（1925）〕がよく知られている。蔡は、土地証書などの資料から、潮州の農村部と都市部の女性たちが、家やコミュニティにおいてどのような地位におかれ、どのような役割を果たしたのかを描き出している。

前節でも触れたように、一九世紀後半に男性の海外移民が増加し、潮汕地域を越えて、トランスナショナルな商業ネットワークが形成されたことによって、女性たちが作る刺繡や紙銭などの工芸品が海外に輸出され、女性たちは自分の手で収入を得ることができるようになった。また農村の庶民階層のなかには荷物運搬人、密輸業者、行商人として働く女性たちが現れた。さらに「乾泰隆」と「元発行」といった富裕な商人の一族において、男性成員の不在という状況下にあって、女性たちが土地の売買に家長として関わったり、事業ネットワーク上のハブ的な役割を果たしたりするようになった。だが、男性の海外移民によって供給される富は同時に、彼女たちを家の中に閉じ込めてしまう壁を作り出すことにもつながった。男性の支配する宗族コミュニティの儒教的倫理規範は依然として、いや男性が不在であるからこそなお一層強い縛りとなり、女性たちが外の世界へと踏み出していくことを妨げたのである。

三　横田浩一「台湾南部の潮州系移民をめぐるエスニック関係——陳氏一族の社会的経験」

横田論文は、一七世紀から一八世紀にかけて進行した潮州から台湾南部への移民の歴史と、彼らのもたらした文化資源をめぐって、現代の台湾で起きている出来事に注目する。潮州から台湾への移民は、潮州側、台湾側いずれにおいても、これまで十分研究されてきたとは言いがたい領域である。台湾では客家といえば、広東か福建の客家方言を話す地区から移民した人々であると考えられてきたが、近年各地方の移民史の掘り起こしが進み、これまで客家あるいは「福佬客」(福佬化した客家)と呼ばれてきた人々の一部は、その祖先をたどっていくと、もとは潮州府から移住した潮州語(福佬語)話者であったということが知られるようになってきた。横田は台湾の研究者によって相次いで発表されている最新の研究に依拠しつつ、横田自身のフィールドである潮州市饒平県C村の人々とその親族である台湾南部屏東県の陳氏一族が共同で編纂した族譜の記述に迫っていく。

横田が注目するのは、この族譜が一三頁にわたって「台湾の潮州府人は客家人ではない」という章を設け、「我々は客家人ではない」と主張している点である。横田は陳氏一族のこうした自己意識を、彼らが日常的に体験してきた「社会的経験」という概念から読み解くとともに、台湾の客家ナショナリズムや地方政府の文化政策とのせめぎあいを描き出している。横田は、一八世紀に台湾に渡った潮州府の潮州語話者が、民系としての「潮州人」という概念を保持しておらず、台湾に移住後に「福佬」というカテゴリーに取り込まれた可能性を指摘しているが、華人移民の歴史とエスニシティの問題を考察する上で、この指摘は重要である。

コラム① 河合洋尚「潮州人と客家――差異と連続」

河合洋尚のコラムは、現代中国社会の日常的な場面でみられる潮州人と客家の自己表象のしかたや両者の差異についての語りに注目している。河合が投げかけるのは、「潮州人」とは単に「潮州府の人」を意味する地域概念なのか、それとも言語、文化、アイデンティティを共有するエスニック概念なのか、という問いであるが、本章でも述べてきたように、その答えはどちらでもある。問題は、近代以降その意味するところが前者から後者へとシフトし、かといって後者が前者を完全に駆逐してしまったわけではないために、しばしば混乱が生じているという点である。河合の「潮州人と客家をア・プリオリに異なるエスニック集団として決めつけるのではなく、もともと同じ地域の住民であり連続的な文化的要素をもつ両者が特定の社会政治的な背景のもとで潮州人／客家に分化していった過程を、より丹念に捉えていくべきだ」という指摘はまさにそのとおりである。河合が潮州人／客家の差異をめぐる日常生活における「語り」がいったいどこで、誰によって、どういうコンテクストにおいて為されているのかに注目するのは、そのプロセスの根底に作用している権力――表象のメカニズムを明らかにしようとするためである。

コラム②　稲澤　努「汕尾から考える『広東三大民系』」

広東省の漢族には、大別して「広府」「客家」「潮汕」という三つの民族集団があるといわれるが、この三つのカテゴリーに含まれない民族集団は数えきれないほどある。稲澤努のコラムは、そのなかでも潮汕地域に隣接する広東省東部の汕尾、別名「海陸豊」地域の人々に焦点をあて、彼らの自己像や潮汕人像、また香港という異なるコンテクストに置かれた海陸豊人の意識の変化について探っている。「汕尾人」（海陸豊人）の何が問題かといえば、「汕尾人」を地域アイデンティティととらえた場合は、汕尾はかつて潮州府ではなく恵州府に属していたので、恵州十属同郷会の一員になるが、エスニックな集団としてみた場合は、「潮汕人」と自称してもおかしくないほど、「潮汕人」と文化的に近いという点なのである。「汕尾人」と「潮汕人」が文化的（とくに言語的）に近いということが、香港では「汕尾人」と「潮汕人」の間の境界を強く意識させる方向に働いた。香港ではない別のコンテクストであれば、両者の間に境界は引かれず、むしろ一体化して、別の異質なグループとの間に境界が引かれたかもしれない。エスニシティがそのコンテクストによってゆれ動くことはよく知られているところだが、稲澤のコラムは、華人のサブ・エスニシティ研究においても、一つの場所だけで調査するのではなく、複数の場所を比較して見ることの重要性に気づかせてくれる。

続く第二部では、主として香港と東南アジア地域をフィールドとし、潮州系の善堂に焦点をあてた論文を配している。

四　志賀市子「潮州の『念仏社』と儀礼文化——香港及びタイへの伝播と継承」

志賀論文は、潮州系華人の組織する「善堂」の一種である「念仏社」について、その儀礼文化の歴史的形成と香港、東南アジアへの伝播と継承の一端を明らかにしている。

志賀はまず、一九世紀後半の潮汕地域に、今日世界各地に拡がる潮州系善堂の原型ともいうべき基層の社会集団が出現してきたところから説き起こす。施棺掩埋会や父母会や念仏社といった名前で呼ばれるこうした善社、善堂はまた、功徳法事や盂蘭勝会などで、潮州独特の宗教儀礼を司る宗教職能者集団という側面も併せ持っていた。

善堂は、蒲豊彦の言う「むき出しの過酷な生存競争にさらされた社会」で生きていかなければならなかった人々が、彼らのローカルな知識と社会的、文化的な資源のなかから生み出した民間の互助の制度とみることもできる。潮汕地域にそのような社会集団が生まれていたのとちょうど同じ時期、海外に出ていった多くの人々が異国の地で向き合わなければならなかったのも、同じような、いやさらに過酷とも言える生存環境だった。一九世紀後半とそれ以前に移民した人々とでは、経験してきた社会的状況が異なっていたことにはもっと注目してもいいだろう。一八六〇年に新しく開港された汕頭から船に乗り込んだ人々は、一九世紀以前に海を渡った人々よりも、同郷者のネットワークづくりやアイデンティティの拠りどころとなる文化資源を、より多くたずさえていたと言えるかもしれない。

志賀は、念仏社の儀礼文化資源のなかでも、死者供養のための功徳法事の科儀に注目し、とくにその中の「過橋」儀礼について検討している。またこうした儀礼文化が香港及びタイにおいていかに受容され、継承されてきたのかについて論じている。香港のケースでは、潮州人というエスニシティを顕在化させてきたメディアとして、非物質文化遺産にも認定された香港の潮籍盂蘭勝会に焦点をあて、儀礼を担当してきた潮州系念仏社について詳述している。

五 黄蘊「潮州系善堂における経楽サービスとそのネットワーク――マレーシアとシンガポールを中心に」

東南アジアの華人コミュニティでは、「潮州人のいるところには必ず善堂がある」と言われるほど、善堂は潮州人を象徴するエスニック文化と見なされている。黄論文は、こうした東南アジア華人コミュニティにおける潮州系善堂の「繁栄」を支える要素とは何か、また善堂が潮州人というエスニック・カテゴリーの形成にどう関与してきたのかについて論じている。

黄はまず、慈善活動を展開する潮州系の社団として多くの共通点を持つ徳教と善堂の違いについて論じている。黄によれば、徳教は教団としての経典をもち、組織性を具えている。一方、善堂は同じ系列善堂内で交流と連携があるが、全体的に組織性に乏しく、あくまでも個別の慈善団体として活動を展開している。活動面では、善堂は「施陰済陽」という陰と陽の両方、つまり死者と生者に両方に対してサービスを提供する。とくに葬送儀礼サービスの提供が善堂の特徴であると指摘している。

黄がここで取り上げているのは、シンガポールとマレーシアにまたがる二つの善堂ネットワークである。その一つは修徳善堂とその系列の善堂であり、そのルーツは一九〇二年に中国広東省潮安県に設立された「大呉修徳善堂」に遡る。シンガポールの修徳善堂ネットワークは、一九五〇年代以降、活動が長らく中断していた中国広東省潮安県の修徳善堂の復興にも貢献している。

もう一つは、南洋同奉善堂とその系列善堂であり、やはり潮安県庵埠の同奉善堂とつながりがある。このように、中国とシンガポール、マレーシアの間では、善堂間においてトランスナショナルなネットワークが形成されており、潮州式の経楽サービスなど、特定の宗教伝統、法要儀礼、エスニック文化が維持され、それらは潮州人意識の喚起や潮州的エスニシティの伝承へとつながっている。

六　芹澤知広「ベトナムの潮州人宗教結社――ホーチミン市とメコンデルタ」

芹澤論文がとりあげるのは、ベトナム南部の潮州人社会である。芹澤自身が述べているとおり、日本の華僑華人研究において多くの調査研究が行われてきたマレーシア、シンガポール、また近年華人文化の復興とともに調査が蓄積されつつあるインドネシアに比べて、ベトナムの華僑華人についての調査研究は未だ少ない。

一七世紀以降、多くの中国人移民が海路でベトナム南部へ入植することでメコンデルタの開発が進んだが、そこで潮州出身の移民が「潮州人」というカテゴリーで区分され実体化されるにあたって、一九世紀にベトナムを統一した阮朝と、その後コーチシナを植民地化したフランス政府が、中国人移民を出身地ごとに管理する「幇《ほう(パン)》」（congregation）の制度を採用したことが重要な意味を持った。フランス領インドシナでは、その出身地が広府・潮州・福建・海南・客家の「五幇」として行政上の重要性を帯びた。

ベトナム南部のメコンデルタでは潮州人は多数派であるが、ホーチミン市の華人社会のなかでの多数派は広府人であり、潮州人は広府人に次ぐ規模のグループである。ホーチミン市のチョロンには、念仏社や父母会の機能を備えた潮州系善堂が複数あり、その儀礼サービスや音楽、法会などの行事、制度は、潮州人という枠をこえて広く受け入れられている。

芹澤によれば、近年チョロンでは、潮州人のグループが一番「勢力がある（「有勢力」）」と言われているという。二〇一五年一一月、潮州幇の義安会館で進められていた改修工事が終わり、義安会館は華人仏教会と共同で「乙未年万人縁祈安普渡法会」を開催した。[18]「万人縁《ばんにんえん》」（または「万縁勝会《ばんえんしょうえ》」とも称される）とは、清末民初期に広東珠江デルタ地域において、方便医院などの慈善団体が始めた、新しいスタイルの死者供養のための大規模な法会を指す。解放前のチョロンでは、一九五七年に広肇《こうちょう》幇が、一九五九年には福建幇の福善医院が主催者となって開催されている［蔡志祥　二〇一七］。二〇一五年の万人縁は、現在最も羽振りのよい潮州幇が主となり、かつてのチョロンの繁栄を彷彿とさせる法会の伝統を復活させたと見ることもできよう。

芹澤は、修骷や扶乩についても、今後ベトナムにおいて復活する可能性を論じている。華人のホスト社会への同化が進行しつつある現代のベトナムでは、華人のもたらした宗教文化が、たとえ復活したとしても、以前と同じものであるとは限らない。むしろ新しいコンテクストにおいて再創出されたものととらえ、それがいったい誰にとって、どのような意味を持っているのかという点を注視していく必要があるだろう。

さて後半三つの章は、タイ国の事例を扱った論文である。いずれの章も共通して掲げるのは、潮州系の善堂や徳教がいかにしてタイ社会に受け入れられていったのかという問いであるが、その答えを導き出すためのアプローチのしかたや研究対象は異なっている。

七　玉置充子「タイ現代史の中の潮州系善堂――華僑報徳善堂の発展と適応」

玉置論文がとりあげたのは、タイの代表的な華人（潮州）系慈善団体である華僑報徳善堂である。華僑報徳善堂は、そのタイ社会における知名度と影響力の大きさにも関わらず、学術的な研究はあまり多いとは言えず、とくにその歴史をタイの現代史のなかに跡付けた研究は少ない。玉置充子は、華僑報徳善堂の特刊や華字紙を資料として、発足した二〇世紀初頭から現在までの歴史を三つの時期に大別し、それぞれの時期におけるタイの政治的、社会的状況の中で善堂がどのように発展してきたのかを綿密にたどっている。そこから見えてくることは、中国潮陽地域の地方神であった宋大峰を祀る廟として出発した報徳堂が、バンコクの有力華人財閥やタイ王室の支持を得て今日の姿へと変貌を遂げたという従来の理解に加えて、近年ではセーフティーネットとしての役割やボランティア活動の機会提供などがタイの一般民衆に広く認知され、タイ社会において確固たる地位を占めるに至っているという点である。

現状からみれば、華僑報徳善堂はすでにタイ社会の一部になったようにも見える。事実、報徳善堂はそのことを自覚し、自らの歴史をタイのナショナル・ヒストリーの中に積極的に位置づけようともしている。それを象徴する出来事として玉置が注目するのが、報徳善堂の創立一〇〇周年のイベントにおいて、一般来場者に向けて上演された歴史劇の中で、戦後タイに押し寄せた中国からの難民に、報徳善堂が一杯の粥を施すシーンである。玉置は、これはタイ社会へのメッセージでもあったのではないかと述べている。そうだとしても、果たしてそのメッセージはどこまで伝わっただろうか。オープニングのセレモニーにはシリントン王女も来賓として招かれたという大がかりなイベントに参加して、この歴史劇を見ることができたのは、おそらくタイの中でも限られた階層の人々であっただろう。そうしたイベントを見る機会のない、とくにバンコク以外の地方に住むタイの一般民衆は、タイ華人の苦難の歴史を「自分たちの歴史」として受け入れることができるのだろうか。これは、玉置自身答えを留保しているように、そう簡単には答えが出る問題ではなさそうだ。タイの社会的分断の大きな要因の一つは、都市（中央）と農村（地方）の経済格差にあると言われているが、バンコクをはじめとする都市住民を主な支持層とする華僑報徳善堂の歴史を、地方の農民や少数民族が共感をもって受け入れることは、今のところ考えにくいからである。

八　陳　景熙（阿部朋恒訳）「海外華人宗教の文化適応――タイ国の徳教における『白雲尊師』像の変化を事例として」

陳景熙は汕頭で生まれ育った若い世代の歴史研究者である。潮汕地域の宗教文化の歴史研究を専門とし、主として徳教の中国、香港、東南アジアへの展開過程と信仰体系の変遷について研究を進めている。陳景熙はタイやマレーシア、シンガポールの潮州人社会において、潮州語で現地調査を行っているが、タイの徳教会を事例とした本論文においても、徳教の信徒たちへの潮州語によるインタビューの成果が生かされている。

陳論文は華人の伝統的な道徳観を宣揚する徳教が、海外、とくに仏教を国教とするタイの文化にいかに適応していったのかを、タイ徳教の祭壇に祀られてきた「白雲尊師」の図像の変遷を通して論じている。潮汕における創建期の徳教会で祀られていた白雲は、道士風の風貌で描かれていたが、一九五二年にタイのベトナム系大乗仏教寺院「景福寺」の一角につくられた徳教紫真閣に祀られた白雲像は、仏教の僧侶風の姿に変わっていた。陳はこの白雲尊師の造形における変化こそが、徳教がタイにおいて合法的な地位を獲得するにあたっての契機となったと述べ、その変化を、徳教の信徒たちが行った「意識的な策略」であり、「文化的な調整」と解釈している。

確かに図像を道士風から僧侶風に変えたことは、陳のいうとおり意図的なものであっただろう。だが筆者は、図像の改変は、当時徳教の信徒たちが直面し、その都度対応していかなければならなかった一連の適応戦略の一つに過ぎなかったのではないかと考える。なぜなら図像を変えたことが、徳教がタイ政府から合法的な地位を獲得する直接的な要因となったとは言い切れないからである。だがおそらく信徒たちにとって、図像の改変は徳教がタイの宗教文化環境に適応する過程のなかでも、とくに象徴的な出来事として記憶されているのだろう。しかもそのことが徳教の理解者であったベトナム人僧侶宝恩大師の神通力を通して伝えられたとされているところに、徳教の今日の繁栄は諸仏神仙の庇護のもとで約束されていたものとして、その歴史を正当化しようとする意図があるように読み取れる。

九　片岡　樹「功徳がとりもつ潮州善堂とタイ仏教――泰国義徳善堂の事例を中心に」

潮州系の善堂がいかにしてタイ社会に受け入れられていったのかという問題設定は、上座仏教徒が多数を占めるタイ社会に、中国潮州地域から移民とともに異質な善堂の文化が入ってくるというように、タイ宗教と中国宗教を対置させる構図としてイメージされやすい。玉置論文と陳論文は、そうした構図を前提として、中国宗教のタイ宗教（社会）への適応という中国宗教側の視点から描かれている。だが、タイの潮州系善堂を観察していると、次のような素朴な疑問がふと湧き上がってくることがある。そもそも両者はそれほど異質なものであったのだろうか。両者は対立するというよりむしろ親和性が高く、タイの宗教システムと善堂が共存することは自然ななりゆきではなかったのか。このような疑問に対して、片岡論文は多くの示唆を与えてくれる。

片岡は、タイ人と華人という二つの民族集団やタイ仏教と中国系宗教という二つの宗教の存在をア・プリオリに想定せず、仏教を触媒とする「信仰の公共空間における緊密な調和」がどのようなものであり、そこに善堂がどのような位置を占めているかを読み取ろうとする。ここで主な事例としてとりあげられているのが、バンコクの義徳善堂である。義徳善堂は、華僑報徳善堂とともにレスキュー活動で知られる善堂であるが、その性格は華僑報徳善堂とはかなり異なっている。華僑報徳善堂がバンコクの華人エリートによって運営されてきた典型的な潮州系善堂という性格を持つのに対して、義徳善堂はクロントイ・スラムの救貧団体として発足し、雑多な神々を祀る霊媒カルトとして成長してきたという経緯を持つ。

片岡は、義徳善堂の祀る神々のパンテオンや、儀礼を執行するために大乗仏教寺院、上座仏教寺院、在家念仏社などの職能者を必要とするそのありかたを、タイ仏教を頂点とする多配列的なシステムと呼ぶ。それを支えているのが、中国由来の功徳／善挙観とタイ仏教のタンブン（積徳）の思想との共鳴（片岡の言葉によれば「相互乗り入れ」）による、積徳観念の拡がりである。中国の宗教慈善観念における善挙の考え方や功過格の論理は、タイ仏教のタンブンとは異質なものであると思い込んでいた筆者にとっては、片岡のこの指摘は驚かされるものであった。

最後に片岡は、中国宗教のモデルとして導き出された、楊慶堃の制度的宗教と分散的宗教の構造が、タイ仏教体制にもあてはまると述べている。このことはいったい何を意味するのだろうか。ここにおいて筆者は、そもそもタイ仏教とは何なのかと問わずにはいられない。タイの仏教体制はなぜ、どのようにして、中国系、インド系、民間信仰系を含む多様な神格と組織を包摂するようなシステムになっているのか。いずれは別稿で論じてもらいたいテーマである。

コラム③　田仲一成「潮州劇について」

戦後日本における東南アジア華人研究の一角、とくに宗教や芸能研究の分野を最初に切り開いたのは、中国道教や中国文学の研究者だった。一九五〇年代から六〇年代にかけての現地調査の空白期間の後、一九七〇年代に文部省科学研究費による東南アジアの海外調査が三件実施されたが、その一つは窪徳忠を代表者とする「東南アジア華人社会の宗教文化に関する調査」、後の二つは酒井忠夫を代表者とする「シンガポール・マレーシア地域の華人会館の実態調査」と「近現代のシンガポール・マレーシア地域における華人文化と文化摩擦」であった。二人の著名な道教学者を代表者とするこれらの調査の成果のなかには、野口鐵郎の真空教、徳教を扱った論文や福井文雅の仏教に関する論文等がおさめられている〔酒井　一九八三〕。

一九八〇年から八四年にかけては、香港、マレーシア、タイをフィールドとした「東南アジアにおける華人伝統芸能の研究」（研究代表者尾上兼英）が実施された。ここで香港の福佬人の祭祀演劇の調査を担当したのが田仲一成である。

田仲は共同調査終了後も、香港やシンガポールなどの盂蘭勝会で行われる祭祀演劇や宗教儀礼を精力的に調査し、エスニック・グループの特性や移民の歴史的過程と合わせて詳細に論じた。その成果は『中国祭祀演劇研究』（一九八一）を初めとする三冊の大著にまとめられている〔田仲　一九八一、一九八五、一九八九〕。緻密なフィールドワークによって得られたその資料には、現在では消滅したり、すっかり変化したりした儀礼や神功戯に関するものが数多く含まれており、その研究史上における価値は、国内外で高い評価を受けている。現在田仲は研究員を務めている東洋文庫のホームページにおいて、一九八七年から二〇一二年までの間に中国大陸、香港、東南アジア及び台湾等において撮影した写真と動画を二つのデータベースに公開している[19]。この画像や動画の中には、潮州劇や潮州系念仏社の儀礼に関するものも数多く含まれているので、本コラムと併せてご覧いただくことをお勧めする。

最後に、本書が潮州人をエスニシティと文化という観点からとりあげる主な理由は、「潮州人とはだれか」、「潮州文化とはなにか」という問題を考えることによって、「華人」のサブ・エスニシティと文化に関する議論がさらに深まることを期待するからであるが、それだけではない。本書がとりあげる問題意識は、「潮州人」や「華人」とは明確な境界線で区切られているはずの「タイ人」とはだれか、「タイ文化」とはなにか、あるいは「ベトナム人」とはだれか、「ベトナム文化」とはなにかという問題についても、再考を促すであろうと確信している。

注

（1）民系とは広東省興寧県出身の知識人羅香林の造語である。瀬川昌久は、羅香林は「民系」という言葉を「共通の起源に発し、永続的に再生産されてゆく系統としてイメージしていた」と指摘している［瀬川 一九八六：一三六］。

（2）ここでは二〇〇〇年代以前に発表された、日本人研究者による潮州系移民に関する主な先行研究を挙げておくことにしたい。人文地理学の山下清海［一九九〇（二〇〇二）］は僑郷としての潮州地域に焦点をあて、潮州と東南アジア華人社会との結びつきに注目した。香港の潮州人コミュニティの研究には、吉原和男による徳教の研究［吉原 一九七八、Yoshihara 1988］と潮州人が創立したプロテスタント教会の変遷をとりあげた森川眞規雄の研究［森川 一九九一］がある。その後吉原はタイに伝播した徳教について取り上げた［吉原 一九九九］。また川崎有三［一九八四、一九八五］は、マレーシア・セランゴール州の潮州系移民を主とする漁村を調査し、「父母会」と呼ばれる葬儀の相互扶助組織や功徳を含む葬送儀礼について詳細な報告を行った。さらに濱下武志［一九九二（二〇一三）］は、タイの華人社会における潮州人グループの位置づけや華僑送金などの経済活動に焦点をあてた。田仲一成による香港やシンガポールの潮州人コミュニティの盂蘭勝会や潮州劇に関する一連の研究については、本章第三節を参照されたい。

（3）これまでも、また現在においても、潮州人の文化や歴史に関する研究の多くは、中国や海外の研究機関に所属しているか、あるいは在野の潮州人ネイティヴの研究者が担ってきた。その成果の中には、『潮学研究』（韓江師範学院潮学研究中心）や『汕頭大学学報』などの学術雑誌や、二年に一度開かれる潮州学の国際シンポジウムの論文集、また大型シンポジウムの研究成果をまとめた論文集（たとえば二〇〇二年にシンガポールで開かれたシンポジウムの論文集『海外潮人的移民経験』［李志賢主編二〇〇三］など、学術的に優れたものも多い。だが一部には、潮州文化の特質を潮州人の民族性と結び付けて安易に論じる研究も見られる。

（4）原文は「始、潮人未知学、公命進士趙徳為之師、自是潮之士皆篤於文行、延及斉民」。

（5）「海浜鄒魯」とは、陳堯佐が挙人に合格した潮州府出身の王姓の知人に送った詩「送王生及第帰潮陽」に出てくる言葉で、潮州は海辺の辺境にあるが、孟子や孔子の故郷である鄒や魯の国にも負けないほど儒学の盛んな文明の地であるという意味。

（6）「打冷（ダーラン）」とは、滷水と醤油で煮こんだ鶏肉やガチョウの肉、卵、豆腐干、塩漬けの蝦や貝類などの冷菜と白粥を中心に出す庶民的な潮州料理の俗称である。打冷を食べさせる屋台はかつて、夜を徹して働く苦力たちのたまり場であった。

（7）むろん近代以前にも、潮州出身者が地域に根差したアイデンティティを持ち、集団的な活動を行っていた事例は見られる。たとえば清代前半にはすでに、潮州商人の拠点としての潮州会館が中国国内各地に設立されていた。蘇州には康熙二一年（一六八二）に、北京には遅くとも乾隆三四年（一七六九）までに潮州会館が建設され、会館に祀られた神々の祭祀や潮州劇の奉納が行われていた［張秀蓉　二〇〇二］。このことは、清代にはすでに、潮州という地域に根差した排他的な商人ネットワークがエスニックな性格を帯びた共同体を形成していたことを示すものとして注目される。

（8）ただし本書では、キリスト教や仏教など外来宗教については十分に取り上げることはできなかった。潮州地域におけるプロテスタント諸教派の宣教師による布教活動とその受容については、主なものとして、ジョセフ・リー［Lee 2003］や本書の執筆者でもある蒲豊彦［二〇〇三、二〇〇四、二〇〇七］の研究がある。また海外華人社会における潮州人キリスト教会については、先述した森川眞規雄［森川　一九九二］や、ベトナムの華人プロテスタント教会を通して潮州人を初めとする華人のサブエスニック・グループの関係に着目した芹澤知広［芹澤　二〇一二］の研究が挙げられる。この他、芹澤［二〇〇九］は、一九二四年に真言宗豊山派の権田雷斧によって潮州に伝えられた日本密教の流れを汲む潮州系ベトナム華人の居士林について、志賀［二〇〇六］は、民間宗教教派の一つである先天道の潮州地域における伝播と受容及びタイへの展開について取り上げている。

（9）この数字がいかなる統計に基づくものかについて、饒宗頤はまったく触れていない。潮州を祖籍とする＝潮州語話者と単純に解釈したのかもしれない。

（10）辦荘とは輸出入業者を指す言葉。

（11）騎楼とは、中国華南地域から東南アジアにかけて普及した中国式のアーケード建築のこと。

（12）僑批の「批」とは閩南方言で「信」（手紙）を意味し、海外にいる僑胞が郷里の家族宛てに代理人を通して送金を委託するとき、現金とともに家族宛ての簡単な書簡を同封することからこのように通称された。

（13）「潮汕僑批」の関連資料は他地域の僑批と比べて数が多く、種類や内容が豊富で、民間資料としての価値が高いことから、汕頭市潮汕歴史文化センターは早くから、僑批を潮汕地域の代表的な文物と位置づけ、その収集、保存、展示に力を入れてきた。二〇〇七年からは広東省檔案局が中心となり、ユネスコの「世界の記憶」への登録を目指して準備を開始した。福建省の関係機関とも協力して申請した結果、二〇一三年六月、広東省と福建省の僑批一六万点が登録を果たした。そのうち潮汕僑批は一〇万点以上を占めた（「僑批檔案申遺成功——潮汕僑批占大部分為広東首項世遺」『南方網』（http: //gddazx.southcn.com/a/2017-02/17/content_165422055.htm）、二〇一七年二月一七日、二〇一七年六月一三日閲覧）。

（14）扶乩とは、扶鸞《ふらん》とも呼ばれ、自動筆記現象を利用した中国古来の降神術の一種。

（15）潮州人の商業ネットワークが地方文化と密接に関連していることは、現代の深圳における潮州系自営業者の移住プロセスや起業のパターンについて分析した連興檳の研究［連　二〇一六］でも指摘されている。

（16）芹澤知広によれば、一九九五年以降の統計に基づくチョロン（ホーチミン市の五郡、六郡、一〇郡、一一郡を合わせた地域）の華人人口はおよそ三〇万人、芹澤が出会った人々の大部分は、一九四〇年代に中国華南地域からベトナムに逃げてきた移民の第一世代か、その後ベトナムで生まれた第二世代であったという［Serizawa 2006: 103］。

（17）潮州の善堂は伝統的に、子供たちが読み書きを学んだり、楽器を学んだりといった、一種の寺子屋のような機能を併せ持っている。現代潮汕地域の善堂でも、放課後や休日になると学齢期の子供たちが集まり、補習や楽器の練習をしている姿を見かけることがある。

（18）「万人縁普渡法会」に関する情報は、香港珠海学院の游子安博士より提供を受けた。ここに記して感謝の意を表する。

（19）「中国祭祀演劇関係写真資料データベース」（http://124.33.215.236/cnsaigisaienchigi/chugokusaishiengeki.php）、「中国祭祀演劇関係動画データベース」（http://124.33.215.236/movie/index_movie.html）。

［付記］本章第二節は、華僑華人の事典編集委員会編『華僑華人の事典』東京：丸善出版、二〇一七年所収の拙文「潮州・汕頭地域」（二六〇―二六一頁）を元とし、大幅に加筆・修正したものである。

引用・参考文献

〈日本語文献〉

市川　哲

飯島典子
　二〇〇七「サブ・エスニシティ研究にみる華人社会の共通性と多様性の把握」『華僑歌華人研究』四：六九—八〇。
　二〇〇七『近代客家社会の形成——「他称」と「自称」のはざまで』東京：風響社。
蒲　豊彦
　二〇〇三「宣教師、中国人信者と清末華南郷村社会」『東洋史研究』六二（三）：五六七—五三九。
　二〇〇四「潮州・汕頭の義和団事件と慈善結社」森時彦編『中国近代化の動態構造』京都：京都大学人文科学研究所、二四五—二七一。
　二〇〇七「中国のバイブル・ウーマン」『キリスト教史学』六一：一八七—二〇一。
川崎有三
　一九八四「マレーシア潮州人漁村の有力者たち」『民族学研究』四九（一）：一—二六。
　一九八五「死者との別れ——マレーシア漁村に見られる葬送儀礼の事例から」『東京大学東洋文化研究所紀要』九七：八一—一一四。
黄　蘊
　二〇一一『東南アジアの華人教団と扶鸞信仰——徳教の展開とネットワーク化』東京：風響社。
蔡　蕙光
　二〇一二「台湾総督府による台湾籍民学校の成立——東瀛学堂・旭瀛書院・東瀛学校」『東京大学日本史学研究紀要』一六：一一一—一四〇。
酒井忠夫編
　一九八三『東南アジアの華人文化と文化摩擦』東京：巌南堂書店。
志賀市子
　二〇〇六「近代広東における先天道の興隆と東南アジア地域への展開——潮州からタイへの伝播と適応を中心に」『茨城キリスト教大学紀要I　人文科学』四四：一四五—一六二。
杉原　薫
　一九九六『アジア間貿易の形成と構造』京都：東京：ミネルバ書房。
瀬川昌久
　一九八六「客家と本地」『民族学研究』五一（二）：一一一—一四〇。

一九九三『客家——華南漢族のエスニシティーとその境界』東京：風響社。
芹澤知広
二〇〇九「海外華人社会のなかの日本密教——潮州系ベトナム華人の居士林をめぐる実地調査から」『奈良大学総合研究所所報』一七：五五—七〇。
二〇一二「ベトナム・ホーチミン市の華人プロテスタント教会——一九六〇年代における潮州人教会の設立」『奈良大学総合研究所所報』二〇：三一—四三。
台湾銀行総務部調査課
一九一九『広東・広西両省出張報告概要』台湾銀行総務部調査課。
田上智宜
二〇〇七「『客人』から客家へ——エスニック・アイデンティティーの形成と変容」『台湾学会報』九：一五五—一七六。
玉置充子
二〇一一「第二次世界大戦後におけるタイ華人の祖国救済運動——「暹羅華僑救済祖国糧荒委員会」（一九四五〜一九四八）を中心に」『華僑華人研究』八：二四—四二。
田仲一成
一九八一『中国祭祀演劇研究』東京：東京大学出版会。
一九八五『中国の宗族と演劇』東京：東京大学出版会。
一九八九『中国郷村祭祀研究』東京：東京大学出版会。
津田浩司
二〇一六「序論——『華人』の循環論を超えて」津田浩司・櫻田涼子・伏木香織編『「華人」という描線——行為実践の場からの人類学的アプローチ』東京：東京外国語大学アジア・アフリカ言語文化研究所、一九—四七。
中村孝志
一九八九「汕頭博愛医院の成立」『天理大学学報』一六二：一五—二八。
濱下武志
一九九二［二〇一三］「移民と商業ネットワーク——潮州グループのタイ移民と本国送金」『東京大学東洋文化研究所紀要』一一六：六一—一〇六（『華僑・華人と中華網——移民・交易・送金ネットワークの構造と展開』東京：岩波書店、八一—一一五、二〇一三年に加筆修正を加えて収録）。

森川眞規雄
一九九一「香港の潮州人教会――移民社会の変化と移民教会」同志社大学人文科学研究所「海外移民とキリスト教会」研究会編『北米日本人キリスト教運動史』東京：ＰＭＣ出版株式会社、五九三―六二四。
山下清海
一九九〇［二〇〇二］「僑郷としての広東省潮州地方の社会地理的考察――華僑送出地域と東南アジア華人社会との結びつき」『秋田大学教育学部研究紀要（人文科学・社会科学）』四一：一四九―一五九（『東南アジア華人社会と中国僑郷――華人・チャイナタウンの人文地理学的考察』東京：古今書院、一六六―一八〇、二〇〇二年に加筆修正を加えて収録）。
横田浩一
二〇一六「潮汕族群の宗教・信仰研究に関する動向と課題」『華僑華人研究』一三：八一―九一。
吉原和男
一九七八「華人社会の民衆宗教――香港・潮州人社会の徳教」宗教社会学研究会編『現代宗教への視角』東京：雄山閣出版、一九四―二〇九。
一九九九「タイ国へと伝えられた徳教とその変容」宮家準編『民俗宗教の地平』東京：春秋社、三一九―三三一。
二〇〇一「総論――アジア移民のエスニシティと宗教」吉原和男、クネヒト・ペテロ編『アジア移民のエスニシティと宗教』東京：風響社、一五―四四。
連　興檳
二〇一六「現代中国における都市移住と商業ネットワーク――深圳の潮州系自営業者を事例として」『ソシオロジ』六一（一）：二三―四一。

〈中国語文献〉
蒲　豊彦
二〇一五「従日本檔案看晩清民初潮汕社会――以供水問題為主」『潮学集刊』四：三―一六。
陳　春声
二〇〇七「地域社会史研究中的族群問題――以〝潮州人〟与〝客家人〟的分界為例」『汕頭大学学報（人文社会科学版）』二三：七三―七七。
陳　景熙ほか

二〇一六『故土与他郷——檳城潮人社会研究』北京：生活·読書·新知三聯書店。

陳　漢光
一九七二「日據時期臺湾漢族祖籍調査」『台湾文献』二三（一）：八五—一〇四。

陳　澤泓
二〇〇一『潮汕文化概説』広州：広東人民出版社。

程　美宝
二〇〇六『地域文化与国家認同——晩清以来「広東文化」観的形成』北京：生活・読書・新知三聯書店。

蔡　志祥
二〇一七「従反迷信到万縁会——広州到東南亜的城市救贖儀式」（未刊行論文。二〇一七年六月三〇日、京都大学人文科学研究所共同研究班「転換期の中国における社会経済制度」研究会での報告資料）

黄　挺
二〇一五『十六世紀以来潮汕的宗族与社会』広州：曁南大学出版社。

鄺　裕棠
二〇一三『香港海味採買図鑑』香港：万里機構・飲食天地出版社。

李　龍潜
一九九七「清末民初在香港的潮州人」『潮学研究』六：五四六—五七二。

李　偉儀
一九九七「食物與族群——香港潮州人的飲食研究」香港中文大学人類学系哲学修士論文。

李　文良
二〇一一『清代南台湾的移墾與「客家」社会（一六八〇—一七九〇）』台北：国立台湾大学出版中心。

李　志賢主編
二〇〇三『海外潮人的移民経験』新加坡：新加坡八邑会館、八方文化企業公司。

饒　宗頤（黄挺編）
一九九六『潮汕地方史論集』汕頭：汕頭大学出版社。

隗　芾
二〇一一『他郷遇故知——潮汕文化総論』汕頭：汕頭大学出版社。

袁 偉強
一九九八「論汕頭従開埠到開放的歴史進程及発展前景」『汕頭僑史論叢』三：二四七—二六五。
張 秀蓉
二〇〇二「以潮洲会館爲例析論清代的会館與商業活動」『白沙人文社会学報』一：二六一—二九三。

〈英語文献〉
Choi, Chi-cheung
2014 "Rice, Treaty Ports and the Chaozhou Chinese Lianhao Associate Companies: Construction of a South China-Hong Kong-Southeast Asia Commodity Network, 1850s-1930s," in Yuju Lin and Madeleine Zelin (eds.), *Merchant Communities in Asia, 1600-1980*, London: Pickering & Chatto Publishers Ltd., pp.53-77, 204-209.

Honig, Emily
1992 *Creating Chinese Ethnicity: Subei People in Shanghai, 1850-1980*. New Haven and London: Yale University Press.
Hong Kong Census and Statistics Department
1969 *Hong Kong Statistics, 1947-1967*.
Kulp, Daniel H.
1966［1925］*Country Life in South China: The Sociology of Familism*. Taipei: Ch'eng-wen Publishing Company (reprinted) .
Küchler, Johannes K.
1965 "Penang's Chinese Population: A Preliminary Account of its Origin and Social Geographic Pattern". *Asian Studies* 3:3: 435-458.
Lee, Joseph Tse-Hei
2003 *The Bible and the Gun: Christianity in South China, 1860-1900*. London: Routledge.
Liu, Hong & Benton, Gregor
2016 "The Qiaopi Trade and Its Role in Modern China and the Chinese Diaspora: Toward an Alternative Explanation of Transnational Capitalism." *The Journal of Asian Studies* 75(3): 575-594.
McKeown, Adam
1999 "Conceptualizing Chinese Diasporas, 1842 to 1949." *The Journal of Asian Studies* 58(2): 306-337.
Serizawa, Satohiro

2006 “Chinese Charity Organizations in Ho Chi Minh City, Vietnam: The Past and Present,” in Khun Eng Kuah-Pearce and Evelyn Hu-Dehart (eds.) *Voluntary Organizations in the Chinese Diaspora*, Hong Kong: Hong Kong University Press, pp. 99-119.

Tan, Chee-Beng

1985 *The Development and Distribution of Dejiao Associations in Malaysia and Singapore* (Occasional Paper 79). Singapore: Institute of Southeast Asian Studies.

Yoshihara, Kazuo

1988 “De Jiao: A Chinese Religion in Southeast Asia.” *Japanese Journal of Religious Studies* 15(2-3): 199-221.

●第Ⅰ部　中国、台湾

第一章　宣教師が見た一九世紀の潮州人

蒲　豊彦

はじめに

大航海時代以来、世界の各地に進出しはじめたヨーロッパ人は、他方で、自分たちが目にした人々や風景、事物などをつぎつぎと記録に留めていった。その内容を日本語で通覧できるものとしては、P・J・マーシャル、グリンデュア・ウィリアムズ『野蛮の博物誌――18世紀イギリスがみた世界』がある〔マーシャル&ウイリアムズ 一九八九〕。アジアに目を移すと、より早い時期の東南アジアについてはアンソニー・リード『大航海時代の東南アジア〈1〉〈2〉』が代表的な研究だろう〔リード 一九九七、二〇〇二〕。おもに一五世紀から一七世紀を扱うものだが、もちろんここにすでに中国人が現れている。中国にかんしては、レイモンド・ドーソン『ヨーロッパの中国文明観』が〔ドーソン 一九七一〕、また最近では大野英二郎『停滞の帝国――近代西洋における中国像の変遷』が〔大野 二〇一一〕、いずれもヨーロッパ人の中国観がどのように変遷したのかを探っている。

それでは、西洋人はいつ、どこで潮州人と出会い、かれらをどのように理解し、またかれらとどのような関係を結んだのだろうか。潮州史のこの側面を通史的に整理しようとした先行研究は存在しない。潮州人ともっとも緊密な関係を築こうと努め、潮州にかんして継続的に大量の記述を蓄積した西洋人グループは、疑いなく近代以降に潮州人に接触したキリスト教の宣教師だろう。そして潮州、汕頭《スワトウ》地域でかれらが何を見て、体験し、住民をどのように理解したのかについては個別研究がある程度蓄積されており、そこで明らかにされた宣教師の記録は、広義の潮州人研究といえる。以下、本章では、このような宣教師の視点を中心に置きつつ、西洋人による潮州人認識を通史的に整理してみたい。

一　シャムの潮州人

ヨーロッパ人が潮州人にはじめて出会い、中国人のなかの「潮州人」という集団をはじめて認識しはじめた場所は、おそらく東南アジアである。その東南アジアのなかで潮州系中国人がもっとも多く居住していたのがシャムだった。本節では、シャムの歴史を遡り、「潮州人」がいつ弁別されはじめたのかをまず見ておく。

そもそも潮州は、明代までは移民を受け入れる側であり、とりわけ宋元以降におもに福建からやってきた人々によって、現在につらなる潮州住民の基本的な姿が形作られたとされる。しかしその後、人口が増加するにともなって、明末清初以降には移民を送り出す側に転じた。その行き先は、最初はおもに広西、四川、台湾などだった［林済 二〇〇一：六四］。これにたいして康熙《こうき》二三（一六八四）年に海禁が、また雍正《ようせい》五（一七二七）年に南洋海禁が解除されたことが転機となり、東南アジアへの移民が本格化する。このころの潮州の主要港はもちろん汕頭ではなく、汕頭東北方の、河川をすこし遡った樟林《しょうりん》である。

タイの華僑社会について先駆的な研究を行ったスキナーは、ヨーロッパからの旅行者、貿易商人、宣教師、外交上の使者などの記録を使って、古い時期の中国人の痕跡を探している。それによれば、一七世紀の史料はおもに福建や広州から出航した人々に言及しているだけだという。つまりTiechiu、Tiochiu、Tewchew、Taechew、Tiotsjoe、Tia-chu、Ta-chu等々と表記される潮州人は、すでにシャムへ渡来していたと思われるものの、一七世紀の史料には現れない［Skinner 1957: 15, 37］。これは、中国側の送り出しの状況と一致している。

このように潮州人は、福建人や広府《こうふ》人にくらべてシャムへの進出が遅れたが、一八世紀の前半に東南アジアへの移民送出が本格化したのち、そのなかごろにはシャムの潮州人をめぐって重大な事件が起こる。潮州人集団に支持された潮州系二世のタークシン（Taksin、鄭信、一七三四―一七八二）が、ビルマ軍に滅ぼされたアユタヤ王朝のあとを継いで一七六七年にトンブリー王朝を開いたのである。父親の鄭鏞《ていよう》は潮州澄海《ちょうかい》県の出身で、雍正初年にシャムへ渡り、タイ人の女性と結婚して鄭信をもうけたとされる。タークシンは、ビルマ軍に破壊されたアユタヤから、現在のバンコクに含まれるトンブリーに首都を移した。潮州華僑は「王室華僑（royal Chinese）」と呼ばれて優遇され、多くが現在のバンコクとその周辺に集住したため、今日でも同地域では潮州人が優勢である［Skinner 1957: 21］。シャムの中国系住民は、その言語によって大きく広府、福建、潮州、客家《ハッカ》、海南の五つのグループに分けることができるが、一八世紀中葉までは東南アジアの華僑は福建と広府が力をもっていた。ところがシャムでは、トンブリー王朝の成立後に、人数と社会的地位の両面で中国系住民の勢力構成に劇的な変化が起こり、一九世紀を通して、シャム中央と上部を中心として潮州人が大幅に増え、海南と客家がそれに次ぐ状態になった［Skinner 1957: 39-41］。

さて、スキナーによれば、中国南部の港からやってくる船のうちもっとも小さい二〇トン以下のジャンクは海南人が所有して海南人が乗り込み、海南島との交易に使われ、三〇〇トン以上のもっとも大きないわゆる「潮州船」は中国人商人とともにタイの王と貴族がしばしば所有し、そして潮州人によって操られていたという。汕頭が開港地として発展するはるか以前から、潮州人は冒険的ですぐれた船乗りとして知られていたのであった。そして実際、バンコクに到着するジャンクの大部分は、その船員が潮州語を話しているという［Skinner 1957: 42］。

一方で、東南アジアの他地域をも含め、潮州人はまた、すぐれた農園経営者あるいは農場労働者としても知られていた。世界市場で砂糖や胡椒《こしょう》その他の農産物にたいする需要が高まるなかで、一九世紀の初頭には東南と南部シャムで農場が発展する。シャムでもっとも重要な輸出品である砂糖はそもそも中国人が持ち込んだものであり、胡椒の栽培も中国人が手がけていた。一九世紀のはじめにシャムの中央部で中国人がこうした農産物の生産を拡大したこともまた、潮州人を大量に呼び込むことになったとされる［Skinner 1957: 46］。

二　近代キリスト教ミッション

このようなシャムにキリスト教の宣教師がはじめて入ったのは、アユタヤ王朝期（一三五一―一七六七）の一六世紀だったとされ、ポルトガル人宣教師だった。その後、さまざまな宣教団体がやってくることになる。アユタヤ王朝は、かれらが中国人をはじめとするシャム在住の外国人に布教するかぎりは、干渉することはなかった。しかし、タイ人への布教には否定的で、キリスト教の書物をタイ語で書くことが禁止されることもあった。一九世紀に入ると、一八二六年にイギリス東インド会社とのあいだで和親条約が締結され、シャムはふたたび国を開きはじめる。そして一八二八年には、ドイツ人のカール・ギュツラフ（Karl Gützlaff）とイギリス人のジェイコブ・トムリン（Jacob Tomlin）が、プロテスタントの宣教師としてはじめてシャムに足を踏み入れた。さらに一八三〇年代以降には、アメリカン・ボード、アメリカン・バプティスト、アメリカ長老会などが、つぎつぎと宣教師を送るようになる［石井二〇〇二：九二］。

このうちギュツラフは、中国の沿海を航行しながらキリスト教の文書を散布するという、特異な活動を行った宣教師として知られる。全三回の航海のうち第一回目（一八三一年）では、七月一七日に潮州沖の南澳《なんおう》に寄港した。ギュツラフは、「ここの人々は一般的に、みすぼらしく、不潔で、強欲だが、しかし愛想が良く、外国人にたいして好意的だ」という。そして生活上の必要から、毎年五〇〇〇人以上が故郷を離れて南洋諸島、コーチシナ、海南島などに移民し、また船乗りとして生計を立てているとする。ギュツラフの船の水夫もまた潮州人だった。南澳の港に碇《いかり》を下ろすと、船員たちを故郷に送り届ける小舟が四方八方から押し寄せる。シャムでは米が非常に安く、家族への贈り物として米が一、二袋ずつ船員に支給された。潮州人がもっとも欲しがるもの、また働く理由が、「米」であった。港では、ギュツラフの船をもう一種類の小舟が取り囲んだ。女性を乗せた船である。かれは水夫たちに「劣情を押さえるよう」に説いたが、ギュツラフが甲板を離れるやいなや、水夫たちは自制心をかなぐり捨ててしまった。こうして、故郷で飢えている家族のことを気にかけることもなく、これまでの稼ぎをすべて失ってしまったかれらは、はげしい後悔に囚われるとともに、この損失を埋めようとする。そしてギュツラフのトランクもあやうく狙われるところだった。ギュツラフはまた商人については、「正直さと公正な取引におおいに欠ける所がある」という[Gützlaff 1834 : 84-89]。

ギュツラフのこうした潮州人観は、廈門《アモイ》人にたいする評価と好対照をなしている。第二回目の航海（一八三二年）で廈門に立ち寄ったギュツラフは、「大胆さ、自尊心、そして気前の良さがこの地の人々の特質である」、「取引においては、正直であるという評判を中国各地で得ている。たえず利益を追い求めているが、さもしくはなく、公正であろうとしている」、「外国人と友好な関係を築こうとしている」などと高く評価し、さらに、「キリスト教のミッションをここに設置することがきわめて望ましい」と記す[Gützlaff 1834: 194-195]。ギュツラフの眼には、廈門人とくらべて潮州人はやや粗野な人々と映っていたようである。

さてバンコクでは、中国系住民のうちもっとも多数を占めるのが潮州人、つぎが福建人だったが、アメリカン・バプティストは潮州人のなかで、アメリカン・ボードは福建人のなかで活動したとされる[Skinner 1957: 42]。ここでアメリカン・バプティストについて少し整理しておくと、最初にシャムに入ったアメリカン・バプティストの宣教師は、一八三三年にバンコクに到着したジョン・ジョーンズ（John Taylor Jones）である。ところが最初に洗礼を受けることになったのは、シャム人ではなく三人の中国人労働者だった。その後も、シャム人よりも中国人から受洗者が多く現れ、一八三五年に到着したウィリアム・ディーン（William Dean）はアメリカン・バプティストで最初に中国語（どの方言を指すのかは明確でない）と、そして潮州語を学んだ宣教師となった［Anonymous 1836: 148］。こうしてシャムでの布教は、シャム人を対象とするものと中国人を対象とするものの二本立てとなる［Merriam 1900: 153］。

一八三九年に至って、中国系住民をめぐって興味深い出来事が起こった。ディーンによれば、「この数か月間に、中国人二、三百人がカトリック教会に入」り、ヨーロッパ人の神父を司祭に立てて、バンコクで四つ目になるカトリックの礼拝堂をレンガで建てているところだという。そして最近入信したというこれら中国人は、「大部分が海南人、広府人、客家だった」［Dean 1840: 240］。ちなみに一八三三年から活動を始めていたアメリカン・バプティストの場合、一八四〇年度の年次報告では、中国人一般信者はわずかに九人。伝道師や助手などの現地スタッフを加えても一二人だった［Anonymous 1840: 143］。これらはすべて潮州人と考えてよいだろう。じつは布教開始から一〇年たった時点でもわずかに一八人である［Anonymous 1844: 206］。一八三九年にカトリックへの入信者が数か月で二、三百人あったというのは、明らかに異常な数字である。

少なくとも中国では、入信者の動向は地域の情勢や、また宗族《そうぞく》、民族等、住民の諸グループ間の力関係に左右され［蒲 二〇〇三］、またプロテスタントにくらべてカトリックがより積極的にそこに介入した。この点については、シャムでも同様だったと考えられる［Cooper 1915: 25］。じつはシャムではこの年、中国人にも関係する重要な動きがあった。アヘンの取り締まりである。おりしも中国では同年三月から林則徐《りんそくじょ》が取り締まりを本格化させていたが、この情報に接したシャム国王ラーマ三世が同様の政策を取ろうとしたのである。その直接のきっかけは、シンガポールから

写真1　地方の礼拝堂

アヘンを積んできた船が、タイランド湾でそれを売りさばいていることにあった。船員はもちろん中国人である。ラーマ三世は禁止の布告を印刷して全国に配布し、また逮捕者には死刑も課せられることになった。ジョーンズがその時の様子を、「アヘンの取引きに関連してこの国はここのところかなり騒然としており、それがいまでも続いている」と報告している［Jones 1840: 30］。この騒ぎがカトリック入信を引き起こした可能性が高い。外国の組織とつながることによって、身の安全を守ろうとしたのである。

さて問題は、カトリックに集まった中国人がほとんど海南人、広府人、客家だったとされ、そこに潮州人や福建人が含まれていないことである。つまりバンコクの中国系住民のうちの少数派がカトリックに向かった。この点については、中国系言語グループの凝集性にかんするスキナーの議論が参考になる。それぞれの会館の設置年度を見てみると、広府が一八七七年、海南が一九〇〇年、福建がその数年後、客家が一九〇九年、そして潮州が一九三六年だった（三八年との説もある［潮汕百科全書編輯委員会　一九九四：五八五］）。バンコクで多数を占める潮州人がかえって最後になっているが、スキナーはこれをつぎのように解釈する。「この順序が大切である。数的にもっとも弱いグループ、つまり広府人が最初に組織し、中間の三つのグループがそれぞれ一〇年以内に組織し、そして数的に優勢でもっとも強い立場にある潮州人は、さらにそののち二〇年間、組織を作る必要性を感じなかったのである。……力と資源とをあまり自由にできない言語グループは、自己防衛のために組織化が必要だといち早く気づくのである」と。また共同墓地の設置年度も、広府人が一八八四年、客家が一八九〇年だったのにたいして、潮州人はさらに遅れて一八九九年だった［Skinner 1957: 139, 167, 168, 260, 258］。

船乗りや農場経営者、労働者として知られた潮州人は、バンコクでは中国系住民のなかで多数を占めた。しかし、多数派であったためにかえって潮州人としての結集が遅れたのだった。

三　汕頭開教

アロー号事件ののち一八五八年に結ばれた天津条約によってキリスト教の内地布教がはじめて認められ、外国人宣教師による中国での布教がいよいよ本格化することになった。ただし、宣教師たちはこれ以前にすでに各地に入りはじめていた。潮州地区の場合、最初に広東東部に入ったプロテスタント・ミッションは、バーゼル伝道会から派遣されて一八四八年に南澳島にやってきたスウェーデン人のテオドーレ・ハンベルグ（Theodore Hamberg）とドイツ人のルドルフ・レヒラー（Rudolf Lechler）である。ただしバーゼル伝道会は五三年には撤退し、香港や客家方面に重点を置くようになった。つづいて、イギリス長老会（一八五六年）、アメリカン・バプティスト教会（一八五八年）がミッションを設置し、カトリックとしてはパリ外国宣教会が一八六〇年からあらためて本格的な活動に入った［Cai 2012: 45］。また、これらと時期を同じくして、イギリスとアメリカが一八六〇年に、汕頭沖合の媽嶼《ぼしょ》島に領事館を設置する。

それでは、東南アジアで潮州人に接するのではなく、またギュツラフのように一時的に立ち寄るのでもなく、潮州地区に本格的に足を踏み入れた宣教師たちは、そこで何を見聞きすることになったのだろうか。本節では、入手が容易な英文史料にもとづいて、かれらの体験を整理する。

イギリス長老会が一八四七年にはじめて中国へ派遣した宣教師のウィリアム・バーンズ（William Chalmers Burns）は、香港、廈門、上海などを経て、一八五六年三月一二日に汕頭近くの Double Island（汕頭港口の媽嶼、徳洲の両島）に上陸した。バーンズはこの地方の特徴を総括的につぎのように言う。「中国のほかの地域では見たことも聞いたこともない」「野蛮さ」があり、「漁民や船乗り、そして田畑で働く男たちは、夏は下品な裸の状態で仕事をしており、この二〇年ほどのあいだに確かな情報として、宗族の械闘《かいとう》で捕らえられた人たちが切り刻まれているだけでなく、敵側がその心臓を煮て食べているという」[Burns 1870: 452]。一八六三年に赴任した初代の医療宣教師ウィリアム・ゴールド（William Gauld）もまた、「これらの村はたがいにたえず械闘をしており、戦いにさいしては隣人に、またどんな捕虜にたいしても、聞いたこともない残虐なことを行い、場合によっては犠牲者の体を切り刻み、心臓を取りだして食うことさえある」いう[Anonymous 1869: 18]。これは、どこまでがうわさで、どこまでがみずから目撃したものなのか判然としないが、当時、同様の話が西洋人によって繰り返されている。

アメリカン・バプティストの場合を見てみよう。一八四三年にディーンがバンコクから香港へ移り、四八年にはジョン・ジョンソン（John W. Johnson）が、五八年にはウィリアム・アシュモア（William Ashmore）がさらに合流する。そして、五九年からジョンソンが潮州地区で活動を始める。一八六〇年七月一四日に汕頭から本国へ送った手紙のなかで、ジョンソンはつぎのように述べる。「このあたり一帯の住民は、中国の沿海部でもっとも野蛮でもっとも無法です。わたしたちは悪魔の座のまさに真ん中に、それにもっとも広範囲に、またもっとも古くから取り付かれているところにいます。……ここの人々のおそろしく堕落して邪悪な状態には、ことばもありません。田畑での仕事や船をこぐときに体に一糸も纏っていないのも、まれではありません。あちこちに村が見えており、そこではこのうえなく残忍で血なまぐさい闘争が数か月のあいだ荒れ狂い、襲撃に成功すると勝者は殺した敵の心臓を焼いて宴会を開いています」[Johnson 1860: 410, 411]。ちょうどバーンズと同じころに

写真２　長老会最初の信者（右端）とその家族

汕頭を訪れていたイギリス人商人のジョン・スカース（John Scarth）もまた、「広東のこの北部地区は敵対する宗族群で占められている。……近隣のある町を占領したときは、役人を一二人殺し、煮て食べてしまった」と述べる［Scarth 1860: 52, 53］。

一八五八年から潮州地区のジョンソンに合流したアシュモアは、汕頭の西の対岸にある Toa-Chne という町に興味を持っていた。だが騒然としているという悪いうわさがあったため、まず助手の Chai-ki を派遣してみた。すると、ちょうど械闘が終ってその町へ戻る途中の住民の一団に見つかってしまった。かれらは、「仲間のひとりが捕まり、自分たちの目のまえで切り刻まれたところだった」。そして、手にした武器を頭のうえで振り回しながら、見慣れない Chai-ki を問いつめるのだった［Ashmor 1864: 382］。

イギリス代理領事のロバート・フォレスト（Robert J. Forrest）も、六〇年代なかばの地域の全体的な状況をつぎのように報告している［Anonymous 1873: 104］。

一八六五年に私がこの港に一時滞在したとき、この地域全体が半独立の町村に分かれ、それぞれ長老に統率され、すべてがたがいに械闘状態にあり、帝国当局にたいしてはたんに表面的な忠誠を示しているだけでした。宗族の戦いは全地域に及び、汕頭自体でも行われていました。……海岸と、韓江《かんこう》のふたつのおおきな支流の低湿地には海賊が満ち、太平軍の反乱が潮州府の町を脅かしていました。北は潮州府周辺の地域、西は揭陽《けいよう》と普《ふ》寧《ねい》との交易は完全に、川岸に沿って散らばる強大な海賊村のなすがままです。船はすべて止められ、まったく好き放題に脅迫されました。とくに、潮州府へ運ばれるアヘンは、そのような強制課金によって交易がほとんど停止し、外国産の商品は内陸部では住民の手の届かない価格となり、外国人自体も自分たちの旗竿の見えないところまで出かけようとはしません。住民たちは貧しく、愚昧で、この土地が養える能力をおおきく超えています。いつまでも終わらない宗族の戦いによって、土地の多くで耕作が放棄され、勤勉な農民は多数の郷勇を養う重荷を背負い、政府や保護が欠如して富みや財産を蓄えることができず、広東の東北部は、帝国のなかでもっとも貧しく、もっとも無法で、もっとも希望のない場所であるという評判を享受していました。

村々や宗族の械闘、無法状態、それを象徴する残忍な食人、これらが一八五〇、六〇年代にこの地方に足を踏み入れはじめた西洋人の、ほとんどステレオタイプ化しているといってよい潮州観である。西洋人だけでなく、やや時代は下るが、光緒年間（一八七五―一九〇八）に陸豊に赴任した知県も地方の状況を、「私が県境にはじめて足を踏みいれた時、通りすぎる村や町には、くずれかけた土塀があちらこちらに立ち、通りすぎる田畑には、いばらが生い茂り、みわたす限り荒涼として、為に涙が流れました。仕事を失った愚民たちは、生きるすべがなく、三々五々群れをなして、棒や刃物をたずさえ、道々に身を潜め、……」と報告した〔著者、発行年不明〕。

これは、シャムで見られた、大型の「潮州船」、すぐれた船乗り、すぐれた農園経営者とその労働者という潮州人のイメージとかならずしも衝突するものではない。かれらの故郷である潮州そのものが西洋人の視野に入りはじめたとき、そこに見えたのは、移民を押し出した要因ともいうべきものであり、それは簡単にいえばむき出しの過酷な生存競争にさらされた社会だった、と考えることも可能である。また一方で、一九世紀の後半になって、住民をむき出しの闘争へと駆り立てる社会的背景が現れた、とも考えられる。この点を検討するために、次節で比較の対象として、となりの福建省になるが、潮州、汕頭にわりあい近い港町である廈門を取り上げてみよう。

四　廈門

廈門はアヘン戦争ののちに結ばれた南京条約（一八四二年）で広州、福州、寧波《ニンポー》、上海とともに開かれ、潮州（汕頭）は、アロー戦争（第二次アヘン戦争）中の天津条約（一八五八年）で牛荘《ぎゅうそう》、漢口、南京その他とともに開港しており、潮州（汕頭）と廈門は初期の開港場という点でも共通する。また両地の方言は非常に似通っているとされる。

廈門を直接見聞した一九世紀前半の記録に、ヒュー・リンジー（Hugh Hamilton Lindsay）の報告書がある。リンジーは宣教師ではなくイギリス東インド会社の職員で、ギュッツラフの第二回目の中国沿岸航行に同行した人物である。かれらは一八三二年二月二六日にマカオを出航して広東の沿岸を北上し、四月二日に廈門に到着した。その一か月ほどの航海中、「広州近くでは荒っぽさと侮辱がいつものことだったが、そうではなく親しさと好意にしか会わなかった」。また廈門でも、護衛と称する官吏やその従者がいないところでは、「人々の親切で友好的な気持ち」が見られたという［Lindsay 1833: 10, 31］。ギュツラフによく似た廈門人評である。

さて廈門は、アメリカ・オランダ改革派教会（一八四二年）、ロンドン伝道会（一八四四年）、イギリス長老会（一八五〇年）などのミッションが、一八四〇年代前半から活動を始めていた。そして、一八四四年から四六年にかけてロンドン伝道会のジョージ・スミス（George Smith）が香港、広州、廈門、福州、上海、寧波、舟山《しゅうざん》などを巡回し、布教をはじめとする各地の状況を調査した。そして四六年に訪れた廈門について、「人々はどこでもおなじ丁寧さと好意を示した」。「気質の親しみやすさ、広く認められている国法の基本にきちんと従うこと、……賢明な（enlightened）常識」が、「この民族のこの部分の人たちを一般に特徴づけている」と考えるのは正しいようだとする。ただすぐ続けて、「一方で私たちはかれらの文化と洗練さを賞賛し誇張しがちである」として、「人々のあいだのぞっとする不道徳さ」

が存在するといい、溺女《できじょ》の習慣、アヘン中毒、不正直、好色、堕落などをあげる［Smith 1847: 394, 489］。スミスはこのように廈門人にたいして相反する評価を併記しているが、このうち後者は、より細かく見てみればこのようなこともあるというのであって、好意的な前者の評価をやはり一般的なものとみなしているようである。

さきにも取り上げたウィリアム・バーンズは一八四七年に香港に到着し、中国語を学びながら周辺の漁村に宣教旅行にでかけるなどした後、一八五〇年に広州布教を試みるが失敗。翌五一年に廈門でようやく開教することができたのだが、はじめて廈門を訪れたとき母親につぎのように書き送った。「ここの人々は、外国人にたいする感情と振る舞いが、広州の人たちと明らかに違います。ここではみなが静かで親しみやすく、福音にたいしてやはりきわめて無関心ですが、それでも多くの人々が注意深く話を聞いてくれるようで、……」［Burns 1870: 385］。廈門方言をあらたに学んだバーンズは、一八五二年の二月二四日から三月二日まで付近の村々で宣教を行った。かれの日記によればこのときが旧暦の新年にあたり、どの村も人であふれていたが、「人々はどこでも友好的で親切だった」。さらに三月一二日の巡回でも、「かれらはどこでもきわめて親切に迎えてくれて、どこへ行っても多くの、積極的な、ときには熱心な聴衆に出会い、どこでも人々が無料で親切にもてなしてくれた。宣教師からすれば有望な布教地に感じられ」たという［Burns 1870: 389, 390］。

さて、前述のようにバーンズは廈門を離れた後、上海を経て一八五六年の三月一二日に汕頭近くのDouble Islandに到着する。ところがその一〇日後の二三日にマレー人船員がけんかで殺され、その一週間後の三〇日には中国人女性がやはり殺され、マレー人の船員が刺されて大けがを負う。この最後の事件はイギリス人船員によるものと思われたが、いずれにせよこの地は、「恥知らずにも堕落と放蕩がのさばっているように見える」場所であった［Burns 1870: 449］。そして、前述の潮州地区の「野蛮」さの描写へと続く。

一八七〇年にウィリアム・バーンズのこの伝記を刊行したアイラ・バーンズ（Islay Burns）は、福建の人々全般を「勤勉で平和的で、比較的親しみやすい人々」と述べ、一八四四年に香港に到着したロンドン伝道会のウィリアム・ギレスピー（William Gillespie）が廈門や漳州《しょうしゅう》などについて述べた、「南からやってくる外国人にとってまず意外なのは、煩わされることなくあちこち出歩けるうれしさが感じられることである」という言葉をあわせて紹介している［Burns 1870: 379, 380］。

一八五五年から廈門で布教を始めていたスコットランド長老教会のカーステアズ・ダグラス（Carstairs Douglas）もまた、一八七七年に刊行した書物のなかで、「しかしながら廈門人は、背信行為と狡猾さで中国中に知られている広州人よりはずけずけと物を言い、率直」であり、「中国の住民のなかでもっとも進取の気性に富み、勤勉で、寛容な部分」であり、「宣教師としてはこれ以上良い布教地、これ以上興味深い人たちは、望めないだろう」という［Douglas 1877: 58］。一八六三年以来、廈門で長く働いたロンドン伝道会のジョン・マガウアン（John Macgowan）牧師もまた、廈門の人々は「態度がぶっきらぼうで荒っぽく、しばしば無礼ともなり」、「何か不正なことや間違ったことが企てられたときは、非常に激しやすく短気を起こすのだが、概してかれらは公正で、道理を受け入れやすい。イギリス人のフェアプレイの感覚を備えており、さまざまな徳や善をとても大切にしており、……」という［Macgowan 1889: 40, 47］。一八八五年以降、オランダ改革派教会の宣教師として廈門に駐在したフィリップ・ピッチャー（Phillip W. Pitcher）もおなじく、一八九三年に出版した廈門布教史のなかで、「廈門地区の人々は勤勉で、そして非常に穏やかな人たちである」云々という［Pitcher 1893: 34］。

前節で紹介したギュッツラフの言葉も含め、廈門人にたいする西洋人たちの評価はおおむね高いことがわかる。そしてそのとき、比較の対象として広州（Canton）がよく引き合いに出された。

五　一九世紀中葉の福建、広東沿海部

西洋人による住民評価には、二つの側面が混在しているようである。ひとつは、西洋人にたいする住民の態度、もうひとつは住民自体の本来の気質や行動様式である。ただしこれらはどちらも、あくまでも個々の西洋人がそのように理解したものであることは、いうまでもない。

前者にかんして、とくに広州は排外的な空気が長く続いた地域である点に注意が必要だろう。アヘン戦争時には広州もイギリス軍に攻撃されて一八四一年五月に降伏するが、同時に「三元里《さんげんり》抗英闘争」が発生した。一八四六年にはイギリス人が広州城内に入ることを阻止しようとする「反入城闘争」が起こり、さらに一八四九年の「反入城闘争」では広州城の内外に民間武装の団練《だんれん》が組織され、またも入城を阻止することとなった。ウィリアム・バーンズが広州で布教を試みて失敗したのが、まさにこの翌年の一八五〇年のことである。このような状況下では、宣教師も住民にたいして良い印象を持つことはなかっただろう。さらに一八五六年〜一八六〇年のアロー戦争では一八五七年末に広州が陥落するが、近郊では広東団練総局が組織され、抵抗を続ける。なお英仏軍は一八六一年まで広州を占領し続けた。

それではこの時期、廈門、汕頭方面はどのような状況にあったのだろうか。福建沿海部については、その秩序の崩壊と回復の様子を村上衛が整理している。村上によれば、同地域ではアヘン戦争を契機として貿易形態が変化し、小港を拠点とする沿海の住民がそれまでのような貿易の利益を享受できなくなり、おもにこのために沿海部で海賊が勃興したとする。中国の沿海部にも展開していたイギリス海軍は、当初、こうした海賊問題には介入しない方針を取っていたが、一八四七年にイギリス商社の所有する船が海賊に襲われると、廈門近郊で海賊の掃蕩を始める。

そして、しだいに清朝の地方官僚や廈門の中国人商人との協力体制も構築され、一八四〇年代末までには福建沿海部の海賊掃討に成功した。一八五三年には廈門小刀会《しょうとう》の乱などが起こるものの、それも鎮圧され、福建人海賊は弱体化する。それに替わって台頭したのが広東人海賊だった。しかしこれもまた一八五〇年代中葉に最盛期を迎えた後、イギリス軍と地方官僚の協力体制のなかで鎮圧され、他地域の開港場も含めて五〇年代末までには秩序がほぼ回復したという。アヘン戦争ののち、ジョージ・スミスが廈門を訪れたのが一八四六年、そしてウィリアム・バーンズがやってきた一八四七年は、まさにイギリス海軍による海賊掃討が始まった年であり、こののち福建沿海は急速に秩序の回復に向かうことになる［村上　二〇一三：一五三―一七三］。

これにたいして潮州、汕頭方面の場合は、廈門のほぼ一〇年後の一八五〇年代中葉に宣教師が入り始めるのだが、それはまさに、その後も長く続く地域の混乱のさなかのことであった。潮州、汕頭方面では、アヘン戦争後にとくに治安が悪化したという史料は見当たらない。むしろ特筆すべきは、中国東南沿海の秩序が一般的に回復に向かうとされる一八五〇年代中葉以降に、広東東部の潮州、汕頭方面でとりわけ沿海部の村落が無秩序状態に陥ったことである。その決定的な転換点になったと思われるのが、一八五四（咸豊四）年の天地会の反乱だった。これを契機として、反乱に加わった村落と「反」反乱側の村落の対立関係が固定化する傾向が現れる。その典型が、潮州、汕頭の西部に位置する海陸豊《かいりくほう》で成立した「紅黒旗」または「烏《う》紅旗」とよばれる械闘の党派である。こののち海陸豊では村落があらかじめ紅旗と黒旗に分かれ、一旦どこかで争いが起こると、それがしばしば他の紅旗村、黒旗村をもまきこみ、紅旗対黒旗の大規模な械闘へと発展していくようになった［蒲　一九九二：二五二］。

治安の悪化と同時に村落の武装化も進展し、さきに紹介したイギリス代理領事のフォレストが言うような、「地域全体が半独立の町村に分かれ、それぞれ長老に統率され、すべてがたがいに械闘状態」という状況が出現するに到ったと考えられる。一八六〇年代の中頃に潮陽知県を勤めた冒澄《ぼうちょう》もまた、団練の「一五社」について、「その趣旨はけっして悪いものではなかった。ところが一五社が団結して以来……匪徒が社の名を借りて、その徒党の多さと強さを頼んでしばしば械闘、略奪、誘拐をなし、法を無視して横行した。……こうして種々の不法な状況が、すべて社を結んだのちに発生してきた」と述べる〔冒澄 一八七九：六ａｂ、七ｂ〕。

前述のように、一八五〇年代の中頃から諸ミッションが潮州地区で本格的な活動に入ったのにつづき、一八六〇年にはアメリカとイギリスの領事館が汕頭に設置された。この年には新税関も開設され、徳記《とくき》洋行、怡和《いわ》洋行なども駐在するようになる。こうして、まさに地域の混乱のさなかに欧米が本格的な活動を始めたのだった。

さて、武装した沿海部の村落は海賊村とでもいうべき性格を備え、通りかかる船を襲い、または通行料を取るなど、潮州、汕頭の交易を阻害することになった。こうして一八四〇年代の福建沿海部と同じく、治安問題にかんしては中国の地方官とイギリス側の利害が一致し、両者が歩調を合わせ、海賊村の討伐に当たることになる。さらに、太平天国後の課題となった広東省内の治安回復のために、潮州地区ではあらたに方耀《ほうよう》という人物が潮州鎮総兵に任命された。方は一八六九年秋に潮州に入ると、械闘、誘拐、強盗、税の滞納などの「積案」を高圧的な方法で処理しはじめる。イギリス長老会のウィリアム・ダフス（William Duffus）は一八八〇年に、「ここ一〇年来、潮州府の悪人にとって彼〔方耀〕の名前は恐怖のまとで、この間に二、三千人がかれによって処刑された」と報告する〔Duffus 1880〕。これによって、一八八三年に方耀がこの地を去るまでのあいだに、治安が大幅に改善された。

ところがそれと入れ替わるかのように、一八八〇年代の前半以降、疫病が繰り返し流行するようになる。一八八三年が「開港以来最悪」とされるコレラ、八八年がコレラと熱病、さらに一九〇二年のペストでは潮州、汕頭とその周辺のみで一〇万以上ともされる死者を出した。その間、一八九一年夏に方耀が死亡すると、それを待っていたかのように械闘が再燃し、北部の客家地域では秘密結社が動きはじめる。潮州、汕頭地区は、一八五〇、六〇年代の無秩序状態にふたたび戻りつつあった。イギリス長老会のジョン・ギブソン（John Campbell Gibson）がこのときの空気を次のようにとらえている。「今のところ静かです。しかしこの国では小さなことがどう拡大するか分かりません。……あちこちにたくさんの地域的な紛争と、村落間の戦いがあり、これに不作、干ばつ、日清戦争による不安などが重なって、人々の気持ちを落着かなくさせています」［Gibson 1895］。

さきにも紹介したオランダ改革派教会のピッチャーは、同ミッションが廈門で活動を始めた一八四二年以来の歴史を一八九二年にふり返り、「この五〇年間に一、二の事件がこの平穏を覆しているのみで、それは太平天国の反乱（一八五〇～六四）と南部中国の反教運動（一八七一）である」という［Pitcher 1893: 36］。廈門の小刀会の反乱がミッションにとってどのようなものだったのか気になるところだが、潮州、汕頭近辺にくらべて廈門はきわめて静かで安定していたようである。宣教師をはじめとする欧米人の住民観が広州・潮州と廈門で大きく異なることの一因は、こうした地域状況の違いにあると思われる。

六　「世俗の利益」

方耀の強硬策は潮州地区の治安を回復させただけでなく、宣教師にとって、たんなる「無秩序」や「野蛮さ」、「粗野」といった住民像ではなく、地域住民のより深層に迫る側面を理解するきっかけとなった。

イギリス長老会の改宗者数を年度別に整理すると一八七〇年の人数が際立って突出しているが、これは方耀の施策に関係していると考えられる。方はまさに一八六九年から暴力的な手段で治安回復策を展開し、その過程で二、三千人が処刑され、村の家々が引き倒され、焼き払われ、また逃亡者には懸賞金がかけられたが、その費用は残された村人から取り立てられたとされる。この状況から身を守るために、住民が大挙して教会に押し寄せ、改宗者だけでなく日曜の礼拝に参加する人数も大幅に増えたのだった［蒲 二〇〇三：四二―四三］。

宣教師の背後には領事がひかえており、信者への「迫害」事件があれば、宣教師は領事をとおして中国側に圧力をかけることができた。そのため知県なども、信者がからむ事件には最初から及び腰となる。しかし宗教的迫害なのか、それとも地域の利害関係がからむ衝突なのかはそもそも容易に区別することができず、宣教師は教会へやってくる人々を受け入れ、また保護することになりやすい。とりわけカトリックにそれが顕著に見られた。一八七〇年ごろに信者や入信希望者が急増した原因について宣教師自身はただ、少なからぬ人々が「世俗的な利益」のために教会に惹き付けられたと述べるのみだが［Mackenzie 1874］、一八七〇年の急増は、明らかに住民が保護を求めたものだろう。当時の一般的状況についてであるが、方耀も明確に、「各地の郷民たちは多くが洋教を頼って護符となした」と認識していた［饒　一九四九：「大事志」四二］。つまり、バンコクで一八三九年に起こったカトリックをめぐる事態とおなじである。

これにたいしてイギリス長老会のダフスは、「われわれはかれらに福音を説くためにここにいるのであって、かれらの審判者や離間者になろうとしているのではない」といい［Duffus 1875］、またハー・マッケンジー（Hur Mackenzie）は、「とりわけ、不公正と抑圧がこれほど充満する国で、中国人信者が求める、援助とわれわれの影響力の行使を拒絶することは、苦痛なことである」と嘆く［Mackenzie 1876］。イギリス長老会でもっとも傑出した宣教師だったとされるギブソンはさらに、こうした社会状況のなかで、カトリックが政治的な保護を提供したため、「キリスト教会を保護のための結社的なものとみなす観念が出現」してしまい、人々は、その後のプロテスタントのミッションまでそのような目で見るようになったのだとする［Gibson 1902: 184］。カトリックとプロテスタントのいずれも、二〇世紀の初頭以前にあっては、一般的に宣教師は人々の「魂」を救済するために中国へやってきたのであり、「世俗的」な利益をあたえにやってきたのではなかった。ここにおいて、宣教師と信者とのあいだに存在する大きな溝が明らかになり、長老会の宣教師は、これ以降、信者の受け入れに慎重になっていく。また一方のアメリカン・バ

写真3　道端の廟

プティストも、おなじく一八七〇年ごろからこの危険性を自覚するようになる。

だが、それを見分けて対応するのは簡単なことではなかった。典型的な事例として、Joseph Tse-Hei Lee の研究にもとづいて、アメリカン・バプティストとカトリックがともにかかわった古渓《こけい》事件を簡単に紹介してみよう。汕頭の西南、練江《れんこう》の下流に位置する潮陽県古渓は、人口一五〇〇人ほどで、土塀を巡らし、その外側をさらに小さな河にぐるりと囲まれた村である。住民の大部分は李姓と姚《よう》姓だが、このうち李姓が強房と弱房に分かれ、前者が後者を圧迫する状態になっていた。一八九七年に弱房のひとりがバプティストに入信し、そののち弱房でしだいに入信者が増えていた。一八八六年になって、古渓の弱小宗族である鄭姓が祠堂《しどう》を建設しようとして、それに反対する李姓の強房との間に紛糾が持ち上がる。このとき調査に訪れた県衙門の役人が、ちょうど礼拝を行っていた弱房の李姓の礼拝堂をのぞき込んだ。それにたいして、礼拝のじゃまをしたとしてバプティストの宣教師が抗議したところ、役人がすぐに謝罪した。これを見た李姓の強房が外国人宣教師の力に気づいてカトリックとの接触をはかり、一八九一年には村の東南の塀の外に教堂を建てる。こうして李姓の強弱両房の確執はカトリック対バプティストという様相を帯びつつ、一八九六、九七年にはついに両者の械闘に発展する。これが古渓事件である［Lee 2003: Chapter 7］。

外国人宣教師の力を利用しようとしたのは、李姓の強房だけではなかった。少なくとも九六年の衝突のとき、さきに攻撃をしかけたのは弱房だったが、かれらは強房の側だったといいなして宣教師に助力を求めた。バプティストの宣教師はそれを信じて潮陽県に圧力をかけ、また北京のアメリカ公使に支持を求め、フランス側との外交問題に発展する。バプティストの宣教師が衝突について真相を知ったのは、事件から二年ほどのちのことだった。ただし、地域住民はあまりに利己的であり、宣教師さえも利用しようとしたにすぎないと考えるのは、誤りである。キリスト教の布教活動自体がその本質的な部分に、ある種の誤解を生じさせる要素を最初から含んでいた。西方の客家地区についてであるが、一八七四年以降にやはり礼拝時の聴衆が急増した。その原因についてギブソンと医療宣教師のゴールドがつぎのように記す［Gauld and Gibson 1882: 24］。

人と人との間に多くの不公平や不正があり、「民の父母」と称する知県の側には大きな抑圧があり、そのため、救済の望みがあたえられそうなものには何にでもしがみつこうとする、おおぜいの訴訟当事者たちがいつも存在している。そしてかれらが、外国人に世話をされた、二〇〇人以上とも思える集会に身を置き、そこでの教えが、邪悪さを捨て、正義と兄弟愛を実践することを説くとき、それら貧しい人々の多くが、この正義とはまず自分たちの不正が取り除かれることであり、兄弟愛とは、自分たちの個人的な敵にたいする教会、宣教師、領事の連合勢力によって、自分たちが支援を受けることだ、と早まって誤解してしまうのは驚くに値することだろうか。われわれの客家ステーションでよく見られる大きな聴衆を時折われわれにもたらしたのは、疑いなくこの状況であった。

不正と抑圧に満ちた社会に暮らしている人々は、宣教師の説く「正義」や「兄弟愛」を、自分たちの状況にあてはめて具体的に理解してしまうというのである。しかし住民にとっては、ほかにどのような理解の仕方があっただろうか。宣教師が伝えようとした「正義」や「兄弟愛」は、おそらくかなり観念的なものであり、生活に余裕もなく、常に近隣の強者に脅かされている住民には、そのような余計な観念を苦労して理解する必要など、そもそもなかっただろう。

過酷な生存競争と、そのなかで、利用できるものはキリスト教でさえ利用しようとする住民。これが、宣教師が本格的に住民と関係を結ぶなかで発見した住民の新たな側面だった。これはまた、地域の基層部分の基本的状況であったともいえる。のちにギブソンはみずからの布教経験を整理したレクチャーを出版したが、そのなかで特筆した住民の行動様式がまさにこれであった［Gibson 1902: 292-311］。研究者としては、ガルビアティが海陸豊の住民の性向としてこのような行動様式をいち早く指摘したが［Galbiati 1985: 25］、これは広東に限られるものではなく、たとえば中国東北部で活動したJ・ミラー・グレアム（J. Miller Graham）やダガルド・クリスティー（Dugald Christie）も同様のことに気づいている［Graham 1902: 153-155］［Christie 1914: 110-113］。

こうして中国の宣教師たちは、福音を説き魂を救済するという本来の布教活動を真っ向から否定するような住民の行動に向き合うこととなった。

おわりに

一八世紀から盛んに東南アジアに渡りはじめた潮州人は、すぐれた船乗りや、また農場経営者、労働者として知られていた。東南アジアのなかで潮州系中国人がもっとも多いのがタイである。ここでは潮州系のタークシンが一七六七年にトンブリー王朝を開いたこともあり、とくにバンコクでは潮州人が中国系住民の多数を占めるようになる。一八二八年以降、そのようなシャムにもプロテスタントの宣教師が入りはじめる。そのひとりであるギュッラフは、開港前の中国沿岸を航行しながら布教を進めていったが、潮州人については、やや粗野な人たちだと見ていた。一方バンコクでは一八三九年に、国王によるアヘン取り締まりのなかで多数の中国系住民がカトリックの教会に押し寄せるという現象が生じた。だが潮州人はそのなかに含まれていなかった。これは、中国系住民のなかで多数派であったためにかえって潮州人としての結集が遅れたことに関係していると考えられる。つまり、少なくともシャムでは、潮州人が自己意識をもつことがかなり遅かったと思われる。

さて、潮州、汕頭地域では、一八五〇年代中葉に西洋人が本格的に活動しはじめるが、宣教師を中心とする一九世紀後半のこれら西洋人の潮州観は、ステレオタイプ化していると言ってもよいほど一致し、それは、村々や宗族の械闘、無法状態、それを象徴する残忍な食人といったものだった。ギュツラフの認識の延長線上にあるものと言えよう。潮州地区に入った西洋人が目にしたのは、むき出しの過酷な生存競争にさらされた社会だったのである。この点は廈門と比較するとさらにきわだち、宣教師たちは一般的に廈門人を親切で友好的な人たちだとみていた。

西洋人が捉えた潮州人の姿は、基本的にはそのまま真実と考えて良いように思われる。しかし、それを潮州人の変わらない本質であるとすることはできない。一八三一年の航海ではギュツラフが潮州人について、「愛想が良く、外国人にたいして好意的だ」とも書き留めており、廈門人と共通していることに注意すべきだろう。それにたいして西洋人が本格的に潮州地区に入る一八五〇、六〇年代は、地域が無秩序状態に陥っていた時期であり、西洋人はそのただなかにある潮州人を見たのだろう。そこでは、天地会の反乱を機に村落間の対立が先鋭化し、村落の武装化が進み、とりわけ沿海部の各村は半独立の様相を呈していた。まもなく清朝の地方官がイギリス海軍の協力を得て治安回復に乗り出すものの、その仕上げとなった方耀による高圧的な治安回復策は、一方で社会を大きな不安に陥れる。そして宣教師はそれを通して、何であれ利用できるものは利用しようとする住民の行動パターンを発見することになった。これが、宣教師から見た潮州人イメージの第二段階である。

なお、潮州人の自己イメージについては本稿では触れることができなかった。客家の自己イメージがどのように成立してきたのかにかんしては、飯島典子がみごとに描き出している［飯島 二〇〇七］。タイでは潮州人の結集が客家その他にくらべて遅かったようだが、中国内では、蘇州に潮州会館が設置されたのは明代だったとされ［周一九九五：六］、その結集の早さからみて、潮州人の場合も自他双方においてなんらかのイメージが形成されたに違いない。しかし客家ほどにはくっきりしたイメージを結んでいないようである。その理由のひとつは、客家がそもそも中国内でさえ「本地人」と緊張関係に陥りやすく、その意味で区別されやすいことにあったのではないかと思われる。

［付記］写真はすべて J.Cambell Gibson, *Mission Problems and Mission Methods in South China*. Ediburgh and London: Oliphant, Anderson & Ferrier, 1902 より引用したものである。

引用・参考文献

〈日本語文献〉
飯島典子
　二〇〇七『近代客家社会の形成――「他称」と「自称」のはざまで』東京：風響社。
石井米雄
　二〇〇二「タイ（シャム）におけるキリスト教」寺田勇文編『東南アジアのキリスト教』東京：株式会社めこん。
大野英二郎
　二〇一一『停滞の帝国――近代西洋における中国像の変遷』東京：国書刊行会。
蒲　豊彦
　一九九二「地域史のなかの広東農民運動」狭間直樹編『中国国民革命の研究』京都：京都大学人文科学研究所、二三三―三〇七。
　二〇〇三「宣教師、中国人信者と清末華南郷村社会」『東洋史研究』六二（三）：三四―六二。
ドーソン、レイモンド

一九七一　『ヨーロッパの中国文明観』東京：大修館書店。
マーシャル、P・J、グリンデュア・ウィリアムズ
一九八九　『野蛮の博物誌――18世紀イギリスがみた世界』東京：平凡社。
村上　衛
二〇一三　『海の近代中国』名古屋：名古屋大学出版会。
リード、アンソニー
一九九七　『大航海時代の東南アジア〈1〉』東京：法政大学出版局。
二〇〇二　『大航海時代の東南アジア〈2〉』東京：法政大学出版局。

〈中国語文献〉
潮汕百科全書編輯委員会
一九九四　『潮汕百科全書』北京：中国大百科全書出版社。
林　済
二〇〇一　『潮商』武漢：華中科技大学出版社。
冒　澄
一八七九　『潮牘偶存』広州：芸苑楼。
饒　宗頤
一九四九　『潮州志不分巻』汕頭：汕頭潮州修志館。
周　昭京
一九九五　『潮州会館史話』上海：上海古籍出版社。
著者・発行年不明
『光緒広東各県辦県文巻雑鈔』（孫中山文献館蔵）。

〈英語文献〉
Ashmore, William
1864　Village Preaching, *Baptist Missionary Magazine*, 44(10): 381-383.

Burns, Islay

1870 *Memoir of the Rev. Wm. C. Burns, M.A., Missionary to China from the English Presbyterian Church*, London: James Nisbet & Co.

Cai, Xiang-yu

2012 Christianity and Gender in South-East China: the Chaozhou Missions (1849-1949), PhD diss., Leiden University.

Christie, Eliza

1914 *Thirty Years in Moukden, 1883-1913, Being the Experiences and Recollections of Dugald Christie*, C.M.G., London: Constable and Company Ltd.（日本語訳は矢内原忠雄訳『奉天三十年』上巻、岩波書店、一九三八年初版）

Cooper, A. Willard

1915 *Historical Sketch of the Missions in Siam under the Care of the Board of Foreign Missions of the Presbyterian Church in the U.S.A.*, Philadelphia: The Woman's Foreign Missionary Society of the Presbyterian Church (7th edition).

Dean, William

1840 Journal of Mr. Dean, 1839 May 23, *Baptist Missionary Magazine*, 20(10): 240-241.

Douglas, John Monteath

1877 *Memorials of Rev. Carstairs Douglas, M.A., LL.D., Missionary of the Presbyterian Church of England at Amoy, China*, London: Waterlow & Sons Ltd., Printers.

Duffus, William

1875 Letter to Mathieson, Swatow, 3 November 1875 (EPM microfiche, no.772).

1880 Letter to Matheson, 24 October 1880 (EPM microfiche, no.776).

Galbiati, Fernando

1985 *P'eng P'ai and the Hai-Lu-feng Soviet*, Redwood City: Stanford University Press.

Gauld and Gibson

1882 The Chinese Highlanders and the Gospel, 1882, p.24 (EPM microfiche, no.946).

Gibson, J. Campbell

1895 Letter to Matheson, 21 May 1895 (EPM microfiche, no.791).

1902 *Mission Problems and Mission Methods in South China*, Edinburgh & London: Oliphant, Anderson & Ferrier.

Graham, J. Miller

1902　*East of the Barrier: Or, Sidelights on the Manchuria Mission*, New York & Chicago & Toronto: Fleming H. Revell Company.

Gützlaff, Charles

1834　*Journal of Three Voyages along the Coast of China in 1831, 1832 and 1833, with notices of Siam, Corea, and the Loo-Choo Islands*, London: Frederick Westley and A. H. Davis (Elibron Classics reprint, 2003).

Johnson, John W.

1860　Letters from Mr. Johnson, *Baptist Missionary Magazine*, 40(12): 409-412.

Jones, John Taylor

1840　Extract from a letter from Mr. Jones, dated Bangkok, May 13, 1839, *Baptist Missionary Magazine*, 20(2): 30-31.

Lee, Joseph Tse-Hei

2003　*The Bible and the Gun: Christianity in South China*, 1860-1900, New York & London: Routledge.

Lindsay, Hugh Hamilton

1833　*Report of Proceedings on a Voyage to the Northern Ports of China in the Ship Lord Amherst,* London: B. Fellowes.

Macgowan, John

1889　*Christ or Confucius, which? or, The story of the Amoy mission*, London: London missionary society.

Mackenzie, Hur

1874　Letter to Mathieson, Swatow, 11 August 1874 (EPM microfiche, no.806).

1876　Letter to Matheson, Swatow, 1 August 1876 (EPM microfiche, no.808).

Merriam, Edmund F.

1900　*A History of American Baptist Missions*, Philadelphia: American Baptist Publication Society.

Pitcher, P. W.

1893　*Fifty Years in Amoy: Or a History of the Amoy Mission, China*, New York: Board of Publication of the Reformed Church in America.

Scarth, John

1860　*Twelve Years in China: The People, the Rebels, and the Mandarins*, Edinburgh: Thomas constable and Co.

Skinner, G. William

1957　*Chinese Society in Thailand: An Analytical History*, Ithaca: Cornell University Press.

Smith, George

1847　*A Narrative of an Exploratory Visit to each of the Consular Cities of China, and to the Islands of Hong Kong and Chusan, in behalf of the Church Missionary Society, in the years 1844, 1845, 1846*, London: Seeley, Burnside & Seeley [etc.]

Anonymous

1836　Mission to the Chinese, *Baptist Missionary Magazine*,16(6): 148-149.

1840　Siam and China, *Baptist Missionary Magazine*, 20(6): 143-144.

1844　Annual Report, Mission to Siam, *Baptist Missionary Magazine*, 24(7): 204-208.

1869　Correspondence Respecting Attack on Boats of Her Majesty's Ship "Cockchafer" Villagers Near Swatow, p.18 (Parliamentary Papers, *China*, 1869(7) :4097-VI).

1873　Commercial Report from Her Majesty's Consuls in China. Political Summary, 15 March p.104 (Parliamentary Papers, *China*, 1873(3): c.862).

(Presbyterian Church of England Foreign Missions Archives（IDC社）のマイクロフィッシュはEPM microfichと略記する)

第二章　外の世界へ——一八五〇年から一九五〇年の潮汕における移民母村の女性(1)

蔡 志祥（川瀬由高訳）

はじめに

中国の女性は長らく、自分の運命をコントロールする能力をほとんど持たない、虐げられた存在であると見なされてきた。しかしいつもそうだった訳ではない。いくつかの研究において明らかにされてきたように、とりわけ後期帝政期において女性たちは力強く、自立的で、また社会のなかでその地位を把持していたのである［Wolf et.al 1975: 23-24, 27; Cf. Ko 1994］。中国のさまざまな地域において、かれらは家庭内の財務管理者（financial manager）として、また家計の援助者（supporter）として描かれてきた［仁井田　一九五二、Cohen 1992; McDermott 1990］。例えば、マイロン・コーエン（Myron Cohen）は家長と管理者（manager）とを区別し、前者は普通もっとも上の世代の男性成員であったのに対し、後者は能力のある女性であったとしている［Cohen 1992］。このような観察は、『紅楼夢』や曽芷芬《そうしふん》の自伝など、フィクションやノンフィクションのなかにも同様に認めることができる(2)。また、珠江デルタ地区の族譜（ふつう宗族の男性成員によって編纂される）、例えば西樵《さいしょう》何氏のものには、ある娘のことが記録されている。この女性は他家に嫁いだあとも家計の面倒をみており、一方その父と兄弟たちはマカオで商売をしていたのだった［Choi 1991］。中国の下層の社会階層においては、女性が家族にとっての稼ぎ手となり支援者となっていることは、ごくふつうに見られることだったのである。西洋人旅行者や宣教師たちが多数報告していたように、纏足をしていない客家の女性たちは、田畑や建設現場での肉体労働者として、また山での薪の集め手として大きな役割を担っていた［e.g. Boxer 1953(1967): 149ff.］。一九世紀以降の都市部を見ると、上海の工場労働者として働いていたのは女性たち、とりわけ湖南省出身者であったし、珠江デルタ地区や長江デルタ地区でも多くの女性が製糸工場で働いていた［Perry 1993; So 1986］。

だが、一九四九年までは中国社会はやはり男の世界であったことも事実であり、今日でもそれは同様である。国家のレベルでは、女性が科挙に参加することは禁止され、それゆえに、女性が官僚制のなかに参入するチャンスは剝奪されていた(3)。また地域社会では、女性が宗族のなかに立場を持つこと、そして商工会議所といった商業機構において立場を持つことは認められなかった。商業の領域では、一九〇四年に国家が商部を設立し、既存の六つの部局――吏部、戸部、礼部、兵部、刑部、工部――との調整をすすめた時、商人の身分および影響力が制度化された。商業法は様々な商工会議所の設立を後押しするものであり、それは様々な都市での事業を促進するためのものであった。しかしながら、中国の女性たちは、この新しい制度的再編のなかで自分たちの居場所をもつことはなかった。宗族の領域と同様に、商業界はごく最近になるまで男の世界だったのである。

女性が家から外へと踏み出し（step out）、事業という公共領域に参入するには長い時間が必要だった。例えば、香港で最も古くから続いている「南北行《なんぼくこう》」（輸出入会社）である乾泰隆《けんたいりゅう》は、その設立からおよそ一四〇年後、そして、有限責任会社として香港政庁の会社登録室に登録してから一三年後となる一九八八年に、ようやく会社の規約を修正し、会社の持株を男性（息子、孫、父、兄弟といった人々）に対してだけでなく、娘や孫娘、母、そして姉妹といった女性に対しても譲渡することを認めた(4)。また一九九二年には、この企業の一四〇年の歴史で初めて、株主として女性が正式に登録された(5)。乾泰隆でも女性たちが、会社の運営の上でより重要な役割を果たし始めたのである(6)。

一九世紀中葉以降の珠江デルタおよび韓江デルタ地区に見られる特殊な社会環境は、新中国以前の公共領域における女性の役割と地位という問題についてあらためて考えるための手がかりとなるだろう。第一に、この二つのデルタ地区は、移民を輩出してきた長い歴史を有する。労働者としての女性を多く海外に輩出した三水県のような若干の例外はあるものの、初期の移民の大部分は、海賊であれ、商人や苦力《クーリー》であれ、いずれも男性であった。第二に、男性が不在であったため、女性たちは家に残った大人として、海外在住者から送金されてくる資本をコントロールしていた。第三に、これらの移民送出コミュニティの傍にあったマカオや汕頭といった港湾都市は、人々に投資のチャンスをもたらしただけでなく、さらに、医療従事者や輸送労働者といった、女性たちが参入可能な新たな職種を提供した。第四に、帰国してきた者や海外からの手紙、そして新聞や「僑刊」（僑郷で発行される雑誌）といったメディアによって、海外での生活経験やイデオロギーが港湾都市経由で移民送出コミュニティへともたらされた。以上のような男性の不在や港湾都市の出現、資本の流入といった特定の社会環境を踏まえつつ、本章では潮州の事例から、女性たちが家庭内領域を離れ社会へと歩みだしていったきっかけについて、そして男性支配的な公的領域へと参入していくきっかけについて再検討を試みたい。

一八〇〇年代中葉から一九六〇年代にかけては、「香叻暹汕郊」（香港、シンガポール、バンコク、汕頭間の貿易ネットワーク）が存在していた。これは、主に米の国際貿易に従事していた潮州の商人たちによって構築されたものである。一九世紀中葉まで、潮州商人は香港と東南アジアにおける米の商取引において極めて重要な役割を担っていた［Choi 2014］。この貿易ルートの存在は、潮州人の冒険的な海外事業をはっきりと示すものであるのだが、このルートはまた、男性の移民が支配的であるような世界でもあった。本章が潮州の事例をもとに議論するのは、第一に、経済決定論では、大陸中国の女性がチャンスと資本を与えられてもなお、事業の世界という公共領域に参入できなかった理由を説明できないということであり、第二に、事業の世界への参入を左右していたのは、ジェンダーというより、むしろどれだけ制度的保護を受けられたかにかかっていたということである。以下では、一九世紀中葉以降の潮州の農村部および都市部における社会状況に留意しつつ、女性が家から足を踏み出していくための機会とは何であったか、そして、そのような機会はどのような形で男性的な社会倫理に従属していたのか議論する。この議論から明らかとなるのは、女性たちは非中国的な制度的サポートを受けるようになってはじめて、外の世界へと一歩を踏み出すことができたという事実である。

一　村落における移民送出コミュニティと女性——潮汕地方の場合

陳達（Ta Chen）は、移民送出コミュニティ（emigrant community）を「居住者の多数派が、自分たちの生活の一部を海外にいる家族の成員からの送金に頼っている」ようなコミュニティだと定義している［Chen 1940: 59］。潮汕地区は長い移民の歴史を有しており、多くの男性が東南アジアへと移民してきた。一九四九年には、東南アジアにいた中国系移民五六〇万人のうち、約四〇パーセントが、潮汕地区の出身者であった（表1を参照）。一九三〇年代、潮汕系移民から受け取る送金は、国家歳入全体の二〇パーセント以上となっていた（表2を参照）。これらの数字は、潮汕地区の各コミュニティ——男性よりも女性の数が多くなっていた——に大量の現金が存在していたことを示している。

一九二〇年代に汕頭市政府の市長であった蕭冠英《しょうかんえい》は、一九二五年に出版した本の中で次のように記している。

〔多くの男性が故郷を離れているため〕家の事といえば、大きなことであろうと細々としたことであろうと——例えば、畑仕事、家事、その他の手作業、社会活動など——、どれもみな女性に頼っている［蕭冠英　一九九六：

表1　1949年の東南アジアにいる中国人の数

	潮州	客家	広府	海南
シャム	1,167,000	333,000	146,000	250,000
マレーシア	230,000	43,000	490,000	111,000
シンガポール	184,000	47,000	172,000	60,000
インドネシア	168,000	315,000	315,000	63,000
ベトナム	374,000	85,000	378,500	40,000
その他	24,500	122,000	129,005	20,600
合計*	2,148,500	945,000	1,631,000	544,500

* 端数は切り捨て。［潘醒農 1950: 20］および［夏誠華 1992: 27］に基づき筆者作成。

表2　1933年の送金額（million dollar）

	シャム	シンガポール	ベトナム	その他	合計	国家財政における比率
1930	40	30	10	20	100	
1931	35	28	10	17	90	22
1932	32	25	6	12	75	21.9
1933	27	25	6	12	70	20.5
1934	20	18	4	8	50	20.2

［Wu 1937: 13-14］に基づき筆者作成。

九六］。

また陳達は、一九三〇年代初期に行った調査に基づき、次のように断言している。そうした家では「ふつう、〔家族の〕長が不在である間、（年老いた父母たちではなく）その妻が家のことの世話をしているのであり、ごくまれに、妻に十分な経験がないような場合にのみ、その他の高齢の女性が世帯の長として振る舞い、家族に直接関係してくる諸々を全部引き受けている。それは時折重要な決定を含むことがあり、例えば仕事や教育、結婚、宗教行事にかかわること、そしてその他の熟慮が必要な事柄などである」[Chen 1940: 123]。男性成員が不在になっている間、女性たちは男性が果たせなくなった役割のなかに、場合によっては、土地の売買のような重要な取引にさえ、足を踏み入れた。

二　土地と土地証書

土地は父系社会の基礎である。同族以外の購入者に土地を売ることは宗族コミュニティの基礎を損なう可能性がある。それゆえ、男性人口の大部分が不在であるようなコミュニティにおいて、女性がどのように土地の取引きにかかわったのかは興味深い問題である。そこで以下では、乾泰隆の陳氏が所有していた二三〇件の土地証書（土地契約文書）を分析してみたい。彼は、潮州府饒平《じょうへい》県前美村の出身者で、商家の出の者である。取引データは一九世紀から二〇世紀中葉までのものであり、そのうちのおよそ七〇八パーセントが、一九一一年の帝国政府の崩壊後に取り交わされたものである［Choi (ed.) 1995］。

この二三〇件の土地証書には、購入者と販売者の名前の他に、（i）保証人や仲介人、（ii）契約書の作成者、（iii）契約者の名前が記録されていた。一般的に、婚入した妻は「某某氏」や「某門某氏」といったような呼称で呼ばれるので、判別することができる。女性に関する親族呼称——たとえば、「祖母」、「母」、「慈」（母の意）、「大婆」（年長の妻）、「媽」（祖母ないし母）、「妻」、「媳」（義理の娘）、「女」（娘）——で呼ばれるかどうかによっても、女性を判別することができる。さて、全二三〇件の土地証書のうち、八四件（三七パーセント）に、合計一〇六名の女性が記録されている。また、合計四七七名の保証人のうち、女性は一人だけであった。また同様に、一四四名の土地証書の作成者のうち女性は一人だけであり、それは販売者の娘であった。つまり、土地証書に記録された一〇六名の女性のうち、一〇四名が契約者か販売者として記録されていた。

1　契約者

三五件の土地証書に計四〇名の「契約者」が記録されている。そして、それらの殆ど（七三パーセント）が女性であった（二七件の土地証書に二九名の女性が記されていた）。表3に示すように、彼女らの大半は販売者よりも年長の者であった（例えば、祖母、母、年上の妻などである）。これは家族のなかに年長の男性成員がいないためであろう。年長の男性成員の不在時において、祖母や母や妻などの女性が土地の処分に関する重要な役割を担っていたのであり、あ

表3　女性の「契約者」および土地販売者の比率

契約者（親族名称）	土地証書の番号	土地販売者						
		母＋子	子	妻	孫	男性	女性	児媳
祖母	2	0	0	0	2	0	0	0
母	19	4	14	0	0	0	0	1
母＋母	1	0	1	0	0	0	0	0
姑丈＋大婆	1	0	0	1	0	0	0	0
慈＋母	1	0	1	0	0	0	0	0
男性(同姓)	6	3	0	1	0	2	0	0
女性(同姓)	1	0	0	0	0	1	0	0
女性(異姓)	1	0	0	0	0	1	0	0
男	2	0	0	0	0	2	0	0
嫲	1	0	0	0	0	0	1	0
合計	35	7	16	2	2	6	1	1

[Choi (ed.) 1995c: 271]を改編して作成。表中の親族名称はそれぞれ、「姑丈」＝父の姐の夫、「大婆」＝夫の第一夫人、「慈」＝父の第一夫人、「男」＝息子、「嫲」＝祖母、「子」＝息子、「孫」＝男の孫、「児媳」＝義理の娘。

る母親は自分の子供の「相続」財産処分に介入する権利を持っていた[7]。また、ある土地証書（10—2—2番）が示しているのは、このような介入の範囲は、土地所有権の性質と密接に関わっていたということである。例えば、呉貞良《ごていりょう》という者には劉と陳の二人の妻がいた。呉貞良はタイへ行き、そこで財産を何も残さずに死んだ。妻の陳は、呉貞良が借りていた借金を返すため、夫がその父から受け継いでいた土地を売ることにした。おそらくは呉貞良の両親が共に死亡していたためであろうが、呉貞良の年下の妻が土地を売ることを決めたとき、彼女は、この処分に口を挟む権利を持つ年上の妻と義理の姐の二人に相談しなければならなかった[8]。

2　販売者

六〇件の土地証書のなかには、七二名の女性が販売者として記されている（取引全体の二六パーセントである）。表4からわかるように、この六〇件の土地証書の三分の一（二〇件）に、「某某氏」や「誰それの妻」という名前で署名がなされていた。また、およそ半分（二九件）には、あわせて息子や夫、孫の署名がなされていた。残りの一一件の土地証書では、女性の販売者は拡大家族の成員もしくは宗族の房の成員として記されていた。

表4　土地の所有者、及び女性の記録がある土地証書中の土地購買者／販売者の親族関係

親族名称	親族関係				土地所有者						
	L	S- N	S - DV	DS-DV	Zu	Zu-S	F	H	H-S	Own	合計
祖母と孫	0	0	0	1	1	0	0	0	0	0	1
母と息子	2	5	5	10	11	3	2	4	0	2	22
母と義理の娘	0	0	0	2	2	0	0	0	0	0	2
母、息子、及び義理の娘	0	0	0	1	0	0	0	1	0	0	1
母、息子、及び孫	0	1	0	1	0	0	0	2	0	0	2
夫と妻	0	0	0	1	1	0	0	0	0	0	1
妻	2	0	0	3	2	3	0	0	0	0	5
房の妻	0	0	3	0	0	3	0	0	0	0	3
某氏	6	1	1	7	3	6	0	1	5	0	15
氏	0	1	1	6	5	1	0	0	0	2	8
合計	10	8	10	32	25	16	2	8	5	4	60

［Choi (ed.) 1995c :271］を改編して作成。表中の記号はそれぞれ、L= 同じ宗族・同じ村落、S-N= 同姓･近隣村、S-DV= 同姓･異なる村落、DS-DV= 異姓･異なる村落、Zu= 祖先からの相続、Zu-S= 祖先から割当て分として相続した土地、F= 父からの相続、H= 夫からの相続、H-S= 夫から割当て分として相続した土地、Own= 自分の所有する土地。

土地証書とは土地の所有権を記録したものである。そこにはまた、「承祖」（祖先から相続するもの）と「承祖應分支分、或承祖應分己份」（祖先からの相続で自分が所有するもの）、「承父」（父から相続するもの）もしくは「承夫」（夫から相続するもの）が含まれている。全二三〇件の土地証書のうちの一二二件では、土地が祖先から相続したものであると記されている。

販売者として女性が記されている土地証書のうち、六〇パーセント（三五件）には、その土地が、自分及び／または彼女の夫の努力により獲得したものであるのか（一九件）、あるいは家族からの分配により獲得したものであるのかが（二六件）、はっきりと示されている。また、土地の販売に際して、女性（妻、つまり「某某氏」）の名前だけが使われていた場合、その七五パーセントでははっきりと、その土地が自分ないしその夫が所有していたものであることが記されている。それに対し、女性が拡大家族あるいは宗族の房の一員である場合は、半分以下（四六パーセント）のケースで、土地は相続したもの（「承祖」）であることがそれとなく示唆されている。

土地の所有権の性質がはっきりしている場合は、家族外

の親戚との余計な争いを避けることができる。村落のコミュニティにあっては、土地所有権は居住権利と密接に結びついており、それは、男性本位の宗族の基盤である。それゆえに、土地所有権に対する支配は、父系社会を維持する上で決定的な要素である。

潮州地区、とりわけ饒平県と澄海県《ちょうかい》では、男性の移民が高い割合で起こっていた。一九八七年の統計によると、澄海県隆都《りゅうと》鎮の人口の七〇パーセント以上が、そしてそこに戸籍のある世帯の五〇パーセントが、海外に家族がいた〔澄海県地方志編写委員会　一九九一：一五五〕。それら世帯の祖先のほとんどが、一九世紀後半以降に東南アジアへと渡っていた。陳達は、これが「両頭家〔二人の長がいる家族〕」システムの始まりであっただけではなく、女性の力の必然的な勃興をうながしたと主張した〔陳達　一九三八：一三〇〕。実際、陳達が議論している三つの事例では、家族の社会的身分にかかわらず、また、家族のなかに年長の男性成員がいるかどうかにかかわらず、男性成員が不在となっている時の妻たちは家長として記述されている。土地処分に関する統計からは、さらに、移民送出コミュニティにおける女性の中核的役割についても確認することができる。しかしながら、土地証書に示されているように、移民送出コミュニティにおける女性の支配的役割は、（核家族ないし拡大家族という）「家族」の範囲内に制限されていた。その土地処分への関わりは、多分に、土地所有権の性質によって決まっていた。取引が宗族に関わる場合には、女性の役割は不可避的に二次的なものとなるのであった[9]。土地証書に記録されている四七名の保証人のうち、女性はわずか一人に過ぎない。このことは、保証が必要になったとき、伝統的に男性に属するものとされてきた土地処分に関しては、それを保証する資格が女性にはなかったことを示すものである。

三　賃金の稼ぎ手としての女性

一九世紀中葉以降の潮汕の農村地域では、東南アジアに職を求め、多くの男性が故郷を離れざるをえなかった。だが中には、それでも貧しいままであり、家族の扶養が女性に頼りっきりだというような家族もあった。陳達によれば、若い女性や既婚女性は家のなかで働き、衣服を作り、刺繍をし、そして、陶器や紙銭を作るのを手伝った［陳達　一九三八：三五、三七］。これら軽工業の製品は、一八六〇年に開港した条約港である汕頭から海外へと輸出されていった。例えば、刺繍は清末までに潮汕の米国バプテスト教会のメンバーによって導入されたものであるが、これは一九二〇年代初期には年間一〇〇万元以上の収益を生んでおり、それは潮汕地区において大きな利益をあげていた四つの事業のうちの一つとなっていた。潮州、掲陽、潮陽、澄海といった地方の女性三万人以上が縫い上げ、刺繍をほどこした製品が、汕頭港から海外へ輸出されていった［陳達　一九三八：三六―三七］。

また、紙銭作りも主要な手工芸品であり、潮汕の農村地域の多くの若い女性や既婚女性たちがこれによって副収入を稼いでいた。例えば、澄海県南洋鎮では、総人口一〇万人のうちの八〇パーセントが紙銭作りで収入を得ていた。紙銭は、山東、河北、東三省、河南、山西、陝西へ、そして南はシャム、シンガポール、ベトナムにまで輸出されていたのであった［陳達　一九三八：一二九］。

つまるところ農村の女性たちの多くは、田畑での仕事の他に軽工業から副収入を得ていたのである。一八六〇年に条約港として汕頭が開港したこと、織物製品の輸出による利益、そして、移民していた同郷人たちの紙銭やその他の地元の製品に対する需要が、潮汕の農村地帯の女性たちに仕事の機会を提供していたのである。だが、似通った状況にあったはずの珠江デルタの絹産業の女性たちとは異なり、かれらは公共領域に根付くことに失敗した。陳達は、自分の一九二〇年代の調査結果は、一八九三年の『潮州府志』で引用されていた主張と同様なものであったと述べている。すなわち、「少女と女性は主に刺繍や糸つむぎ、紡織に従事している。かれらを道で見かけたり、農場など外での労働で雇われているのを見ることはほとんど無い。山間部で暮らしている場合は、かれらは森林労働者となり、海の近くで暮らしている場合は、生計を助けるために海産物を取る」［陳達　一九三八：三一、cf. 周碩勲編　一八九三：五］。同時代の西洋人作家ディアー・ボール（Dyer Ball）もまた、珠江デルタと潮汕地区との違いを観察していた。「広府やその周辺で、田畑や道、そして川や海で様々な仕事で忙しくしている女性の姿に慣れ親しんでいる者にとっては、汕頭あたりの田舎では、わずかな例外を除いて女性たちの姿を全くみないと記すことになるとは、奇妙なことである」［Ball 1925: 718］。

　男性の海外移民や条約港としての汕頭の開港は、公の場における女性の社会的身分とイメージを促進する環境を作り出した。しかしながら、このような新たな社会的環境は地域内の疑念をも助長した。汕頭の設立前、移民の主要な港だった樟林には「猪が道をふさぐ」（「豬公攔路《じゅこうらんろ》」）という物語があるが、そこには、男性支配的な農村コミュニティにおいて抱かれていた、女性が立ち上がっていくことに対する不安がはっきりとあらわれている。これは、ある寡婦と東南アジアで生計を立てなければならなかった息子についての物語である。この女性は、貧困のなか数年を婚家に留まって過ごした後、そろそろ再婚するべきだと考えた。そして三度、彼女は仲人に会いにいこうとしたが、毎回、大きな黒い猪が彼女の行く手を塞いだ。猪を避けて通ることに三度失敗して、この寡婦は貞操を守り続けるのが運命なのだと感じた。財をなして東南アジアから戻ってきた時、息子は、もし不可思議な猪がいなかったら不貞な母を持つことになっていただろうし、それを一生恥じることになっただろうと思った。この猪に感謝するため、彼はお金を寄付して、地元の天后廟に猪の像を作った。廟の入口を守るかわりに、猪の像は天后に対して対角線上に、象徴的に向き合うように立てられた。地元の人々は、男性が不在となっているコミュニティにおいて、猪神（「亥爺」）が地元の女性の貞操を守る責任をもっているのだと信じた。[10] 女神に向き合う猪という目をひく表象は、女性たちに忠節を守り続けるよう促す社会的装置なのである。女性の公共の場での運命は男性の解釈に左右されていたのであり、家長として、そして賃金の稼ぎ手としての女性の影響力は無視された。彼女たちの公共の場におけるイメージは、文化的拘束力に支配されていたのである。

四　商家の女性――乾泰隆―黌利会社の陳氏

潮汕はまた、海外で財をなした裕福な家族を多数輩出した地域でもあった。末廣昭によれば、二〇世紀初頭、シャムのバンコクにおける最大の精米所経営者と、同地の家族のうちで最も裕福な中国系商人八名のうちの六名が、潮汕の出身者であった［Suehiro 1989: 84-87, 110ff.］。そのうち以下でとりあげるのが、香港の乾泰隆の関連会社である黌利《ワンリー》（Wanglee）と、香港の元発行《げんはつこう》との関連会社である高満華《こうまんか》（Koh Man Wah）である。この二つの会社の創業者の出身地はそれぞれ、前者が饒平県隆都鎮前美村（一九四五年以降澄海の管轄下となった）であり、後者が澄海県城である。両者とも、一八五〇年代初頭に香港で輸出入業務を創設し、一八八〇年代にはバンコク、シンガポール、堤岸、汕頭にまで拡張した。彼らは一八八〇年代から一九三〇年代にかけて関連会社のネットワークを利用することで、精米、海運業、送金、問屋業、不動産、保険などに事業を拡大し、また香港上海滙豊《わいほう》銀行のような様々な株式会社へ投資を行った。[11]

急速かつ多方面にわたって事業が拡大した結果、一族は国際的に成長することになった。かれらが海外にいる間に結婚した妻によって、多くの子孫が中国の外で生まれ、同時に、故郷では土地を買い、巨大な家を立て、祖堂を再建し、さらには同じ宗族に属する従業員の家族のために「新郷」（new village）を建設した。乾泰隆―黌利の陳氏の場合、故郷とは彼らに最初の妻を与えた地であり、また第一、第二世代の者にとっては、退職後の最後の住み処であった。[12]中華民国となってからは、海外の妻たちが生んだ息子たちがその村に住むことはなかった。この家は中国人の妻と、海外から送られてきた妾たちのための国内の居住場所として使われ、[13]また彼女らの柩を一時的に安置する場所でもあった。[14]一九三〇年代まで、海外で生まれた男性成員は、家業の手助けができるようになるまでは故郷に送られて教育をうけていた。一般的に、規模の大きな家──そのうちの一つには部屋が九九もあった──では、ほとんどの部屋を女性（妻や妾や娘）、年少の息子、養子、使用人が占めていた。陳家の家と土地（一九〇〇年から一九四九年にかけて購入された八五三エーカー）は、中国妻、養子、そして遠縁の親戚にあたる管理人によって管理されていた。[15]この一族の女性たちは高い教育をうけており、また詩や漢方も学んでいた。この「漢方医」は無料で医療の助言をしていたのだが、彼女はめったに家の外へ出ようとしなかったという。また一九二〇、一九三〇年代において、新年には神を祀る行列が見られたが、この時には、乾泰隆―黌利の女性たちが礼拝できるよう、神をこの家に運び込まねばならなかった。その際、楽団や劇団も、家の敷地内に招き入れられて、演奏、上演を行った。端的に言って、海外にいる夫や息子たちから供給された富が、不可避的に、仲間の村民たちから彼女らを隔離する壁を作りだしていたのである。女性たちは「家」に引き止められ、守られ、そして尊重されていた。だが、陳達が記録したこのような「両頭」家の構造は一九二〇年代に徐々に変質していく。一九二〇年代以前は、中国にある家が「主要な家」だったのだが、一九二〇年代以降、事業志向の第二世代の男性成員たちは、自分たちの海外の家を「主要な家」とみなすようになった。かつては引退すると中国に戻り、また死ねば中国に埋葬されていたのであるが、もはやこの限りではなくなった。ここで、男性が支配的であった中国の故郷は、忠実な従業員を生み出すとともに、自分たちの死後に若い内妻たちの貞操と忠誠心を守らせる役割を担うものとなっていた。

あらためて述べると、一八〇〇年代中葉から一九三〇年代にかけて、男たちの移民と事業機会の増加は、女性に伝統的な家庭的領域から外へと歩みだすことを可能とする社会環境を用意した。潮汕の農村地帯において、低い社会的階層の女性たちは、唯一の稼ぎ手ではないとしても、主たる賃金の稼ぎ手だったのであり、その働きが家族と留守中の夫を支えていた。上層階層では、女性たちは受け取った送金で贅沢な生活を享受することができていた。男性成員の不在という状況下において、貧しかろうと裕福であろうと、女性たちは、家計を管理するだけでなく、重要な決定を下す時には家長としても振る舞っていた。しかしながら、特定の社会的文脈が女性に家から外へ歩みだす機会を与えていたとはいえ、彼女たちは、女性の貞操と忠誠を強調する男性支配的な宗族コミュニティにより文化的に拘束されていたのである。

五　都市の女性

汕頭は、広東省東部、韓江の南の河口に位置する砂の堆積地であり、一七世紀後期まで、海賊や近隣の漁民が時折訪れるだけの荒廃した所として記録されていた。(16) 一七一五年、「沙汕頭《しゃさんとう》」が地域を守る沿岸の砲台の一つとして設立された。韓江の西の河口にて海上交易が行われていたと公式には記録されているが、韓江の南の河口では違法な貿易も徐々に増加していた。つまり一八世紀初頭から、より多くの船が汕頭に停泊し始めたのである。機会をみて、「…地元の人々は取引きを円滑にするために、むしろ掛けの店やかわらぶきの家を作り始めた。つづいて、市場が創られた」[尹佩申（年次不明）：三八―三九]。汕頭で行われていた商取引は課税されていなかったため、違法なものだとみなされた。一九世紀初頭に市場が創られると、商店に税金が課せられた。加えて、取引税を徴収するために、潮州の税関の支部「粤海関《えつかいかん》」が設立された［梁廷枏（年次不明）］。この時政府は汕頭を潮州府の府都と一体の貿易港として認識していた。一八五八年には天津条約のもと、潮州府城は条約港として開放された。だが、イギリスが潮州府城に領事館を設立し始めたとき、地元民の強い抵抗にあった。そこで、諸外国に開放される港は潮州から汕頭に変えられたのである。一八六〇年、汕頭に近い媽嶼島に税関「潮海関《ちょうかいかん》」が設けられたが、これはその後、一八六三年に汕頭の都市部へと移転された。澄海県鮀浦司の管轄下にあった条約港である汕頭は、実に小さな地域である。一八六五年には外国人貿易商が市街区の拡張を試みるも、失敗に終わっている［汕頭市志編写委員会　一九六〇］。一八六七年には、貿易量の増加に伴い、対外事務を扱うための恵潮《けいちょう》嘉道《かどう》の支所が汕頭に設立された［汕頭市地方志編撰委員会弁公室　一九八七：六頁以下］。汕頭の都市部の地理的境界の拡張はおそらくこの時期から始まったものである。一九二一年、汕頭は「市」となり、また澄海県から独立した。市として独立したのち、汕頭市の範囲は急速に大きくなり、「…たった数里から二六五里にまで拡大し、海事エリアは三二七里にまで増加した」［汕頭市政庁編輯股　一九二八：二］。

三つの伝統的な行政区である潮安、掲陽、潮陽に囲まれていたが、新興都市として、汕頭はこれら三都市の影響を受けなかった。汕頭は、この地域を管轄する行政を発達させるにあたって、最も中立的な場所だったのである。また汕頭は、伝統的な土着権力をもたぬ都市であったために、様々な移民集団がお互いに競い合うことができた。また、（様々な潮州アクセントの）下位方言集団の間で、そして（潮州語と客家語の）方言集団の間で党派がつくられていった［中国海関学会汕頭海関小組・汕頭市地方志編撰委員会弁公室　一九八八］。

二〇世紀初頭から、この港は地域の政治と行政の中心として潮州市に取って代わった。一九二〇年代から一九三〇年代にかけては、政治的重要性とともに、その行政区域も劇的に拡大した。だが、一九二〇年代までは、西洋の事業家たちは汕頭を近代的な商業取引に適さない港であると評してきた。この町は近代的な金融的、産業的制度を備えていないとされてきたのである［cf. Arnold (ed.) 1919: 600-610］。汕頭の経済は海外および後背地とのつながりに深く依存し、それが小規模な事業活動の成長を促していた。大規模な事業は香港や広州、上海の金融機関に頼

表5　汕頭市における地元の学校（1923年）

	中等学校			経営学校	職業学校	合計
	私立	市立	教育部立	省立	私立	
学校の数	3	1	4	1	2	11
男子校			3		1	4
女子校		1	1		1	3
共学	3			1		4
教師						192
男性	59	4	84	21	20	188
女性	3	6	12	0	3	24
学生						2,094
男子	445	0	970	180	108	1,793
女子	52	78	136	0	125	391

［蕭冠英 1996:132］をもとに筆者作成。ただし、この表には5つのミッション系の学校、2つのイギリスの学校、2つのアメリカの学校、1つのフランスの学校は含まれていない。

表6　汕頭における学生数

	高校	中学	小学校高学年	小学校低学年	幼稚園	補習校	職業学校
1928年	合計　129,588						
男子	184	940	1,228	3,424	196	1,072	324
女子	34	282	383	1,543	166	140	124
男女比	0.19	0.3	0.31	0.45	0.85	0.13	0.38
1936年	合計　およそ200,000						
男子	506	1,612	2,071	6,860	714	929	1,496
女子	176	551	818	3,128	482	228	1,899*
男女比	0.35	0.34	0.40	0.46	0.68	0.25	1.27

* 婦人科の学校および看護婦養護学校。［謝雪影編 1935: 135］をもとに筆者作成。

らなければいけなかった。大きな事業活動を行っている事業主は通常、彼らの本部を香港に置いていた。つまるところ、汕頭は政治的に重要となってきたとはいえ、近代的金融センターにまでは発展していなかったのである。

汕頭は商業都市であった。そしてその繁栄は海運、送金、為替両替、輸出入に深く頼っていた［饒宗頤 一九六五：八三五―八七七］。潮州抽《ちょうしゅうちゅう》紗《さ》（絹産業における一種の抜きかがり刺繍）のような刺繍品がこの地域の唯一の重要産業であった。この事業は汕頭の運命を後背地と、そして香港や東南アジアと結びつけるものであった。また同時に、女性に外へと歩みだす機会を提供するものでもあった。

一移民都市であったために、汕

表7　1860年から1930年にかけての貨物船乗客者数

年	船の数	容積トン数	関税（総額／両）	流入移民者数	流出移民者数	海外移民総数
1860	161	59,236	6,176,293	—	—	
1870	414	204,968	9,455,850	—	22,282	
1880	866	627,886	21,275,667	28,013	38,005	9,992
1890	1,649	1,573,542	25,070,981	50,062	65,475	15,413
1900	2,127	2,185,554	40,030,734	71,850	93,640	21,790
1910	2,592	2,960,744	54,014,382	108,833	132,928	24,095
1920	2,496	2,921,531	65,497,958	68,525	109,251	40,726
1930	4,010	5,735,828	108,879,407	94,726	123,724	28,998

［中國海関学会汕頭海関小組・汕頭市地方志編撰委員会辨公室編 1988］をもとに筆者作成。

頭の女性の人口は相対的に少なかった。男性と比べると女性への教育が普及してくるのは一九二八年以降のことであった。汕頭には女性専用の婦人科の医師・看護師養成学校があり、そこでは多くの専門職の女性が育てられてきた[17]。しかしながら、一般的に女性は低い程度の通常教育しか受けられなかったので（表5と表6を参照）、彼女たちが従事できる仕事の種類に影響を与えていた。

六　海運、輸出入、そして女性の小「企業家たち」

海運は二つのカテゴリーで考えることができる。即ち、人間の輸送と貨物の輸送である。汕頭港を出入りする渡し船とジャンク船の数は、一八六〇年代の一六一艘（五万九二三六トン）から、一九二〇年代の二四九六艘（二〇〇万トン以上）、そして一九三〇年代の四〇一〇艘（五七三万五八二八トン）にまで増加した。表7には、運ばれた貨物と人間の急激な増加が示されている。

汽船が来るようになってから、非常に多くの潮州人が海外に行き来できるようになった。一八五〇年代、汕頭は廈門に取って代わって、苦力《クーリー》輸送の主要港となった。苦力貿易の仲介業者は宿屋と「苦力間」（coolie kennel）を経営していた。汕頭の後背地出身の苦力たちはブローカーに募集され、汽船で汕頭に運ばれた。そこで、彼らは出発の日まで宿屋に留めおかれた。一八五二年

表8　マレー半島における女性の移住者数の比率

	マレー半島への中国系移民(総数)	女性の割合	出国者総数
1860年代		該当なし	
1870年代		該当なし	
1880年代	1,145,682	3	
1890年代	1,520,995	5-6	
1900年代	1,894,262	7	
1910年代	1,689,582	7-8	
1920年代	2,301,869	13	1,236,175
1930年代	1,265,074	25	1,236,175

［Lee 1989: 312-314］の表2、表3をもとに筆者作成(18)。

から一八五三年まで、三四五〇人以上の苦力が海外へと運ばれ、一八五五年にはその数は六三〇〇人にまで増加した。汕頭が条約港となった後、内陸部出身の中国人がさらに大勢この港から海外へと向かった。潮州の商人らは、この新しい移民を手助けする効率的な基盤を提供していった。即ち、輸送からホスト国で身を落ち着ける援助に至るまでである。一九三五年の統計では、当時およそ二〇〇万の潮州系中国人が東南アジアで暮らしていた（表1）。これは、潮汕地域の人口五〇〇万のうち、四〇パーセントにあたる［潘醒農　一九五〇：二〇、夏誠華　一九九二：二七］。

非常に多くの潮州人が海外で暮らしていたことは、自然と、送金サービスのニーズと、潮州の商品にたいする需要の増加につながった。

一九二〇年代までは、女性と子供の移民はあまり推奨されてはいなかった。意にそぐわない、もしくは強制的な移民を防ぐために、汕頭の地方政府は東南アジアに渡ろうとする女性と子供全てに対し搭乗券が発給される前に面接をうけることを要求した［謝雪影　一九三五：四四］。リー（Lee）によると、一九二〇年以前はマレー半島への女性の労働移民は微々たるものだった。しかしながら、「一九三〇年代には（マレー半島で）中国人女性の流入が多く見られたが、これは高いUターン移民——おそらくは中国系の男性であろう——の割合によって相殺されていた」［Lee 1989: 313］（表8と表9を参照）。

汕頭が条約港になる前、密輸貿易はこの地域で暮らす人々の生計をたてる

表9　潮山地域出身の移民

	流出移民				流入移民			
年	男性	女性	子供	合計	男性	女性	子供	合計
1930	78,598	22,335	22,771	123,724	62,525	14,583	17,615	94,726
1931	50,978	14,656	14,568	80,202	52,726	17,516	11,720	81,962
1932	23,261	7,711	5,852	36,824	38,905	20,128	11,831	70,864
1933	26,903	9,014	8,941	44,858	31,999	10,368	17,355	59,722
1934	32,603	12,170	11,531	56,293	23,641	6,187	10,672	40,500

［謝雪影編 1935：40］をもとに筆者作成。

表10　1926年の汕頭港における貿易収益（海関／両）

	輸入	輸出	合計	比率
香港	4,436,535	733,911	5,170,466	16.90
シャム	3,776,891	2,929,592	6,706,483	21.90
海峡植民地	307,728	4,819,929	5,124,657	16.80
ベトナム	2,097,286	2,223,188	4,310,474	14.10
小計	10,605,460	10,706,620	21,312,080	69.7
その他の中国の港	8,641,133	678,359	9,319,492	30.3
合計	19,246,593	11,384,979	30,631,572	100

［汕頭市政廳編輯股（編）1928：10］をもとに筆者作成。

手段であった。一九一〇年まで輸入による収入のおよそ七五パーセントを占めていた阿片は、綿糸、砂糖、缶詰の輸入に取って代わられた。一九二六年の時点では、主な輸入品は米、砂糖、綿、木炭などとなり、主な輸出品は、紙やピーナッツオイルなどであった。一方、中国の他の地域からの主な輸入品は、豆餅、綿糸、豆、ピーナッツなどであり、主な輸出品は紙、砂糖、衣服などであった。表10からわかるとおり、汕頭―香港―東南アジア間の貿易は、全体の貿易収入の約七〇パーセントを占めていた。

刺繍品や紙銭などの輸出製品を作っていたことに加え、このような貿易の環境もまた、この地域の女性に少なくとも二つの種類の仕事を与えた。華字日報の汕頭通信員によれば、一九二八年の世界的経済恐慌はついに汕頭の軽工業を揺るがし、多くの女性が荷物の運び手とならざるをえなくなった。同時代の記者の観察によれば、「汕頭の海関に行けば、いつでも三〇から五〇名の女性の荷物運びが仕事を待っているのを目にすることができる。……太古埠頭でも、女性の運搬人が豆餅を倉庫へと運んでいく光景を目にすることができる。……」［一仕事につき］

彼女たちは三から五セント、多くて一元を稼ぐ。……この手の仕事のためにやって来る壮健な女性は徐々に増加してきている。……三日ごとあるいは五日ごとに、彼女たちは自分の村に戻る」〔華字日報　一九三五a〕。東南アジアへの地元の商品の輸出という仕事はまた、他の沿岸地域から汕頭へと乾燥海産物を運んできていた多くの女性を引きつけるものでもあった〔華字日報　一九三五b〕。中には、国境を超える貿易に従事している女性もいたほどである。同じ記者によれば、少なくとも千名の女性の密輸業者（水客）が香港―汕頭間で貿易を行っていた。

……彼女たちは月に四度香港へ赴き、三〇元から五〇元の元手を使ってマッチや砂糖、乾燥キノコ、アワビ、鮫ひれ、朝鮮人参といった商品を購入する。彼女たちは日曜日に汕頭に戻る。この日には四艘以上の船がこの港に到着するからである。彼女たちはいつも女性としての魅力や口のうまさで税関の役人に目こぼしをしてもらっている。もし捕まっても、……一般的に彼女たちの方が男性の密輸入業者よりもうまく切り抜けている。……〔華字日報　一九三五b〕

つまるところ、汕頭の海運業の環境は、汕頭とその後背地の間で貿易をする、女性の小企業家たちの出現を促すものであった。一九三五年の記者の記録によれば、これらの女性の行商人は、数日に一度あるいは月に三～四回、家に戻ったという。男性成員の不在の間、景気後退のために故郷で仕事が見つからなかった場合には、都市が低階層の女性に新しい仕事の機会を提供していたのである。(19)

七　女性、母方親族、ビジネス――元発行の事例

表11　1933年の汕頭における企業の規模

業種	企業の数	総資本額（元）	各企業の平均資本額
外貨交換（銀行業）	58	14,500,000	250,000
送金	55	1,100,000	20,000
輸出入	70	7,000,000	100,000
小計	183	22,600,000	123,497
その他の企業	3,258	35,084,000	10,795
企業総数	3,441	57,684,000	16,763

［饒宗頤編 1965：868-870］をもとに筆者作成。

上述したように、二〇世紀の初頭以降、送金は潮汕地域の多くの家庭にとって主な収入源となっていた。乾泰隆の陳氏や元発行の高氏のように暮らし向きのよかった家族にとって、女性がうけとっていた送金は、土地を購入したり豪華な家を建てたりするために使われたのみならず、また、都市における事業への投資のためにも使われた。女性のなかには、夫や父方親族が所有している会社に個人口座を設ける者[20]や、自分の兄弟や父を通し小さな会社に投資する者もいた[21]。

第二次世界大戦以前、汕頭には大規模な会社はほとんど存在しなかった。外国為替を扱っていた近代的銀行は台湾銀行だけで、香港上海銀行は小さな代理店があるだけであった［King 1988: 496-497］。汕頭市における取引は通常小規模なものであり、それは地元の銀行（銭荘）が取り扱っていた。饒宗頤によれば、一九三三年の汕頭市には三四四一の会社があり、その資本は計五七六八万四〇〇〇銀元、平均資本は一〇七六九銀元であった。この時期の汕頭で最大の企業だったのは、両替（匯兌）、送金（僑批）、輸出入（南北港行）を行っていた会社であるのだが、それらの会社の平均資本は一五万元に達していない（表11を参照）［饒宗頤編　一九六五：八六八］。要するに、汕頭の会社は相対的に小さなものだったのである。その資本源は重要な問題であったが、その点、元発行の事例は、汕頭の事業にとっての資金のありようを理解する上での手がかりとなるかもしれない。

元発行は一八五〇年代初期に澄海県出身の高楚香《こうそか》（バンコクでは高満華として知られている）によって創業された、香港の貿易会社である。一八五〇年代から一九三〇年代にかけて、この会社はその事業活動を拡大させ、「間アジア貿易における市場ネットワークと金融経路」を作りあげたが、それは「主に、スワトウ〔汕頭〕、香港、シンガポールという三つの主要な無関税港を通してであった」[Suehiro 1989: 83]。元発行は、香港における最も傑出した中国系貿易商社の一つであり、米や香辛料、砂糖などの産品を東南アジアから輸入し、それを汕頭や広州といった中国の港町に再輸出していた。輸出面では、中国の、とりわけ潮州の地域製品を東南アジアに輸出していた。貿易の他、この会社には第二の主要事業として回漕業があった。その対象は、スコットランドの東方汽船会社（Oriental Steamship Company）やオランダのノルトドイッチャー・ロイド汽船会社（Norddeutscher Lloyd Steamship Company）であり、そして一九一九年以降には太古洋行（Butterfield and Swire Steamship Company）が加わった。その貨客船はよく香港とバンコクのあいだを行き来した。一八七〇年代以降、乾泰隆の陳氏と同様に、元発行の高氏も事業を更に展開した。第一に、彼らは日本やタイ、シンガポール、マレーシアに関連会社を設立した。第二に、彼らはその事業を貿易と海運から更に拡大し、精米、不動産、金融へと手を掛けはじめた[22]。

高楚香には九人の息子がいるが、そのうちの最年長者は養子であり、その他の八名は彼が四人の妻との間にもうけた子供である。一八八三年に高楚香が死去すると、元発行はこの九人の息子およびその子孫らの「共同もしくは公家会社（common or public company）」となった。最年長であった養子が澄海にのこり土地財産の管理を引き受けていたことはわかっているが、九人の兄弟の間で権力がどのように配分されたのかははっきりしない。高舜琴《こうしゅんきん》は高楚香とタイ人の妻との間に生まれた二人目の息子であるが、彼が会社の責任者であり、一方で七番目の息子である高暉石がタイにおける事業を管理していた［張映秋　一九九〇：三一―三三］。息子たちは、それぞれがこの会社の個人口座を持っていたが、またそれぞれが自分自身の事業を行っていた。高舜琴はこの会社では舜記という口座名義を使っており、この舜記という名前で様々な事業、例えば不動産、保険、貿易、金融などに従事していたのだが、それらの会社のうちの多くの株式と取締役は重なり合っていた[23]。高舜琴の息子のうちの一人の口座によれば、「共同会社」

図1　元発行の高氏の親族関係
（元発行および関連諸会社において重要な地位についていた母方親族）

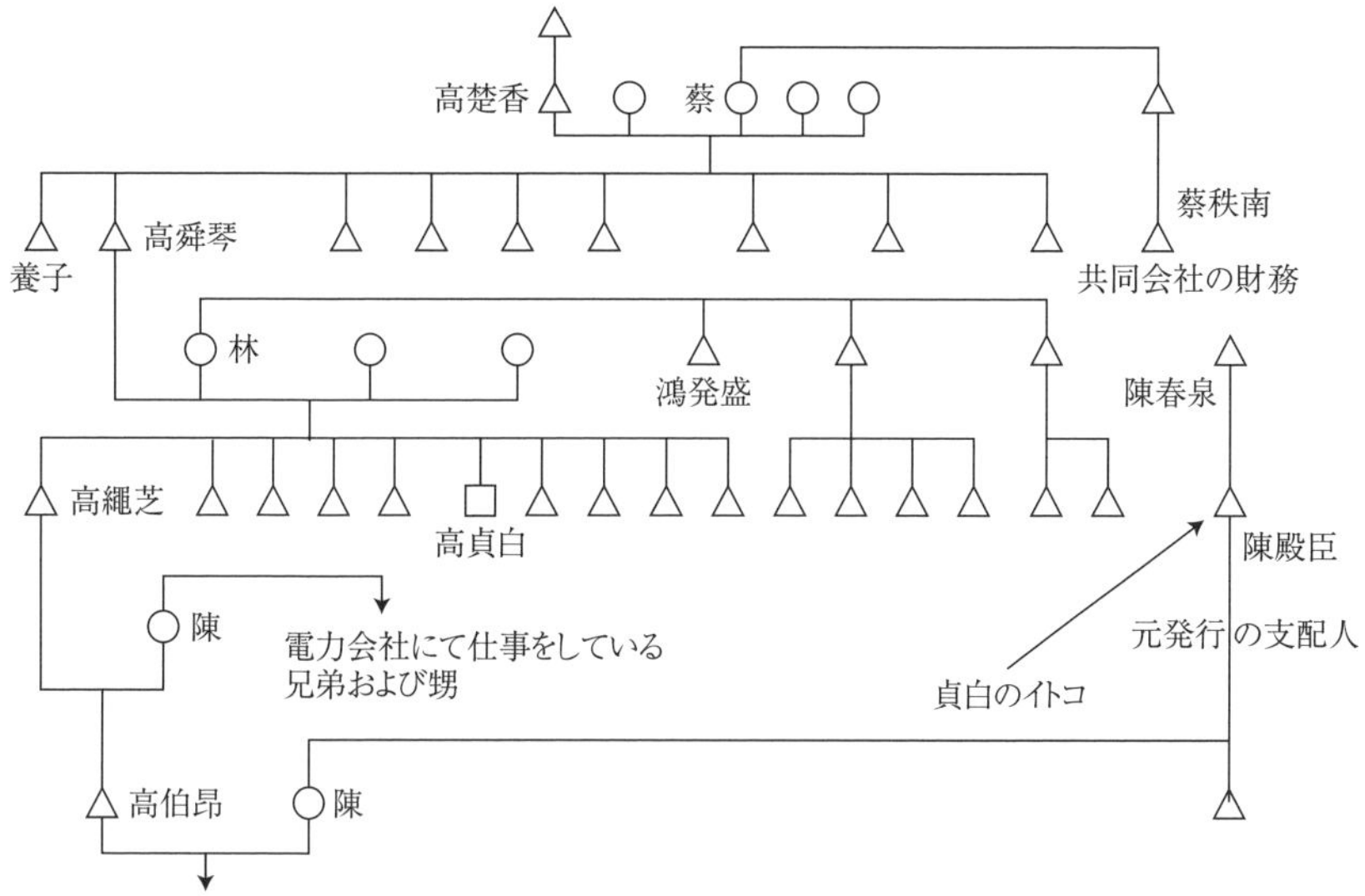

［林熙 1967; 1983, No. 117-121; 1991］をもとに筆者作成。なお林熙は高貞白の仮名である。

（公家）はまたそれらの個人会社（私人）の株式を持っており、[24]さらに、この「共同会社」の二人の取締役、母方オジである陳春泉とその息子の陳殿臣は、それらの会社のうちいくつかの株主でありまた取締役でもあった。[25]

高舜琴は一九〇九年に死去した。死の前に彼は、「共同会社」の代表として長男の高縄芝を指名した。ただし、タイでの事業は高舜琴のタイ人の妻とその息子が管理していくことになったという。高縄芝は革命家として、また愛国的な企業家として知られる人物である。彼は汕頭で電気会社、水道会社、織物工場を作った。それらの会社の経営者のほとんどは、高舜琴の中国人妻の兄弟や甥などであった（図1を参照）。高縄芝が一九一三年に死去するとその事業は長男の高伯昂に委ねられた。彼らの母方オジであった陳春泉は引き続き元発行の代表取締役となっていたのだが、それは彼の息子が後を継ぐことになる一九二二年まで続いた。一九一四年以降、高氏はさらに金融業の世界へ事業展開を試み、四つの地元の中国系銀行〔銭荘〕に投資をするなどした〔蔡志祥　一九九五：九八―九九〕。

高貞白《こうていはく》によれば、高楚香の子孫らは二〇世紀初頭より精力的に自分たちの事業を発展させてきたが、彼らはまた「共同会社」からも利益を得ていた。だが、危機が起こるたびにその支援に協力的だったのは、高楚香の子孫のなかでも、長男、次男、四男だけであった。一九二六年から一九二七年の間、元発行は多額の負債を抱えたが、この時、その株式を保有していた多くの支店は、親会社を強化するためにその流動性資産に貢献するどころか、急いで元発行の持ち株を手放してしまった。一九二八年には、元発行は会社の再建をせざるを得なくなり、その時には高伯昂の義理の父である陳殿臣の助けを借りた。一九二八年から一九三二年にかけ、元発行は高伯昂と陳殿臣を代表者とするかたちで、高氏一族の共同所有となった。元発行のバンコクの関連会社が破産宣告を受け、これに続き、他の支店が持っていた事業も閉業することになったのは、この頃であった。一九三二年、陳殿臣と高伯昂の関係が悪化し、陳殿臣は会社の株を手放さざるを得なくなった。一年後、緊密な関係にあった汕頭の四つの地元銀行の没落に続くかたちで、元発行、および元発行の傘下にあったその他の「個人」会社も倒産した。

元発行およびその関連会社の発展は、彼らの事業の拡大のプロセスを、そして、「共同」会社と「個人」会社との間の矛盾を明らかにしてくれるものである。乾泰隆の場合と同様に、元発行に対する支配は、徐々に高舜琴から高縄芝、高伯昂へという一つの家系に集中されていった。ただ、乾泰隆の場合とは異なり、元発行は経営と資金調達の点で母方親族に大きく頼っていた。高貞白の記録によれば、高氏の母方親族は事業部門における責任者として雇われていただけでなく、また、代表取締役であり、会計係でもあった。それら母方親族のほとんどは、高家の支配的家系に関わりのある者であった〔図1を参照〕。かれらは、高楚香の妻の親族であり、高舜琴の妻の親族であり、高縄芝の妻の親族であり、高伯昂の妻の親族であったのである。特筆に値するのは、元発行の高氏と陳春泉および陳殿臣との関係性である。陳春泉は澄海出身で、高舜琴の母方のいとこであった。陳春泉は一八六〇年代に元発行で働き始めたが、早くも一八八〇年代初頭には元発行の経営者となった。一九二二年に彼が引退した時、息子の陳殿臣が跡を継ぎ、この会社の代表取締役となった。陳春泉および陳殿臣の両氏とも、香港の中国人コミュニティ、とりわけ「南北行」業界と潮州人のサークルの中では非常に尊敬されている人物である。一九二一年、陳春泉は潮州商会を発足させることを請われているし［旅港潮州商会　一九五一：二］、また彼の息子の陳殿臣は「挙人」の称号保持者であり、「太平紳士」であり、東華医院の理事であり、潮州商会の会長でもあった［旅港潮州商会　一九五二］。陳春泉は元発行の経営者であるだけではなかった。彼はまた、自身の貿易事業をも行っていた。高舜琴とともに、陳春泉は香港に裕徳盛を開き、また、広州に成発行を開いた。その会社の総支配人として、陳春泉と陳殿臣は事業の経営面を管理していただけでなく、会社の財政面も管理していた［林熙　一九八三ａ（一一八）：四七、五〇］。彼らはまた、重要な権利証書や絵画などが保管されていた会社の金庫にアクセスすることもできた［林熙　一九八三ａ（一一八）：四八―四九］。それ以上に、母方オジとして、陳春泉は高楚香の死後に行われた「分家」などといったような家族内部の事柄でも、重要な役割を果たした。それゆえ高貞白は、実際に会社を支配し、また真に決定を下していた人物は、母方オジの陳春泉だったと述べているのである［林熙　一九八三ａ（一一八）：五〇］。あるいは、この状況のために、高伯昂が一九三三年にこの会社の管理権を取り戻そうとした時、陳殿臣のいたポジションを彼自身の兄弟である高承烈に替えねばならなかったのかもしれない［林熙　一九八三ａ（一一九）：三五―三六］。

高氏が母方親族に頼ることになったのには、いくつかの要因があった。一つには、彼らの事業があまりにも急速に拡大し、高一族にはその重要なポジション、とりわけ会社の財政を管理する役職を埋めるのに十分な近縁の男系親族がいなかったことが挙げられる。また一方で、彼らが自分たちの地域の宗族（localized lineage）からの援助を欠いていたために、母方親族を代表取締役や会計係として雇用することへとつながったのだと考えられる。宗族からの援助の欠如は、高楚香の父である高日熙が村から追い出されたことにも表れている。強力な宗族的基礎をもっていなかった元発行の高氏が、結婚によってつながった母方親族に、その事業拡大の支援を頼らなければならなかったことははっきりしている。母方親族に頼ることの代償は大きかった。一九二八年から一九三三年にかけて、兄弟、イトコ、姻族の間の争いが起こり、これがこのグループの解体につながった。二〇世紀になって、「共同会社」の私有化のプロセスが、高伯昂のオジたちの不信感と不安を煽った。一九二〇、一九三〇年代にこの「共同会社」が困難に直面した時、親族たちは、母方であろうと父方であろうと、資金の注入をしぶった。それゆえ、一九三三年の金融危機が起こると、元発行に関連する企業一八社が閉業したのである。地元の銀行が九社、海運会社が三社、また、広州、シンガポール、上海、バンコクではそれぞれ一社、香港では二社であった［林熙 一九六七：四］。

あらためて要約すると、元発行の事例では、女性たちは夫の家族と、自分自身の父方親族とをつなぐ、重要なハブ（hub）となっていたのである。陳春泉とその息子の陳殿臣のケースのように、危機に際して父方親族が援助できないような時に、母方親族は会社に奉仕したり財政面での支援を行ったりしていた。

一都市としての汕頭は女性に仕事の機会を提供し、女性の小規模企業家の出現を刺激し、村落の余剰資本を吸い上げた。そして、裕福な階級の女性が、事業の世界におけるネットワーク上のハブとして機能することを可能にした。しかしながら、この事業セクターにおいて、女性が何らかの重要な経営上および決定上の役割を担うような例は、正式に登記された会社のいずれにおいても見当たらない。

おわりに

乾泰隆は、その設立からおよそ一四〇年後、そして有限会社としての登録から一三年後となる一九八八年に会社の規約を改訂し、女性が株主となることを認めた。また一九九二年には、この企業の六万二一三二の株式（株式全体の二一パーセントにあたる）を一五名の女性が相続した[26]。この改訂は、男性支配的、父系的な制度の終焉とともに、ジェンダーの違いによる垣根が取り払われ始めたことを示すものである。ただし、東南アジアの女性が事業の世界に入ることを許されたのは中国の女性たちよりも早かった。ウィリアム・スキナー（William Skinner）は一九五七年の著書のなかで次のように述べている。「タイの女性たちは――男性たちとは違って――地元社会のなかのトレーダーであった。彼女たちは事業に関する一定のノウハウを持ち、勤勉な中国系の夫の強みを正しく評価することができた……」［Skinner 1957: 127］。スキナーの見解では、中国人にとってタイ人を妻にすることの利点は、（一）タイの顧客と容易に取引ができること、（二）より容易に貸し付けが得られること、（三）タイでの挙式は中国で行うよりも安価であったこと、である。それゆえ、一九世紀において、タイ人女性との婚姻は、職業や財政状況が許せば、中国系移民にとって基本となっていた［Skinner 1957: 128］。中国系の大事業主の妻や娘たちは、家族の事業に大きな役割を果たしていた。例えば、通盆黌利（Thongpoon Wanglee）は黌利会社の代表であった陳守明の妻であるが、陳守明が一九四五年に暗殺された後は彼女が家族の事業における意思決定者となった［蔡志祥　一九九八］。末廣と南原によるタイにおける中国系資本家の研究によると、中国系家族による大事業はほとんどすべて、女性のメンバーを最低一人は有しており、その者が、家族事業において経営面での重要な役割を果たしているか、さらには自分の会社さえ設立していた［末廣・南原　一九九一］。二〇世紀初期のシンガポールにおける裁判の事例からは、我々はまた女性の起業家を見いだすことができる。それら裁判の事例のいくつかは、ハレ（G. T. Hare）によって編集された『中国の記録――海峡植民地および被保護藩王国における公務員のための手引き』のなかに見ることができる。例えば、事例71ではある女性が阿仙薬の店を、事例110ではある女性が二〇台以上の人力車を有する運輸会社を経営していたという記録がある［Hare 1894］。

中国の女性についての研究ではしばしば、男性に比して女性らが従属的な身分におかれていることに焦点が当てられることがあった。だが実のところ、本章でみてきた乾泰隆や元発行、およびもう少し下の富裕層の女性たちは、自分自身の運命のなかで、一般に想定されていたよりもはるかに大きな役割を果たしていた。さまざまな学者が指摘してきたように、特定の環境下――法廷のなかや、珠江デルタ地域における製糸業の現場、あるいは、社会が不安定な時期――において、女性たちは教師として、また宗教的リーダーとして立ち上がってきたのであり、またそれらの女性の多くが、実際に経済的に独立していたのであった［Ko 1994; So 1986; Wolf et al. 1975］。だが、本章が潮汕地域を事例に説明を試みてきたのは、伝統的に男性が支配的であった宗族と事業の領域において、男性の不在、都市の出現、資本の流入などの特別な社会状況は、女性が家の領域から外の世界へと踏み出すための道を切り開いただけではない、ということである。それらは時にはそうした動きを制約していたのであった。

中国の女性たちが外の世界へと踏み出すためには、社会構造の根本的な変化が必要だったのである。

［訳者付記］　本稿は、著者による既発表論文 Stepping out? Women in the Chaoshan Emigrant Communities, 1850-1950, in *Merchants, Daughters: Women, Commerce, and Regional Culture in South China*, edited by Siu, F. Helen, pp.105-127, 300-305. Hong Kong: Hong Kong University Press, 2010 の全訳である。ただし、本論集採録にあたり著者による若干の加筆が加えられている。翻訳に際しては、原著者に問い合わせの上で誤植等の修正を行い、また本論集にあわせ引用文献の表示方法を変更し、注釈番号を調整した。

注

（1）　本稿のもととなったのは、中央研究院（Academia Sinica）主催の会議「中国都市への参入」（二〇〇七年一二月一三日～一五日）での口頭発表である。なお、本研究は RGC (The Research Grant Council of Hong Kong）による研究助成（HKUST512/94H）および香港中文大学の直接経費（2010334）を受けた。

（2）　たとえば、『紅楼夢』のなかの非常に有能な嫁である王熙鳳は、家の管理者（manager）であった。また、曽芷芬については［Kennedy and Kennedy (eds.) 1993: 69, 90］を参照のこと。

（3）女性たちが宮廷の後宮に身を置いて、皇帝の息子や孫あるいは宦官を通して権力を行使するのでなければ、である。

（4）Special Resolution of Kin Tye Lung Co.Ltd. Company No.14575, Company Registry. (Hong Kong. 1988).

（5）この年、一五名の女性たちがこの会社の六万二一三三株（全体の一一パーセント）を相続した。Company No.14575, Company Registry. (Hong Kong, 1988) を参照のこと。

（6）この家族企業の所有者であり代表取締役でもあった陳守炎の死後、意思の決定はその娘によってなされている。この会社の歴史については、[Choi 1995: 96-114] を参照。

（7）例えば、[Choi (ed.) 1995] の土地契約文書 no. L35-1-1, 55 など。

（8）[Choi (ed.) 1995] の土地契約文書 no. L10-2-2, 25 を参照のこと。

（9）例えば、[Choi (ed.) 1995] の土地契約文書 no.L27-1-1、L48-1-1、L99-1、L125-1-1, 45, 71-2, 143-44, 201 など。

（10）この物語は現地の出版物で広く描かれているが、ここでは陳春声と呉雪彬による記録［陳春声・呉雪彬　二〇〇〇：一六七―一六九］に依拠する。

（11）この二つの会社の比較については、[Choi 1998] を参照。乾泰隆の発展についての詳細は、[Choi 1995] を参照のこと。

（12）例えば、バンコクの黌利社の創業者であり、香港の乾泰隆の創業者の息子でもある陳黌利は、一九世紀末、村と宗族の長として故郷で余生を送った。また、彼の中国系タイ人の妻との間にバンコクで生まれた最年長の息子の陳立梅は、一九二〇年代初期に柩に入って「故郷」へと戻った [Choi 2006]。

（13）例えば、一九二七年に、香港とシンガポールの最高裁判所で誓約がなされた陳立梅の遺言は、彼の死後、二人目の内妻は彼の故郷へと帰り、養子をいれて、その地で生涯を過ごすこととされていた。HKRS No.144, D&S No 4/3020 and 4/3792, Hong Kong Public Records Office. を参照のこと。

（14）その村落には三つの柩小屋（「棺材屋」）があった。それぞれ、陳黌利のもの（慈黌）、中国系タイ人の妻のもの、そして、陳黌利の実の息子のうちの最年長者である陳立梅のものである。後者の二つはバンコクから送られてきたものである。この三つの柩はいずれもこの小屋に置かれて、風水の良い埋葬地を探していた。しかし、それらは一九三九年、この地が日本軍の脅威にさらされた際に急ぎ埋葬された。

（15）陳氏および元発行の高氏は、多くの養子をとったことで有名である。このことは地元に言い伝えられている「陳家有養子」（陳家には養子がいる）や、「高家有養子」といった言葉にも反映されている。陳氏は一九四九年以前には四名の管理人を置いていた。一人は養子であり、その他の三名は姻族が一人と、その村には居住していない遠縁の者が二人であった。

（16）[尹佩申（年次不明）：三八b―三九a]。条約港となる以前は、汕頭は澄海県の管轄下におかれていた。

（17）その広告については、［謝雪影　一九三五：八二、八三、八七、九〇、及び一三四頁以下］を参照。

（18）リー（Lee）が用いた資料は、次の通り。*Annual Reports of the Chinese Protectorate, Strait Settlements, 1991-1932*. The Annual Reports of the Immigration Department, Strait Settlements and Federated Malay States, 1922-1938. The Malayan Statistics Monthly Digest, Singapore, 1939-1940。

（19）また注意すべきは、都市にいる多くの女性が、事業セクターの男性を顧客とする売春婦として働いていたということである。また、一九三〇年代、汕頭には多くの売春宿があったとされている［謝雪影　一九三五：三五］。

（20）このことは、シンガポールにある乾泰隆の関連会社である陳元利（Tan Guan Lee）についての個人口座記録にはっきりと見て取ることができる（個人所蔵資料）。

（21）澄海県の副県知事である許氏の母へのインタビューに基づく。許氏は元発行の高氏の子孫である。彼は一九五〇年代に彼のオジ（母方兄弟）の養子となったため、姓を変えている。

（22）高氏は、シンガポール、日本の神戸、広州に貿易会社を有していた（それぞれ、元発桟、文発行、成発行である）。貿易事業（元発盛行、バンコクでは高満華として知られる）の内訳は、それぞれ、バンコクにおける五つの精米所、マレーシアのジョホールの農場、そして、汕頭における公共事業の会社（水や電気など）、織物工場、中国系銀行である。彼らはまた、香港と広州に倉庫を所有していた。［林熙　一九八三ａ、一九八三ｂ］を参照のこと。林熙は高貞白のペンネームであり、つまり高楚香の孫である。また［Fok 1994］を参照のこと。

（23）チャン（Wellington Chan）によれば、リスクの最小化と機会の最大化のために、中国人による事業の多くは、互いにその株式と取締役が絡み合っているという傾向にあった［Chan 1992］。

（24）たとえば、この「共同会社」であったこの家族の第四、第五房は、バンコクの元章盛精米所の株式を有していた。この「共同会社」はまた、陳春泉とその息子、および陳舜琴が所有していた「南北行」の会社である裕徳盛の株式も持っていた。

（25）例えば、香港の裕徳盛と福泰祥、そして広州の成発行である［林熙　一九八三ａ（一一七）：五二、一九八三ａ（一一八）：四八］。

（26）Special Resolution of Kin Tye Lung Co.Ltd. Company No.14575, Company Registry. (Hong Kong, 1988）を参照のこと。

引用・参照文献

〈日本語文献〉

仁井田陞
一九五二「中国の主婦の地位と鍵の権 Schlüsselgewalt」『中国の農村家族』二四三―三一〇頁、東京：東京大学出版会。
末廣　昭・南原　真
一九九一『タイの財閥――ファミリービジネスと経営改革』東京：同文舘出版。

〈中国語文献〉
陳春声・呉雪彬
二〇〇〇「天后故事与社区歴史演変――樟林四個天后廟的研究」『潮学研究』八：一六七―一六九。
陳　達
一九三八『南洋華僑与閩粤社会』長沙：商務印書館。
澄海県地方志編写委員会編
一九九一『澄海県志』広東：人民出版社。
蔡　志祥
一九九五「東南亜華人家族企業的結構――乾泰隆与元発行的比較研究」in Lim Hou-seng (ed.) *Southeast Asian Chinese and Chinese Economy and Society*, Singapore: Singapore Society of Asian Studies, pp.91-108.
一九九八「従遺嘱看近代潮汕家族企業的発展――以香港乾泰隆及曼谷黌利陳氏為例」*Journal of Resources for Hong Kong Studies*, 1: 70-79.
華字日報
一九三五a「在浪花滾翻中的潮汕婦女（一）」『華字日報』一九三五年二月一八日、二頁。
一九三五b「在浪花滾翻中的潮汕婦女（二）」『華字日報』一九三五年二月一九日、三頁。
梁　廷柟編
年次不明『粤海関志』（一八七四年頃、一九六八年台北成文出版社重印本）。
林　熙（高伯雨、高貞白）
一九六七「一九三三年汕頭金融風潮」『大成』二二：一―四。
一九八三a「従香港的元発行談起」『大成』一一七―一二一巻：香港大成出版社。
一九八三b「高資政公阡表与高楚香家伝」『大成』一二二：五〇―五九。

一九九一『聴雨楼随筆』香港：社会理論出版社。
旅港潮州商会
一九五一『旅港潮州商会三十周年紀念特刊』香港：旅港潮州商会。
潘　醒農
一九五〇『馬来亜潮僑通鑑』新加坡：南島出版社。
饒　宗頤編
一九六五『潮州志匯編』香港：龍門書店。
汕頭市地方志編撰委員会弁公室編
一九八七『汕頭概況』汕頭：汕頭市地方志編撰委員会辦公室。
汕頭市政庁編輯股編
一九二八『新汕頭』汕頭：汕頭市政庁編輯股。
汕頭市志編写委員会
一九六〇『汕頭百年大事記　一八五九―一九五九』内部資料。
夏　誠華
一九九二『近代広東省僑匯研究（一八六二―一九四九）――以広、潮、梅、瓊地区為例』新加坡：新加坡南洋学会。
蕭　冠英
一九九六『六十年来之嶺東紀略』広東：広東人民出版社。
謝　雪影編
一九三五『潮梅現象』広東：汕頭市通訊社。
尹　佩申
年次不明『鳳山紀序』（手稿、藏潮汕歴史文化研究中心）（一八一〇―一八二〇頃）。
張　映秋
一九九〇「泰国華僑高楚香与黌利家族的業績」『汕頭文史』八：二六―四二。
中国海関学会汕頭海関小組・汕頭市地方志編撰委員会弁公室編
一九八八『潮海関史料滙編』内部資料。
周　碩勲編

一八九三［一九六七］『潮州府志』二八巻（乾隆二七年修、一九六七年、台北成文出版社重印）。

〈英語文献〉

Arnold, Julean (ed.)

1919 *Commercial Handbook of China* (Miscellaneous Series 84.),Washington, DC: Department of Commerce, Government Printing Office.

Ball, J. Dyer

1925 *Things Chinese: or Notes Connected with China*, (5th edition, Revised by E. Chalmers Werner, 1st edition 1903), Hong Kong and Shanghai: Kelly and Walsh.

Boxer, C.R.

1967[1953] *South China in the Sixteenth Century*, NendeIn/Liechtenstein: Kraus Reprint Limited, (reprinted).

Chan, Wellington K.K.

1992 Chinese Business Networking and the Pacific Rim: the Family Firm, Roles Past and Present, *Journal of American-East Asian Relations*, 1(2):171-90.

Chen Ta

1940 *Emigrant Communities in South China, a Study of Overseas Migration and its Influence on Standards of Living and Social Change*, New York: Secretariat, Institute of Pacific Relations.

Choi, Chi-cheung

1991 Settlement of Chinese Families in Macau, in Cremer, R.D. (ed.) *Macau: City of Culture and Commerce* (2nd edition), Hong Kong: API Press, pp.61-80.

1995 Competition among Brothers: the Kin Tye Lung Company and Its Associate Companies, in Rajeswary Brown (ed.) *Chinese Business Enterprise in Asia*, pp.96-114, London & New York: Routledge.

1998 Kinship and business: paternal and maternal kin in Chaozhou Chinese Family firms, *Business History*, 40(1): pp.26-49.

2006 Hometown Connection and the Chaozhou Business Networks: A Case Study of the Chens of Kintyelung, 1850-1950, paper presented at the XIV International Economic Congress (Session #71), 21-25 August, Helsinki.

2014 Rice, Treaty Ports and the Chaozhou Chinese Lianhao Associate Companies: Construction of a South China-Hong Kong-Southeast

Asia commodity network 1850s-1930s, in Yuju Lin and Madeleine Zelin (eds.) *Merchant Communities in Asia, 1600-1980*, pp.53-77, 204-209, London: Pickering & Chatto Publishers Ltd.

Choi, Chi-cheung (ed.)
1995 *Business Documents and Land Deeds Collected by Dr. James Hayes: Kin Tye Lung Document vol. 1: Land deeds of the Chaoshan Region*, Tokyo: The Institute of Oriental Culture, Tokyo University.

Cohen, Myron
1992 Family Management and Family Division in Contemporary Rural China, *China Quarterly*, 130: 357-377.

Fok, K.C.
1994 Lineage Ties, Business Partnership and Financial Agency: The Many Roles of a Hong Kong Commercial Network (unpublished paper presented at the Preliminary Workshop for the 11th International Economic History Congress at Milan, Atami, Japan, March 1994).

Hare G.T.
1894 Text book of Documentary Chinese: Selected and Designed for the Special Use of Members of the Civil Services of the Straits Settlements and the Protected Native States, Singapore: Government Printing Office.

Kennedy, Thomas L. and Micki Kennedy (eds.)
1993 *Testimony of a Confucian Woman: The Autobiography of Mrs. Nie Zeng Jifen*, 1852-1942, Athens and London: The University of Georgia Press.

King, Frank H.H.
1988 *The Hong Kong Bank between the Wars and the Bank Interned, 1919-1945: Return from Grandeur*, Cambridge: Cambridge University Press.

Ko, Dorothy
1994 *Teachers of the inner Chambers: Women and Culture in Seventeenth-century China*, Stanford: Stanford University Press.

Lee, Sharon M.
1989 Female Immigrants and Labor in Colonial Malaya: 1860-1947, *International Migration Review*, 2(2): 309-331.

McDermott, Joseph
1990 The Chinese domestic bursar.『アジア文化研究』別冊二：二六七―二八四。

Perry, Elizabeth

1993 *Shanghai on Strike: the Politics of Chinese labor*, Stanford: Stanford University Press.

Skinner, William

1957 *Chinese Society in Thailand: An Analytical History.* Ithaca, N.Y. : Cornell University Press.

So, Alvin Y.

1986 *The South China Silk District: Local Historical Transformation and World-System Theory*, Albany: State University of New York Press.

Suehiro, Akira

1989 *Capital Accumulation in Thailand, 1855-1985*, Tokyo: UNESCO The Centre for East Asian Cultural Studies.

Wolf, Margery and Roxane Witke, and Emily M. Alhern (eds.)

1975 *Women in Chinese Society*, Stanford: Stanford University Press.

資料

Company no. 14575, Company Registry, 1975-1998, Hong Kong: Company Registry.

Hong Kong Public Records Office, HKRS No.144, D&S no.4/3020 and 4/3792

Special Resolution of Kin Tye Lung Co.Ltd. Company no. 14575, 1988 Company Registry. Hong Kong.

第三章　台湾南部の潮州系移民をめぐるエスニック関係

――陳氏一族の社会的経験

横田浩一

はじめに

本章の目的は、台湾南部屏東《へいとう》県におけるエスニック関係について検討することである。とりわけ、これまではあまり注目を浴びてこなかった中国広東省潮州地域から台湾南部へと移民した人々に重点を置いて論じていく。

中国大陸の広東省では、広東三大民系（広府、客家、潮汕《ちょうさん》）として知られる漢族のサブ・エスニック集団がある。これらは主に日常で話す言語区分に基づき一九世紀以降に生まれた概念である。広東三大民系に共通する特徴とは、中原を起源とする祖先および祖先伝承を持ち、自らの文化的正統性を主張している点である。この自らの文化的正統性を主張する思想と、日本経由で輸入された欧米の人種概念に基づくエスニック集団という概念が結びついたことにより、広東三大民系という概念が生まれた［程美宝　二〇〇一：三九五］。

他方で台湾では、「四大族群（四大エスニック集団）」という言葉で社会集団を分類する（図1）。その四種とは、①原住民、②客家人、③閩南《びんなん》人、④外省人を指す。この四種のカテゴリーは三組の対比的なエスニック・カテゴリーによって構成されている。第一に、「原住民」と「漢人」の区分である。第二に、漢人における「本省人」「外省人」

図1　台湾四大族群の分類

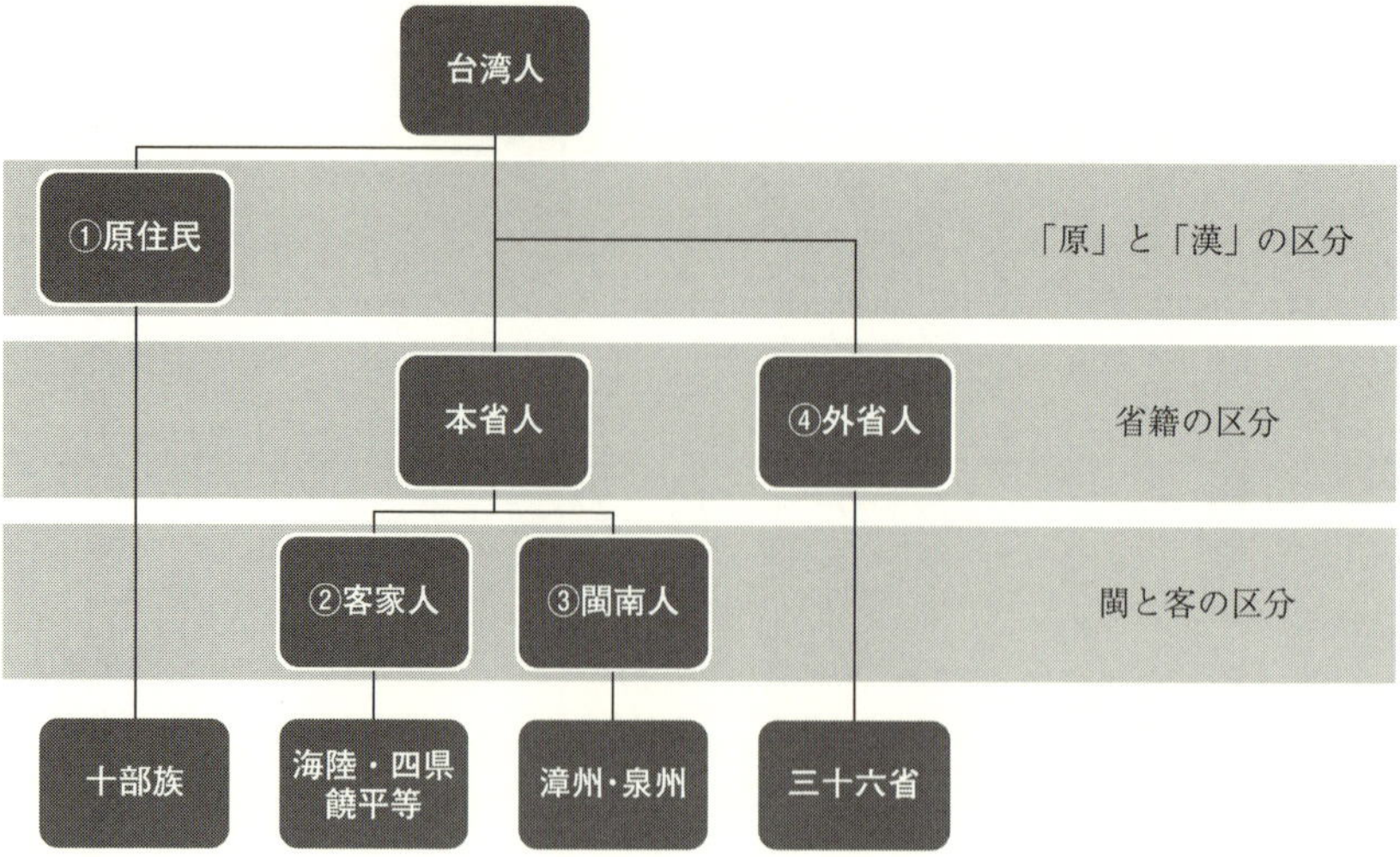

［王甫昌 2014: 51］を元に筆者作成

の区分である。第三に、「本省人」の中の「閩南人」と「客家人」の区分である。四大族群は、原住民は「部族」ごとに、漢人の場合は大陸の出身地域と方言に基づき、さらに細かい分類がなされる。図1に示した族群分類は、一九九〇年代に台湾民進党の政治家が歴史的な時期が異なる族群分類を一つにまとめた結果、認識されるようになったカテゴリーである［王甫昌　二〇一四：五一―五六］。しかしこの中でも、②客家人と③閩南人の区分は歴史的に古く、清朝時代まで遡る。日本統治時代における漢人の区分では祖籍（祖先の出身地）に基づいて、彼らを福建と広東に分けた。このような錯綜した歴史的過程を経由した本省人のエスニック・カテゴリー（客家人―閩南人）の中で、潮州人を位置づける際に起こる問題について事例を元に考察を加えていきたい。

台湾では、潮州語を母語とする集団は非常に少なく、一九四五年以降に台湾に渡った外省人による潮州会館などの組織は存在するものの、本省人の潮州人については閩南人と客家人のエスニック集団の間に埋もれてしまい、その存在が顕在化されることは少なかった［楊彦傑　二〇〇九：一三六―一三九］。実際に、彼らは潮汕地域に自らの移民母村を持ち、潮州語を話す集団が中国大陸に存在するにもかかわらず、これまで等閑視されていたと言える。これには台湾における政治的・社会的背景が関係しており、一般的には潮州系の人々は言語的に近い閩南系と同様に福佬《ふくろう》[1]というカテゴリーでくくられることが多い。こういった台湾の政治・社会的背景を踏まえた上で、潮州系移民のエスニック関係を分析した先行研究は多いとは言えない。そこで本章ではまず、潮州系の人々のエスニック関係に焦点を当て、関連する議論を整理したい。その上で、筆者がフィールド調査を実施した広東省潮州市饒平《じょうへい》県C村から台湾へ移民した子孫たち（台湾屏東陳氏一族）に注目し、彼らが族譜の中で展開している「自分たちは客家ではない（並非客家人）」という主張の背景について、潮州と客家の歴史的関係に関する議論の中で分析していく。さらに、台湾南部六堆《りくたい》地区において権力と結びついた文化資源としての客家文化と、目下のところ権力の周縁部にある屏東県の福佬文化についての考察を行う。こういった作業を通じて、台湾南部社会におけるエスニック関係を文化資源の問題と重ね合わせて考えてみたい。

ではまず、本章の議論の基礎となる潮州人のエスニック関係に関する先行研究について整理するところから始めたい。大陸の潮州地域におけるエスニック関係については、客家との関係から検討がなされている［陳春声 二〇〇六、二〇〇七、黄挺 二〇〇五］。なかでも陳春声は、一九世紀中葉以降、客家の人々が広東省梅州市大埔《だいほ》などの農村から汕頭という当時の新興都市に移住する過程で慣れ親しんだ環境を離れ、見ず知らずの人に囲まれ生活する中で、客家のエスニック意識が顕在化したと論じている［陳春声 二〇〇六：一〇］。くわえて陳は、客家が中国古代文明の中心である中原からの移住民であると唱える「客家中原起源説」という「正統な」物語の普及を、新聞という大衆メディアを用いて成功させたと指摘している［陳春声 二〇〇六：一三］。このような議論は、エスニック意識が潜在的なものから顕在的なものになる過程、その普及の手段を近代的なメディアとの関係で分析しており、注目に値するものである。

また歴史学者の黄挺は、潮汕地域から台湾南部へ移民として渡った人々について検討を加えている。黄は饒宗頤の議論〔饒宗頤　一九九六〕を引用しながら、清代初期に台湾に移住した潮州人が今日でも高雄一帯に多く住んでいるが、客家語を話す者ばかりで、潮州語を話す者はほとんどいないとし、その理由として政治的要因があったとしている(2)〔黄挺　二〇〇五：二〕。他方で歴史学者の陳麗華は「『消失した』エスニック集団？」〔陳麗華　二〇一三〕という論文において、潮汕地域から移民した潮州語を話す集団は台湾において消失したように見えるが、屏東県では彼らによって形成された集落が存在することを指摘している。ではなぜ彼らが消失したように見えるかというと、客家が大勢を占める地域で「粤人《えつじん》（広東人）」（筆者注：ここでは客家と潮州の両者を含むカテゴリーを指す）としての身分を利用して客家に近づき、その保護下に入るという一種の生存戦略があったためであり、「粤」としての戸籍に登録されたことで彼らは隠れてしまった。その結果、多くの潮州語を話す移民集団が客家に取り込まれていった可能性を陳麗華は指摘している〔陳麗華　二〇一三〕。

これら歴史的な資料を用いてエスニシティの問題に取り組んだ議論に対し、周大鳴が主宰した「漢の再考（漢的重新思考）」課題研究の一環として実施された潮州市豊順県でのフィールドワークはバルトのエスニック・バウンダリー論を援用し〔Barth 1998 (1969)〕、歴史学者とは異なった観点からエスニック関係の問題について議論を行っている〔周建新　二〇〇〇、二〇〇三、宋徳剣　二〇〇四、周大鳴　二〇〇五〕。周らが調査を行った地域は、いわゆる「半山客《はんざんきゃく》」地区として知られている。「半山客」とは、狭義には広東省東部の潮汕地域に居住する客家のことを、広義には潮汕地域における潮汕人・客家人の混住地区そのものを指す概念である。このプロジェクトで周らは、言語、婚姻関係、民間信仰、宗族といった観点から、「客家人」、「潮汕人」とは何か、それぞれどのような文化的特質があるのか、客家人・潮汕人のアイデンティティは方言以外に、血縁関係や習俗等の要素によって支えられているのではないかという問題を再考することを目的として研究を進めた〔周大鳴　二〇〇五：一四〕。

これらの問題を明らかにするために、周らは三つの仮説を立て、客家・潮汕のエスニック関係にアプローチしている。すなわち、①潮汕エスニシティの独自の発展、②客家エスニシティの潮汕化、③潮汕エスニシティの客家化であり、これらがどのように進展しているかを分析した。彼らの研究は、広東三大民系（広府系、客家系、潮州系）の中でもこれまであまり取り上げられることのなかった潮汕・客家間のエスニック関係に焦点を当てた点で重要であった。しかし、潮汕—客家という社会集団が元々エスニックな特徴を持っていることを議論の前提としているため、その結果として、曖昧であった相互のアイデンティティが徐々に明確になっていくという過程を十分に捉え切れていないという問題が見られる。あるエスニック集団を固定的であると考えると、それを時間的にも空間的にも不変であるとみなし、変容の過程や集団間の相互交渉を軽視することにつながってしまう。こういった問題点を解決するために、両者のエスニック関係を本来曖昧であった境界が明確になっていく過程として捉え、その過程を以下で分析していくことにする。

その際、「社会的経験（social experience）」という概念を用いて議論を行う。台湾人と湖北省土家族《トウチャ》のアイデンティティについて比較・分析したブラウンは、「社会的経験」がエスニック・アイデンティティの顕在化と変容にとって重要な要素になると考えている［Brown 2010］。ブラウンによると、社会的経験は真正性（authenticity）によって跡づけられる。つまりここでは、人々がある事象や出来事を本物らしいと考えることによって、自己の中でそれを徐々に内面化していき、アイデンティティそのものが変化していくことを意味している。そしてこういった場合、政府による政策が社会的経験にとって決定的に重要な役割を果たす［Brown 2010: 466］。たとえば、中国湖北省の土家族というエスニック・カテゴリーは確かに政府によって押しつけられたカテゴリーであったが、自らの土家族としての社会的経験と政策によるカテゴリーが一致したため、容易に土家族であることが彼ら自身に受け入れられたという。また土家族の若者は、土家族の文化遺産が誇らしく、計画出産や大学入学試験等におけるアファーマティブ・アクションが政府によって宣伝され、エスニック・ツーリズムのもたらす利益が大きくなる時期を過ごしてきた。そのような彼らにとって土家族であることは疑いようがなく、「過去にも我々はずっと土家族であった」と述べた者もいたという［Brown 2010: 466］。これに対して、多くの台湾人（本省人）は日本統治時代に日本人による差別を経験したため、日本政府による同化政策にもかかわらず台湾人としての自己意識を持っていた。しかし一部の者、とりわけ国民党による戒厳令期に社会的・経済的に苦しい体験をした者は、一九四五年以前に自分は日本人であったと主張したのであった［Brown 2010: 475］。つまり、押しつけられたアイデンティティであってもそれが現実の経験と一致した場合、受け入れられることになるのである［Brown 2010: 467］。このような社会的経験は、日常生活によって紡ぎ出されるエスニックな自己意識と言い換えられるであろう。

これらの議論を踏まえて本章では、一九八〇年代以降の民主化にともない、台湾で客家アイデンティティを主張する傾向が表面化してきたこと、彼らが文化資源として民俗宗教をアイデンティティの拠り所として取り上げるようになったことに注目したい。次節ではまず、台湾南部のエスニック関係の概要を、第三節では台湾の客家運動について簡単に整理し、さらに第四節以降ではC村から台湾南部へと移住した人々を事例として潮州・客家関係について考察していく。

一　台湾南部屏東県における福佬・客家関係

台湾南部屏東県は台湾島南西部に位置している。漢人移民から見た台湾史の出発点は、一七世紀後期の康熙帝の時代に遷界令が解除され、福建省南部の閩南地域や広東省梅州などから漢人移民が台湾に渡ったことに求めることが多い。スキナーによるマクロリージョン論に基づくと、潮汕地域は広東省に属するが、経済的な活動の領域としては福建省全域と同じ東南沿海マクロリージョンとなる。そのため、東南沿海マクロリージョンの発展サイクルは広州などの属する嶺南マクロリージョンが発展局面であったのと対照的に、一七世紀から一八世紀にかけて地域経済が衰退し、人口の移動が起こったという。つまりこの時期に、潮汕地域や福建省南部から台湾や東南アジアへの移住が促進されたのであった［スキナー　二〇〇六：一〇八―一〇九］。

　この時代、潮州地域からも多くの移民が台湾南部に渡ったことから、潮州の移民送出地にちなんだ地名が現在でも台湾南部には多く残っている。この地域はまた「六堆」という客家の自衛組織が存在した場所であり、この自衛組織は地域の歴史的成り立ちを理解する上で重要な意味を持っている。一七二一年に反清復明を唱える朱一貴による反乱が起こり、台湾全土を占領した。その際に、台湾中南部の広東籍住民のうち、潮州からの移民はその方言が漳州人、泉州人といった閩南人と通じたため朱一貴側についたが（福佬系）、広東省嘉応州および福建省汀州からの移民は方言が異なったのでそれに加わらず、郷勇を組織して清朝側に協力した（客家系）。このときの客家系の軍事組織が、屏東周辺の「六堆」となった［陳其南　一九八七：九八］。

　朱一貴の反乱以降、官僚側は客家と福佬との対立を意図的に利用し、分割統治を狙った［蒲　一九九二：二五五―二五七］。そして反乱の鎮圧後、鎮圧に協力した客家の郷勇は「義民」として清朝から讃えられるようになった［陳運棟　一九八九：一〇二］。さらに乾隆五一年（一七八六年）の林爽文の乱[3]や嘉慶一〇年（一八〇五年）の蔡牽の乱[4]では、官僚側は積極的に客家系の自衛組織である「六堆」を利用してこれを鎮圧している。その後、この「六堆」組織が義民の名を借りて「福佬」の村落を襲うこともあった［陳其南　一九八七：九九］。このように当時の清朝による分断統治政策に便乗する形で、地域住民内部の差異が顕在化することがしばしばあった[5]［瀬川　一九九三：一〇三］。

　以上のように屏東地域の移民社会では、大きく分けて福佬系と客家系の二つの集団があった。しかし清朝は、両者がどのような言語を話す集団であれ、広東出身者を「粤《えつ》」、福建出身者を「閩《びん》」という社会集団に区分していた。

こういった区分により、潮州府出身で潮州語話者である人々は分類しづらい集団となった。なぜなら彼らは広東出身であるため、官僚側は粤と認識していたが、言語上の分類では福佬になるため、日常的には福建省閩南地域の言語話者と親和性を有していたからである［林　二〇〇五］。このような背景は、潮州系の人々が台湾社会において明確な集団として認識されづらい要因の一つとなった。また日本統治時代における戸籍制度も、潮州系の人々を認識しづらいエスニック集団とする要因の一つになった。日本の植民地政府が導入した戸籍制度は、西洋の人種観念の影響を受け、言語と人種は密接に結びついているという考えに基づき、福佬人を「福建」と、客家人を「広東」に分けて戸籍に登記させるというものだった。しかし祖籍が福建省であるからと言って、福佬系方言話者であるとは限らず、客家語話者も存在した。同様に、広東省が祖籍であっても客家語話者であるとは限らず、福佬系方言（潮州語を含む）話者もいた。このような政策の結果、広東福佬系の人々の多くが広東の省籍を捨て、福建という身分に転換させることになった［陳麗華　二〇一三：一九一］。

二　台湾の客家運動と文化資源としての信仰

1　台湾の客家運動

一九八七年に戒厳令が解除されて以降、台湾では徐々に客家運動が盛り上がりを見せた。ここでは田上［二〇〇七］の研究に依拠しながら、この運動について概観したい。田上によると、自らを中原から南遷してきたとするエスニックな概念としての「客家」を取り込んだ客家意識[6]は、台湾では一九八〇年代後半になって顕在化するようになり、客家運動へとつながっていったという。

その社会的背景として、客家語を含む台湾の言語に対しての抑圧的な言語政策に対する不満が本省人の中にあり、なかでも客家系住民の中には民主化運動の進展に伴い福佬語〔閩南語〕のみが言語的地位を向上させたという不公平感がくすぶっていた。このため、一九八八年には「客家権益促進会」が発足し、この年、同会によって『母語を返せ』運動〔還我母語運動〕」というデモが台北で実施された。この運動は、「客家語テレビ番組の全面開放、広播電視法〔放送テレビ法〕第二〇条の方言に対する制限条項を保障条項への改正、多元的・開放的な言語政策の確立」を訴えるものであった。

一九九〇年には「台湾客家公共事務協会」が成立した。この団体は積極的に政治運動に参加したが、なかでも「陳水扁客家界後援会」を成立させ、彼の選挙運動を支えたことで知られている。なぜ彼らが陳水扁を支持したかというと、彼が五項目の客家政策実現を公約としたためであった。その五項目とは、①客家語専門ラジオ局を設立する、②台北市客家発展史を編纂する、③小中学校において母語教育を推進する、④年一回台北市客家文化節を開催し客家文化が平等な地位にあることを喚起する、⑤客家文物館を設立する、といったものであった。これらによって台湾客家公共事務協会は全面的に陳水扁を支持することになった〔田上　二〇〇七：一七一―一七二〕。このような運動は、基本的に台湾のみを地理的範囲とし、言語〔方言〕の問題を主たる争点にしながら台湾客家の権益拡大を主張したものであったと田上は結論づけている〔田上　二〇〇七：一七三〕。

上記のような台湾の客家運動は台湾ナショナリズムの影響を受け、台湾人としての自己と客家人としての自己を折衷させるような自己認識を形成するものであったと言えるだろう。ここで注目したいのは、台湾客家運動が自らの言語を基礎としたアイデンティティを主張する中で、台湾地方社会での特色ある文化を発掘するという傾向を同時に伴っていたことである。この特色ある文化とは、食文化や民俗宗教等が取り上げられることが一般的である。そしてこれらの特色は台湾社会において、自己意識の拠り所となるだけではなく、観光開発における文化資源とみなされ、経済的な利益をもたらす対象と考えられるようになった(7)。

2　文化資源としての昌黎祠

潮汕も客家と同様に、その起源が中国古代の王朝所在地周辺である中原にあることを強調している。潮汕文化の中原起源説は、唐代の政治家・文学者である韓愈や、同じく北宋の政治家・文学者である蘇軾が、現在の潮汕地区を文化的により中原に近い水準へと教化したという業績を強調することによって、潮汕文化の文化的正統性の根拠となっている〔程美宝　二〇〇一：三九八〕。くわえて、客家と同様に「北人南移説」をもって、文化的伝統が中原起源であることも主張している。とりわけ韓愈は、「韓江」、「韓文公祠」、「韓山学院」など、彼の名を冠した地名や廟、教育機関が潮州市内に存在することからも窺えるように、彼が潮州に行政官として赴任してきたことから、潮州の文化的伝統が中原からもたらされたと解釈されている。特に宋代以降、韓愈は辺境地域であった潮汕地域を教化した功績を評価され、文化的象徴へと変化していった〔陳春声　一九九五：六五〕。

その韓愈を祀った台湾で唯一の廟が屏東県内埔《ないほ》郷にある。韓愈の出身地である河北省昌黎《しょうれい》にちなんで昌黎祠と呼ばれ、内埔における代表的な文化資源の一つとなっている〔劉　二〇〇九：九五〕。二〇〇二年以降は、「韓愈節（韓愈季）」という韓愈の誕生日を祝う催しが毎年旧暦の九月九日に実施され、多くの人々を引きつける地域の一大イベントになっている。

昌黎祠の設立は、「文宣王祀典会」という六堆地区における一種の教育事業から始まった。一七六一年に広東鎮平徐渓の挙人であった何元濂によって「文宣王祀典会」が創設され、一八〇三年にはこの「文宣王祀典会」の成員[8]が主な提唱者となり、昌黎祠が建設された[9]。昌黎祠は儒教的な教えに基づき、韓愈を祀るとともに六堆地区の子弟を教育し、科挙の受験を奨励するという機能があったとされる〔呉煬和　二〇一一：三三九〕。

その後、人々の客家意識が高まるにつれて、「韓愈節」のイベントを実施して地方経済を活性化させようという動きが見られるようになった［呉煬和　二〇一一：三三〇］。このイベントが強調しているのは、昌黎祠が台湾で唯一の韓愈を祀った廟であること、そして韓愈と同様に客家が教育を重視しているという点である。こうして韓愈節はエスニックな象徴性を帯びることにより、台湾の地方政府に注目されるようになった。第二回以降は、屏東県政府客家事務局が経費を補助するという形で徐々にイベントそのものへ介入し、「詩吟の朗読」、「書画展」等も同時に開催されることになった。さらに近年には、街の再開発等の計画とも歩調を合わせ、「韓愈季」は民間による自発的なイベントから、客家事務局による大規模な客家事業の一部へと徐々にその性格が変化していった。現在では、多くの受験生が合格祈願のために普段から韓愈祠を訪れるようになっている［呉煬和　二〇一一：三三〇］。つまり内埔では、韓愈節は地域の客家文化の特色を表す信仰として地方政府と客家団体によって新たに創造されたものであったといえる。

写真１　屏東県内埔郷の昌黎祠

ではなぜ一般的に潮汕地域の代表的信仰とされる韓愈が、台湾客家地域で信仰されているのであろうか。この問題に対し、呉は以下のように説明している。すなわち、清代に梅州の者が台湾に移民した際に梅州は潮州府の行政範囲に属しており、韓愈と彼らは密接な地縁関係を保っていた。そして、当地の地域アイデンティティを表すものとして、彼らによって意図的に選択された［呉煬和　二〇一一：三二九］。当時の梅州が潮州府に属していたとはいえ、その出身者にとって韓愈信仰がなじみ深かったかどうかについては不明な点が残されており、上記のような地縁関係の密接さを強調する呉の説明がどの程度的を射ているのか筆者に確証はない。一方で陳麗華は、広東の福佬集団と協力するために韓愈という記号を客家語話者たちが選択した可能性について指摘しており［陳麗

華　二〇一三：一九四〕、地域の福佬との連携のために意図的に選び取られた可能性もあるだろう。さらには現代の客家運動の気運に乗り、新たに客家文化という意味づけを与えられたのが内埔の韓愈信仰であったと考えられる。次節では三山国王信仰と客家について、福佬人を自称する人々がどのように自己表象を行っているかを検討してみたい。

三　台湾屏東佳佐地区陳氏のエスニックな自己意識

1　台湾佳佐地区陳氏一族の移住の歴史

筆者は潮州市饒平県の村落で現地調査を行った。この村落をC村と呼ぶ。C村の人々は筆者が現地調査を開始した頃、台湾の親族と共同で族譜編纂事業を行っていた。

C村で族譜の編纂が開始されたのは、二〇〇五年であった。族譜編纂は潮汕地区のみならず、一九九〇年代以降中国南部の各村落でなされており、この流行に乗るような形でC村においても「C史編集事務室（『C志』編修弁公事）」が発足し、村の歴史を記した書籍を出版するために動き始めた。当初は村の歴史や家系図、民間信仰や抗日戦争期の「革命戦士」についての資料を収集し記述する予定であったが、台湾南部屏東県出身で、C村から台湾へと移民した人物（一二世祖）を祖先に持つ陳SQ（二〇一五年現在、上海在住、二〇世祖）が二〇〇六年九月に饒平県人民政府にEメールを送ったことから事態は変化していった。

C村族譜（意見募集版）の記述によると、SQが饒平県人民政府に送ったメールには、以下のことが記されていた。①一九九六年八月に第一版が出版された「饒平県ビジネス旅行地図」にはC村の名がないが、どこかに編入されたのか、②饒平県には陳氏の宗祠があるか、③陳氏は以前、頴川（筆者注：河南省にあった地名）より移民し、墓碑には潁川の二文字がある。それが現在は饒平の二文字を冠している。私の祖先第一代は陳瓜であるが、私に代ってルーツ探しをしていただけないだろうか、という三点である。偶然にも当時の饒平県政府文化局にC村出身者である陳ＫＴがおり、彼が陳ＳＱにC村は現在でも行政単位として存在すること、祖先を祀る場である宗祠も存在することを伝え、ルーツ探しが始まった。

ＳＱは族譜編纂当時四〇代後半であり、一九九八年から上海の台湾系企業に勤めている。族譜の記述によると、彼は自分自身も郷土の歴史や一族のルーツに興味を持っており、上海赴任以降、大陸の故郷に関連する資料の収集を開始した。C村族譜執筆者の一人によると、彼の出身である台湾屏東県佳佐地区とその周辺にはC村から移民した陳氏の末裔だけでも二〇〇〇名以上が住んでおり、かの地の老人たちは、彼らのうち誰かが大陸に居住する機会があれば族譜を編纂したい、という希望をかねてから抱いていたという。そこで上海に赴任したＳＱは、佳佐地区陳氏一族を代表してこの族譜編纂事業を一手に引き受けたのであった。

二〇〇六年九月のＳＱによるメールから幾度かのやりとりを経て、二〇〇七年一〇月一日にＳＱは初めてC村を訪れた。彼はC村で資料を収集し、老人からも宗族の歴史についての話を聞き、台湾へと移民した一族の子孫である自分たちと故郷の村の歴史を跡付ける作業を行った。その後、饒平県政府役人の案内で、県の中心都市である黄《こう》崗《こう》の投資環境を視察し、上海への帰途についた。

こうして台湾側親族は大陸でルーツ探しを行い、移民母村を見つけ出すことに成功し、二〇〇六年から共同で族譜の編纂を始めたのであった。そして、二〇〇九年には「意見募集版」、二〇一一年には上下巻（上巻・原郷編、下巻・台湾編）から成るC郷（呉六）陳氏族譜の完成版を出版した。本章でとりわけ注目したいのは、族譜の下巻台湾編において「台湾の潮州府人は客家人ではない」という章をわざわざ設け、一三頁にわたって自分たちは客家ではないと主張している点である。[10] 彼らがそのように主張する根拠は、客家語を話さないこと、現在の大陸客家地域出身ではないことである。[11] 以下では、台湾陳氏一族の居住する万巒郷についての歴史的研究を行った邱坤玉の議論を参考にしつつ、族譜における主張を詳しく見ていきたい。[12]

族譜の記述に基づくと、一七〇一年Ｃ村の開基祖から数えて第一一世にあたる陳継青が現在の台湾屏東県万巒《ばんらん》郷に移住したことがＣ村から台湾への初めての移民とされている。続いて一七二六年には陳氏の五兄弟が台湾に渡り、徐々に崁《かん》頂《ちょう》郷、潮州鎮の順に台湾南部の内陸地域へと進路を進め、最終的に万巒郷加走[13]へ定住するに至ったという［邱坤玉　二〇〇九：九三］（図2）。

図2　六堆および周辺の市街地

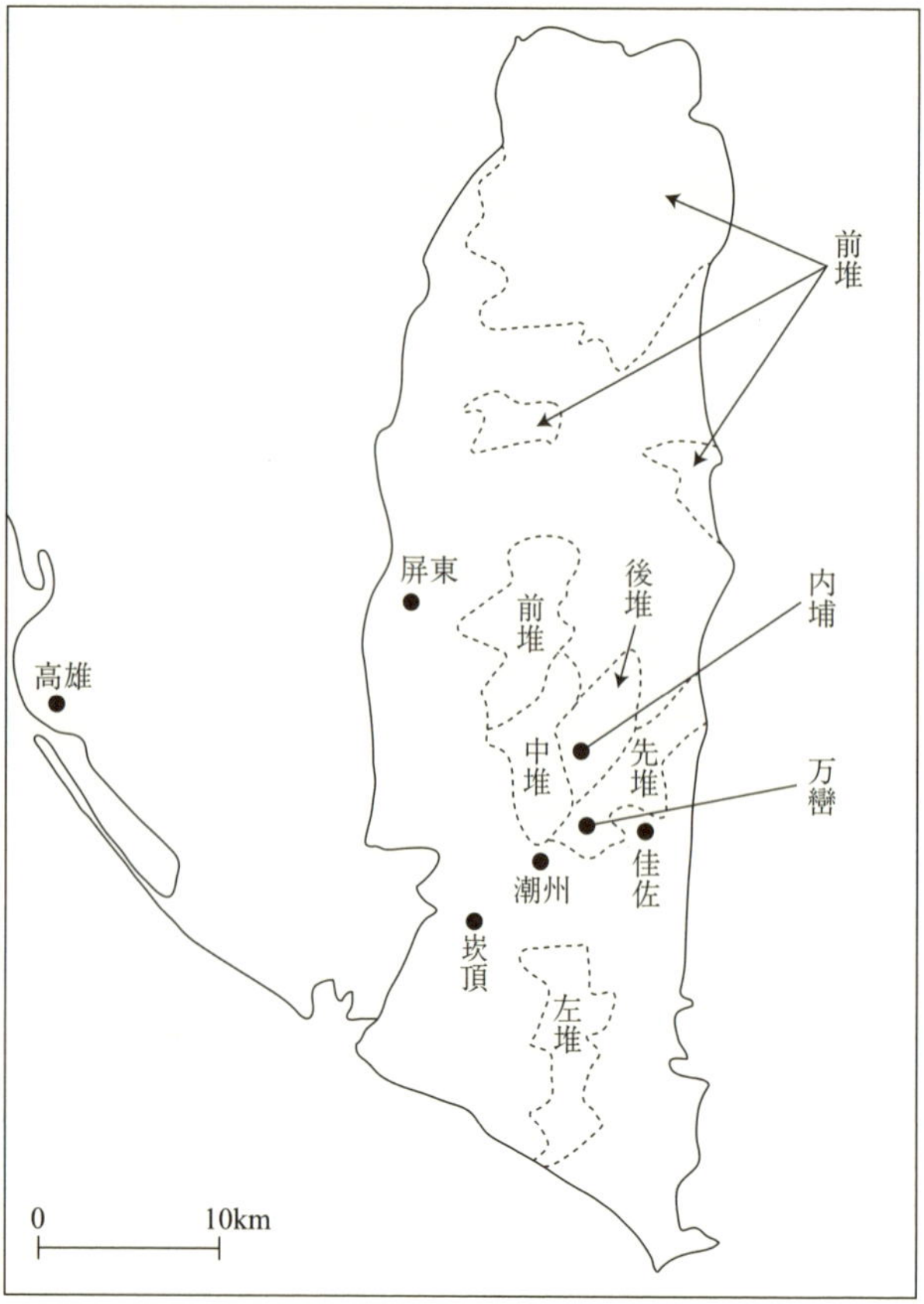

この屏東県の陳氏一族は、現在の屏東佳佐地区「皮仔寮《ひしりょう》」（現在の佳興路付近）の主な住人となっている。佳佐付近でもここに挙げた以外の場所は、様々な姓氏が混住しており、閩南人、客家人、潮州人、さらには先住民までも入り交じるエスニック的に複雑な地域が万巒郷佳佐地区である［邱坤玉　二〇〇九：一六二］。この地域はまた「附堆《ふたい》」

として知られ、六堆に従属した村落であった。附堆組織の起源は清末まで遡り、多くの場合客家村落と密接な関わりを持ち、場合によっては六堆の保護範囲内に取り込まれていることもあった［陳麗華　二〇一三：一七八］。

C村の出身者が移住した一八世紀初頭には、土地をめぐって福佬と客家との間で頻繁に衝突が発生していた。また、比較的山間部に位置するところには「熟番」、「生番」[14]と呼ばれる原住民が居住していた［邱坤玉　二〇〇九：一二一］。そこで福佬系である陳氏一族は、客家と対抗するために原住民の女性を嫁に取り、原住民の頭目から嫁入りの品代わりに領地を贈られたのではないかと邱は推測している［邱坤玉　二〇〇九：一九〇］。

清代から現在まで、台湾屏東陳氏一族には「客家人とは通婚すべからず」という言い伝えがある。なぜこのような言い伝えがあるのかというと、彼らの祖先は客家と関係が悪く、自分の子孫達が客家と結婚することを望まなかったためである。実際に、彼らの歴史の中でも現在までに二名しか客家の嫁は存在しないという［邱坤玉　二〇〇九：二一二］。しかしながら、一部の陳氏一族の中には、祖先が客家であると言われた者や、自身の遠い祖先を客家と考えている者もおり、陳氏一族の中で必ずしも意見の一致がみられるわけではない［邱坤玉　二〇〇九：四］。このように一部で例外はあるものの、福佬系という自己意識を持つ陳氏一族と客家人との間には移住の過程でたびたび衝突が発生し、それが現在まで至る客家に対する対抗意識を生み出していることがうかがえる。

2　佳佐における三山国王信仰

中国大陸では、三山国王《さんさんこくおう》信仰は潮汕人の代表的な信仰とされているが［陳春声　一九九五：六二］、屏東県内埔郷にも三山国王廟があり、当地の住民にとって重要な文化的伝統の象徴となっている［劉梅玲　二〇〇九：九五］。三山国王とは、広東省掲陽市掲西県にある明山、巾山、独山の三山に対する信仰である。この信仰に対する起源は諸説あるが、南宋の皇帝が元軍に攻められ敗走中に、三つの山の神々が皇帝を助け、皇帝は事なきを得たというのが伝承

写真２　佳佐の佳和宮（改装工事中であった）

の大筋である。台湾では大陸と異なり、三山国王の多くが客家の人々によって信仰されており、一般的に三山国王の廟があるとそこは客家の村落であるとみなされることが多い[15]。

屏東には三山国王廟が三二か所あり、陳氏一族の居住する万巒郷には三山国王廟が四か所ある。六堆地区の三山国王廟のうち二か所には、三山国王が付近の客家集落から妻を娶ったという伝説がある。しかし佳佐の陳氏にはそのような伝承はなく、六堆の付近においても客家との関係は一様ではない。

彼らにとって特に重要な廟は、佳和宮に安置されている三山国王である。この三山国王の神像は、もともと一八七三年に張氏によって建設された佳興宮という廟に安置されていたが〔邱坤玉　二〇〇九：一五五〕、日本統治時代の昭和期に行政官である佐藤氏によって執行された街道改善計画によって取り壊され、現在の場所に移されることになった。この場所に移設される前には、神事である劇が催され、この地域の代表的な神であった形跡があるという〔邱坤玉　二〇〇九：一五六〕。台湾社会では、三山国王廟の存在をもってして客家村落であるとみなされることが多く〔施振民　一九七三〕、陳氏一族は族譜においてこれに対して反論をおこなっている。

三山国王は現在のところ、大部分が客家村落において地域の代表的な神として祀られており、なぜ閩南村落にこの神があるのだろうかと考える者もいる。しかし、このような考え方は誤っている。清朝の移民ブームという流れの中で、客家村落だけではなく、閩南村落、潮州府地区から移民した農民はみな主に三山国王を祀っていた。というのも、鎮平、平遠、程郷（現在の梅県市[16]）といった潮州府に属する地域は客家村落であるが、それは全体のたった二〇％の村落であり、実際には残りの八〇％の閩南村落[17]があることを知らないためである。林後荘、四塊厝《しかいさく》、佳佐荘では饒平県C村の呉陳でさえ、河洛化した客家人だと決めつけられることが多い。

彼らはこのように三山国王信仰が潮州府という行政範囲内における主要な信仰であり、客家村落でさえも歴史的に見れば潮州府に属しており、三山国王を祭祀している者の大部分は福佬であると主張している。また、福佬・客家というカテゴリーが三山国王信仰を基準として区分できると考え、その前提を疑わない思考に対して異議を唱えている。

では、もともとは潮州における一地方神にすぎない三山国王が、台湾においては客家だけではなく、閩南村落においても熱心に信仰されているのはなぜなのであろうか。族譜では以下のように考察を行っている。

その原因は、三山国王が「山の神」であることに関係している。清朝初期の海禁令の制約を受け、広東から移民した台湾人は少なく、移民ブームに至るまでに何十年か遅れが生じた。たとえ中南部の平原地区で足がかりを作ったとしても、肥沃な耕地はすでに占領されていたため、大多数の者は山地で開墾せざるを得なかった。しかし山地は熱帯の風土病にさらされ、生活するのは容易ではない。くわえて、山地には「番害」と呼ばれる山地原住民による襲撃が多発していた。台湾原住民には首狩りの習俗があり、「三山国王」は「山の神」であるから、「山の神」は「山の異民族」を鎮めるという連想によって選び取られた。そこで山中で神威を発揮し、村人を守り、村人と一種の「コミュニケーション」をとることができた三山国王は、広東潮州地域移民の重要な守護神になっていったのである。

遅れて台湾にやってきた広東からの移民は、平地に開墾地を求めようにもすでに先住者がおり、山間部で生活せざるを得なかった。そこで、山地の疫病や原住民の攻撃から身を守る守護神として、潮州地域で山の神として信仰されていた三山国王を選び出したことを彼らはここで強調している。自分たちが三山国王を信仰しているのは、決して客家だからではないと族譜の中で主張しているのである。これに対して邱坤玉は、「漢人が『三山国王』を門番にしたという説は信ずるに値する」［邱坤玉　二〇〇九：一四五］と述べながらも、漢人移民と原住民との衝突ではなく両者の融和という観点から異なる見解を述べている。

平埔族[18]の中でも、すでに漢人に同化した者を「熟番」と呼ぶ。「熟番」もあくまで異民族である「番」であるが、彼らの収入は入植した漢人に劣るものではなかった。しかも彼らは早い段階で漢人の文化や習慣を理解し、地方における指導者の地位を占める者まで現れた。漢人が異民族から身を守るために三山国王廟を建立し、平埔族はそれに適応・漢化したのかもしれない。そしてこれらの廟は、ついに八社[19]の平埔族が共同で信仰するまでに至ったのである［邱坤玉　二〇〇九：一四五］。

つまり邱は、本来は漢人の守り神であった三山国王信仰が、文化的に近い平埔族との共同の信仰になっていったと認識しているのである。台湾の人類学者である陳其南によると、台湾中西部彰化平原の一部の三山国王廟は、客家によって建立されたと考えられるが、時間が経過することによって自身の祖籍意識をなくし、閩南人集落の間にある三山国王廟は異なる祖籍の人々にも祭祀されるようになったという。このように台湾の漢人社会においては、民俗宗教を基礎とした地縁関係を形成し、それが新たな村落や村落を越えた社会組織に発展していくことが多い［陳其南　一九九〇：八二］。上記の万巒郷佳佐の事例からは、漢人のみにとどまらず、漢人と平埔族との間にもこのような信仰を基礎とした地縁関係が形成されたことを示唆していると思われる[20]。

このように、三山国王信仰が地縁関係を形成する重要な文化的要素となる背景には、この地域の移住・開拓史、それに原住民や客家との関係を理解することが必要だろう。とりわけ陳氏一族が、三山国王廟が存在するから客家であるとみなされることをなぜ拒否するのかを理解するには、客家との関係を中心とした地域における社会関係の分析が不可欠だろう。

3 客家と福佬

C村族譜によると、道光二六年（一八四六年）二月に万巒で客家の林氏の牛が一頭盗まれたことに端を発して、閩南人・潮州人との間に械闘《かいとう》が発生したという。その後、台湾総兵が鎮圧のために兵を繰り出すほどこの争いは拡大した[21]。ここで注目したいのは、この地域では潮州人（粤属潮人、つまり広東の潮州人）というカテゴリーが存在し、一口に粤人（広東人）と言っても粤属潮州人、粤属嘉応州人に分かれていた[22]。実際に当時の現地の人々が粤属潮州人という認識を持っていたかどうかは判別できないが、一般的に粤（広東）・閩（福建）と区分される台湾の他地域とは異なる社会的カテゴリーが官僚側に認識されていたことを示している［邱坤玉　二〇〇九：一六二］。

これ以外にも、万巒郷泗林《しりん》荘に属する林後、四塊厝、崁脚《かんきゃく》、三家村といった福佬人村落の北部と客家部落の耕地は隣接しており、土地の開墾をめぐって争いが起こった歴史がある。一八五九年（咸豊九年）二月二日、隣接する鹿寮庄の客家住民との間に激しい械闘が発生し、客家住民三〇余名が殺害されたという［邱坤玉　二〇〇九：一七〇］。この福佬村落[23]とは饒平から移民してきた陳氏一族に他ならない。このような争いは日本統治時代に械闘の禁止が言い渡されるまで続いた［邱坤玉　二〇〇九：一七二］。

さらに現在に至るまで、この地域における福佬人と客家人との対立関係については、多くのエピソードが存在する。万巒の客家と佳佐の福佬の間では、日本統治時代に至っても緊張関係が続いた。佳佐地区の客家児童達は十数キロ離れた潮州公学校に通い、夏や秋に河川の水位が急激に上がった際にも川を渡り潮州に行き、目と鼻の先にあるにもかかわらず、福佬人の多い万巒公学校に行こうとしなかった［邱坤玉　二〇〇九：一六二］。その他にも、ある福佬の老人が述べるところによると、一九七〇年代まで万巒中学校では福佬は福佬と、客家は客家としか交流せず、それぞれが校内で方言を用いてコミュニケーションを行っており、両者の間に断絶があったという(24)［邱坤玉　二〇〇九：一六六］。

このような万巒郷陳氏一族の社会的・歴史的背景を踏まえると、彼らがなぜそれほどまでに客家である、もしくは福佬化した客家とみなされることに抵抗するのかが見えてくる。すなわち、「六堆」という客家の自衛組織の発足に端を発した歴史的ないさかいがごく最近まで続き、客家人に対する対抗意識と忌避感が日常生活にまで浸透しているためである。このような背景から、彼らは「台湾の潮州府出身者は客家ではない」と主張し、三山国王の神像があったとしてもそれがすぐに客家村落であることを示す指標にはならないと主張しているのである。そして彼らにとって大陸のC村との社会関係を構築することは、福佬系として自己認識を確立し、客家と差異化を行うことであったと推測できるのである。

四　社会的経験としてのエスニック・アイデンティティと文化資源

ここでは、本章の主題である台湾南部の潮州系移民のエスニック関係についてもう一度整理しておきたい。事例において取り上げた韓愈や三山国王信仰は、中国大陸では、潮汕人固有の信仰であるとされることが多い。しかし、ある特定のエスニック集団やそれに属するとされる文化要素は明確には存在せず、またその境界も本来は曖昧である。台湾の陳氏一族は自らを福佬であると考えているが、それは彼らが潮州府饒平から台湾屏東万巒へと移住し、土地を開拓する中で言葉の通じない集団と争いを繰り広げることでエスニックな境界の輪郭が明確になったためであった。その背景には、官僚側による分割統治政策により、彼らの集団間の差異が顕在化させられた事実があった。つまり、陳氏一族の「自分たちは客家ではない」との主張は、日常生活の経験の蓄積とその記憶によって生まれたのである。しかもここで注意しておきたいのは、彼らは「我々は潮州人である」とも述べてはおらず、自らを「福佬」と認識していることである。これは彼らが日本統治時代に「福建」として戸籍上登録されたことにより、「福佬」としてのエスニック・カテゴリーを意識するようになったためであると推測できる。

ここで、冒頭で言及した「社会的経験」という概念を用いて屏東陳氏一族の事例を解釈してみたい。屏東万巒郷の陳氏一族は、「客家と通婚してはならない」という言い伝えを受け継いでいた。この言葉の裏側には彼らと客家との関係が透けて見える。本来彼らの主張は、清朝政府による分割統治政策によって顕在化したものであったが、清代の械闘や、学校での対立関係により現実の社会的経験によって裏付けられることになり、本物らしさを獲得していったといえよう。したがって、これらの経験を経た上で「客家ではない」と主張することになったのである。これに加えて、三山国王があるから客家、または「福佬化」した客家村落と決めつけられる台湾の社会通念に沿ったエスニック・カテゴリーに対抗する意味もあっただろう。一方で、陳氏一族においても一部の者は遠い祖先が客家であると考えている者もおり、そういった者の祖先は客家と良好な関係を構築していたのかもしれない。そうであるならば、社会的経験の差異が、彼らのエスニック・アイデンティティに差異をもたらしている可能性を考慮に入れなければならないだろう。彼らの多くは潮州から台湾へと移住し、独自の社会的経験に基づき自らを福佬という範疇として認識するようになったのである。

王と瀬川の議論によると、移民社会である台湾では、祖籍に基づく械闘が一段落した一九世紀中葉以降には、祖籍の代わりに現住地としての台湾に新しくできあがった地縁・血縁関係が重要な集団形成の指標となった。つまり、地縁に基づく水利共同体や宗族の発達が見られるようになり、異姓宗族間の械闘が発生した。この一連の過程を彼らは、台湾漢人社会の移民社会から土着社会への変化と捉えている［王・瀬川　一九八四：四一四］。しかし台湾屏東陳氏一族の場合、そういった地縁的組織や宗族間の械闘はあまり見られず、一九世紀中葉になっても相変わらず祖籍による分類が重要性を持っていた［邱坤玉　二〇〇九：一七〇―一七二］。これは、六堆周辺地域という客家が圧倒的に優勢を占める地域性の中で、福佬・客家という区分が社会的意味を持ちつづけたことを示している。

陳氏一族の移民の歴史を遡ってみると、潮州府饒平から台湾南部の屏東へと移民する前の一八世紀前半には、潮州人という自己認識を保持しておらず、移民した後に福佬という自己認識を持つようになった可能性がある。程美宝によると、広東三大民系と呼ばれる広府人・潮州人・客家という概念が一九世紀以降成立した背景には、欧米からの人種概念が中国に流入した影響がある［程美宝　二〇〇一：三九五］。また二〇世紀以前には、広府人と潮州人の関心は彼らが漢人であるかどうかのみであり、自己と他の方言集団とのエスニックな身分の区別を強調することはなかった［程美宝　二〇〇一：四〇二］。つまり、このような人種概念の影響を受け、使用言語と結びついた民系としての潮州人の概念を持たなかった一八世紀の人々が、台湾への移民後に福佬というカテゴリーに取り込まれたとしても不思議ではなく、大陸の潮州人と台湾南部の福佬人はそれぞれの政策の影響を受け、異なる自己認識を持っていったと考えられる。台湾陳氏一族について見ると、日本統治時代における戸籍制度が彼らの福佬としての自己意識を形成するための後押しとなったと言えよう。このように、広東三大民系における潮汕を基準として見ると、台湾に渡った潮州府の潮州語話者は、現在では一般的に閩南人の集団に取り込まれており、姿がみえなくなったかのようである。

ここで、本章のもう一つの主題である文化資源としての客家文化と潮汕文化の問題を考えてみたい。第二節で取り上げた韓愈節のような文化的イベントは、政府や客家事務局による客家文化の商品化の過程で新たに創造されたものであった。たしかに韓愈を祀った廟は客家系の人々によって建築されたものであったが、韓愈信仰が客家を代表する文化資源として認識されている事例は台湾南部以外に存在しない。また三山国王信仰も台湾において客家を代表する信仰であると一般に認識されており、その背景に客家系の人々の文化資源をめぐる強い主張があることをうかがわせる。近年の客家文化運動を通じて、特色ある文化として民俗宗教が取り上げられ、それを通して自己認識を確立し、観光開発を推進したいという客家系の人々の思惑が見られる。一方で台湾南部六堆および附堆の福佬の人々は、この地域においてはマイノリティであり、客家系の人々のような主張を行っていないか、行っていたとしても声高なアピールを行っていなかった。そのため、彼らは自らの文化資源としての三山国王や韓愈信仰が福佬系のものであると広く認められることはなかった。その結果、韓愈や三山国王信仰は客家の信仰であると多くの人々に認識されることになった。

これらエスニック・アイデンティティや民俗宗教のような文化要素は、元々境界が曖昧である。近代以前の中国大陸では、一部の人の流入が激しい地域、もしくは知識人を除いて、ほとんどの人は自分のエスニックな自己意識について意識することはなかった［陳春声　二〇〇六］。しかし一方で、台湾のような移民社会では政府の政策も相まって、自他の境界が顕在化するモーメントが存在した。さらに政策が社会的経験をともない根付いていく過程で、福佬や客家といったエスニックな範疇が、人々にとってリアリティを持つようになった。

客家運動以降、客家に関する文化政策が施行され、観光産業が盛り上がるなかで、台湾客家は積極的に自己の文化や伝統について発言している。そのような流れの中で、三山国王までも客家文化とされることに異を唱えたのが陳氏一族である。なぜなら、彼らは社会的経験や記憶の蓄積によって、自分たちは客家ではないことを確信できたからである。このような社会的経験に基づいた「客家ではない」という主張と、文化資源をめぐる客家と福佬のせめぎ合いが顕在化する契機が、台湾南部陳氏一族のエスニックな自己認識をめぐる主張であった。

おわりに

最後に、文化資源に関する問題から、台湾陳氏のエスニックな自己意識を検討してみたい。彼らの主張の背景には権力と結びついた文化資源としての客家文化への対抗意識があった。つまり、近年の客家文化運動から生まれた民俗宗教の資源化がある一方、権力とは目下のところあまり結びついていない台湾南部の福佬文化が存在した。このような両者の動きを考える際に真正性と結びついた社会的経験が鍵となってくる。台湾陳氏一族が「われわれは客家ではない」と主張するのは、政策による積極的な援護がなく、自分たちの主張を外部に十分に認知してもらえていなかったためであり、族譜を通じて自らのルーツを求め、「客家ではない」と主張したことは、客家の文化政策と日常生活の社会的経験とのせめぎ合いのなかで、陳氏がとった一つの対抗手段と見ることもできる。陳氏一族の多くの者にとって本物らしい経験とは、清代の移住過程における客家との衝突や近年まで続いていた没交渉であり、それが彼らにとって福佬としての意識を高める結果になったはずである。

今後の動向については予断を許さないが、本章で議論した民俗宗教のような文化資源を他者と繋がる回路と見なす場合、エスニック集団間のポリティクスが両者の対立を顕在化させる可能性もある。たとえば、台湾における三山国王信仰をどちらか一方の文化資源であると主張する動きが出た場合、客家と福佬の間で対立が起こる可能性がある。また、その対立関係に大陸の勢力の後押しがある場合には、問題はより複雑になるだろう。

台湾は中国とは政治的・社会的に異なる文脈にあり、それぞれの歴史的過程において出身地や言語、血統等に基づいてエスニックな範疇が形成された。しかし一方で、文化資源をめぐる権力の作用においては相似する点があると言える。つまり、ある文化要素を特定の集団に帰属させ、その文化を資源として用い、観光開発を進めたり、自己認識を確認する手段としたりする点においてである。そしてその背後には現地政府による後押しや、海外の同一エスニック集団による支援が存在する可能性もある。そういった中で、台湾陳氏においては、自分たちが客家という文化的枠組みに編入されてしまうのではないかという危機意識から来るエスニックな自己意識が醸成された。これを、福佬に対抗して発生した客家ナショナリズムがあり、その客家ナショナリズムに対して地域では少数派の福佬がさらに対抗して自分たちを認知させようという図式と見ることもできよう。以上のような動きが今後どのような展開をみせるのか、引き続き注視していく必要がある。

注

（1）鶴佬、河洛、Holoとも表記する。福佬とは、「閩南系の方言を話す者」という意味の呼称であり、福建省南部、広東省東部の潮汕地区および海南島の住民と、これら地域からの移住者を指すため、「閩南」よりも広いカテゴリーである。しかしこの福佬カテゴリーは、客家や広東語を話す人々との関係においてのみ自称あるいは他称として機能していたのであり、歴史的に見て、華南全域の「福佬人」と関連づけた一体感は持っていなかった。本章では資料からの引用以外には、「福佬」に表記を統一する。

（2）河合も汕頭から澎湖島を経由して台南へと移民した人々が現地で客家語を話しているとの報告を行っている［河合二〇一一：五八五―五八六］。

（3）漳州出身の林爽文は、台湾において秘密結社である天地会の領袖として力を持ち、官憲の弾圧に抗して反乱を起こした。

（4）福建同安出身の蔡牽は、台湾海峡を主な根拠地とした海賊であり、清朝に対して反乱を起こした。

（5）瀬川によるとこのような事例は、広東省の珠江デルタ西部地区でも見られるという［瀬川　一九九三：一〇三］。

（6）エスニック集団としての客家という意識が普遍化するのは一九二〇年代以降であるという。このような客家概念の形成については飯島［二〇〇七］を参照のこと。

（7）こういった動きと関連して、清朝に対する反乱軍の平定に加わり殉死した「義民」を神として祀った「義民廟」がある。台湾北部の新竹県や屏東県では著名な義民廟があり、地域を挙げて祭祀活動が盛大に行われ、台湾客家の精神的支柱となっている。台湾の義民爺信仰と客家団体による政治化については、志賀［二〇一二：二八三―二九二］を参照のこと。

（8）現在の広東省東部に位置する梅州市焦嶺の旧称である。
（9）一八二七年に成立したと記す碑文もあり、成立年については定まっていないが、一九世紀前半であることは確かなようである。
（10）この一三頁では、閩粤分類械闘の歴史、屏東県竹田郷における義民廟に刻まれている義民の祖籍の多様性、「閩」や「粤」といった地理的概念を方言集団として捉えることの概念的誤謬について述べている。その上で、潮州府には客家語話者もいたが、呉陳は潮州から来たものの客家ではないと主張し、結論としている。
（11）筆者の調査村落であるC村の者は、族譜編纂の際に台湾陳氏と頻繁に連絡を取り合っていた。その時に彼らの間で用いていた言語は、「普通話（標準中国語）」であった。なぜなら台湾陳氏は普段閩南語を用い、潮州語と同じ系統の言語とはいえ、意思の疎通が困難であるからである。
（12）族譜において台湾への移住の歴史について述べている箇所は、意見募集版、完成版とも同様である。ここでは完成版を参照することにする。
（13）当時の表記は「加走」であった。現在では「佳佐」と表記する。
（14）清朝の統治下において、徭役・納税義務の負担、清朝の法律が適用され、漢人に近いと考えられたた原住民を「熟番」、統治外にあり中華文明を受容していないとされる原住民を「生番」と呼んだ。
（15）筆者が二〇〇九年に、客家文化に関するシンポジウムで潮州系の人々と三山国王信仰の関係について主にエスニシティの側面から発表したときに、客家を専門に研究している多くの人々が「三山国王が潮州人に信仰されているとは知らなかった」との感想を述べていた。
（16）現在では広東省梅州市であり、梅県市は存在しない。
（17）ここでは、「閩南村落」が潮州府内の福佬人村落のことを指していると思われるが、この引用の前の部分では「閩南村落」と「潮州府地区」の農民が並列されていることから分かるように、福佬の下位分類である閩南と潮州という二つの方言や地域に基づく区分に関する用語が混同されて用いられている。
（18）台湾原住民のうち、平野部に住み文化的に漢人に近い人々を指す総称である。
（19）平埔族が住んでいたとされる鳳山八社地域を指している。
（20）ここでは漢人と原住民との関係を議論しているが、客家との関係について陳麗華による分析がある。台湾南部屏東の三山国王廟は、三山国王が客家の嫁を娶ったという伝説があるように、清初には客家語話者と潮州語話者の協調関係を表す文化的記号となっていた。しかし、清代中期以降は客家語話者が建造した三山国王廟が数量の上で潮州語話者のそれを上回るようになった。結果として、両者の統合を示す三山国王廟は客家語話者地域での分布が多くなり、広東人でありながら福佬語話者という福建・

広東両地域にとって曖昧な存在である潮州語話者は、これら両者の間に埋もれ、見えづらい社会集団になったと分析している［陳麗華 二〇一三：一九三―一九五］。

(21) 族譜では、この箇所の記述は呉中傑（高雄師範大学）による「堆外圧粤人――六堆周囲地区清代広東移民属性初探」からの引用となっている。

(22) 邱の論文では、道光朝軍機檔に記載があると述べている［邱坤玉 二〇〇九：一六二］。

(23) 邱の論文では「閩南」となっているが、福佬よりも狭いカテゴリーである「閩南」を歴史的な記述において無条件に使うことには慎重になる必要があり、くわえて当時の饒平県出身者を、福建を意味する「閩」というカテゴリーに分類することはできないと筆者は考えるため、本章では以下の記述でも福佬に表記を統一する。

(24) 王によると、日本統治時代に台湾総督府は福佬と客家の両者の居住する行政区画を注意して分けたという。そして、日本統治時代には福佬・客家の区分は人々が生活する上で重要な社会的意義を有し、福佬・客家間には交流や通婚もほとんどなかったと述べている［王甫昌 二〇一四：一〇三］。

引用・参考文献

〈日本語文献〉

飯島典子
　二〇〇七　『近代客家社会の形成――『他称』と『自称』のはざまで』東京：風響社。
王崧興・瀬川昌久
　一九八四　「漢民族の移民とエスニシティ――香港・台湾の事例」『民族学研究』四八（四）：四〇六―四一七。
王　甫昌
　二〇一四　『族群――現代台湾のエスニック・イマジネーション』（松葉隼・洪郁如訳）東京：東方書店（王甫昌　二〇〇三『当代台湾社会的族群想像』台北：群学出版有限公司）。
蒲　豊彦
　一九九二　「地域史のなかの広東農民運動」狭間直樹編『中国国民革命の研究』二三三―三〇七頁、京都：京都大学人文科学研究所。
志賀市子
　二〇一二　『〈神〉と〈鬼〉の間――中国東南部における無縁死者の埋葬と祭祀』東京：風響社。

スキナー、ジョージ、W
二〇〇六「中国史の構造」（瀬川昌久訳）瀬川昌久・西澤治彦編『中国文化人類学リーディングス』一〇三―一三二頁、東京：風響社。
瀬川昌久
一九九三『客家――華南漢族のエスニシティーとその境界』東京：風響社。
田上智宜
二〇〇七「『客人』から客家へ――エスニック・アイデンティティーの形成と変容」『日本台湾学会報』九：一五五―一七六。
劉　梅玲
二〇〇九「台湾客家の地域再編――南部地方都市を事例として」『社会学雑誌』（神戸大学）二六：九二―一〇四。
林　淑美
二〇〇五「清代台湾移民社会の『客』と『土着』」『史学』七四（一）（二）：一〇三―一二九。

〈中国語文献〉
陳　春声
一九九五「三山国王信仰与台湾移民社会」『中央研究院民族学研究所集刊』八〇：六一―一一四。
二〇〇六「論一六四〇――一九四〇年韓江流域民衆『客家概念』的演変」『客家研究輯刊』二〇〇六（二）：一―一四。
二〇〇七「地域社会史研究中的族群問題――以『潮汕人』与『客家人』的分界為例」『汕頭大学学報』二三（二）：七三―七七。
陳　麗華
二〇一三「『消失』的族群？：南台湾屏東地区広東福佬人的身分与認同」『台湾史研究』二〇（一）：一六九―一九九。
陳　其南
一九八七『台湾的伝統中国社会』台北：允晨文化公司。
一九九〇「台湾漢人移民社会的建立及其転型」『家族与社会――台湾与中国社会研究的基礎理念』五七―九六頁、台北：経聯出版事業股份有限公司。
陳　運棟
一九八九『台湾的客家人』台北：台原出版社。
程　美宝

二〇〇一「地域文化与国家認同——晩清以来『広府文化』観的形成」楊念群編『空間・記憶・社会転型——新社会史研究論文精選集』三八七—四一七頁、上海：上海人民出版社。
河合洋尚
二〇一一「有関両岸潮客文化関係的初歩思考——従日籍人類学家在客家地区的田野経験談起」『第九届潮学国際研討会論文集』五七九—五八九。
黄　挺
二〇〇五「潮客関係簡論——以潮汕地区為例」『韓山師範学院学報』二六（二）：一—七。
邱　坤玉
二〇〇九「屏東県万巒郷佳佐地区漢人開墾之研究——以陳超家族為例」高雄師範大学客家文化研究所碩士論文。
饒　宗頤
一九九六「台湾省高雄県潮州鎮訪問記」黄挺編『饒宗頤潮汕地方史論集』汕頭：汕頭大学出版社、二九七—三〇〇。
施　振民
一九七三「祭祀圏与社会組織——彰化平原聚落発展模式的探討」『中央研究院民族学研究集刊』三六：一九一—二〇八。
宋　徳剣
二〇〇四「潮客族群互動与文化認同——豊順県留隍鎮九河村的実証分析」『汕頭大学学報』二〇（四）：七一—八〇。
呉　煬和
二〇一一「信仰与族群認同——以台湾六堆客家韓愈信仰転化為例」『第九届潮学国際研討会論文集』三二四—三三一。
楊　彦傑
二〇〇九「有関台湾客家研究的両点想法」『客家学刊』創刊号：一二六—一三九。
周　大鳴
二〇〇五「動蕩中的客家族群与族群意識——粤東地区潮客村落的比較研究」『広西民族学院学報』二七（五）：一三—二〇。
周　建新
二〇〇〇「族群視野中的宗族社会——広東豊順潮客村落個案分析」『客家研究輯刊』二〇〇〇（一）：二二—三〇。
二〇〇三「宗族文化与族群認同——以豊順県留隍鎮渓北村為例」周大鳴編『当代華南的宗族與社会』一八七—二一六頁、哈爾浜：黒龍江人民出版社。

〈英語文献〉

Barth, Fredrik

1998[1969] Introduction, in Fredrik Barth (ed.) *Ethnic Groups and Boundaries: The Social Organization of Cultural Difference*, Long Grove: Waveland Press.

Brown, Melissa, J.

2010 Changing Authentic Identities: Evidence from Taiwan and China, *Journal of the Royal Anthropological Institute* 16: 459-479.

資料

C郷（県）陳氏族譜編修組編

二〇〇九　『両岸C郷（県）陳氏族譜史志彙集（徴求意見稿）』

二〇一一　『C郷（県）陳氏族譜』

コラム①

潮州人と客家——差異と連続

河合洋尚

一　潮州文化と客家文化のはざま

私は、客家地域で主に調査研究をしている人類学者であり、また潮州人を妻にもつ日本人である。これまで、広東省の広府人から出発し、広東省東部の客家、さらには東南アジアやオセアニアの客家華僑まで研究の対象を広げているが、潮州人地域では、まだ長期のフィールドワークをしていない。とはいえ、私はいままで中国や東南アジアの潮州人社会で何度も短期調査をおこなっているし、何よりも私にとって潮州文化は、もはや生活の一部となっている。こうした背景から、私は、常に潮州文化と客家文化（さらには広府文化や日本文化）の関係性を観察し、また、客家研究者の視点から潮州人や潮州文化について考えてきた。

私が長年、潮州人と客家の双方を参与観察することで実感しているのは、両者には意外と共通点が少なくないということである。しかし、日常生活であれ学界であれ、ひとたび潮州文化や客家文化が語られると、強調されるのは共通性ではなく、差異である。相互の会話では、そのうえで、各々の文化やパーソナリティにどのような特色があるのかが、焦点となるのである。日常世界においても潮州人と客家は異なる集団であると自覚されており、彼らは同じ潮州人／客家をみると親近感を抱き、信用する。潮州人と一緒に行動していると、よく次のような会話が聞こえてくる。

A「（相手の言葉や様子を見た後で）自己人《ガキナン》？」

B「あなたも潮汕人《デュオスワナン》ですか。どこの出身ですか？」

A「潮州です」

B「潮州ですか。私は汕頭《スワトウ》出身です。でも同じ潮汕人ですね」。

潮州語でいう「自己人」とは、仲間内の人、この場合は同じ潮州人という集団に属している人を指す。同じ潮州語の系統（潮州、汕頭、掲陽《けいよう》の潮州語はアクセントや訛が多少異なるが会話は問題なくできる）を話す人を見たら、出身地を聞き、同じ潮州人であることを確認し、安心するのである。ただし、こうした「結束力」の強さは、潮州人に特有なものではなく、客家にもみられる。客家もまた同じ客家のことを「自家人《ジガニン》」と呼び、同属意識をもつ。実際、生活や商売において、同じ潮州人／客家のネットワークを活用することは日常茶飯事である。そして、彼らは、言語や慣習のうえでどのように違うのかを、日頃から語り合う。例えば、広東省の潮州人の間でしばしば言及される話題のうち、ルーツ・言語、食、ジェンダーを挙げるなら、彼らが自認する特徴は以下の通りである。

（一）潮州人の集団意識の根幹にあるのは潮州語である。一般的に潮州人は、福建省の中部、とりわけ莆田《ほでん》から福建省南部を経由して潮州地域に移住したと考えている。それゆえ、潮州語は、福建省南部の言語である閩南《びんなん》語に近い。その反面、広東語や客家語とは意志疎通を図ることが難しい[1]。

（二）潮州料理は、広東省のなかでも独特である。その代表例としてしばしば言及されるのは、功夫茶《ガンフーデー》である。功夫茶とは、茶の種類ではなく、一種の茶道を指す（写真1）。潮州語の茶《デー》は、英語のteaやフランス語のthéの語源になっているといわれることもある。また、牛肉丸《グーネッイー》に代表される牛肉、粿条や粿汁に代表される「粿《グエ》」も潮州料理の特徴があると語られる。主食は、砂鍋粥《スアグオムエ》など、お粥料理(2)が多いと表象される。

（三）潮州人の特色を指す際に、よく挙げられるのがジェンダーである。客家の場合、男性が勉学や出稼ぎをし、女性が家事や農作業を一手に引き受けるイメージが強調されるが、潮州人のジェンダー像はこれと異なる。

一般的に、潮州人の男性は商売を得意とし、相対的に「大男人」(3)である。そして、女性は、温厚で気立てがよく、家庭的で料理の上手な、良妻賢母のイメージで語られる。こうした潮州人女性のイメージは広東省では他者表象ともなっている。

写真１　功夫茶の茶器セット。右手の急須にお茶を入れ、熱湯を入れる。そして、小型の茶碗に次々とお茶を入れ、家族、友人、客などにふるまう。

もちろん以上は一例であり、潮州文化の特色として挙げられるものは、広東省に限定しても他に多数ある。序章で書かれている潮繡（刺繡）、金木雕（工芸）、陶瓷（陶磁器）のほか、潮劇（演劇）、皮影劇（影絵）、英歌舞（伝統舞踊：写真2）、もしくは下山虎や四点金といった伝統住宅なども、潮州文化の特色として語られうる。

これに対し、客家自身は、中原から福建省西部の寧化《ねいか》県石壁《せきへき》村を経由し

写真2　春節に開催される英歌舞とそれを観察する村民。広東省の無形文化遺産に指定されてから春節に毎年開催されるようになった。普寧市軍埠鎮で2015年2月、筆者撮影。

て広東省東部に移住した士族の末裔であると自認している。したがって、彼らの話す客家語は、より中原の要素を多く残しており、中原とそこからの移住に関する諸文化を多く残していると主張する。その典型例は、ユネスコの世界文化遺産にも登録されている円形土楼である。円形土楼は、客家が中原から山際を辿って南下した時、外敵から身を守るために建築した集合住宅であるといわれ、すでに客家文化のシンボルともなっている。また、醸豆腐《じょうどうふ》は、中原から移住した際に南方に餃子の皮がなかったため、代わりに豆腐で包んでできた料理であるといわれる。さらに、楊筠松《よういんしょう》という中原の著名な風水師が戦乱を逃れるために客家地域に定住し、そこで風水を広めたことから、風水も「中原の遺風」を残した客家文化の特色であると語られることもある［河合　二〇〇七］。これらは、中原からの南下の物語と関連付けることで、客家文化の特色として表象される。(4)

　このように、潮州文化と客家文化を語る際、各々の文化的特色として強調される要素は同じではない。こうした両者の差異は、日常の言説から概説書の記述、博物館の展示に至るまで明確に示されている。その反面、見落とされがちなのは、両者の間の共通性である。

　広東東部の客家地域で調査を重ねてきた私が、潮州、汕頭、普寧《ふねい》などの潮州人地域に行くと、逆に驚かされることが多い。客家の特色といわれていたものを、潮州地域でも見ることができるからである。例えば、円形土楼は潮州の潮安《ちょうあん》区や饒平《じょうへい》県にも存在する（写真3）。その住民も客家であるとは限らず、全員が潮州人であることも珍しくない［横田　二〇一二］。また、風水は、客家地域だけでなく潮州人地域でも盛行している。後者には、年数がたった後で骨を掘り出し別の風水の良い墓に埋葬する、二次葬の習俗すらある。醸豆腐も潮州地域にないわけではない。私が広州で住んでいたマンションの近くによく通う潮州料理店があったが、そこでも醸豆腐が潮州料理として出されていた。

こうした共通性は、台湾に行くとさらに顕著である。台湾で客家文化の特色とみなされる要素は、不思議なことに中国大陸では潮州地域に多い［横田・河合 二〇一三］。本書の横田論文でも言及されている三山国王信仰は、台湾では客家文化とみなされるが、大陸では潮州地域の方が多く分布している。広東省東部の潮州地域では、いたるところに三山国王の廟があり、子供でもその名前を知っている。他方で、隣接する客家地域である梅州では、もちろん三山国王信仰があるが、廟の数は潮州地域ほど多くない。現地の客家も、慣習的に三山国王ではなく、「公王」と称してきた。食文化の面でも、台湾の客家地域で提供されるいくつかの料理は、潮州地域で似たようなものを見かけることが少なくない。社会人類学者・渡邊欣雄が一九七〇年代後半に台湾南部の六堆客家地域で調査していたとき、功夫茶の習俗は客家文化の特色であるといわれていたという［渡邊 一九七九］。その他にも、新竹で出された蠣のお好み焼きに似た料理は、客家料理と銘打ってはいたが、実際は私が最も好む大陸の潮州料理である「蚝絡《オールア》」であった。こうした例は枚挙に暇がない。

写真 3 潮安区の円形土楼。福建省永定県のそれに比べると小型であるが、内部構造は似ている。住民は全員が潮州人である。2010 年 6 月、筆者撮影。

潮州文化の特色を誇らしげに普段語る広東東部の潮州人も、実際に梅州に行くと、潮州文化と客家文化の類似性を指摘することがある。ある客家文化学術ツアーで梅州の各地を歩いた時、同行した潮州人の学生は、「何が客家文化の特色だ。こんなのはみな潮州地域にあるじゃないか!」と言い放った。筆者が同様の意見を聞いたのは、一度や二度ではない。しかし、彼らは最終的にはこう言うのである。「違うのは言葉だ。やはり潮州語こそが潮州人の精神的支柱である」と。

しかし、ここで見落とされているのは、潮州文化の多様性である。実際、同じ潮州文化といっても個人差・地域差がある。潮州語と客家語は意外と類似する単語や表現が多いのであるが、私は言語学者ではないので、この点は問わない。ここでは潮州語が客家語と全く異なる言語であるという前提で話を進めるが、それでも香港、さらには東南アジアに行くと、潮州語を話せない潮州人は少なくない。逆に、潮州人が圧倒的多数を占めるタイの華僑華人コミュニティでは、客家など他の集団も潮州語を話す。こうした社会において、潮州語を話すことは、もはや潮州人であることの何の指標にもなりえない。ましてや、潮州語を話せない潮州人の祖先が、本当に潮州語を話していたのかも不確かなことがある。こうした人々が自らを潮州人と主張する論拠は、実際のところ言語ではなく、むしろ今の潮州地域から移住してきたという地域的・空間的なつながりである。[5]

また、潮州人が、自ら特色であるとするエスニック・マーカーも同じではない。本書では、潮州人のエスニック・マーカーとして、善堂がたびたび登場する。確かに善堂は、広東省東部でも数多く分布する。しかし、広東省東部では必ずしも潮州文化の特色とはみなされておらず、善堂という名前すら知らない若者も少なくない。ここにおいて潮州人であることの最たる根拠は、潮州語を共有していることである。それに対して、潮州語が絶対的なエスニック・マーカーにならない移民社会では、潮州人としてのアイデンティティを付与した場所として、より善堂が重要性を帯びている。[6]

二　エスニック概念か地域概念か?

潮州人とは一体誰であるのか。客家を研究対象としていると、この問いに直面することがしばしばある。潮州人とはエスニック概念なのか地域概念なのか、どちらで捉えられているかが曖昧で、混同されているように見えてしまうからである。

客家との対比において、潮州人は、「独立した」エスニック概念として捉えられる傾向が強い。エスニック集団については、多様な定義があるが、一般的には同じ文化（言語を含む）やアイデンティティを共有する非親族集団であると定義される。ところが、この定義に従うと、現実的には潮州人と客家を明確に分けることが難しい。繰り返すと、潮州人と客家の文化は、差異ばかりが強調されるが、実際には共通性も少なくない。同じ潮州人といっても、文化やエスニック・マーカーには多様性がある。さらに、類似する文化をもっていても、潮州人とはみなされないことがある。例えば、潮州人と同じ閩南語系の言語を話し、習俗面でも近似する広東省汕尾《さんび》や福建省南部の人々は、潮州人としてカテゴライズされてもよさそうなものである。だが、汕尾の人々を潮州人と呼ぶかどうかは曖昧であり、汕尾人は潮州人と非潮州人のグレーゾーンに置かれがちである。(7) 他方で、福建省南部の人々が潮州人と呼ばれることはまずない。極端な話、福建省南部と潮州地域の境界部に住む一族がいても、福建側の成員は閩南人、広東側の成員は潮州人となりうる。

それでは、なぜ潮州人と客家はそれぞれ「エスニック集団」として分類されているのだろうか。このことについて、歴史を遡って確認してみる必要がある。

現在こそ潮州人と客家は異なるエスニック集団として分類されるが、客家の主要なルーツである梅州市の人びとは、もともと「潮州人」であった。現在の梅州市の範囲は明・清の時代には潮州府に属していたからである。換言すれば、地域概念としてみると、「潮州人」の範囲は今よりもずっと広い。

潮州府は、明の洪武二（一三六九）年に成立し、清朝前期には、海陽県、潮陽県、掲揚県、普寧県、澄海県、饒平県、恵来県、大埔県、程郷県（今の梅県）、平遠県、鎮平県（今の蕉嶺県）を管轄していた。清の雍正一一（一七三三）年になると、程郷県、平遠県、鎮平県、及び恵州府の興寧県、長楽県が併合して嘉応州が設立されたため、潮州府の範囲は縮小した。それ以降、潮州府は、海陽県、潮陽県、掲揚県、普寧県、澄海県、饒平県、恵来県、大埔県、豊順県の九つの県を管轄することになったが、そのうち前の七つの県は今でも現地で潮州地域と呼ばれる地理的範囲になっている。他方で、嘉応州となった五つの県、及び大埔県、豊順県は、後に梅州市となった。だが、客家地域である大埔県と豊順県が梅州市の管轄内になったのは、一九四九年の共産党政権樹立後と、歴史的にはそれほど古くない。

潮州府と関係する歴史文献を翻すと、程郷県、平遠県、鎮平県、大埔県、豊順県に住んでいた人々は、客家ではなく、潮州府にある地名で表されるか、「鉱賊」「寮民」のような差別語で呼称されていたという［飯島 二〇〇七：六九、一七六］。歴史学者である飯島典子によると、一九世紀前半の段階では、彼らは、「客」（Kea）や「客人」（Kea lan）と呼ばれていた。「客」「客人」は、現在の客家につながる集団ではあるが、厳密に言えば、今日の客家と等符号で結ぶことはできない。というのも、**Kea**、**Kea lan** の発音が潮州語であることか分かるように、彼らは、潮州府の管轄内において山際に住む、言葉や習俗の異なる人々としてみられていたからである。換言すれば、江西省南部や福建省西部の人々を含む現在の客家概念とは異なり、あくまで「自地域のなかの他者」を述べていた。

潮州府のなかにあって、周辺の山岳地帯に住み異なる言語を話した「客人」は、近代化につれて、府の中心に住む「本地人」と次第に対立を深めていくことになる。その主要な要因の一つは移動である。清代後期以降、「客人」が潮州や汕頭などの都市部に進出するにつれ、言語や文化の違いから、両者に対立が生じ、異なる集団であるとの意識がますます先鋭化した［陳春声 二〇〇六］。そして、「客人」は、他称である「客（Hak）」を自称として用いるとともに、潮洲語を話す集団を「学佬」と呼び、自己とは言語や習俗の異なる人々であると日頃から差異化するようになった［Rey 1937］。

両者の対立は、東南アジアの移民社会でも顕著であった。東南アジアでは、もともと必ずしも客家というカテゴリーが存在していない。いま客家と呼ばれる人々は、「潮州人」として、潮州系の会館に属していた。しかし、「潮州人」のなかで言語や習俗が異なり地位も低かった「客人」は、次第に本流の「学佬《ホクロー》」（福佬）との対立を深め、独立した組織を形成するようになった。ベトナムはその典型例である。ベトナムでは、清代より数多くの華僑華人が移住したが、当初、潮州府の出身者は全て潮州系の会館である義安会館に属していた。しかし、義安会館では、次第に「学佬」と「客人」の対立が先鋭化し、後者が分離・独立して一九一八年に金邊六省客帮会（後のベトナム崇正会）を組織した。こうした歴史的経緯により、義安会館は今でも、中央に関帝を祀る廟があり、左側に潮州会館が、右側にベトナム崇正会が事務所を構えるという建築構造になっている（写真4）。

写真4　ベトナム・ホーチミンの義安会館。左側が潮州系会館の事務所、工事中である右側がベトナム崇正会の事務所である。2014年、筆者撮影。

義安会館が象徴的であるように、もともと「潮州人」であった一部の人々は、言語や習俗の違いから、独立した「客人」としての集団的アイデンティティを強めていった。そして、こうした状況のもと、「客人」を客家（Hakka）という民族／エスニック概念としてまとめあげていったのが、キリスト教宣教師である〔飯島　二〇〇七〕。一九世紀半ば以降、アヘン戦争が終結する頃になると、欧米の宣教師は中国で布教活動を開始した。広東省で言語や習俗の異なる人々が相互に対立する姿を目の当たりにした宣教師は、ヨーロッパの民族概念を導入して、広府人、潮州人、客家といった集団に分類した。そのなかで、バーゼル教会が果たした役割は大きい。バーゼル教会の宣教師は、香港に拠点を構えた後、初めは潮州人地域で布教活動を始めた。しかし、それがうまくいかなかったため、今度は広東省東部の梅州（五華県）

を拠点とし、客家をターゲットとした布教活動を展開した〔湯詠詩 二〇〇二〕。さらに、布教のため客家語の辞書を編纂し、族譜を調べて客家が中原士族の末裔であることを主張し始めたのである。

こうした宣教師による民族／エスニック分類の作業は、二〇世紀に入ると、客家の知識人に継承されていった〔程美宝 二〇〇六〕。とりわけ、バーゼル教徒でもあった民族学者・羅香林は、宣教師の中原起源説を継承するとともに、客家が独自の言語と習俗をもつエスニック集団（彼の表現によれば「民系」）として体系化した〔羅香林 一九九二（一九三三）〕。もっとも羅氏のいう客家は、現在でいう客家のカテゴリーと完全には一致しておらず、主に広東省東部の「客人」を中心とするものであった〔河合 二〇一三〕。ただし、羅香林によって提示された基本的な枠組みは、後の研究者によって継承されていき、現在に至るエスニック概念としての客家が形成されていったのである。

それに対して、潮州人という概念が何であるのかについては、長らく学界で曖昧なままにされてきた。一九九〇年代に饒宗頤の提唱を受けて「潮州学」の学会が組織され、それ以降は、潮州研究の国際シンポジウムが盛んに開催されるようになった。潮州の韓山師範大学で『潮学研究』が刊行され、ジョホール・バルの南方大学で潮州研究のプロジェクトが始動したほか、ここ二〇年間、潮州人をめぐる論文や著作は増加している。だが、管見の限りにおいて、潮州研究の大多数は潮州人を自明のものとして扱っており、「潮州人とは誰であるのか」という問題に正面から向き合ってはいないようにみえる。

ここで注意すべきなのは、一九九〇年代に「潮州学」が成立した背景には、「客家学」の興隆が関係していることである。(8) つまり、「潮州学」は「客家学」の対比において興ったという一面があり、潮州人は客家とは異なる「独立した」エスニック集団であると想定されることが多い。潮州語を話し、潮州特有の文化をもち、潮州人としてのアイデンティティをもつ人々を、潮州人という概念で表現するのである。その反面、客家は、言語や習俗の異なる別個のエスニック集団として描かれる。ところが、もし潮州人をエスニック概念であると定義するならば、上述のように、客家との連続性をどう考えるのか、潮州人内部の多様性をどう扱うのか、閩南人や汕尾人との境界をどこで設けるのか、などの問題が浮上する。だが、こうした問題は、今もなお、なおざりにされがちなのが現状なのである。(9)

これまで度重ねて指摘してきたように、潮州人は単純にエスニック概念として括ることはできない。たとえ似た言語や習俗をもっていても、閩南人や汕尾人が完全に潮州人というカテゴリーに入ってこないのは、それらが歴史的に潮州府の管轄内になかったからである。その意味において、潮州人という概念が地域／空間を基盤としていることは疑いの余地がない。潮州語を話せない移民が潮州人のアイデンティティをもつのも、地域／空間概念としての潮州人を出発点とすることに起因している。だが、潮州人を地域概念としてだけ語ることも難しい。目下、同じ潮州地域という空間に身を置いていても、客家語を話し、客家としてのアイデンティティをもつ人々は、潮州人とはみなされなくなっているからである。

誤解を招かないよう予め断わっておかねばならないのは、私は潮州人が虚構であり、そのような人々は存在しないと主張しているわけではない。むしろ、私のスタンスは逆である。潮州人は、現象のうえでは客家や他のエスニック集団と明確に分けられないかもしれないが、人々の意識に存在する限り、それは実体となりうると考えている。私がここで主張したいのは、潮州人と客家をア・プリオリに異なるエスニック集団として決めつけるのではなく、もともと同じ地域の住民であり連続的な文化的要素をもつ両者が特定の社会政治的な背景のもとで潮州人／客家に分化していった過程を、より丹念に捉えていくべきだということである。とりわけ、宣教師や学者などによる「科学」言説がエスニシティの分化にいかように作用していたのか、それにより潮州人／客家の差異がどのように日常生活で語られるようになっているのか、そうした権力―表象のメカニズムをめぐる考察が、より一層求められると私は考えている。そのためにも、これからの潮州研究は、潮州人だけを研究対象とすることなく、客家など他集団との相互関係について理解を深めていくことが課題となる。潮州研究は、潮州人をア・プリオリに捉えるのではなく、そのカテゴリーの生成について、より一層議論を深めていく時にきている。

注

（1）ただし、珠江デルタに住む潮州人の絶対的多数は流暢な広東語を話す。

（2）お粥といっても、日本とは異なり海鮮などの食材が多く入っている。また、広府人のお粥は米粒がほとんどないが、潮州人のお粥は米粒があると差異化されることもある。

（3）ただし、その潮州社会においても日本人男性はさらに「大男人」（男性中心主義的な男、亭主関白などの語感が近い）といわれる。

（4）日常生活において潮州人と客家を区別する言説は、各々の偉人や有名人にまで及ぶことがある。潮州人の場合、その筆頭に挙げられるのは、香港一の富豪である李嘉誠である。また、今や中国のネット社会には欠かせない「QQ」や「微信」を提供する騰訊公司の総裁・馬化騰、中国の電化製品会社である国美電気の創始者・黄光裕など、成功した商売人には潮州人が多いという話は頻繁に話題に出る。若者ならば、楊千嬅、鄭秀文、蔡少芬、林嘉欣、孫燕姿などの有名な芸能人が、潮州人であるという話がでることもしばしばである。他方で、客家の側では、革命英雄である文天祥、洪秀全、孫文、鄧小平などが客家の偉人の筆頭に挙げられる。なお、本文中の自己表象は、おおよその傾向を掲載しており、全ての人々の反映しているわけではないことは予め断わっておきたい。

（5）「今の潮州地域が果たして昔のそれと合致しているのか」は別の問題として探求されねばならないだろう。日本人が残した二〇世紀前半の史料を見ると、今の潮州地域／客家地域は当時のそれと同じではない。最も顕著なのは普寧市である。普寧は現在、雲洛鎮など一部の例外を除くと、基本的には潮州人の居住地とされる。しかし、伊能嘉矩の『台湾誌』や『広東客家民族の研究』では、普寧はむしろ純粋な客家地域として描かれている。このことを中国の潮州研究者に話すと大抵は「誤り」であると一笑に付されて終わりであるが、筆者はこれを「誤り」ではなく、当時の日本人研究者の歴史認識として捉え直すべきであると考えている。実際に、普寧で潮州人を名乗っている一族のなかには、梅州から移住した「元客家」もいる。また、台湾に移住した普寧移民の多くが客家に転換していた可能性も捨てきれない。この件は今後の課題として残されている。

（6）梅州でも、善堂は潮州人コミュニティの結節点であり、毎年旧暦七月一五日になると、そこで盛大な中元節の行事をおこなう。

（7）潮州人に「汕尾人は潮州人なのか」という質問をぶつけると、「言語的に近いから潮州人だ」と答える者、「潮州人ではない」と答える者、答えに窮する者、などさまざまなである。他方で、汕尾人も「福佬人」と自称し、潮州人とは差異化している。

(8) 饒宗頤は、一九九三年に刊行された『潮学研究』創刊号の巻頭論文「何以要建立〝潮州学〟——潮州学在中国文化史上的重要性」で、「客家学」との対比において「潮州学」を打ち立てる必然性を語っている。なお、この論文で、饒宗頤は、「客家学」を「潮州学」の一部として位置づけるべきであると述べており、むしろこの学問を地域概念として捉えていたことが分かる。しかし、実際には国際的に「客家学」と「潮州学」は異なるエスニック集団の研究として、別個に扱われることが多い。

(9) 私自身、国際潮学シンポジウムに四回参加したことがあるし、そのうち二回は潮州人と客家の関係性について研究発表をおこなった。そこで、私は、広東東部の潮州文化と客家文化には実は共通性があること、とりわけ台湾の客家文化には大陸の潮州文化との共通性が多いこと、一部の潮州人が台湾に移住してから客家に転換していること、などを主張してきた。ここで私が主張していた潮州人とは、暫定的にエスニック概念としてのそれを採用したものである。こうした見解に対して、なかには好意的に捉えてくれる研究者もいたが、大半は顔をしかめてこう言うのである。「客家ももとは潮州人じゃないか」あるいは「潮州のなかにはもともと客家がいるんだよ」と。両者の意見は相反したものである。前者が、潮州人を潮州府の人びとという地域概念で一括りにした発言であるのに対し、後者は、潮州人をエスニック概念としたうえで私が地域概念として話していると誤解した発言である。このように、学会の場においても、潮州人がエスニック概念であるか地域概念であるかが混乱して議論されているのである。

引用・参考文献

陳　春声
二〇〇六「論一六四〇—一九四〇年韓江流域民衆〈客家観念〉的演変」『客家研究輯刊』二〇〇六年第二期、一—一四頁。

程　美宝
二〇〇六『地域文化与国家認同——晩清以来『広東文化』観的形成』生活・読書・新知三聯書店。

河合洋尚
二〇〇七「客家風水の表象と実践知——広東省梅州市の囲龍屋を例として」『社会人類学年報』三三：六五—九四頁。
二〇一三「空間概念としての客家——『客家の故郷』建設活動をめぐって」『国立民族学博物館研究報告』三七巻二号、一九九—二四四頁。

飯島典子
二〇〇七『近代客家社会の形成——「他称」と「自称」のはざまで』風響社。

伊能嘉矩
一九六三『台湾文化誌』東京：刀江書院。
羅　香林
一九九二『客家研究導論』上海：上海文芸出版社（原版一九三三年）。
Rey, C.
1937 *Conversations Chinoises.* Missionnaire à Swatow.
瀬川昌久
一九九三『客家――華南漢族のエスニシティとその境界』風響社。
湯　詠詩
二〇〇二『一個華南客家教会的研究――巴色会到香港崇真』香港：基督教中国宗教文化研究社。
渡邊欣雄
一九七九「客家人の飲食習慣」『談交』三三―七号、四四―四五頁。
横田浩一
二〇一二「潮汕の視点から見る客家文化の表象」瀬川昌久・飯島典子（編）『客家の創生と再創生――歴史と空間からの総合的再検討』二〇三―二一〇頁、東京：風響社。
横田浩一・河合洋尚
二〇一三「客家文化的人類学・民俗学研究」河合洋尚（編）『日本客家研究的視角与方法』五一―六四頁、北京：社会科学文献出版社。

コラム②

汕尾《さんび》から考える「広東三大民系」

稲澤　努

この本の序章でも触れられている通り、「広東省の漢族には、広府（広州・広東などとも）・客家・潮汕（あるいは潮州の三大民系がある」という語りがあり、広東省博物館の展示などもそれにそって構成されている。漢族というものをひとつのエスニック・グループであるとした場合、学術の世界でもそれ以外でも、広東省内ではそれぞれ言語と文化の異なる三つの集団があるとみなされている。すなわち英語では**Cantonese**として知られる広府（香港における本地）、**Hakka**と表記される客家、そしてこの本の対象である潮汕の三つのサブ・エスニック・グループである。もちろん、「漢族」の下位区分であるという点を重視せず、広府・客家・潮汕をそれぞれ「族群」すなわちエスニック・グループであるとする考え方も存在する。それぞれをエスニック・グループであるとする人々も、その多くはこの三つのグループが漢族であるということを否定しているわけではなく、日常の差異化がなされているコンテクストをより重視しての判断である。

サブ・エスニック・グループとするにせよ、エスニック・グループにとするにせよ、「広府」「客家」「潮汕」という言語と文化の異なるグループがいるのだ、という認識自体を疑うことはあまりない。しかし、実際には「広府」「客家」「潮汕」それぞれの内部の差異も大きく、この三グループに分類し説明するだけで広東省の漢族が説明しきれるというものではない。そもそも、本書が分析の対象としている潮州人を含む「潮汕」なるものは、その定義の仕方によって、指し示すものが少しずつ異なってくるのである（もちろん、「広府」「客家」についてもそれは同様である）。本コラムでは、私がこれまで調査地としてきた汕尾に軸足を置いて、このことを考えてみたいと思う。

一　共通性と差異

広東省汕尾市は、広州から東へ高速バスで三時間ほど行ったところにある。汕尾からさらに東へ二時間ほど高速バスで移動すると汕頭である。つまり、汕尾は広州と汕頭との間に位置するということになる。現在の汕尾市はかつて海豊県と陸豊県があった地域で、この二つを総称して「海陸豊《かいりくほう》」と呼ばれたりもする。中国最初のソビエト区である「海陸豊ソビエト」で知られる海陸豊である。汕尾市沿岸の港などには少数ながら広東語を母語とする人々がおり、北部の山沿いに客家系の人々が居住しているものの、住民の大多数は閩南語系つまり潮汕話に近い汕尾話（海豊話・福佬話などともいう）を母語とする人々である。

言語の専門家らが執筆した『広東海豊方言研究』という本を見ると、「海豊話と潮汕話は同一の系に属す。発音・語彙や文法はとても似ており、会話が可能である」と書かれ、潮汕話では消滅してしまった一部の入声が海豊話には残っているほか、語彙が一部異なることが両者の目立った違いであると説明されている〔楊必勝ほか　一九九六：二〕。また、言語学的な厳密な比較と情報の質としては異なるものの、汕尾の住民に聞いてみると、海豊話と潮汕話とは語彙にしても発音にしても「六、七割は同じ」ということらしい。そもそも、香港のテレビ番組の影響で語彙や発音の「標準化」が進んでいるといわれる広東語とは異なり、海豊話と潮汕話のそれぞれの地域内でも語彙や発音に細かい違いが残っている。それでもなおかつ六，七割同じということであれば、ほぼ「同じ言語」とみなすことも、あながち不可能な話ではないだろう。

ところが、である。あるとき汕尾に、潮州出身だという研究者がやってきた。その時に彼と、汕尾の地元郷土史家との会話が標準中国語である「普通語」で終始なされていたので、私はとても驚いてしまった。なぜなら、目前で繰り広げられているのは、三大民系でいうところの同じ「潮汕」の人の間での会話であるはずである。そこで「汕尾話と潮汕話は、ほとんど会話可能だよね。どうして方言で話さないの?」と尋ねた。すると「われわれ学歴が高い人間同士であれば、普通語で話をしたほうがきちんと伝わる。方言は地域ごとの語彙や発音の違いがあるので、それが気になってしまってうまく話ができない」という返事が返ってきた。そして「普通語ができない老人などとの会話であれば、そのまま方言で話をして何とかするけど」とも教えてくれた。つまり、努力すれば「通じないわけではない」が、「差異が気になる」ということなのだ。

一方、他地域の人間から見れば、潮汕と汕尾の違いなんぞは、さほど区別が付くものではない。汕尾と潮汕以外の人々にとって、汕尾は潮汕の一部とみなされて、あまり区別されない。例えば、広東省北部から汕尾に嫁に来て二〇年以上たつGさんは、「汕尾には鹹茶《かんちゃ》があるが、潮汕にはない」と筆者に向けて話をする汕尾人の姑の説明を傍らで聞いて「あれ?ここは潮汕ではないのか?」と大変に不思議がっていた。広東語圏から嫁いできた彼女にとって、汕尾の地は広東語とは違う言葉を話す人々が住む「潮汕」地域であったからである。ちなみに鹹茶とは、落花生や煎り米、ゴマなどの入った塩味のお茶で、汕尾の人々が間食などで食すものである(写真1)。また、あるとき私が汕尾に行くと知り、広州に住む他省出身の大学院生Jさんが、「汕尾といえば牛肉丸だよね。」と話

写真1　鹹茶

しかけてきた。実際には、牛肉などで作られた団子状の食品「牛肉丸」が有名なのは汕頭であり、汕尾では飲茶メニューにこそ牛肉丸が存在するものの、街中でも広州とくらべてさほど牛肉丸の店が多いわけではないし、特産品ともされていない。この大学院生は、私と同様、人類学を専攻しており、広東「三大民系」についても、そのうちの「潮汕」についても知識があったため、このような発言をした。このように、広州など広東省内においては「潮汕」に対するイメージがまずあり、潮汕地区と汕尾市の以外の人々にとっては、その中に「汕尾」も含まれる場合が多い。

二　差異と表象

実は、広東省の漢族を「広東三大民系」として区分して紹介をしている本の場合、汕尾（海陸豊）は「潮汕」の範囲に含まれるのがほとんどである［黃淑娉　一九九九、葉春生・林倫倫　二〇〇五など］。これは、広州に住む人など「外から」の視点で本の編纂方針が決まっていて、外部の彼らからすれば汕尾と潮汕は「おなじ系統の言語」を話す地域であるためであろう。それに対して「潮汕人」や「潮汕文化」について解説している本の場合、「潮州人」の範囲に「汕尾人」「海陸豊人」を含まないもの［方列文　一九九六、陳澤弘　二〇〇一など］と含むもの［葉・林　二〇一〇など］の両方が存在する。潮汕の知識人が「我々」の範囲を設定してこうした本を書いていく場合、汕尾や海陸豊はその範囲に含まれないというのが一般的である。

先に述べたように、潮汕話と汕尾話は大変似ており、潮汕と汕尾には文化的にも似通ったものが多い。従って「三大民系」などと外側から分類し表象する場合には、汕尾もおなじ「潮汕」というカテゴリーの中に含まれることになる。しかし、現実の社会では、言語や文化が「近い」「似ている」からといって「我々潮汕人」としてのアイデンティティが共有できるわけでもなく、むしろ微妙な差異が問題とされることがしばしばある。その結果、言語・文化的には「近い」はずなのに、さまざまな点で「違う」という語りがなされることになる。

ある日、汕尾の住民で、潮州や香港を含め広東省沿海部を商売で行き来してきたWさんらと夜食で鍋を囲んでいた。そのときに、汕尾人と潮州人は何が違うのかを尋ねたところ、Wさんからは次のような答えが返ってきた。「我々汕尾人は一〇稼いだら七か八、場合によっては一〇食べてしまうが、彼ら潮汕人は二か三しか食べずに、残りの七、八を次の商売に使う。そしてさらに儲ける。我々は次の儲けよりも、その場で家族や仲間と楽しく食べることを選ぶ。そこが我々と潮州人の違うところだ」と。これは金儲けのうまい潮州人と、仲間を大事にするがゆえにさして経済的利益を上げられない自分たち汕尾人を対比しつつ評した言葉である。深夜に夜食として鍋を囲む、という生命維持に必要な栄養摂取ではなく、「社交」「娯楽」を目的とした「（ある意味での）無駄使い」の場でなされた、まさに「一〇食べてしまう」時の会話だったせいもあるのだろうが、大変興味深い回答であった。

この答えは、Wさん独自のものではなく、汕尾人や香港在住の汕尾出身者の間で広く共有されているものである。陸豊生まれで、現在は香港において潮州人と結婚し暮らしているというOさんに聞いたときも、潮州人は「顧家慳倹（とても倹約して家計を大事にする）」「貪（欲張り）」、汕尾人は「以食為光（すべて食べてしまう）」であると説明された。Oさんの発言も、倹約してさらなる利益を狙う潮州人と、利益を上げてもすぐに全部食べてしまう汕尾人という対比がなされている。ちなみに、潮州人は汕尾人を「粗野で声が大きい」、「野蛮」などといったイメージで捉えていることが多い。

こうしたセルフ・イメージについて、もうひとつ付け加えると、汕尾人も潮汕人も「団結している」「排外的」という点ではお互いに共通のセルフ・イメージを持っている。これは本書の序章でも潮州人のセルフ・イメージとして紹介されたものである。それについて汕尾話でも潮汕話でもたびたび「ガーキーナンパッシーボーシャンガン」という語句が発せられる。普通語にすれば「自己人做事没関係《ずーちーれんつおしーめいぐわんし》」、日本語にすれば「仲間内で何かすることは問題ない」

ということで、「自己人」すなわち内輪にはやさしいし、多少の無理なら引き受けて助けてもらえるが、逆に外に対しては厳しいという汕尾人・潮州人の気質を評した言葉であるといえよう。

三　香港における消え去る差異、生み出される差異

こうした二つのサブ・エスニック・グループが比較的狭い範囲でともに生活してきたのが、一九五〇年代以降、多くの大陸からの移住者を受け入れてきたかつての香港であった。そして、香港という非常に狭い空間の中で、時に競合しつつ暮らしてきた彼らの間には、対抗・敵対関係ができてしまったのであろう。そこでは、実際にはほぼ通じるレベルの言語的差異にすぎないにもかかわらず、「違う人々」であるとお互いに認識し、時に対立すらしてきたのである。

ところで、中華人民共和国成立後の混乱の中で大陸から多くの人々が香港にやってきた一九六〇年代初めころには、「恵州十属同郷会」に所属していたという汕尾人も多い。そのころは、汕尾単独で同郷会を組織するほどの力はなかったらしい。そうした時期には、言語的に近い潮州とのグループを作るのではなく、かつての行政区画である旧恵州府の範囲内での組織に参加したのである。「恵州十属」とは、清末に恵州府に属していた、現在の恵陽・博羅・河源・紫金・龍川・海豊・陸豊・連平・和平・新豊であり、その範囲は、現在の恵州市と汕尾市、ならびに河源市に及ぶ。大変に広範囲であり、住民には広府系・客家系の人々も多く、言語的にも統一感はない。しかし、さまざまなパワーバランスの中で、汕尾の人々の中には、この範囲で集まることを選択した人々が大勢いたのである。

一九六二年に海豊から香港にやってきたZさんによれば、香港において汕尾（海陸豊）をさす「福佬」という言葉は、以前は差別語であり一九六〇年代や七〇年代であれば、そう呼んだら喧嘩になったという。そして、当時汕尾

人は潮州人とは大変仲が悪く、海豊は恵州府で潮州府ではなかったので、「恵州十属同郷会」に参加していたということである。海陸豊人と潮州人が、言語的にはきわめて近いにもかかわらず、わずかな差異をことさらに強調し、またその仲が悪いことについては、一九六〇年代から八〇年代にかけて香港で調査を行った多くの研究者によっても指摘されている［Sparks 1967a, b; Blake 1981］。

もちろん、こうした過去の行政単位を持ち出すなどして、微細な差異をカテゴリー化の基準にするというのは、潮州と汕尾に限ったことではない。むしろ世界中どこでもありうることで、実際に日本でもある。たとえば、三河と尾張は異なる方言・文化を持っていると主張する人がいる。この人の意見はかつての「クニ」を単位とした文化の表象であり、当事者にとっては三河と尾張が「愛知県」になった今でも尾張と三河は違う、ということになる。当人たちにしてみれば、気質も言葉も食文化も異なるという。しかし、現代日本において、関東や東北に住む人から見ればどちらも同じ愛知県人であり、たいていの場合そこにたいした差異は認識されないだろう。このように、言語や文化の差異に付与される意味の大きさは、文化的な遠近と比例するのではなく、それが言及されるコンテクストによって生み出されたり消し去られたりするのである。

なお、近年の香港では客家や潮州、そして海陸豊といったエスニック・グループについて、あまり言及されなくなったという。二、三世になって広東語を母語とし、父母の母語をあまり話すことができない人が増えてきたためである［瀬川　二〇一六：二二一―二二五］。しかしながら、同郷会などを組織している人々や一族の歴史に興味をもつような「知識人」たちにとっては父祖の地の「文化」は大切な要素であり［瀬川　二〇一六：二二五］、その食文化などを継承しようという活動もある。汕尾同郷会も「鹹茶」を作り、ともに食べるイベントを行っている。ただし、ほかのエスニック・グループとくらべ、移民一世も比較的多い汕尾出身者のこうした活動においては、現在のところはとくに汕尾話を気兼ねなく話す場所として機能しているようである［志賀　二〇一二：四六―四八］。だが、将来的には、すでに広東語しか話していない人々が、出身地やかつての差異を表象・強調することになるかもしれない。

四　人の分類と「潮州人」

人間を分類し「○○人」という言い方をする場合に、何を○○に当てはめるのか。まずは、国家、あるいは都道府県や市町村のような行政区画を当てはめることもできる。ただ、これも一筋縄ではいかず、どのレベル（国家か都道府県か、はたまた市町村か）を当てはめるのかが問題になる。さらに「愛知県と三河・尾張」「恵州府と恵州市・河源市・汕尾市」といった形で時代によって異なる行政区画が存在したことに言及することで、異なる形での分類ができてしまう。

また、民族やエスニック・グループ、言語の名前を当てはめる、という考え方もある。ただし、これは上記の行政区画以上にややこしい。中国の場合、「民族」は国家によってきめられているとはいえ、「民族」が同じでも話す言葉が違う、といったことはしばしばある。そのため、言語による分類も、非常に客観的なようにみえて、実は大変に恣意的なものである。本コラムで紹介してきたように「潮汕話」と「汕尾話」は同じ福建系・閩南系の言語であるとされることもあれば、「違う」言語と認識されることもある。

本コラムでは汕尾という地域から「潮汕人」についてあれこれと考えてみた。言語としても、行政地域としても「潮汕」という概念で指し示すことのできるものはそのコンテクストや定義次第で大きく揺れる。こうしたそもそもきちんと分類できないもの同士を組み合わせたものが「潮汕人」という概念なのである。

潮汕系の言語を話し、潮汕地域の出身者またはその子孫、というのが一般的「潮汕人」であるとされるわけだが、そもそも潮汕系に汕尾話は含まれるのか、汕尾市は潮汕地域なのか、ということ自体が立場によって、あるいはそれが話題にされるコンテクストによって異なってしまう。さらに、そこで言及する「潮汕人」とは、言語を同じくする人々なのか、居住する行政区域との関連で住民を指す言葉なのか、出身地域についてなのか、あるいは「出身＋言語」といったようなそのいくつかの組み合わせなのか。それも時と場合によってさまざまであろう。

しかしながら、日常生活においてたいていの場合は、こうした概念についてはお互いに自明視して話をすすめ、その概念がなにを指すのかについてひとつひとつ確認することはしない。鹹茶についての情報を私が聞き出す中で自身の「潮汕」概念が周りと違っていたことに驚いていたGさんは、それまで数十年にわたり、そのことに気付いてはいなかった。広東語を母語とする彼女にとって、汕尾の人々が話す言葉は聞き慣れない「潮汕話」であり、嫁ぎ先で初めてみた「鹹茶」という食べ物を「潮汕人」のものと考えていたのである。しかし、目の前で自分の姑が筆者に「鹹茶は汕尾にはあるが、潮汕にはない」と説明するのを聞いて初めて、汕尾は潮汕ではないとされていることに気付いたのである。この事例のように、双方の言及する「潮汕人」が同じものを指していない場合も大いに起こりうる。

ここまでの説明で、汕尾という「潮汕」に含まれたり含まれなかったりする「マイナー」地域から考えることによって、「潮汕人」とは何かというのは、そんなに簡単な話ではないことがわかっていただけたかと思う。さらに、本コラムでは基本的に「潮州人」と「潮汕人」を同じものとしてきたが、場合によっては「潮汕人」と「潮州人」が区別される場合もある。このように「潮州人」というのは、きちんと解明しようとすれば、複雑な説明を要するカテゴリーである。しかし、これは「潮州人」が特別なのではなく、「広府人」も「客家」も、その他の民族やエスニック・グループもみな同様である。各社会において様々なエスニック・グループ名が存在し、それぞれに一定のイメージ（ｓ）が存在する。しかし、それは人々を地域で分類する場合もあるし、言語や文化で分類することもあるし、「血統」で分類している場合もある。さらにいえば、実際にはそれらを無意識に組み合わせて分類していることが多いのである。

引用・参考文献

〈日本語文献〉

志賀市子
　二〇一二「香港の海陸豊人――エスニック表象とアイデンティティのゆらぎ」『茨城キリスト教大学紀要Ⅰ　人文科学』四六：一一七―一三四。

瀬川昌久
　二〇一六「客家人と潮州人――中国系香港人のサブエスニシティ」吉川雅之・倉田徹編『香港を知るための六〇章』二一一―二一五頁、東京：明石書店。

芹澤知広
　一九九九「言葉と暮らし」可児弘明編『もっと知りたい香港・第二版』弘文堂、一五五―一六五頁、東京：弘文堂。

〈中国語文献〉

陳　澤泓
　二〇〇一『潮汕文化概説』広州：広東人民出版社。

方　列文編
　一九九六『潮汕民俗大観』汕頭：、汕頭大学出版社。

黄　淑娉編
　一九九九『広東族群与地域文化』広州：広東高等教育出版。

楊必勝・潘家懿・陳建民
　一九九六『広東海豊方言研究』北京：語文出版社。

葉春生・林倫倫編
　二〇一〇『潮汕民俗大典』広州：広東人民出版社。

葉春生・施愛東編

二〇〇五 『広東民俗大典』 広州：広東高等教育出版社。

〈英語文献〉

Blake, C. F.
1981 *Ethnic Groups and Social Change in a Chinese Market Town.* (Asian Studies at Hawaii 27), Honolulu: The University Press of Hawai'i.

Sparks, W. Douglas
1976a The Teochiu: Ethnicity in Urban Hong Kong, *Journal of the HongKong Branch of the Royal Asiatic Society* 16: 25-56.
1976b Interethnic Interaction A Matter of Definition: Ethnicity in a Housing Estate in Hong Kong, *Journal of the HongKong Branch of the Royal Asiatic Society* 16: 57-80.

●第Ⅱ部　香港、東南アジア

第四章　潮州の「念仏社」とその儀礼文化――香港及びタイへの伝播と継承

志賀市子

はじめに

本章は、潮州系華人の組織する「善堂」の一種である「念仏社《ねんぶつしゃ》」について、とくに儀礼文化に焦点をあて、その歴史的形成及び香港、タイへの伝播と継承の一端を明らかにしようとするものである。

「善堂」とは、中国社会において歴史的に用いられてきた慈善団体を指す一般名詞である。中国善堂研究の牽引役を果たしてきた夫馬進は、「善会とは諸個人が自発的に参加し、彼らが『善』と考える事項を共同して行うための結社であり、善堂とはそのために設けられた施設あるいは事務局を置く建物である」〔夫馬　一九九七：三〕と定義している。すなわち、中国において人が自発的に集まり、協力して何事かを成し遂げようとするその主たる目的が「行善」（善を行うこと）であれば、その結社（会）は「善会（堂）」と通称された。したがって、「善会（堂）」とはさまざまな種類、さまざまな名称を持つ、行善を目的とした結社群を包含する大きなカテゴリーであるとも言える。救済対象を生者とするか死者とするか、生者であるとするなら嬰児か寡婦か老人か、善挙の内容は施棺《せかん》か惜字《せきじ》か教育かなど、救済対象や善挙の内容によって、育嬰《いくえい》堂、恤嫠《じゅつり》会、施棺会、惜字会、義学などの個別の名称があり、一方で救済対象や善挙の内容を絞らない総合的な善堂も存在した。「善堂」と通称される結社の組織原理や活動事業内容は、そこに集うメンバーの階層や知識レベルによって、また結社の拠って立つ地方文化やその地域の社会的経済的状況によっても異なっていた。

明清時代、善堂は中国全土に普及したが、善堂を構成する諸文化——とくに善堂の祀る神々、信仰活動、埋葬習俗など——には極めて地方色豊かな宗教、民俗文化が反映されており、善堂は地方文化の産物であると言っても過言ではない。日本の歴史学分野における中国善堂研究は、江南の善堂研究が主流であったこともあって、善堂といえば江南地域や上海の善堂をモデルとして論じてきたきらいがあるが、江南の善堂の成り立ちやメンバーシップのありかたが、中国全土の善堂にそのままあてはまるとは限らない。また同じ広東省の善堂であっても、広府系の善堂と潮州系の善堂がそっくり同じというわけではない。江南と広東の両地域の善堂の歴史に詳しい帆刈浩之は、「今後、慈善に関する歴史研究は地域性を十分に考慮する必要があろう」と指摘している〔帆刈　二〇一五：五七〕。

本章が取り上げる潮州系善堂の活動は多岐に渡るが、とりわけ特徴的な点は、家族や共同体のために死者供養の儀礼サービスを提供することである。海外の潮州系善堂にも共通するこうした特徴は、後述するように、清代後期以降潮州地域の郷村社会に出現し、善堂の母体となった「施棺掩埋会《せかんえんまいかい》」、「念仏社」、「父母会」、「茶社」などの地縁的でボランタリーな結社の性質に由来する。これらの結社のなかでも、「念仏社」を称するものは儀礼サービスを提供する職能者集団という性格を強く帯びており、この点は広府系や江南系の善堂には見られない潮州系善堂の特徴の一つとして挙げることができる。本章が潮州系善堂をとりあげるにあたってこの「念仏社」に焦点をあて、儀礼を構成している文化資源——宗教、民俗、芸能（音楽、戯劇など）に注目するのは、こうした理由によるものである。

本章ではさらに、こうした念仏社の儀礼文化資源が、香港及び東南アジアの華人社会において、「潮州人」というエスニシティの形成や維持にいかなる作用を果たしてきたかについて論じることを第二の目的とする。

地方文化間の違いは、人々が生まれた土地にとどまり続ける限りとくに意識されないが、よその土地を頻繁に訪れたり、あるいは移住して異なる地域からの中国系移民と接触する機会が増えたりするような状況――典型的には海外の華人社会――において、往往にして強く意識される。またその差異はしばしば自己の優位性や他者に対する排斥と結びつけて意味づけられる。移民たちがその社会においてマジョリティではなく、マイノリティであればなおさらである。善堂を構成する文化資源も例外ではなく、海外の華人社会において、潮州人によって運営される善堂は、他のエスニック・グループの善堂とは異質なところがあるという認識は、潮州人自身のみならず、非潮州系の人々の間でも一般的な見解として共有されていることが多い。このことは、「潮州人」というエスニシティの構築と維持に、潮州人の善堂文化が少なからず関わってきたことを示している。本章では、香港とタイという二つの異なる地域の事例を通して、潮州系善堂が潮州人のエスニシティやアイデンティティとどのように関わってきたのかについて考えてみたい。

本章ではさらに、海外華人社会における潮州式儀礼文化の継承や維持の問題にも触れておきたい。一般的に言って、僑郷から遠く離れた海外華人社会では、第二世代、第三世代と移民の世代深度が進めば進むほど現地への同化が進み、伝統文化の担い手となる人的資源が不足しがちである。そうした状況の中で、海外の潮州系善堂では、潮州的とされる儀礼文化を誰がどのように維持、継承してきたのだろうか。

潮州系善堂の儀礼文化に関する研究は非常に限られているが、アメリカの民族音楽研究者呂梅絲（Mercedes M. DuJunco）が、タイ、マレーシア、シンガポールにおける潮州人の功徳法事を通して、潮州と海外を結ぶトランスナショナルな人の移動と潮州人アイデンティティとの関連性について論じている［呂梅絲　二〇一〇］。呂の論考は筆者の問題意識とも重なるところが多く、この問題について少なからぬ示唆を与えてくれた。本章は、呂が取り上げていない潮州系善堂の儀礼文化の成り立ちや香港の事例を加えることによって、この問題をより広い視野から論じていくことを目指している。

一　潮州系善堂の核としての「念仏社」

潮州系善堂の活動は、扶鸞儀礼や盂蘭勝会《うらんしょうえ》、功徳《くどく》儀礼といった民俗宗教活動と贈医施薬、施棺贈葬、収屍埋骨、修建義塚、造橋築路、消防活動、賑済救困、施粥施茶、興辦義学といった社会公益活動の二つの柱から成る。中でも、葬送儀礼、功徳儀礼、盂蘭勝会といった家族や共同体を対象とした儀礼サービスと、無縁死者の埋葬や供養に重点を置いている点に特徴がある。潮州系善堂のこうした特徴は、清代後期以降潮州の郷村社会に出現した地縁的な社会集団の性質に由来しており、民族誌的資料と歴史的資料によれば、少なくとも以下の四種類を挙げることができる(1)。

一つめは「施棺掩埋会」と通称される、施棺を主要業務とする善会である。江淅地域では明代後期にすでに施棺を主な善挙とする善会が出現しており、その多くは掩埋（埋葬）を兼ねていた。施棺掩埋会が全国的に見られるようになったのは清代中期以降のことであり、その一部はやがて施医、義学、惜字などの善挙も行う総合的な善堂へと発展した〔梁其姿　一九九七：二一七―二一八〕。潮州地域では、地方志などの資料から、一八世紀初頭に掲陽県城に無縁死者の埋葬を目的とする施棺掩埋会が出現していたことがわかる。乾隆年間以降は郷鎮レベルにも広がり、清末にかけてその数は増加した。

二つめは「父母会」または「老人会」とも呼ばれる、父母の葬儀の費用や労働力をまかなうための相互扶助結社である。通常父母会は一〇人から一三人程度で組織され、メンバーは一定の入会金を払う。入会金はプールして父母会の資本金とする。メンバーの父母が亡くなったり、経済的な困難に遭遇したりした場合、このプールした資金から現金を贈ったり、貸し付けたりする。この他、メンバーは他のメンバーの葬儀の手伝いをする義務がある［徐苑 二〇〇六：五六―五七］。民国期、韓江流域の「鳳凰村」でフィールドワークを行ったアメリカ人社会学者D・H・カルプは、父母会のことを「父母埋葬結社」と呼び、「年取った両親を持つ人々は、避けられない事態に備えて、金持ちであれ、貧民であれ、葬送儀礼と埋葬に必要とされる莫大な金銭と労働力を互いに融通しあう」と説明している［Kulp 1966 (1925): 201］。

三つめは、街道を行く旅人に施茶を行う「茶社」である。宋代の禅僧大峰祖師信仰の発祥地である潮陽県和平郷から恵来県一帯の古道に沿った村々には、大峰祖師の香灰を分祀した茶社が、清代後期から徐々に設立されるようになった。茶社は数年に一度進香団を組織して報徳古堂に参拝し、「請火」の儀礼(2)を行うほか、定期的に無縁死者の屍骨を回収して埋葬する「修骷髏《シウクーロウ》」(3)の活動を行った。

四つめが、「念仏社」と呼ばれる潮汕地域独特の在家仏教徒集団である。念仏社は、死者の追善供養としての功徳法事や盂蘭勝会の儀礼を執り行う「経師組」や潮州独特の民間音楽を演奏する「経楽組」としての機能を持つと同時に、葬儀の互助結社的機能や修骷髏を行う掩埋会の機能も備えていた。現代の潮汕地域では、念仏社は善堂の一部門となっているところもあれば、善堂からは独立した組織の場合もある。

潮州地域において、郷村レベルでこのような善会、善社が出現してくるのは、管見の限り乾隆年間以降であるが、その数が急速に増加し始めるのは一九世紀後半からである。同治年間以降は、潮州や汕頭などの都市部を中心として、施棺掩埋だけでなく贈医施薬、施粥施茶など善挙全般を行い、そのための義塚地や施設を備えた総合的善堂が相次いで設立されるようになった。

郷村レベルの善会、県城レベルの総合的善堂のいずれにしても、その増加に拍車をかけたのは、一八九〇年代後半に潮州地域を襲ったペストの大流行だった。潮陽県では、ペストが大流行した二年目の年、すなわち一八九八年に、和平郷の報徳堂から大峰祖師の像が担ぎ出され、ペストに効果のある薬方や霊符を求めて扶乩が行われた。

当初人々は潮陽棉城の演武亭、後には東門外に乩壇を設置し、大峰祖師の教えを奉じて修骷髏や贈施医薬、賑済、施棺、惜字などのさまざまな善挙を実践するようになり、「潮汕念仏社」と名乗った。一八九九年には紳士蕭鳴琴の提唱により寄付を集め、官の批准を得て棉城に土地を購入し、棉安善堂が設立された。さらに汕頭にも分社が設立された。これが、のちに東南アジア地域にも広くその名を知られるようになる「存心《そんしん》善堂」の始まりである。

「潮汕念仏社」の社員たちは、扶乩を行うだけでなく、災厄を化し、疫気を祓うために法会を催し、仏教や道教の経典を朗誦した。彼らは毎年旧暦七月の盂蘭勝会になれば設壇して誦経し、死者が出ればその葬送儀礼を執り行う宗教職能者でもあった。ただし念仏社の社員は、道士や僧侶のような出家者ではなかった。おそらく村人のなかで儀礼知識と楽器の演奏技能を身に着けた者たちが、生業の傍ら近隣の葬儀や村の盆行事を請け負うところから始まり、徐々に専業化していったのではないかと推測される。

潮州系善堂は、おおむね以上述べた四種の善会の機能をそなえているが、筆者がこの中でも「念仏社」という形態にとくに注目するのは、まさに潮州地方のローカルな宗教民俗文化資源の結集であり、清代後期以降の潮州人の社会生活において無くてはならないものであっただけでなく、海外の潮州人社会においても重要な役割を果たしてきたと言えるからである。

同じ広東省域の善堂であっても、広府系の善堂はどちらかといえば、宗教儀礼よりも贈医施薬、施棺贈殮、災害救助、宣講贈書などに重点を置くものが多い。とくに、広府人の運営する善堂は、たとえば広州の方便医院、香港の東華医院、シンガポールの同済医院、クアラルンプールの同善医院、サイゴン（ホーチミン）の広肇医院のように、医院の形式を採っているところが少なくなく、伝統的な中国医学に基づく医療サービスを提供することを主要な事業としていた［帆刈　二〇一五：一三二―一三七］。

また広府系の善堂は、盂蘭勝会や万縁法会、春秋の祭祀などの宗教活動を開催することはあっても、宗教儀礼を担当する職能者や経生を自前で養成したり、誦経団や楽団を組織したりすることはほとんどなかった。たとえば一八九九年、疫病流行時に死体安置所兼医療施設として広州城西門外に設立された「方便《ほうべん》医院」（またの名は「城西方便医院」）は、民国期広州における最大規模の善堂であり、贈医施薬と施棺贈殮を主要業務としていた。また例年社区の孤魂を超度する盂蘭勝会を開催し、さらに大きな災害や戦争で大量の死者が出たときは、死者を追悼する万縁法会を開催していた。こうした法会は多くの儀礼担当要員を必要とするが、方便医院自体は誦経団や経楽団を持たないため、盂蘭勝会の際は、外部の寺庵や道観から僧侶や尼姑、道士を招き、英霊の追悼会には鼎湖山の高僧や羅浮山の高道をわざわざ招いていた(4)［潘淑華　二〇一三：x—xiii］。

さらに言えば、広府系の善堂は、紳商や官僚など、中上流階層の人士がメンバーの大部分を占めており、たとえば広州における善堂の嚆矢とされる愛育善堂（一八七一年創立）のように、各商行の代表者が集まる商会的性格が強かった。広州の広仁善堂、香港の東華医院も同様であった［黄艶　二〇〇〇：二〇］

近代中国の善堂については、先述したように江南地域や上海の事例を中心として、歴史学の分野においてこれまで多くの研究蓄積があるが、その多くは大商人によって組織され、多額の寄付と不動産収入によって運営される大型の総合的善堂を対象とし、その社会経済的機能や官との結びつきに注目するとともに、近代的な市民社会の萌芽を見出そうとする視点が主流を占めてきた(5)。香港や東南アジア華人社会の華人慈善団体についても少なからぬ研究蓄積があるが、やはり香港でいえば東華医院、シンガポールでいえば同済医院などの大型の総合慈善団体の研究が主流であり、善堂の担い手であるエリート層の政治的、社会的な役割や植民地政府との関係に注目するものが多かった。

もちろん潮州にも、県や府のレベルでは、愛育善堂に匹敵する大型善堂が存在した。その代表格ともいうべき汕頭の存心善堂は、元興、怡和、太古、南記等、著名な洋行の紳商の支持を得て発展した〔張帆　二〇〇五：六五―六六〕。だが郷鎮レベルでは依然として、郷民のために死者儀礼や葬儀の互助を行うことを主要任務とする念仏社の形態をとった小規模な善会が活動していた。

総じて言えば、近代史の分野では、念仏社のような比較的小規模な善会はあまり注目されてこなかった。だが人類学的な観点から見れば、たとえばその文化資源やエスニシティとの関わりという点において、念仏社は十分研究価値のある対象といってよい。潮州地域において、念仏社は大規模な総合的善堂の母体または萌芽的形態であるとも言える。先述したように、民国期に大規模な総合的善堂として発展した存心善堂も、最初は念仏社として出発した。彼らが名乗った「潮汕念仏社」という社名からは、「潮汕」という地域への強いアイデンティティがうかがえる。汕頭に存心善堂を創立した趙進華らは、潮陽から汕頭に出稼ぎに行っていた人々であり、存心善堂は大規模善堂に発展してからもなお、他県から汕頭に滞在・移住した運送業者や外国洋行の買弁などを主な支持者としていたという〔蔡志祥　二〇一二：四―六〕。つまり、海外に広がる潮州系善堂のモデルともなった潮汕念仏社、後の存心善堂は、その出発点から、移民都市におけるエスニック集団としての性格を帯びていたのである。

二　潮州系念仏社の儀礼――功徳法事を中心に

1　儀礼の概要と成り立ち

潮州系念仏社が提供する儀礼サービスの主なものは、個人の死者を対象とした供養儀礼としての「做功徳《さくどく》」、そして村落共同体や会社などコミュニティが組織して行う不特定多数の無縁死者の供養儀礼、すなわち盂蘭勝会（潮州語では施孤《シッーゴー》）や修骼法会である。その儀礼内容には仏教と道教的要素が混在しており、基本的には有髪の男性在家仏教徒によって執り行われる。彼らは一般に「経師《きょうし》」または「居士《こじ》」、主持を務める資格や力量を持つ者は「法師」とも呼ばれる。香港では最近女性の経師も活躍しているが、慣習的には経師は男性がなるものとされ、女性の経師はあまり歓迎されない。経師は音楽を演奏する楽師を兼ねることが多い。潮州式の儀礼は、二胡、椰胡、揚琴、嗩吶、太鼓、銅鑼、鈸など多くの弦楽器と打楽器を伴奏に用いる。念仏社の経師のほとんどは複数の楽器の使い手である。

功徳法事であれ盂蘭勝会であれ、念仏社の執り行う宗教儀礼の一見してわかる特徴は、仏教的色彩が強いことである。経師は僧服や袈裟をまとい、儀礼によっては毘盧《びる》帽を被る。儀礼空間には仏画を掲げ、仏経を誦し、関文や疏文にも「仰叩仏天哀求超度」、「三世如来光臨道場」などの文言がちりばめられている。

本節では、潮州系念仏社が執り行う儀礼の中でも、葬儀に付随して行われる功徳法事の儀礼を中心にその内容を紹介したい。以下の記述は基本的に、筆者が香港において一九九〇年代前半及び二〇一三年から二〇一四年にかけて調査した功徳法事の事例と資料に基づく（資料①、②参照）。

功徳法事全体を構成する個々の儀礼は、動作や服装や主持者によって大きく三つの部分に分けられる。第一に経師が四人から六人がけの卓に向かい合って座り、仏教経典を節回しをつけて唱誦する部分（「読懺」）、もう一つは複数の経師が動きながらさまざまな所作を見せ、時には走ったり、跳ねたりといったアクロバティックなパフォーマンス（「走供」または「走金山」など）を見せる部分、三つめは、「法師」が主持となって執り行う演劇的、説唱文芸的性格の濃厚な部分（「沐浴」、「血盆科儀」、「過橋」など）である。

儀礼と切っても切り離せない音楽という点から見れば、仏教経典の中の韻文で書かれた「讃《さん》」や「偈《げ》」を「香花板」と呼ばれる仏楽のメロディーを用いて唱う部分と、「過橋」など潮州独特の民謡を用いて唱う部分がある［范玉煌　二〇一三：四八―四九］。

釈慧原編『潮州市仏教志・潮州開元寺志』によれば、香花板は別名「本地板」ともいい、潮州地域に最も古くから伝わる曲調である。香花板の曲調は閩南の僧侶の唱法に近く、閩南戯曲の風格にも似ている［釈慧原　一九九二：八八五］。また陳天國、蘇妙箏編著『中国梵唄・香花板』によれば、香花板は粤東から閩南地域に広がる曲調で、潮州地域には明代か、あるいはそれよりも古くから普及していた。『中国梵唄・香花板』には、著者らが実際に潮州やタイの善堂の法師や経師を訪ね歩いて採譜した各地の香花板の楽譜が収録されているが、一口に「香花板」と言っても、地域によってかなりのヴァリエーションが見られる［陳天国・蘇妙箏　二〇〇六］。

このほか、潮州の功徳法事で用いられる仏楽には、「禅和板」（善和板）と呼ばれる曲調がある。禅和板は主として潮州開元寺に伝わる仏典の唱誦に用いられてきたもので、乾隆元年（一七三六）に開元寺に招かれ、中興の祖となった羅浮山華首台（曹洞宗華首派）の密因祖師によって伝えられたとされる［釈慧原　一九九二：八八五］。

禅和板の民間への流布は、開元寺の住持可興和尚を師として帰依した郷紳の李謹人、辜笠舸らが、清・咸豊四年（一八五四）に「潮郡念仏社」を組織し、開元寺の可声和尚から禅和板の賛偈経懺及び焰口施食法事を学んだのが始まりである。潮郡念仏社は、潮州における居士の組織した念仏社の嚆矢とされる［釈慧原　一九九二：八八五―八八六］。「香花板」という呼称は、潮州地域だけでなく、隣接する梅州客家地域でも使われている。李国泰によれば、梅州では叢林派の寺院の法会の仏曲は一般に禅和板を用い、香花派の寺院では、法会の際に禅和板、超度（死者供養）の仏事、すなわち功徳法事には香花板というように使い分けられていると言い、こうした状況を、潮州と梅州を合わせた粤東地域全体の特徴と見なしている［李国泰　二〇〇五：五］。

潮州の念仏社が執り行う功徳儀礼が、いったいいつ頃から、どのように形成されてきたのかを明らかにすることは、資料が極めて乏しいため、今後粤東地域における民間宗教史研究のさらなる進展に期待するほかない。しかしながら、現時点で少なくとも言えることは、潮州や梅州地域では、潮州開元寺に伝わる禅和板が流布する清末までは、正式に得度していない香花和尚や法師などによって、仏教と道教が混在した儀礼が行われ、唱法においては「香花板」

と総称される民間の仏曲や民謡が用いられるという状況だったということであろう。一九世紀半ば頃から、在家の居士たちにより正統な仏教寺院とされる開元寺の唱法や経典が民間に伝わった。折しも潮州地域では、各地で善堂、仏堂、念仏社と呼ばれる宗教慈善結社を組織する機運が高まっていた。禅和板の普及によって、善堂の儀礼は仏教的色彩を強め、さらには潮州劇の影響も受けつつ、現在のような儀礼のスタイルが出来上がったのではないかと推測される。

2　法師の儀礼――過橋儀礼

先に述べたように、潮州の功徳法事においては、法師が主持となって執り行う演劇的、説唱文芸的性格の強い儀礼が重要な位置を占めている。その内容はだいたいにおいて、地獄巡りの物語や善行を勧める勧世文など仏教説話や通俗道徳を説くものであり、曲調は物悲しく、宝巻や宣巻の一種ともみることができる。タイ、マレーシア、シンガポールの潮州系善堂の功徳儀礼を調査した呂梅絲は次のように述べている。

これらの部分は「雑事」と呼ばれ、女性の修行者である「斎姑《ジャイグー》」や「白衣輩」と呼ばれる居士が儀礼を司る。儀礼は演唱と演劇的な要素を含み、舞踏や雑技の要素を含む潮州劇と多少似ている。雑事は儒家的価値観と仏教的な教えを伝えると同時に、娯楽性を兼ね備えているため、大変人気がある。雑事の中の「過橋儀礼」は、どのような宗教職能者が演じる場合でも、功徳儀礼の重要な部分となっている〔呂梅絲　二〇一〇：三二―三三〕。

筆者が香港の潮州系念仏社の経師たちに、潮州の功徳儀礼における重要な部分、または欠かすことのできない部分とは何かと尋ねたときも、複数の経師が「過橋」と答え、そのポイントは、儀礼の参加者に勧善を説き、死者を西方浄土に送りとどけるところにあるという回答を得た。地域によって細部の違いはあっても、過橋は標準的な潮州式功徳儀礼において欠かすことのできない重要な項目であるとする認識は、各地の経師たちに共有されている。

そこで本節では、香港の潮州系念仏社の過橋儀礼のあらましと儀礼を司る法師の経歴を簡単に紹介したい。ここで取り上げるのは、香港九龍城の潮州系念仏社「慈心仏堂」の経務主任を務める許志博氏の主持する過橋儀礼である。許志博氏は一九三五年にタイに生まれた。父親は米の輸出入の商売をしていた。長男であったため、五歳のときに中国広東省掲陽県の父親の故郷に帰された。戦後になって中学に入学したが、一九五七年に香港に渡り、荷物の運搬やタクシー運転手の仕事をしていたところ、縁あって慈心仏堂で雑用をするようになった。やがて仏堂の経師であった謝雯鶴を師として「潮州経懺」を学び、まもなく独り立ちした。許氏はそれまでこうした稼業とは特に関わりを持っていなかったが、若いころは潮州劇の舞台に立った経験もあり、師父に声質がよいと言われたことが励みとなった。以来、八〇歳を過ぎた現在まで、慈心仏堂やその他複数の念仏社において法師を務めている。

謝雯鶴は慈心仏堂と霊霄閣で経師主任を務め、一九七九年に『度幽科儀』、『血盆科儀』、『過橋科儀全集』という三冊の科儀書（すべて手稿）をまとめた人である。これらの科儀書は、本来法師が口頭で伝承してきた儀礼の内容を、潮州語音のあて字を織り交ぜながら文字に書き起こしたもので、韻文形式の唱と散文形式の白（セリフ）に点板（リズム）や簡単な所作を書き加えた儀礼のマニュアルとなっている。謝雯鶴がどのような経歴の人であったのかは明らかではないが、許氏が入門した一九五七年当時は六〇歳くらいで、潮安の人であったという。

許志博氏の執り行う過橋儀礼は、基本的にこの『過橋科儀全集』に従っているが、儀礼時間の関係で端折ったり、順番を変えたりすることがあるので、常に科儀書に忠実であるとは限らない。資料①は、一九九四年一月一三日に香港の世界殯儀館で行われた女性の葬儀において行われた功徳儀礼のプログラムである。この時は夜九時から死者の魂を浄化する「沐浴」の儀礼に引き続いて「過橋」の儀礼が行われた。資料②は、一九九四年三月二五日にやは

資料①　香港の潮州式功徳儀礼の程序

慈心佛堂（香港）主催　功徳儀礼（死者：女性）

1994年1月13日　於世界殯儀館

法壇の図像（三宝＋文殊菩薩、普賢菩薩）

15：05　孝子が法壇、霊壇に拝礼する。
15：15　〈発関〉経師5人
　宣読「関文」（法会を開き霊魂を接引することを三宝司に対して通知する）
15：30　〈走供〉（〈走金山〉or〈串金山供〉）経師7人
法師7人（中心に紅い袈裟を着た加持が一人立つ）が法壇の前の空間をステップを踏んだり、走り回ったりする。杯に入れた水を石榴の葉で撒き、法壇とその周りの空間を浄化する。
15：45　〈啓請〉（請仏祖）
　宣読「文疏」
16：00　〈召霊〉
16：10　終了
16：15　〈読懺〉『慈悲三昧水懺法懺』
『銷釋金剛科儀』
『十皇懺』または『観音水懺』
17：30　終了
18：00　〈血盆科儀〉『血盆科儀』法師主持
　夕食
19：30　〈還庫〉『還庫科儀』
19：50　〈読懺〉『現在千仏法名宝懺』（中巻）
19：55　『仏説阿弥陀経』
『観世音菩薩普門品』
21：00　終了
21：00　〈沐浴〉　法師主持
〈過橋〉
憶亡霊
嘆五更
嘆古人（十帰空）
娘娘勸
請八仙
挨池規儀（男性⇒挨塔規儀）
橋頭対唱
参拝冥府十王科儀
百花
22：30　〈謝佛〉

資料②　過橋科儀（抜粋）

過橋儀開始

者（目蓮尊者）唱　西国伝来在眼前，誦経念仏心清閑，

宝座嶽嶽三千界，壇中現出宝橋来。

白：念接引人，西天雷音宝寺炉下念仏弟子是也。今晩陳府孝子孝眷所請所託，将他母親霊魂、前往西天，此去西天，有両万八千里，路途遥遠，真是難於得到，今晩望藉仏祖輝光，讓我口念真言，手揺法宝銅鈴，引霊魂従西方路上，慢慢行上便了。

（活五板）唱：引霊魂你来行，来行起，欲到西天拝阿弥。聞法西天好景緻，金磚地，粉壁，瑠璃。七洲宝橋甚清奇。八功徳水冲満蓮池。九品蓮花紅緑，依稀。独坐観音共勢至。白鶴、孔雀、鸚鵡舎利。伽陵頻伽隻隻遊戯。鴛鴦交頸，相白路絲。西方勝境世無比。観音勧人修持，日月如梭，光陰似箭。人無二転再少年。人生七十古来稀。百年之人来到辺。金童玉女排列両辺，手執幢幡引過橋。

（快板一）霊你死了不復生，船到江辺着歇夜，閻君注定三更死，便無留人到四更。便無留人到四更。

（快板一）引霊魂，到西天，参釈迦，拝阿弥，礼観音，朝勢至；給予文牒帰返圓。給予文牒帰返圓。

（橋のまわりを一周する）

（口白）此去西天路途多，千重山嶺万條河，

尊者引霊西天去，煩労衆師念弥陀。

（唱）稽首蓮花三世尊，報答母親養育恩，母親功恩深似海，今晩拝懺還親恩。父是青天母是地，食着果只憶着飢，養男育女多労苦，男女当做孝順兒。父母唔親誰是親，不敬父母敬何人，在生父母不孝敬，死了何須哭哀啼。一年過了又一年，一年一歳老来添，仔兒細時靠父母，父母老来

靠仔兒。山中唯有千年樹，世上難逢百歳人，日落西山杳杳去，落花流水無回還。石榴開花咀含英，仔兒自細父（母）親来勤成，自細飼奶飼到大，今晩拝懺還親恩。

（腔白）三歩要做両歩行，鳥啼雀叫千様声，

前無人家後無店，山嶺崎区歩難行。

〈橋頭対唱〉

（腔白）自家郷這路来，九天仙界神仏知，無事不入西天境；為因薦抜這路来。

閒行三五歩，不覚来到金橋関。橋門半開亦半掩。内面灯光燭亦紅，必有値夜長官把守，

待我吟詩三二首，打動長官開門便了。

者唱：来到橋頭百花開，舗毡結彩錦欄干，橋門半開亦半掩；把橋長官是何人？

官唱：聴見橋頭鬧猜猜，夜半三更何人来，有文有牒橋頂過，無文無牒橋頭待。（繰り返し）

者唱：聴是橋頭長官声，目蓮便是我姓名，早焼関文通三宝；文牒在身勿阻行。

官唱：淡淡青天不可欺，未曾挙意我知機，神仙不可分明説，祇恐凡人洩事機。

官白：鉄面無私掌陰間，威風凛々守橋中，不怕英雄豪傑漢，来到橋頭心胆寒。

打坐之間，聴見橋外経声嘹喨，木鼓喧天，必有善男信女欲過此橋，待我歩上祥雲観見。

借針補袈裟，客来水当茶，勿嫌茶無味，来者道友家。借問欲往何処？　通報姓名上来・

者白：内面高声接語者，莫非值夜長官麼？

官白：然也。

者白：我乃西天雷音古寺，炉下治子目蓮是也。

官白：原来尊者到来，稽首阿弥陀仏。

者白：阿弥陀仏。

官白：請問尊者，你為何夜半三更，手持魂幡白紙，後面又帯有霊魂孝眷人等，来此奈河宝橋，胡行乱走，倘若傍人観見，豈不失了念仏威儀麼？

者白：長官有所不知，念出家之人，慈悲為本，方便為懐，令為孝眷所託，欲薦抜他親霊魂，往西方求仏懺悔，路従金橋経路，打攪一遭。

官白：既是為着薦抜両字，下官也不敢相阻，尊者你可将霊魂在生郷村住址，人等姓名，報来與我公簿対同，然後開橋相送。

者白：説得也是。念霊魂，一泗天下，南瞻部洲，令則奉仏宣経礼懺，陽世報恩孝子 ...（孝疏を宣読する）曁合孝眷衆等，哀哀痛念亡故。某某一位霊魂，魂帰西土，魂往南柯，天曹註定，寿数難逃，令届抜度之期，早已請霊沐浴清浄，欲往琉璃宝殿，参拝仏祖，給牒回家，做个公据，名字報来豈否対同麼？

……（省略）

(橋を渡り始める)

頭洲橋頂高如梯，欄干鉄鎖両辺随，来来往往人無数，人物多多応行開。

二洲橋上高如山，欄干鉄鎖両辺攤，来来往往人無数，人物多多応行磨。

三洲橋下水澄清，観見鯉魚化做龍，鯉魚化龍帰東海，揺頭擺尾入龍宮。

四洲橋座対中間，天地父母有二人，世上父母輪流做，先人伝俺俺伝人。

五洲橋下水清清，鬼卒走来問姓名，早間啓壇経伸報，霊魂積徳身家清。

六洲橋下水波波，人死之日過奈何，大小功徳随人做，請仏超度念弥陀。

七洲過了完満洲，過了完満便無憂，裙衫撥在高樹頂，風吹雨拍無人収。

無憂樹頂断鳥声，無憂樹下無人行，烏烏暗暗無質問，神火鬼火姆人驚。

善悪到頭終有報，行到此処便知端。

弥陀仏啊，啊阿弥陀仏。

者白：滑溜溜；滑溜溜。行到完満第七洲，行到山完水行尽，前面就是三世之仏，待我引霊参仏便了。

り世界殯儀館で行われた女性の葬儀の際に録音したテープを『過橋科儀』を参考にしながら、文字に起こした歌詞やセリフの抜粋である。紙面の都合により、ここでは両資料に基づいて儀礼の次第と内容をかいつまんで説明する。一つ一つのセリフや歌詞は、資料②を参照いただきたい。

まず儀礼空間の設営について説明する。主壇の前の空間に「蓮花宝橋」と書かれた鉄の橋が組み立てられる。橋の上には、蠟燭、金紙、一本の線香を指した紅い桃饅頭二つ、杯などが並べられる。橋の横には水の入った洗面器、橋の向こう側には「挨蓮池」（男性の場合は「挨宝塔」）儀礼に使われる、塔のような形をした「池門」（男性の場合は先が尖った「塔門」）と呼ばれる紙紮品が置かれる。

儀礼が始まると、灰色の僧服をまとった法師が目蓮尊者に扮し、霊幡を掲げ、橋と法壇の間に立つ。白い麻布の喪服を身に着けた孝子（長男）と家族、親族は法壇を向かって橋の左側にむしろを敷いて座る。法師は「西国伝来在眼前、誦経念仏心清閑」と唱い始め、続いて「引導を渡すは、西天雷音宝寺の念仏弟子これなり。今晩、陳府孝子孝眷の請い託すところにより、母親の霊魂を西天に送りとどける。ここより西天は二万八〇〇〇里、道のりは遠く、道は真に厳しい。今夜は仏祖の栄光を借り、私が真言を念じ、鈴を鳴らしながら、霊魂を引導し、西天への旅へと参ろうぞ」と宣言し、伴奏に合わせて唱い始める。歌詞は、西天への道のりの困難さと父母の恩を説くものである。唱い終わると孝子、家族、親族を率い、橋のまわりを一周する。

次に木魚のみの独唱で〈憶亡霊〉を唱う。死者の霊魂に対して「你」（おまえ）と呼びかけながら、地獄巡りの行程や閻魔王との謁見などの情景を描く。終わると伴奏に合わせて他の経師が一斉に「阿弥陀仏」を唱和する。

続く〈嘆五更〉は一更から五更までの数え歌である。一更で釈迦に拝し、二更では阿弥陀仏、三更で南海観音、四更で祖師、城隍に拝し、五更で霊灯を点し、もう二度とこの世にもどることはできないと声を上げて泣く死者の霊魂を慰める。

続く〈嘆古人〉では、一〇人の偉大な先人（孔子や関羽など）を順番に挙げ、「偉大な先人もみな死ぬのだ、霊魂よおまえだけが死ぬのではない」と死者を慰める。〈娘娘勧〉は、観音娘娘による勧世文である。次に経師は八仙を守護神として招く〈請八仙〉を唱いながら、水の入った杯を持ち、橋の周りを散水して浄める。そして宝塔または蓮池の傍に立ち、「蓮池讃」を唱った後、咒を念じ、手鈴でこれを叩き破る。

過橋儀礼の最後は、目蓮尊者に扮した経師と橋頭長官に扮した経師が掛け合いで演じる〈橋頭対唱〉である（写真1）。橋頭長官に扮した経師は法壇に向かって左側に座る。橋のたもとにたどり着いた目蓮尊者ら一行を見て橋頭長官は怪しみ、文牒（証明書）が無ければ橋を渡ることはできないと言う。目蓮尊者はすでに文牒を燃やして送ったと言うが、長官はなかなか信じない。尊者が改めて西天雷音古寺の目蓮であると名乗ると、長官は帳簿を調べ、死者の名前や陽界にいる家族の名前を一つ一つ確認し、橋を渡ることを許可する。長官は橋を渡る際の決まりとして、橋頭と橋尾で金紙銀紙を燃やし、通行料を払って橋を渡るように教える。尊者は霊幡を掲げ、コインを洗面器に投げ入れながら橋を渡る。続いて死者の位牌を捧げ持った孝子を先頭に、家族、親族が、コインを洗面器に投げ入れながら橋を渡る。渡った後は、もう一度橋頭にもどって橋を渡ることを繰り返し、一洲橋から七洲橋まで計七回橋を渡る。以上が過橋儀礼のおおよそのあらましである。

写真1　許志博氏の執り行う過橋儀礼（1993年5月26日、筆者撮影）

過橋儀礼は香港だけでなく、タイ、ベトナム、マレーシア、シンガポールの潮州系善堂の功徳法事においても、その演劇性、即興性、娯楽性の高さから、欠かすことのできない演目となっている。本章ではこのうちタイの潮州系善堂とその功徳法事についいて、第四節で取り上げることにしたい。

三　香港の潮籍盂蘭勝会と潮州系念仏社

1　香港の潮籍盂蘭勝会と潮州人コミュニティ

一八四二年の開港以来、香港の中国人のなかに潮州人が占める割合は、多数派の広府人（本地人）に対して常に少数派であったにもかかわらず[6]、香港には潮州語、潮州独特の食文化、風俗習慣、宗教文化など「潮州文化」とされるさまざまな文化が息づいており、香港の都市文化において不可欠な一部となっている。香港では実にさまざまな潮州文化が、「潮州人」というエスニック集団の存在を示すエスニック表象として機能しているが、なかでも毎年旧暦七月の中元節の時期に、香港や九龍地区の潮州人コミュニティが主催する潮籍盂蘭勝会は、潮州人のエスニック・アイデンティティを強化する機会としてだけでなく、非潮州系の人々に対して潮州人コミュニティの凝聚性や経済的豊かさを見せつける機会として機能してきた。

香港では毎年旧暦七月になると、街坊（町内会）、公共団地の自治会、公司、社団、宗教団体など、さまざまな社会集団が盂蘭勝会を実施する。陳蒨によれば、その数は一一八か所に上り、そのうち潮州人のコミュニティが主催するいわゆる「潮籍盂蘭勝会」は五六と半数近くを占めている［陳蒨　二〇一五：一八―二四］。

香港島や九龍半島の市街地において、一か月間という短い期間に集中的に開催される香港の盂蘭勝会は、東京の山手線沿線の内と外で、地域の盆踊りよりも観衆が多く、大きな音を出す野外フェスティバルが、毎日あちこちで行われているようなものである。なかでもその約半数を占める潮籍盂蘭勝会は、一目でわかる特色があり、他のエスニック・グループが主催する盂蘭勝会に比べて派手で規模が大きいことから目立つ存在となっている。

盂蘭勝会の会場は、通常公園や野外運動場などの広く平らな空間に設けられる。潮籍盂蘭勝会の場合は、必ず潮州の地方神や天地父母を祀る「神棚」、潮州劇の舞台である「戯棚」、儀礼空間としての「経師棚」が設置されるほか、孤魂を供養する「孤魂台」や先人を供養する「附薦台」が置かれる。さらには青鬼のような怖ろしげな形相の大士爺を祀る「大士台」や巨大な衣紙を展示する「神袍台」などの潮州独特の紙紮品が置かれ、大量の供品や金銀紙が並べられる。「米棚」には貧しい人々に配る「平安米」の米袋が山と積まれる。一つの盂蘭勝会の開催期間は平均三日間だが、芝居の上演は一週間続くこともある。

一九六六年の人口センサスによれば、香港の人口総数はおおよそ三七〇万人、粤語（広東語）を話す人々の割合は八一・二パーセント、福佬語（潮州語、福建語）を含む閩南系方言を話す人々はわずかに八パーセントであった［Hong Kong Census and Statistics Department 1969: 23］が、数からいえば三〇万人（福建人や海陸豊福佬人を除いてもおそらく二〇万人前後）という人口規模を擁していた。しかも一九六〇年代であれば、戦後になって香港に移住した第一世代が多数を占めていたことを考えると、これだけまとまった数の潮州人が過密な都市に集住し、潮州語を第一言語とし、潮州にルーツを持つ文化活動や生活様式が営まれていた地域というのは、香港をおいて他には見られない。

潮州人がマジョリティを占めるタイでは、マジョリティであるだけにかえって、潮州にルーツを持つ文化的要素が「潮州文化」として意識される機会が少ない。筆者は旧暦七月にバンコクを訪れたことが何度かあり、そこでは各家庭や店舗で供物を並べ、線香を上げ、焼衣を行っている様子や、寺院や仏教結社や善堂の内部で行われている盂蘭勝会を見ることができたが、香港のように街坊が主催者となり、街中の広場で行っているような盂蘭勝会を見かけることはなかった。

狭い土地に言語も生活様式も異なる人々がひしめきあって暮らす香港では、身近な民俗宗教活動はエスニック・バウンダリーを認識し、維持するマーカーとして機能しやすい。「拝神」、「焼衣」といった日常的な祭祀行動においても、これは本地人のやり方、あれは潮州人の使うものというように、エスニックな文化的差異が意識される。

写真2　経師棚で誦経する経師たち（2014年8月17日、筆者撮影）

とりわけ音楽、儀礼、戯劇といった視覚と聴覚の両方に訴える表象文化は、人々の感情や行動に作用しやすい。異質な集団が発する耳慣れない音声、たとえば儀礼や芝居の伴奏に使われる楽器の独特の音色、経典を念じるときや芝居を演じるときの言葉の奇妙とも聞こえる響きは、自己と他者の文化的差異に対する人々の感覚を一層敏感にするものである。たとえば、広東語のよく知られた歇後語（言葉遊び）に、「潮州音楽—自己顧自己《ジーケイグージーケイ》」という表現がある。この表現には、潮州音楽で使われる独特の響きをもじって、「潮州人は自己人（身内）のことしか顧みず、よそものには冷たい」と潮州人の性格を揶揄する意味合いが込められており、異質な音声と排他意識との結びつきを示すものとして興味深い。

過密都市の隙間を縫って作られる可視的な儀礼空間は、シンとウォンが述べているように、「エスニック・グループの凝集性や排他性を示す政治文化的な表現の場であるばかりでなく、エスニック・グループ内部、または異なるエスニック・グループ間の相互作用の機会でもある」[Sinn and Wong 2005: 296]。香港の潮僑盂蘭勝会における儀礼を担っているのは、香港に移住した潮州人によって創立された念仏社である。念仏社がしつらえる経師棚は、潮劇団が設ける戯棚と同様、一種の舞台と言ってよい。前方奥の祭壇に仏画が掲げられ、楽師たちが潮州独特の音楽を演奏し、それを伴奏に僧衣をまとった有髪の男性経師たちが誦経したり、動きまわったりとさまざまな所作を繰り広げる（写真2）。その様相は、道士や僧侶を招いて儀礼をおこなうことの多い広府系や海陸豊系の儀礼とは明らかな違いがある。次節では、潮籍盂蘭勝会の儀礼を担当している主な潮州系念仏社を簡単に紹介したい。

2　香港の潮州系念仏社

一般に香港の潮州系念仏社――善社、仏堂、仏社と名乗るところもある――は、三宝や観音菩薩、地蔵菩薩などを祀る以外に、宋大峰祖師や宋超月禅師など潮州独特の神を祀り、盂蘭勝会の儀礼や葬儀を請け負っている。扶鸞儀礼や定期的な念仏会を行っているところもある。二〇一三年に普慶念仏社で見せてもらった名簿によれば、このような念仏社は一一団体ある。(7) 最も早期には一九三〇年代に二団体創立されており、中国本土からの難民が押し寄せた一九六〇年代から七〇年代にも三団体が創立されている。

A．普慶念仏社

普慶念仏社は一九三九年九龍地区深水埗海壇街に創立された。もともとの名称は「潮州念仏社」と言う。一九八二年に現在の場所（黄大仙地区）に移り、新しい社屋を創建した。現在の建物の一階には、新社屋建設に多額の寄付をした人物や団体の名前を刻んだ碑記が壁に埋め込まれている。その中には多くの潮州商人の名前や、商店、会社名が盛り込まれ、「父母会」の一種である「群徳会」や「西区正街水陸坊衆盂蘭聯会」などの社団名も見られる。

普慶念仏社の主な活動・事業は、葬儀（功徳法事）、年忌法要、盂蘭勝会、定期的な法会のために儀礼サービスを提供することである。旧暦七月一三日から一五日には、普慶念仏社が組織する福利会による三日間の盂蘭勝会を社内で行うほか、かつては黄大仙、銅羅湾、西区正街、九龍仔などの潮籍盂蘭勝会の儀礼を請け負っていた。現在の担当地区は西区正街のみとなっている。

定期的な法会には、毎月第一日曜日に開かれる生日祈福法会がある。その月に誕生日を迎える信徒の福を祈って誦経を行い、そのあと参加者全員で精進料理の会食を行う。この他、念仏社が祀る神仙の神誕日にも誦経を行う。

二〇一三年の調査時には二一人の経師が籍を置いていた。経師の一人楊氏は七七歳、潮安県で生まれた。汕頭の高校を卒業した後、一九五八年から広州の歌舞団で作曲や脚本、演出などの仕事に従事していた。一九六三年に香港に渡り、念仏社の経師や楽師を務めるようになった。楊氏は何度かタイに行ったことがあり、タイの潮楽団でしばらく仕事をしていたこともある。

B．慈善閣（港九善社慈善閣）

九龍青山道に位置し、呂純陽仙師、李道明仙師、張招利老伯を祀っている。慈善閣はもともと、戦後香港にやってきた潮州人移民が新界青山屯門の山麓に建立した小さな乩壇だった。念仏社として発展するきっかけとなったのは、扶鸞儀礼に降りたあるお告げだった。一九六〇年代初頭、近くの蓮花山一帯は、無縁墓が荒れ果てた状態で放置され、人骨があちこちに散乱するという荒涼とした状況を呈していた。信者がどうしたものかと慈善閣の扶鸞儀礼で問事したところ、張老伯が降り、骨を回収して埋葬するように命じた。そこで慈善閣では各界から寄付を集め、一九六六年から一九六八年にかけて、数百体の遺骨を回収して埋葬し、義塚を建立した。その後政府の認可を取って「蓮花山公墓」と命名し、毎年春と秋に定期的な祭祀を行うようになった。慈善閣はその後も引き続き祖師の教えに従って資金を集め、現在の青山道の建物を購入して永久社址と定め、一九七二年に「港九善社慈善閣」として正式に発足した。現在の慈善閣の活動・事業は、功徳法事や盂蘭勝会の儀礼サービスが中心である。旧暦七月には、九龍地区の牛頭角、土瓜湾、九龍城など全部で九か所の盂蘭勝会の儀礼を請け負っている。

C．念敬仏社

念敬仏社は一九六〇年代九龍城に創立された。創立当初は南角道の古い雑居ビルに間借りし、一九七三年に現在の社址に移転した。主祭壇には釈迦牟尼、阿弥陀仏、薬師仏が祀られ、その前面には観音菩薩、地蔵菩薩、大峰祖師を祀っている。一九六〇年代初頭、南角道のビルの旧址には、香港に移住してきたばかりの潮州人が集まり、こんなに安い賃金で働いていては家族を養うことができないと不満を漏らすことがよくあった。あるとき、誰かが経の読み方を習って功徳法事でもやるかと言い出した。それがきっかけとなり、汕頭達濠出身の鄭師父を創立者の一人として、念敬仏社が発足した。その頃、香港には大規模な殯儀館が無かったので、葬儀は仏社で行うことが多かった。当時所属していた経師は二〇人余りだった。念敬仏社では、功徳法事以外に毎年七か所の盂蘭勝会の儀礼を請け負っている。

3　香港における潮籍盂蘭勝会の歴史と現状

定説によれば、香港における潮籍盂蘭勝会は、一八九八年に発足した「潮州公和堂盂蘭勝会」を嚆矢とする。当時、香港島の銅鑼湾にあったイギリスの貿易会社ジャーディン・マセソン商会の倉庫で鬼（幽霊）が出るという騒ぎが発生し、倉庫で働いていた大勢の潮州人苦力が潮州の故郷のやり方にのっとって鬼を慰撫する祭祀を行ったのが始まりとされる。(8)

序章第二節で述べたように、香港の「潮州人」にまつわる表象には、南北行などを経営する富裕な商人と貧しく粗野で徒党を組む「苦力《クーリー》」（港湾で働く運搬人夫）という二つの相反するイメージがある。この二つの潮州人像の源泉ともいうべき場所が、香港島の西に位置する「三角碼頭」だった。三角碼頭は永楽碼頭とも呼ばれ、船荷の積み下ろしをする潮州人苦力たちが働く場所であると同時に、すぐそばに南北行が集まる文咸西街があることから、富裕な潮州商人が集まる場所ともなっていた。

田仲一成は、保良局に保管された一九〇六年から一九四三年までの会計徴信録を調べ、一九〇六年以来、南北行が西營盤地区の石塘嘴と西環地区の荷蘭街、厚和街、士美非路の盂蘭建醮に毎年多額の寄付をしていたことを指摘している［田仲　二〇一四：四〇七―四一二］。三角碼頭を含む上環、西環地区は、早くから潮州人の商人や労働者が集住した地域であったため、この場所に盂蘭勝会を主催する有限公司が設立されたのである。貧しい労働者から富裕な商人まで、さまざまな階層の潮州人が集まる潮籍盂蘭勝会は、香港における二つの異なる潮州人イメージを同時に供給する場であったとともに、参加者たちにとっては、階層や職業を超えて、「われわれ潮州人」という一体感を持つことのできる場でもあったのである。

日本占領期、盂蘭勝会は大々的には行なわれなくなったが、戦後まもなく次々と復活した。そのいくつかは、日本占領期に殺された同胞の魂を供養するために行われた［陳蒨　二〇一五：一九五―一九九］。さらに戦後新しく流入した移民たちのコミュニティによって新しい盂蘭勝会が開催されるようになり、その数は一気に増加した。香港の各潮籍盂蘭勝会の成立年代は不明なものも少なくないが、わかっているものでは、一九五〇年代に八か所、一九六〇年代に一九か所、七〇年代に一〇か所と、この三〇年間に集中している［陳蒨　二〇一五：三五―三七］。開催場所も拡大し、戦前は香港島の西部が中心であったのが、戦後は大量の移民・難民が流入した九龍半島の獅子山山麓の地区、とくに黄大仙地区や九龍城地区、また潮州商人の組織が新しく生まれた新界や香港島東部にも拡がっていった［田仲　二〇一四：四一五］。

二〇一四年八月、筆者は九龍地区土瓜湾潮僑街坊の主催する盂蘭勝会を調査する機会を得た。土瓜湾の潮籍盂蘭勝会の儀礼は長年慈善閣が請け負っているが、実際に儀礼を担当しているのは、慈善閣に所属する香港人の経師ではなく、中国の潮汕地域から来た「海門鎮居士林」の経師たちだった。海門鎮居士林の「老板」である曽師父は、一九八一年にこの稼業に入り、それ以来多くの若い徒弟を養成してきた。彼は香港でこれまでに二〇か所以上の盂蘭勝会の儀礼を請け負っており、現在担当地区は八か所に上る。そのため、毎年夏には香港に一か月以上滞在するという。

近年、香港では経師の高齢化が進み、人手不足が深刻化している。普慶念仏社が、これまで請け負ってきた盂蘭勝会の数を減らしたのも、経師と楽師の数をそろえるのがむずかしくなったためである。

現在香港の念仏社で経師を務める人々の多くは、中国本土で生まれ育ち、成人してから、あるいは中年になってから香港に移住した移民の第一世代である。彼らは、広東語の能力や受けてきた教育、または年齢制限によって、香港の就職市場では不利な立場にあったため、唯一香港人の持っていない技術——潮州音楽の素養や楽器の技能——を生かすことのできる経師という仕事に就いた。いや、就かざるを得なかったと言ったほうが正確だろう。香港で生まれ育った第二世代、第三世代は潮州語が話せず、伝統的な民族楽器や潮州の民謡に触れる機会がなかったため、経師に求められる技能が備わっていないということがあるが、そもそも若い世代は経師のような仕事に就くことをいやがる傾向がある。二〇一三年に筆者が殯儀館で潮州式の功徳を見学していたとき、珍しく大学生くらいの年齢の若い経師を見かけたことがあるが、話しかけてみると、申請して香港に来たばかりのニューカマーの子弟だった。

一方で、二〇一一年に長洲島の太平清醮、大澳の端午節のドラゴンボートフェスティバル、大坑の中秋節の舞火龍とともに、香港で最初の中国国家級非物質文化遺産に登録されたことによって、潮籍盂蘭勝会に対する一般市民の関心は逆に高まっている。ここ数年の間に、潮州公和堂を始めとする潮籍盂蘭勝会の主催団体や長春社文化古蹟中心、香港潮属社團總會などが、盂蘭勝会の保存育成と伝承に関する座談会や講習会などを催すようになった。これまで排他的、保守的と言われていた潮州人社団が、非潮州系の一般市民、とくに若い世代に対して、積極的な参加を呼びかける催しを頻繁に行うようになったのである。またやはりここ数年の間に、潮籍盂蘭勝会の主催団体がこぞってフェイスブック内にグループを立ち上げ、多くのフォロワーを獲得している。盂蘭節の時期ともなれば、儀礼や活動の一部始終を映した写真や動画が投稿される。それを見た台湾や東南アジアを初めとする世界各地の華人や中国の民俗文化愛好者たちが次々と「いいね」を押し、シェアすることによって、それらの写真や動画が全世界に拡散していくという状況が生まれている。こうした動きが、今後潮籍盂蘭勝会のあり方をどのように変えていくのか、見守っていく必要がある。

四　タイの潮州系念仏社

タイの華人善堂といえば、バンコクの華僑報徳善堂や徳教会が最もよく知られているが、バンコクやその他の地方都市には、これ以外にも、善壇、善社、仏教社、仏教会、念仏社などの名称を付した華人系の善堂が数多く存在する。その規模、機能も、たとえば扶鸞儀礼を主とするもの、葬送儀礼を請け負う葬儀業者と言ってよいもの、仏教経典を学ぶ居士林的なものなどさまざまであり、その多くが潮州系華人によって創立され、潮州地方に由来する宗教文化と関わりを持っている。しかしながら、本書でも玉置充子や片岡樹が指摘しているように、現代タイでは華人の同化が進んでおり、二世、三世ともなればその大多数が中国名を持たず、華人や潮州人といったエスニック・アイデンティティを意識する機会は極めて少ない。そのため、潮州系善堂の会員であったり、その主催する活動に参加していたりする人々が、必ずしも華人または潮州人であるというアイデンティティを持っているとは限らない。

本節では、タイの地方都市に設立された比較的長い歴史を持つ念仏社の事例として、タイ中東部チョンブリー市の「明慧善壇《めいけいぜんだん》」についてとりあげたい。明慧善壇は、タイ全国に広がる華人系慈善団体の連合組織「泰国仏教衆明慈善聯誼会（通称：明聯《めいれん》）」に属する善堂である。明聯に属する善堂善社は、明燈善壇、明慧善壇、明心善堂のように、名称の第一文字に「明」の字を冠していることから、明壇と呼ばれる。二〇〇九年現在、明聯に加盟する明壇の数は五二団体に上る〔玉置　二〇一一：一四一〕。

明聯結成の経緯は、一九〇八年、広東省普寧県出身の許成宗と許風調の従兄弟が郷里の八仙祖師の香火を携え、タイに出稼ぎにやってきたところから始まる。二人はチョンブリー県バーンブン郡に住む叔父の許安心のもとにしばらく身を寄せ、叔父の雑貨店内に八仙を祀った。一九二五年、近隣のシーラーチャー郡で、道路建設工事のため古い墓地を掘り返したところ、人骨が見つかった。人骨はまもなく荼毘に付され、灰は海に捨てられた。ところが数日経って、幽霊が現れた、死者の泣き声を聞いたなどの噂が相次ぎ、不安に陥った当地の華人は無縁死者の魂を供養する修骷法会を執り行うことに決めた。まず乱童を介して三山国王にうかがいを立てたところ、三山国王は「八仙の祖師たちに取り仕切ってもらうように」との乩示を降した。それから数日後、折しもシーラーチャーに行商にやってきた許安心が、自分の商店に八仙を祀っており、しかも普寧からやってきた甥は故郷で何度も修骷法会に参加したことがあり、修骷の手順や儀礼をよく知っているとアドバイスした。そこで、シーラーチャーの人々はバーンブンから八仙を分香してもらい、許成宗に指導を仰いで修骷儀礼を執り行った。シーラーチャーではその後二度に渡って修骷法会が行なわれたが、第三届が行われた一九四六年までに八仙の霊験が評判となり、分香を受けた廟や壇がすでに一〇か所に上っていた。第三届の法会には最初に八仙の分香を受けたシーラーチャーの明燈善壇を初めとする一一壇が参加し、法会終了後も相互に協力し合うことを期して「東勢衆明慈善聯誼会」を結成した。一九五七年、新たに加盟した壇を含めた一六壇は総会を開き、「泰国仏教衆明慈善聯誼会」と名を改め、政府に再登録した(9)。

本節でとりあげる明慧善壇は、一九二四年にチョンブリー県に設立された「万仏歳《ばんぶつさい》仏教社」を前身とし、一九四六年に明聯に所属する明壇の一つとなった。現在明慧善壇の主な活動には、扶鸞儀礼、八仙を始めとする神々の誕生日や節日に開かれる法会、個人の死者のために行う功徳法事の他、さまざまな救済活動がある。本節では主として、法会と功徳法事に焦点をあてて見ていきたい。

明慧善壇には儀礼を担当する「経楽組」があり、法会や功徳法事を主催する。経楽組は主任一名、副主任一名、組員一一名、儀礼空間の設営を行う布置四名で構成されている。全員がタイ生まれで、儀礼は明聯の「前輩」から学んだ。潮州語は話せるが、漢字が読めないので、経典の漢字にはすべて潮州語の読み方に即したタイ文字が振られている〔玉置　二〇一三：一一一〕。

毎年旧暦七月に行われる盂蘭勝会は、明慧善壇が定期的に行う法会の一つであるが、香港の潮籍盂蘭勝会のように、市街地の広場に祭壇を設けることはなく、善壇とその関連施設の敷地内の屋内または屋外で行われる。一日目は、夜に堂宇の一階の仏壇及び外に祀られた「由子孤魂諸位」や大士爺の絵画の前で、白い斎服を着た経楽組の経生が楽師の演奏に合わせて誦経を行う。二日目は、扶鸞儀礼を行った後、貧しい人々に無料で米を配る「派米」を行う。派米には毎年数千人もの人々が訪れる。

明慧善壇が行う法会のうち最大規模のものは、一〇年に一度開催される修骷法会である[10]。明慧善壇では創立から二〇一三年までに八回の修骷法会を行っている。第八届は二〇一三年三月一五日から五月二日の期間に行われ、筆者はその一部の儀礼に参加する機会を得た。以下の記述は、そのときに得た資料とフィールドノートに基づく。

明慧善壇の修骷法会は、善壇が所有する墓地「明慧山荘」内の義塚《ぎちょう》に埋葬されている無縁死者の遺体を掘り起こし（「開母山」）、洗骨し、「火化」（火葬）して、最後にその骨灰を山荘内の公墓に収めるというものである。この間のすべての儀礼は八仙の乩示に従って行われ、ほとんど毎日のように大小の典礼や法会が開催される。開幕式や閉幕式には、政府高官やチョンブリー市の市長や明聯の主席などが招かれる。法会の参加者は明慧善壇の信徒だけでなく、明聯に加盟する他の明壇の信徒たち、近隣の善堂や廟や同郷会などのメンバー、さらにはバンコクや遠方からボランティアの団体や誦経団が応援に駆け付ける。一般の地域住民も白いシャツやスカート、ズボンを着用し、誦経や儀礼の最後に、蓮の花と線香を持って、長い法服を着た経師の後について歩く姿が見られる。

近年タイでは、ほとんど毎年のように、善堂や徳教団体の主催する大規模な修骷法会が各地で開かれている[11]。供養の対象となる無縁死者は、かつては義荘《ぎそう》（無縁墓地）に埋葬された身寄りがなく、タイで客死した同胞（華人）であったが、昨今は貧しいタイ人が多くを占める。そのため義塚から掘り出される骨は、「中泰乾坤先友骸骨」（中国とタイの男女の尊敬されるべき友人の骸骨）と呼ばれている。

二〇一三年三月二一日、筆者は玉置充子氏とともに「開母山」に参加した。炎天下の墓地で、義塚からまだ完全に白骨化していない遺体を掘り出し、骨を解体し、泥や腐肉を取り除いて一つ一つ並べていくのだが、腐敗した人間の死体を見ること自体が初めてだったので、筆者は正直かなりのショックを受けた。だがもっと驚いたのは、子供を含む男女の参加者がみな、まるでピクニックにでも来たかのように、喜々としてその作業を行っていることだった。彼らの多くはその服装や持ち物から、中流以上の階層に属する比較的裕福な人々であることが見て取れたが、中国語や潮州語はあまり通じなかったため、タイ語ができない筆者は、彼らと英語でコミュニケーションを取るしかなかった。

写真３　掘り出された頭蓋骨に手を差し伸べる人々（2013 年 3 月 21 日、筆者撮影）

近くで作業していた若い女性に「英語は話せますか？」と聞くと「Yes」と答えたので、「怖くはありませんか？」「どんな気持ち？」と尋ねてみると、「ぜんぜん！　すごく幸せよ」という答えが返ってきた。多少中国語が話せる女性は、この儀式に参加するとすべてがうまくいき、悪いことが起きなくなると言っていた。骨には福気があるらしい。

一人の遺体をみなで協力してきれいにし、一体分の骨を布の上にずらりと並べ終わると、作業に加わった参加者たちは、歓声を上げながら頭蓋骨に手を差し伸べ、何度も記念撮影をした（写真3）。その雰囲気はとても和気藹々として、死者と戯れているようにすら感じられた。フランス人人類学者フォルモソは、「この（修骷という）エスニック間協力は、タイ人と中国人を一つにするというよりは、互いが抱いている偏見を強め、互いの社会的文化的バウンダリーを深めている」［Formoso 2012: 208］と述べているが、実際に修骷に参加している人々を見る限り、こうした見解には疑問を差し挟まざるを得ない。筆者の観察では、彼らはタイ人か華人かというエスニック・アイデンティティや、タイ文化と華人文化の文化的な相違といったものにまったくこだわることなく、週末に観光地の祭りやスポーツの試合を見に行くのと同じような感覚で、家族や友人とともに修骷に参加しているように見えたからである。

さて、すべての死者の洗骨が終わると、骨は男女を区別して、義荘に設置された蓮池宝塔の中に収められる（写真4）。これらの骨は修骷法会の最後を飾る盛大な儀式として火化されるのだが、その前に三日間にわたって功徳儀礼が行われる。これらの儀礼は、個人の死者のための功徳法事のそれとほぼ同様だが、主要な儀礼を抜粋して大がかりに行うものである。プログラムは、第一日目は夜に「誦大悲懺」と「穿金山」、第二日目は夜に「挨蓮池宝塔」、第三日目は午前中に「公祭祖先」、夜に「過七洲宝橋」となっている。

儀礼は善壇の隣の華文学校の体育館内で行われ、びっしりと並べられた椅子は、白い服を着た一般の参拝者でほぼ埋まった。参拝者の多くは、上下に蓮の葉と花を飾りに付けた白い紙に「唵　南無西方極楽世界阿弥陀仏接引一位亡者故×××位霊魂聴経聞懺領受冥財往上蓮邦（×××には死者の名前や「父親大人」などの文字が手書きで記入される）」と印刷された「引魂幡」を手にしている。これは「追薦《ついせん》先祖[12]」というシステムで、あらかじめ供養してもらいたい祖先や身近な死者を一定の費用を支払って登録する。つまり三日間の功徳儀礼は、無縁の「中泰乾坤先友骸骨」を供養することが主たる目的ではあるが、同時に一般信者の祖先や身近な死者の魂を招き、ありがたい経懺を聞かせて、阿弥陀仏の力で西方の極楽浄土に接引するという功徳のサービスを有償で提供する場ともなっているのである。「挨蓮池宝塔」では、毘盧帽を被り、袈裟をまとった法師が「請八仙」を唱し、その後幢幡を掲げつつ、経師や一般信者を引き連れて館内をぐるぐると周る。最後に蓮池と宝塔のところへもどり、下に置いた洗面器にコインを落として、池と塔を回す。後に続く経師と参拝者も同じように行い、これを何度か繰り返し、最後に法師は手にした揺鈴で蓮池と宝塔を壊す。「過七洲宝橋」では、巨大な鉄製の橋が真ん中に据えられ、目蓮尊者に扮した法師と橋官とのやりとりの後、法師は経師と参拝者を従えて、時計回りに七回、逆方向に七回、コインを落としながら橋を渡る。最後に引魂幡を燃やし、儀礼は終了する。

写真4　蓮池（左・女性）と宝塔（右・男性）に収められた骨（2013年4月25日、筆者撮影）

この後、儀礼の舞台は義荘に移る。八〇〇体以上もの骨が納められた蓮池宝塔に火をつけて燃やし、その骨灰を公墓に収めた後、孤魂普度のための「放燄口」が行われ、五月三日にすべての儀礼が終了する。このように二か月近くにわたって、毎日のように何らかの催しが行われる修骷法会は、一〇年に一度開かれる大がかりな地域の祭典であり、それだけに集金力も並大抵ではない。筆者が見学した第八届の場合、経費は一〇〇〇万バーツ（日本円で三〇〇〇万円以上）、各界から集まった寄付は一六〇〇万バーツ以上に上った。

最後に、修骷法会の功徳儀礼とは別に、個人の死者のために行われる一般の功徳法事について触れておきたい。玉置によれば、タイの華裔の葬儀では、通常タイ式と中国式の二種類の儀礼が行われるという。死亡した日から数えて七日目の「頭七」までの間、毎日タイ人の僧侶を招いて経を唱えてもらうが、六日めだけは潮州式の功徳法事を行う［玉置　二〇一三：一一二―一一三］。

写真5　タイの潮州式功徳—過橋（2013年3月23日、筆者撮影）

二〇一三年三月二三日、チョンブリーに滞在していた筆者は、明慧善壇が請け負った功徳法事を観察する機会を得た。だが、そのときはちょうど修骷法会の開催時期であったため、経師の数が足りず、「仏統保宮亭仏教会」の経師が加わって法事が執り行われた。仏統保宮亭仏教会は、バンコク郊外のナコンパトムにある「保宮亭」[13]系列の宗教結社であるが、現在は実質的に功徳法事を請け負う専業の葬儀業者と化している。経師の多くは若いタイ人男性である。功徳法事を構成する儀礼科目の一つ「走供金山」では、複数の経師が会場内を走り回るだけでなく、高くジャンプをしたり、宙返りをしたりといったアクロバット的なパフォーマンスを見せる。「過橋」儀礼では、法師が仏教説話や通俗道徳を説く潮州語の韻文を木魚の伴奏で唱いながら、孝子及び眷属を率いて橋を渡り、潮州や香港で行われている形式をほぼ踏襲している（写真5）。だがタイでは、死者の家族や参列者の大部分は潮州語を理解しないため、マイクでタイ語の解説を加えながら儀礼が進行する。橋を渡る前に行われる目連尊者と地獄の獄卒との対話では、タイ語でかなり即興的なやりとりが行われる。

このようにタイの功徳法事は部分的にはアレンジが加えられているものの、潮州語を使用し、伴奏に潮州音楽を用いるという点では伝統的な形式を踏襲している。それを可能にしているのは、中国本土出身の経師や楽師たちの存在である。現在五〇代後半から七〇代の経師や楽師には、中国が改革開放政策をとり、海外への行き来が比較的自由になった一九八〇年代以降にタイにやってきたという人たちがいる。彼らは潮汕地域で生まれ育ったため、子供のころから潮州音楽や潮州劇に親しみ、複数の楽器を演奏することができる。彼らはおおむね成人してからタイに渡り、さまざまな職業、商売に就いた後に、兼業または専業でタイの善堂や劇団の職能者として働くようになった。なかには本業を退職してから時間ができたので、仲間と潮州音楽を演奏して楽しむ潮楽聯誼会に加わり、定期的に集まって練習したり、演奏会を開いたりしている人たちもいる。彼らは、中国籍のままの人もいれば、タイ国籍を取得している人もいるが、たとえタイの国籍を取得していても、中国人、潮州人としてのアイデンティティを持ち続けており、毎年少なくとも一度は香港を経由して潮州の故郷に帰る。故郷に帰れば、地元の潮楽聯誼会に参加し、故郷の仲間と交流を深める。このような交流を通して、潮州、香港、タイの善堂、念仏社、潮劇団、潮楽同好会の間には一種の私的なネットワークが形成されている。潮楽聯誼会の演奏活動として、潮州、香港、タイを行き来することもあれば、個人的にこれらの地域を行き来し、それぞれの地域で善堂の法事を手伝うこともある。タイでは華人の現地への同化が進んでいるといわれるが、潮州式の儀礼は、このような方法によって維持されているのである。

おわりに

本章では、潮州系の善堂の中でも、儀礼サービスを提供する「念仏社」の機能に注目し、儀礼に関わる文化資源——宗教、民俗、芸能（音楽、戯劇など）に焦点をあてて論じてきた。

海外華人社会における潮州系念仏社が、小規模ながらも、また移民の世代深度が深まるなかにあっても、長期にわたって生命力を保ち、エスニックなマーカーとして機能するとともに、潮州人アイデンティティの強化に寄与してきたのは、念仏社が死者供養儀礼と音楽という庶民的かつ情緒的な表現芸術資源を保有し、人々に提供してきた点にあるのではないかと考える。

その一方で、タイの念仏社の功徳法事や修骷法会に見られるように、儀礼の実践がエスニックな境界の維持やエスニック・アイデンティティの強化を促進しているとは必ずしも限らず、ハイブリッド化や私事化によって、多様化する現代タイの宗教実践の一つとして選択されている様子も垣間見えてきた。本研究では初歩的な考察にとどまったが、今後はタイに限らず、潮州系移民によってもたらされた文化資源が、現地社会において定着し、本土化していくなかで、それらが現地社会の文脈においてどのように受容され、あるいは運用され、新しい意味付けが施されているのかを、より多くの事例を通してきめ細かに観察し、読み解いていくことが求められている。

さらに本章では、儀礼文化の継承という問題についても考察を試みた。筆者はこれまで、潮州、香港、タイ、シンガポール、マレーシア、ベトナムの潮州系念仏社で行われている功徳法事の儀礼を観察してきたが、少なくとも言えることは、簡略化されたり、アクロバット化したパフォーマンスが加えられたりといったヴァリエーションはあるものの、全体としてみれば驚くほど共通しているという点である。儀礼の構成、内容、経師の作法、服装から、法壇のしつらえ、法器、紙紮品、さらには楽師の演奏する楽器や音楽のメロディー、節回しに至るまで、そこにはまるで何らかのマニュアルのようなものが存在しているかのようであった。こうした状況は、多くの人々が認めるこれこそが潮州式の儀礼であるという標準が存在し、そのような標準的な儀礼知識を身に付けた技能職能者（経師や楽師）が、持続的に供給されてきたことによって可能であったと考えられる。本章では、それを可能にしている要因の一つとして、経師や楽師たちの潮州、香港、タイを結ぶトランスナショナルなネットワークの一端を明らかにした。

では、現地の人々にとって、標準的な潮州式の儀礼とは、どのようなものだと認識されているのだろうか。少なくとも功徳法事に関して言えば、在家の居士によって行われ、仏教色が濃く、潮州の伝統的な楽器と音楽、とくに「香花板」と呼ばれる説唱芸能の伝統が取り入れられているといった要素が挙げられるだろう。とりわけ、沐浴、血盆科儀、過橋といった法師の主持する一連の儀礼は、潮州式功徳の見せ場である。その演劇的な構成や哀調を帯びた音楽は、たとえ潮州語がわからなくても聴衆を十分感動させるものであり、またそれこそが、潮州人であろうとなかろうと、またたとえ少し費用がかさんだとしても、潮州式の功徳をやりたいと思わせる魅力となっているのではないだろうか。

注

（1）詳しくは拙著［志賀　二〇一二］の第三章、第四章を参照されたい。本章では紙数の都合により、とくに明記する必要がある引用文献以外は挙げていない。

（2）「請火」は「取火」とも言い、分壇の信徒が祖壇に詣で、香炉の灰を持ち帰り、香火の力を強める儀礼のこと。

（3）「修骷髏」または「修骷《しゅうこ》」とは、無祀の屍骨を回収して埋葬し、義塚を建立して慰霊の法会を行う一連の儀礼活動を指す。

（4）香港や広州を初めとする広府地域では、個々の死者の功徳儀礼や盂蘭勝会の儀礼は伝統的に、道教系であれば道観に所属する出家道士や「喃嘸佬《ナーモウロウ》」と呼ばれる職業道士、仏教系であれば仏寺や庵堂に属する僧侶や尼姑、あるいは三教合一を説く先天道などの斎堂で暮らす女性の修行者「斎姑」が担ってきた。清末民初期以降、扶鸞儀礼や道教儀礼を行う「仙館」、「道堂」、「仏道社」といった道教系善堂が都市部や都市近郊の景勝地に設立されるようになり、盂蘭勝会や下元法会などの法会を開催するようになった。戦後、広州や香港の道教系善堂では信徒のなかから「経生」と呼ばれるボランティアの儀礼担当要員を養成し、伝統的に専業の宗教者が担ってきた道教儀礼や功徳法事を行うようになった。詳しくは拙著［志賀　一九九九］を参照されたい。

（5）善堂に関する研究動向については帆刈浩之の論考［二〇一一］に詳しい。

（6）一九九一年のセンサスでは、人口総数約五一七万人のうち、潮州語を第一言語とする人口はおよそ七万八〇〇〇人（一・四パーセント）、第二言語とする人口は約一六万二〇〇〇人（五・四パーセント）である［Hong Kong Census and Statistics Department 1992: 54-55, 70-71］。

（7）名簿に掲載されていた団体名は荃湾天后廟（玉霞閣）、玉霞善社、徳恩善社、従徳善社、念敬善社、慈心仏堂、観園修苑、慈善閣、元清閣、慈雲閣、普慶念仏社。このうちのいくつかの団体は、現在はほとんど活動していない。

（8）陳蒨によれば、盂蘭勝会が開かれた理由には、幽霊騒ぎのほか、倉庫内で事故が発生し、潮州人苦力に多数の死者が出たためという話や、若くして客死した潮籍苦力を悼むために行った話など、複数のヴァージョンが伝えられている［陳蒨　二〇一五：一八四］。

（9）明聯創立の経緯については、玉置［二〇一一：一四二―一四三］及び「泰国仏教衆明慈善聯誼会（明聯）史実」［泰国仏教衆明慈善聯誼会編　二〇〇九：二三―二六］を参照した。
（10）タイで行われている修骷法会全般については玉置［二〇〇九］に詳しい。
（11）筆者は明慧善壇の修骷法会以外では、二〇〇七年八月二日に、サムット・プラーカーン県において徳教慈善総会が主催した修骷法会の「火化儀式」を見学したことがある。このときはシリントン王女が参列したこともあって、各界の有力者が多数参加し、盛大に執り行われた。
（12）祖先のための追善供養のこと。「追薦」の「薦」とは「超薦」、すなわち超度（供養）を意味する。
（13）「保宮亭」とは一〇〇年以上前に華南地域からタイにやってきた中国人によって創立された宗教結社で、扶鸞儀礼や瞑想や座禅などの自己修養を主な活動としている。現在タイには、祖壇である保宮亭から分祀した廟や仏教会が全国に分布している。

引用・参考文献

〈日本語文献〉

志賀市子
　一九九九　『近代中国のシャーマニズムと道教――香港の道壇と扶乩信仰』東京：勉誠出版。
　二〇一二　『〈神〉と〈鬼〉の間――中国東南部における無縁死者の埋葬と祭祀』東京：風響社。
玉置充子
　二〇〇九　「タイの華人系慈善団体における無縁死者供養――『修骷』と『火化』」『拓殖大学海外事情研究所報告』四三：一一五―一二四。
　二〇一一　「華人団体のネットワーク形成――タイの『泰国仏教衆明慈善聯誼会』を例として」『拓殖大学海外事情研究所報告』四五：一三九―一四八。
　二〇一三　「タイの潮州系華人の葬送儀礼――上座仏教国における適応と変容」『拓殖大学海外事情研究所報告』四七：一〇七―一一六。
帆刈浩之
　二〇一一　「中国および香港――中国人社会の個性に注目して」『大原社会問題研究所雑誌』六二八：一〇―一六。

二〇一五『越境する身体の社会史――華僑ネットワークにおける慈善と医療』東京：風響社。

夫馬 進
一九九七『中国善会善堂史研究』京都：同朋社。

山下清海
二〇〇二『東南アジア華人社会と中国僑郷――華人・チャイナタウンの人文地理学的考察』東京：古今書院。

〈中国語文献〉

蔡 志祥
二〇一二「城市裡的救贖――移民、階級與清末民初汕頭港口城市的善縁活動」『潮学研究』新二（二）：一―一九。

陳 蒨
二〇一五『潮籍盂蘭勝会――非物質文化遺産、集体回億與身分認同』香港：中華書局。

陳 天国、蘇 妙箏編著
二〇〇六『中国梵唄・香花板』広州：花城出版社。

范 玉煌
二〇一三「汕頭明心善堂功徳儀式音声考察」『韓山師範学院学報』三四（一）：四四―五三。

黄 艶
二〇〇〇「晩清省港民间慈善組織之比較」『広東史志』二〇〇〇（三）：二〇―二三。

呂 梅絲（Mercedes M. DuJunco）著、杜思瑶・陳慧賢訳
二〇一〇「泰国、馬来西亜、新加坡潮州功徳班喪葬儀式中〝血盆〟的展現及其社会和歴史因素的考慮」曹本冶主編『大音』第三巻、北京：文化芸術出版社、二八―五九。

李 国泰
二〇〇五『梅州客家〝香花〟研究』広州：花城出版社。

梁 其姿
一九九七『施善與教化』台北：聯経出版。

潘 淑華

二〇一三　「英霊與餓鬼：民国時期広東地区的盂蘭節與万縁会」蔡志祥・韋錦新・潘淑華編著『「迷信話語」報告章与清末民初的移風変俗』香港：香港科技大学華南研究中心、ii—xvi。

釈　慧原編

一九九二　『潮州市仏教志・潮州開元寺志』仙遊県：出版社不詳。

泰国仏教衆明慈善聯誼会編

二〇〇九　『泰国仏教衆明慈善聯誼会創立六十三週年暨新会址大礼堂落成紀念特刊』。

徐　苑

二〇〇六　『大峰祖師、善堂及其儀式：作為潮汕地区文化体系的潮汕善堂総述』（厦門大学人類学系修士論文）。

張　帆

二〇〇五　「政府与民衆之間——民国時期善堂与救済事業研究」『潮学研究』一二：六一—一一二頁。

〈英語文献〉

Formoso, Bernard

2012　“From Bones to Ashes: the Teochiu Management of Bad Death in China and Overseas,” in Paul Williams and Patrice Ladwig (eds.), *Buddhist Funeral Cultures of Southeast Asia and China*. pp. 192-216, Cambridge: Cambridge University Press.

Hong Kong Census and Statistics Department

1969　*Hong Kong Statistics, 1947-1967*.

1992　*Hong Kong 1991 Population Census - Main Tables*.

Kulp, Daniel H.

1966[1925]　*Country Life in South China: The Sociology of Familism*. Taipei: Ch'eng-wen Publishing Company (reprinted).

Sinn, Elizabeth and Wai-ling Wong

2005　“Place, identity and immigrant communities: The organization of the Yulan Festival in post-war Hong Kong.” *Asia Pacific Viewpoint* 46(3): 295-306.

第五章　潮州系善堂における経楽サービスとそのネットワーク
——マレーシアとシンガポールを中心に

黄　蘊

はじめに

東南アジアのタイ、マレーシア、シンガポールなどの国々には、潮州系の善堂組織が数多く存在している。それらの善堂は慈善活動を地道に展開していると同時に、メンバーの大多数が潮州系華人ということで葬儀サービスなどにおいて潮州的エスニック文化を実践し、潮州系華人のエスニック文化伝承の重要な場にもなっている。また、タイ、マレーシア、シンガポール、また中国の潮州系善堂の間では、潮州式の経楽演奏における協力、堂慶という善堂成立記念行事などにおける相互の訪問、助け合いもしばしばみられる。

東南アジアにおける潮州系善堂の「繁栄」を支える要素は何なのか、それが潮州人というカテゴリーの形成にどう関与してきたのか、本章では、主に善堂の提供する葬儀サービスと善堂間に結ばれるネットワークに注目してその分析を行いたい。

潮州地方は、中国で善堂、善社と呼ばれる慈善団体展開の最も盛んな地域だといわれる。民国期の社会情勢、つまり、戦争、災害の被害が相次ぐという状況の中で、潮州地方では五〇〇以上の善堂が設立され、かつてない慈善救済の風潮が巻き起こった［冷東　一九九九：三六二］。

広東省の東南部に位置する潮州地方では、善堂、善社の展開は、地域性と深く結びついているとみられる。それらをベースとして、今日の東南アジアの潮州人社会につらなる独自の善堂文化が形成されてきたといえる。

潮州地方では、ほとんどの善堂は地域の神信仰と結びついている。そのうち、呂祖、玄天上帝といった神格を主神として祀る善堂も多くみられるが、宋大峰を主神とする善堂が大半を占めている。多く善堂の創設は、大峰祖師を奉じ、その慈善精神の感化を受けたなかで、善堂の設立に至ったという経緯をたどっている。(1) こうした特定の神格と結びつく形での潮州地方の善堂文化は、のちに東南アジアに移住した潮州人によって継承され、今日東南アジア地域の善堂展開の基本的なスタイルとして定着しているとみられる。

今日東南アジア諸国において、潮州系華人が善堂の活動と緊密にかかわり、宋大峰信仰を核とする慈善文化を形成してきたとみられる。タイの報徳善堂といった潮州人の善堂、また、シンガポール、マレーシアの善堂連合組織などはその例である。潮州人の至るところに善堂が分布し、ほかの方言集団からすれば、善堂とは基本的に潮州人のものだという認識ができているほどである。

善堂とほかの華人の宗教慈善団体との大きな違いは、経楽部があり、死者に対する追善供養という功徳法事を行っている点である。以下で詳述するように、本章で扱うシンガポールとマレーシアの善堂のなかで、とくにシンガポールの善堂はプロレベルの功徳法事を提供している。功徳法事の際に、潮州語で仏教経典を誦唱し、また潮州式の楽器で潮州音楽を演奏する。善堂のもう一つの特徴は会員と大峰祖師という地域性のある神との間にできた「神縁」である。上述したとおり、善堂は慈善と民間信仰の結合であり、その上に宋大峰という特定の神格と結びつくことで、そこに地域性が絡んでくる。潮州系善堂は潮州的エスニック文化をたぶんに帯びる団体として潮州系華人を統合する場となっており、その点は潮州会館という同郷団体とさほど変わらない。しかし、シンガポール、マレーシアなどの東南アジアの華人コミュニティに存在する善堂は大峰信仰というほぼ単一の神と緊密に結びつき、[2] 同郷会館にはない「神縁」という郷土の神信仰との関係性が生まれている。そのような「神縁」は潮州会館以上に潮州系華人のサブ・エスニシティ性の意識をより明確にしているところがあるといえる。

今日では、この善堂という形式での慈善活動とその文化はすでに潮州系華人のエスニシティを代表するものの一つと目されてもよい、もしくは善堂を中心とする慈善文化は、東南アジアの潮州人のエスニシティを形作ってきたという仮説を立ててもよい状況がある。

本章はシンガポールとマレーシアの潮州系善堂を対象として、東南アジアの潮州系善堂の「繁栄」を支える要素として、善堂の提供する葬儀サービスに注目し、その独自性、潮州人エスニシティの維持と創出との関連性を考察することを目的とする。同時に、善堂間の相互扶助、そのネットワークの有する意義についても分析を行ってみたい。なお、管見の限りにおいて、シンガポールとマレーシアの善堂はほぼすべて潮州系華人中心のものであり、以下ではシンガポールとマレーシアの善堂をそれぞれ両国の潮州系善堂という意味において使う。

一　潮州系宗教慈善団体である徳教と善堂、その相違点からみる善堂の特徴

同じ潮州人の宗教慈善組織として徳教という宗教団体がある。本節では、徳教と善堂の活動、理念における類似点と相違点を検討し、それによって、善堂の独自性と特徴を浮き彫りにしたい。

徳教は一九三九年に中国の潮州地方において、扶乩と慈善を中心活動とする宗教慈善結社としてスタートした。第二次世界大戦後、前後して潮州系商人によって香港、タイ、シンガポール、マレーシアに伝えられ、そこから徐々に教団としての形を整え始め、また東南アジアというコンテクストの中で新たな発展の段階を迎えた。なお、新中

国の成立に伴い、中国大陸における徳教団体の活動はもとより、組織そのものの存在も中断を余儀なくされた。今日香港では徳教の展開は下火になっており、東南アジア地域のマレーシア、シンガポール、タイは徳教展開の中心地となってきている。今日徳教団体はその組織性を強化しつつ、上述した各国において宗教、慈善、教育などの活動に力を入れることで、地域社会に堅実に根付いている［黄　二〇一二］。

徳教団体には、宗教団体としての組織性が明確に見て取れる。マレーシア、シンガポール、タイの三か国において、徳教団体はそれぞれ連合組織をつくっている。マレーシアでは現在徳教団体の数は一五〇以上あり、そのほとんどが一九五七年成立の「馬来西亜徳教聯合総会」という連合組織の傘下に入っている。都市国家シンガポールでは現在一一の徳教団体があり、連合組織としては、一九五七年に成立した「南洋徳教総会」とのちに結成された「星洲徳教総会」の二つがある。タイでは、一九八〇年に「泰国徳教慈善総会」が創設され、全国徳教団体活動のコーディネーターとしての役割を果すようになった。なおタイでは、徳教団体の連合組織は「慈善総会」の一つのみで、その司令塔のもとで一〇〇近くの徳教団体が団結し、協調性をもって活動している。

以上のように、各国にはそれぞれ徳教団体の連合組織があり、そのもとで宗教団体として宗教、慈善などの活動を展開している面が大きい。一九八〇年代後半以後、世界的な徳教大会が定期的に開催されるようになり、国境を越えた各国の徳教団体の連携は近年において、ますます深まっている［黄　二〇一二］。その中で、オーストラリア、アメリカなどの西洋圏の華人コミュニティに徳教を広めたり、中国本土において徳教組織の再建、新設に取り組むといった活動も盛んに行われている。そのプロセスの中で徳教という宗教団体のアイデンティティが一層強化しつつあることが見て取れる［黄　二〇一二］。このような宗教教団の体裁をもつ徳教に比べると、善堂には同じ系列善堂内部における交流と連携があるものの、全体的な組織性がなく、あくまでも個別の慈善団体として活動を展開している。

同じく慈善活動を展開する団体として、徳教と善堂はその活動理念の類似性からよく混同されるが、両者の違いも明確に見て取れるものである。以下では、いくつかの点において、徳教団体と善堂の相違とそれぞれの特徴を比べ、善堂の活動方式とその路線の特徴を浮き彫りにしておきたい。

徳教はそれほど組織性のない一般の善堂に比べ、宗教団体としての組織理念を有し、自身の宗教的理念をもっている。それに対して、善堂は一般に慈善の精神を自身の組織理念として、宋大峰という神格を組織の中核としているが、明確な宗教理念をもたないし、宗教団体としての体裁も有しない。

慈善奉仕という意味においては両者の活動理念は近いが、その異なるおもむきも簡単に見て取れる。徳教は集合的な神の存在を導きとして「徳」という道徳的修養を理念とし、それを組織の中核としている。徳教では、善の実践はあくまでも「徳」の実践の一部にすぎず、「十章八則」という儒教的道徳規則のなかに包括される。それに対して、善堂は、「宋大峰」という特定の神格への崇拝、慈善奉仕の理念を組織の中核とする。つまり、両者の違いは、善堂では慈善のみが組織の理念であるが、徳教団体ではそれより広い「徳」の実践が組織理念となっているところにある。活動の面においては、徳教団体では扶乩を介し、神からメッセージを獲得することが中心的な活動とされるが、善堂では慈善活動の展開は中心的である。

宗教イデオロギーの傾向として、両者はともに儒教・仏教・道教の三教混合をイデオロギーとしてもっているが（徳教はさらにキリスト教、イスラームも加えて五教と標榜する）、善堂では法要時に仏教経典を使うなど、民間仏教的色彩が濃くみられる。

法要に対する態度にも、両者の違いがみられる。徳教における慈善活動は「陽」という生きた人間に向けるものが中心で[3]、善堂では「施陰済陽」という陰と陽の両方、つまり死者に対する棺桶の贈呈、また生きたもの向けの医薬サービス、貧困者救助という両方のサービスを重視する。とくに法要、葬儀サービスの提供が善堂の特徴となっている。

もう一つ重要な点は、徳教団体には潮州人が多数いるが、その他の方言集団の参加者も少なくない。善堂では、その参加者のほとんどが潮州人である[4]。その意味において、徳教は「脱潮州人性」の一面をもつが、善堂はより潮州人の文化やエスニシティと緊密な関係性をもつと捉えられる。

総じていえば、徳教は教団としての経典をもち、組織性のある宗教団体という位相を有する。潮州系を中心とする華人の意識的な「宗教生成」運動の一面をみせている〔黄　二〇一二〕。それに対して、善堂の成員は慈善団体という自己認識を有し、教団化への志向性をもたない。そのなかで、善堂のメンバーたちを束ねる中心的な要素は、宋大峰祖師への信仰に代表される慈善の精神と、独特な潮州式の葬儀サービスである。後者は潮州独自の地方音楽と深く結び付いており、潮州人のエスニシティと直結した可視的なものといえる。

二　葬儀サービスとトランスナショナルなネットワーク
――シンガポールとマレーシアの修徳善堂の事例

前節で述べたように善堂の行う葬儀サービスは、潮州楽器・潮州音楽と深く結びついている。このような潮州人エスニシティが絡んだ葬儀サービスは、今日東南アジアの華人コミュニティでは、潮州系善堂、また潮州系功徳班という潮州式功徳儀礼の提供を生業とする団体によって請け負われ、実施されている。そうした活動は潮州音楽や潮州式葬儀の儀礼伝承にも大きく貢献している。

一国内、または国境を越えた善堂の「増殖」は、潮州人慈善文化圏の拡大、ひいては潮州人を「創出」させるサークルの拡大にもつながる。

以下では、シンガポールとマレーシアに広がる修徳善堂と南洋同奉善堂を例として、それぞれの成立、展開、またそれらの行う葬儀サービス、ネットワークについて詳しくみる。それらを通して、この二つの善堂系列の繁栄の背後にある重要な要素としての葬儀サービスのもつ意義について分析したい。

1　シンガポールとマレーシアにおける修徳善堂

シンガポールは圧倒的に華人がマジョリティを占める国である。二〇世紀初頭にすでに華人が全人口の七〇％以上を占めており、その割合は変わらず今日に至っている。シンガポールの人口構成については、二〇一〇年のセンサスに基づく内訳では、華人が約七四％、マレー系約一三％、インド系約九％、その他三％になっている。華人住民のなかでは、福建系が四割を占め、最も多く、潮州系と広東系が二割前後でそれに続く。

これまでシンガポールでは英語重視の国策がとられてきたが、その一方で華語と華人文化の維持と宣揚も決して無視されてきたわけではない。一九七九年から華人住民に対して「スピーク・マンダリン」運動、儒教的価値観の再建を始め、以来バイリンガル、バイカルチャーの教育方針と国策を固めてきている［田村　二〇〇〇：二四二―二四八］。宗教信仰の面においては、隣国のマレーシアとともに、シンガポールの華人は一般的に雑多な華人の民間信仰を信仰しており、この二つの地域は中国大陸と香港、台湾以外でもっとも「中国的」宗教信仰の盛んな地域といえる。シンガポールでは、日常生活において英語は確かに多用されているが、中国語の使用、中国的宗教文化も同時に維持されており、英語とそれに代表される西洋文化、また華人の民俗・文化の両方が同時に生きているのがシンガポールの実在の風景である。

華人コミュニティでは、社会の急激な変化に伴い、伝統的互助組織である同郷・同姓会館といった会館組織もその新たなあり方を模索してきた。一九八六年に主要七同郷会館を発起人として、シンガポールの地縁および血縁団体の連合組織となる「シンガポール宗郷会館聯合総会」が発足した。同聯合総会が積極的に各種文化活動を開催したこともあって、七〇年代から休眠状態に陥った数少なくない華人団体が息を吹き返した。

潮州人コミュニティでは、潮州地方の八つの県をベースとする各種潮州系団体を総括する「潮州八邑会館」が一九二九年に成立し、以来潮州人コミュニティの最高機関としての役割を果たしてきた。潮州系の各同郷会館、宗郷会館のほか、潮州系の善堂も会員団体として加入している。「潮州八邑会館」はその下の各団体を総括するかたちで、近年、潮州文化の継承・宣揚を主旨とする多様な文化・社会活動を展開しているほか、海外の潮州人団体との交流も盛んに進めている。(5)

シンガポールには様々な民間信仰の廟や壇、もしくは組織性のある華人教団があり、それぞれ盛んな活動を展開している。潮州人コミュニティでよく知られているのは善堂と前述の徳教団体である。この両者は基本的に潮州人の宗教慈善団体として潮州系コミュニティに限られており、内向きの性格をみせている。近年の大規模な慈善イベントの開催以外にその認知度は決して高いものとはいえない。

シンガポールには今日合わせて三〇前後の善堂がある。そのうち、「新加坡中華善堂藍十救済総会」という善堂連合組織に加入しているのは一一団体で、それらはもっとも知られている善堂といえる。シンガポールにおける最も歴史の古い善堂は一九一六年にできた修徳善堂である。一九四二年に、日本占領期という非常な時期において貧困者救助を行うために、修徳、普救、同敬、同奉、南安という五つの善堂が善堂連合組織「新加坡中華善堂藍十救済総会」を発足させ、災害救助、死者の埋葬などに取り組み、戦時下において重要な役割を果たした［中華善堂藍十救済総会　二〇一三：五〇］。第二次世界大戦後、新たな善堂が続けて設立され、数が増加した。しかし、戦時中のように独特な役割を果たしていたわけではないので、関係者以外にはあまり知られていない。三〇前後の善堂のうち、一〇堂ぐらいの小さい善堂は、ほかの善堂から分離、独立した組織で、実際は潮州式の経楽サービスを提供することを目的とする職能団体である。善堂という名を使いながら実際固定的な建物と場所を有していないのがほとんどである。近年建物を購入して、自身の固定的な場をもてるようになったのは、慈仏善堂、普陀善堂などのいくつかだけである。彼らはなぜ善堂という名を使うのかに関しては、シンガポールでは善堂のイメージがすでに定着しているので、その名前の方がビジネスがしやすいからであるという[6]。よって、それらの団体は善堂という名を使いながら、実際は潮州式の葬儀サービスを提供する職能団体で、第三節で言及するマレーシアの潮州功徳班と同じ性質をもつものである。徳教団体は一一団体ある。

善堂と徳教団体では潮州人以外の会員もみられるが、いずれも会員の大多数は潮州人で、会議において潮州語が使用されるなど、潮州エスニック文化の特色が鮮明にみられる。両者はともに潮州人が中心メンバーということから、一部には重複メンバーもみられる。筆者は二〇〇六年から二〇一四年までシンガポールで断続的に徳教と善堂について調査を行ったが、宗教行事が終わると、みんなで潮州のお粥や軽食を食べるということが度々あり、そこで潮州的な食文化に触れたことが記憶に新しい。

ここでもう一つ言及しておきたいのは、マレーシアとシンガポールの華人宗教団体の間では緊密な連携関係があることである。マレーシアとシンガポールという二つの国は歴史的に深いつながりを有し、さらにエスニック集団間の対比や社会環境において多くの類似性を持つことから、両国間の華人は互いに心理的な近さを感じているとみられる。それゆえ歴史的に宗教実践の面でも緊密な連携がみられる。徳教団体においては、両国間の団体の相互の行き来が盛んである。善堂においても、前述の善堂連合組織「新加坡中華善堂藍十救済総会」の傘下には、マレーシアの分堂として一〇団体が入っている。マレーシアの分堂はいずれも一九五〇年代以後シンガポール側との連携の中で設立されたもので、シンガポールの善堂から財政などの面で支援を受けたり、シンガポール側の善堂の組織力にあやかり、シンガポールの善堂の分堂と名乗っている。

写真１　修徳善堂のシンガポールとマレーシアにおける伝播［修徳善堂養心社　2010：62‐63］

シンガポールの徳教団体にしても善堂にしても、若年層の参加者の多くは親や祖父世代の影響を受けて参入するケースが多い。そのため、若年層の参加者の多数も潮州人であり、教団内の行事や重要事項のある際、潮州語を使用するなど方言集団の閉鎖性をみせている。それは本稿で言及する善堂の「排他性」、「潮州人性」を構成する重要な要素の一つとなっている。

さて、本節で扱うシンガポールの修徳善堂は、一九〇二年に潮州地域の潮安大呉郷に成立した「大呉修徳善堂」に遡る。その設立の背景には疫病の流行があった。一九〇二年当時、ペストの流行で多くの死者が出たため、大呉郷の呉姓の宗族のメンバーは庵埠の太和善堂まで赴き、大峰祖師を迎え入れて祀り、災害がなくなることを祈願したところ、翌年すべてが収まった。そのため、大峰祖師を奉じる当該神壇が多くの信者を集めるようになり、大呉郷の善堂として徐々に定着することになった。大呉修徳善堂では一九〇七年に最初の理事会選挙が行われ、それ以後善堂としての組織のかたちが固まっていった。民国期の後半には、大呉修徳善堂のメンバーは六〇〇人以上に上り、施薬、施棺といった慈善活動以外に、無縁死者の埋葬も行っていた［修徳善堂養心社　二〇一〇：六四］。

大呉修徳善堂のシンガポールなど東南アジア地域への伝播は早い時期から行われていた。一九一六年にシンガポールに渡った大呉郷出身者が、大呉修徳善堂の香火をつなぐ修徳善堂養心社をまずシンガポールのベドックにおいて創設した。その後、シンガポールとマレーシアで次々と修徳善堂の系列善堂ができ、その数は七堂になった。最初にできた修徳善堂養心社に関しては、一九二六年に医薬部、経楽部などの各下部組織ができ、形式上より整った組織として定着した。その後シンガポールと近隣のマレーシアのマラッカ、ジョホール州で次々と修徳善堂の系列善堂ができ、その数は一九九〇年に最後にできたマレーシアペナン州の修徳善堂を入れると七つになった（写真1）。以下ではシンガポールのトア・パヨーにある大芭窯修徳善堂を例として、経楽とその他の活動についてみていきたい。

トア・パヨーにある大芭窯修徳善堂は一九四二年に成立した。今日シンガポールでは規模的に一番大きな善堂といえる（写真2）。大芭窯修徳善堂は成立後、宋大峰祖師を奉じ、慈善活動を精力的に展開していたため、まもなく多くの信者の参加を集めるようになった。一九五一年より新しい建物の建設が計画され、一九五八年に完成した。大芭窯修徳善堂のメンバーは五〇〇人あまりで、理事は四八人いる。メンバーのうち、潮州人は八割を占め、メンバー同士は潮州語でコミュニケーションを行っているなど、潮州人のエスニシティの色彩は随所に観察される。

写真2　大芭窯修徳善堂（2013年8月筆者撮影）

写真3　大芭窯修徳善堂の贈医施薬部（2013年8月筆者撮影）

当善堂では一九六六年に贈医施薬部ができ（写真3）、中医診療所という漢方の診療所では、六名の医師が時間帯を決めて交替して診療に当たっている。針灸サービスもある。一九九二年に骨灰と位牌を納めるサービスも始められた。トータルで一万個の骨灰と位牌が置けるようにできているが、現在五〇〇〇個がすでに売却済みである。骨灰安置の金額は、最低で三〇〇〇シンガポールドル（およそ二四〇万円）であるという。一九九五年に新たに腎臓の透析センターを

写真4　大芭窯修徳善堂で行っている扶乩の様子（2013年8月筆者撮影）

増設し、年間一〇万シンガポールドル（およそ七五〇万円）の経費を投入している[7]。また、大芭窯修徳善堂が独自に行う慈善活動以外に、シンガポールにある複数の慈善団体に年間四〇万シンガポールドル（およそ三〇〇〇万円）を寄付しているという。

宗教的な活動として、扶乩儀礼が定期的に行われている。大芭窯修徳善堂と徳教団体の両方に参加しているメンバーの話によると、善堂の規定のほうがより厳しく、扶乩に関しては決まった服装があるほか、法会の際に乩手は所定の帽子をかぶる。現在の乩手はベジタリアンであり、神のメッセージの記録役などほかの扶乩関係者も、旧暦の毎月の一日と一五日に肉食を控えなければならない（写真4）。なお、現在当該善堂の正乩手は一名のみで、かつては徳教団体の乩手だったという。乩手を務めてすでに二〇年以上となるが、若いころからすでにベジタリアンだった。扶乩で降筆される文字はふつう古文であるが、一九九五年からそれが現代文に変わるようになり、メンバー間で共有されることになっている。その理由は、現代のシンガポール人はあまり古文が読めないからだという。なお、大芭窯修徳善堂を含む多くの善堂では、扶乩に降りてメッセージを託す神は、その九〇％が宋大峰祖師で、残りの一〇％がその他の神、たとえば済公、華陀仙師によるものである。

シンガポールの徳教団体の場合、例えば筆者が調査を行ったシンガポール最大の徳教団体済雲閣では、扶乩というういわゆる神と交流関係をもてる宗教セッションが人々の心を捉える最も重要な要素と考えられるが、徳教団体の扶乩では様々な神がメッセージを降ろし、より複雑な神と人間との関係が観察される[8]。大芭窯修徳善堂を始めとする善堂では、信徒の神への悩み相談は相対的に少なく、神のメッセージがよりシンプルで、「行善」をめぐる神と人間との関係が中心的といえる。また済雲閣では、老人ホームの経営のように慈善事業が大規模化し、複雑化しているのに比べ、修徳善堂では慈善活動は漢方のような医薬サービスのみという伝統的なスタイルを維持しているといえる。全体的に善堂に来る信者は、華やかな活動よりは、地道に伝統的な活動スタイルを維持している。宋大峰祖師に対する信仰、思い入れが会員たちを束ねているという比較的シンプルな構図が見て取れる。

善堂と徳教団体とのもう一つの大きな違いはその職能性にある。葬儀における経楽サービスの提供、それに付随する潮州音楽の伝承は、潮州人コミュニティにおける善堂ならではの役割と特徴である。そうしたことにかかわりたい人、また興味をもつ人が善堂に集まってくる。大芭窯修徳善堂の場合、経楽部に五〇名ほどのメンバーがおり、主に死者の超渡や法会を担当する。経楽部は、経務、打楽器、弦楽器の三位一体からなる組織であるが［大芭窯修徳善堂 一九九二：九二］、そこで使用する楽器は文楽と武楽と称する二種類の楽器に分けられる。それらは潮州独特の楽器で、また潮州地方の音楽を演奏するのが特徴である。メンバー以外に、一般向けに「礼仏」という葬儀サービスを提供する。そのほか、中元節の際の「建供普渡」、善堂成立記念日や神の生誕時に行う「清供」という儀式を行う。

善堂の行う法会に関する表現として、「功徳道場」、「礼仏」、「建供」といった言い方が使われる。修徳善堂について研究を行った李志賢によると、善堂で行われる各種の法会は全体的に言うと、神に対する祈禱と、故人に対する功徳供養の二種類に分けられる。その世界観や儀式には儒教、仏教、道教の三教の世界観の融合と結合が反映されており、とくに故人に対する功徳儀礼には一族の秩序、親族の身分に対する帰属意識が投影されて演じられており、儀礼のもつシンボリックな意義は無視できないものとなっている［李志賢 二〇一六］。よって、功徳儀礼は儀礼であると同時に、それは一種の孝や家族観念に関する教化と知識の伝承とも捉えられ、そうした意義があるからこそ、その伝承ができたのではないだろうか。

功徳法会として、昼と夜を含む丸一日の法会は二〇〇〇シンガポールドル（およそ一五万円）で、大きな法会だと

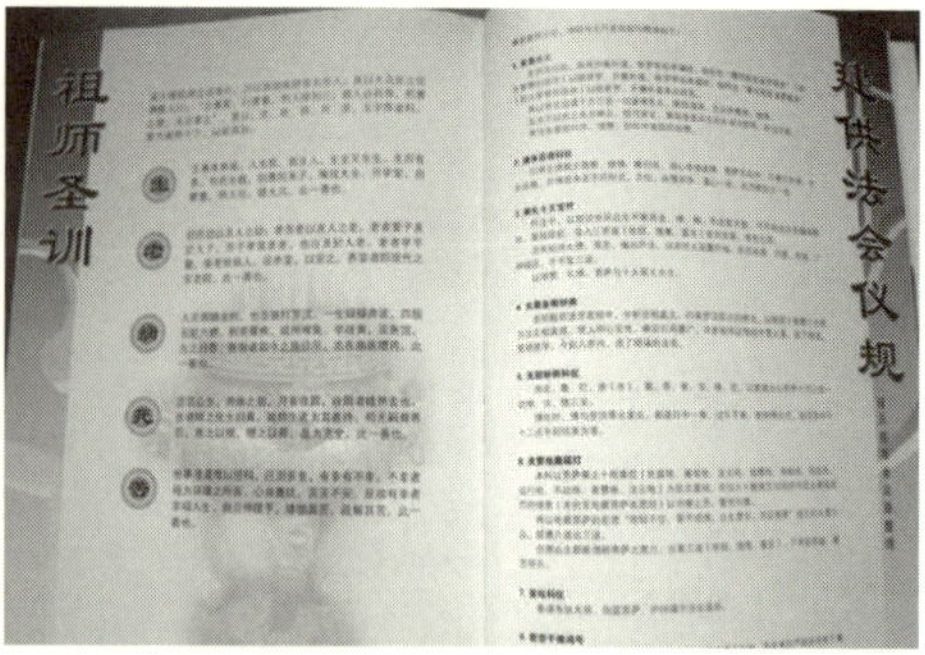

写真5　法会のマニュアル、儀式内容［修徳善堂養心社　2010：125］

五、六万シンガポールドル（およそ三七〇～四五〇万円）がかかるという。この金額から分かるように、一日の法会の金額はほぼ一か月の給料に相当するので、功徳法会を頼むのは相対的に裕福な家庭ということがわかる。

トア・パヨーにある大芭窯修徳善堂とベドックにある修徳善堂養心社は、経楽サービスにおいて相互に支援し合っており、メンバーも経楽サービスの内容も共通しているところが多い。両者の経楽サービスには決まったマニュアルと一連の法会儀礼があり、儀礼内容と儀式、誦唱する経典、服装にはたぶんに仏教的色彩がみられる（写真5、写真6）。経典は、「大乗金剛妙典」、「妙法蓮華普門」などの仏教経典が使われる。なお、修徳善堂の経楽演奏・儀式には系統だった伝承があり、「焔口施法」、「真言手印」という仏教式法要儀礼は由緒あるものといわれる［大芭窯修徳善堂　一九九二：九二］。

経生という経楽儀礼担当者、とくに金剛上師と呼ばれるベテラン経生の養成はそう容易なことではないが、潮州地方に遡る伝承を受け継いできているなかで、現在修徳善堂を含むシンガポールの善堂間では経生養成の手順は確かなものといえる。後述する修徳善堂のベテラン経生のY氏によると、シンガポールの善堂にはそれぞれ平均して二〇人から三〇人ぐらいの経生がおり、どの善堂にも金剛上師と呼ばれるトップレベルの経生が少なくとも一人はいる。なぜなら金剛上師は唯一「瑜珈焔口」という儀礼を担当できる役なのからである。Y氏によると、第一代目の経楽の師匠は、汕頭の存心善堂で経楽を伝授した潮州開元寺の僧侶である釈可声であった。存心善堂は一八九九年に成立した潮州地方の由緒ある善堂で、経楽サービスの始まりはそこにおいてであった。そこをスタートとして善堂に経楽演奏という「伝統」が徐々に定着していった。シンガポールの修徳善堂は一九一六年に成立したが、その年からもと潮州地方の太和善堂のメンバーだった経生が修徳善堂で経楽を伝授し始めたという。その人がY氏らの修徳善堂の経生たちの師匠にあたる。現在四〇代後半のY氏らは、潮州の一代目の師匠から数えると自分たちは三代目の経生になると自認しており、その下に現在四代目も育っている。修徳善堂では、Y氏と同じ三代目の経生のうち、金剛上師の資格をもつ経生は一〇人ほど育ったが、現在個人の仕事などの原因で全部が善堂で奉仕しているわけではない。Y氏の下の四代目の経生のうち、金剛上師の資格をもつものは五、六人いるという。Y氏自身はこれまで三人の金剛上師を育ててきたが、そのうちの二人はマレーシアのムアル修徳善堂分堂の経生である。そこから分かるように、修徳善堂の場合、シンガポールにおいてのみならず、マレーシアの分堂まで駆け付けて経生の養成に取り組んできている。

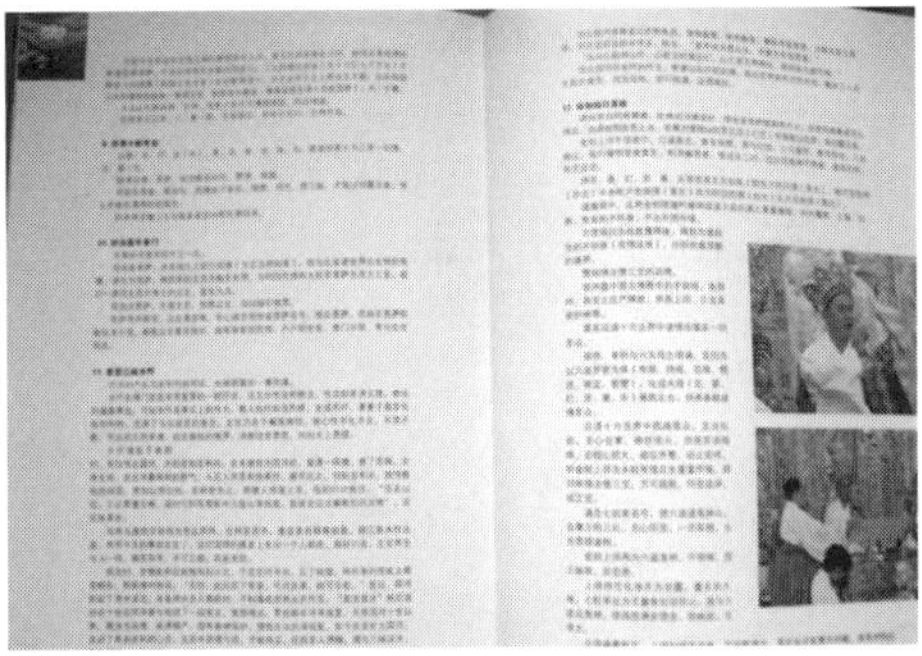

写真6　法会のマニュアル、儀式内容［修徳善堂養心社　2010：126-127］

　シンガポールとマレーシアの修徳善堂間において、相互の助け合いのかたちで「経楽」の伝承が維持されている。上述した経生の養成に関してもそうであるが、建供という大きな法会の際の経楽儀礼の実施においても各善堂間の相互の協力はよくみられる。例えば、それぞれの分堂の重要な成立記念行事の際に（ふつうは三五周年、四〇年というふうに五年ごとに大きな記念行事を一回開催する）、ほかの堂から経楽演奏、儀礼のための支援が行われている。その際の建供法会という大きな法会の際に、例えば二〇一七年六月に成立五五周年の記念行事を開催したマレーシア・ジョホール州のポンティアン修徳善堂分堂では、七つの分堂からそれぞれ三名ほどの経生代表が出席し、トータル二一名の各堂の経生が合同して法会の儀礼開催を担当した。筆者のインフォーマントによると、それは相互の協力のみならず、そういう場合は、経生たちが経楽演奏、儀礼の実施に関する切磋琢磨のよい機会でもあるとう。そういう機会を経て、各堂の経生たちが腕に磨きをかけてきたといえるだろう。なお、支援のためにほかの善堂に出向く経生に対して、法会開催の善堂が旅費を出すという。

ほかに経楽儀礼における相互の協力の例として、例えば二〇一五年、シンガポールの同敬善堂成立七〇周年の記念行事の際に、朝八時から夜一一時までの連続三日間の建供法会が開催されたが、その際にシンガポールとマレーシアの複数の善堂よりそれぞれ二〇名から三〇名までの経楽関係者が法会に参加し、トータルで三〇〇人の経生が法会の実施に携わったという。彼らが交代するかたちで三日間の法会の実施を支えた。今年二〇一七年はシンガポールの「中華善堂藍十救済総会」という総会組織の成立七五周年の年になるが、一〇月に開催予定の記念行事の際にメンバーである一一の善堂は協力して大型の法会を開催する予定であるという(9)。

なお、修徳善堂は経楽サービスを提供している由緒のある善堂であるが、しかし、それはプロの葬儀会社としてではなく、あくまでも兼業として葬儀サービスを行っているのである。修徳善堂の経樂関係者によると、現在月に平均二回ぐらい功徳法事を頼まれている。こうした兼業性の善堂と並行して、前述の同じく善堂という名をもつプロの潮州系職能組織は、より安い金額で各所において功徳法事を請け負っている。それらの潮州系職能団体ができたのは一九八〇年代、九〇年代であり、いずれも大きな善堂から分離、独立したものである。潮州式の功徳儀礼には市場のニーズがあり、それが原因でよりリーズナブルな金額で功徳法事を提供する職能集団が生まれたと推測される。後者は儀礼の面では前者のようなスペクタクル性を持たないかもしれないが、安い、アクセスしやすいということで潮州式の葬儀市場で独自の位置を占めている。

現在修徳善堂の七つの分堂のうち、一九九〇年に成立したマレーシアペナン州の「平安村修徳善堂」にはまだ経楽部がないが、近年潮州打楽器を購入し、メンバー候補者による演奏の学習と練習を行っており、近い将来に「経楽股」の結成をめざしているという[10]。

最後に修徳善堂の系列善堂間におけるネットワークの結び方、そのネットワークの有する意義について考えてみたい。七つある分堂の「増殖」過程において、扶乩を介する神の指示により「修徳」という名の善堂を作るケースと、まず善堂を結成し、その後「修徳善堂」の影響力にあやかりたいということで「修徳善堂」を名乗るケースという両方のパターンがある。マラッカ分堂、ペナン州の平安村分堂は後者のケースである。

七つの分堂を含む「修徳善堂養心社」は、その「香火」の源である潮安の修徳善堂をしばしば訪問するなど、相互に緊密な関係をもっている。新中国成立後、大呉修徳善堂の活動は中断することになったが、一九八三年に国内外の熱心な善堂関係者の呼びかけがあり、またシンガポールの修徳善堂系列善堂の資金援助により、潮安大呉郷の大呉修徳善堂の建物が再建され、理事会、経楽部などの下部組織も組織されていった。その経緯としては、一九八〇年代にシンガポールの修徳善堂の系列善堂が中心となり、大呉にある「祖堂」の復興の支援に取りかかるようになった。二〇一〇年にさらにシンガポールとマレーシアの修徳善堂による一六〇万シンガポールドル（およそ一億二〇〇〇万円）の資金援助で、「祖堂」の再建が行われた〔修徳善堂養心社　二〇一〇：六六〕。善堂の活動が長いこと中断していた潮安の修徳善堂に対し、シンガポールの修徳善堂の系列善堂より、扶乩や経楽儀礼の伝授が行われ、それらの活動は現在すでに復活している。現在では、伝統的な施棺、貧困者救助といった活動以外、経楽部はよく仏教式の葬儀サービスを近隣の各所において提供するようになっている〔修徳善堂養心社　二〇一〇：六四―六五〕。

なお、修徳善堂ネットワークでは、中国潮安の修徳善堂とシンガポール、マレーシアの七堂による全体の連絡会議が定期的に開催されている。

以上から分かるように、中国とシンガポール、マレーシアの間では、善堂間において地域を越えるネットワークが形成されているといえる。そうした圏域の存在によって、独特の潮州的特徴を有する経楽サービスという特定の宗教伝統、法要儀礼、エスニック文化が維持され、それらはさらに潮州人意識の喚起、潮州人エスニシティの継承や維持につながっているとみられる。

2　なぜ善堂なのか

前述したとおり、シンガポールには全部で三〇前後の善堂があり、またそのうち統合的な役割をもっているのが一九四二年に成立した善堂連合組織「新加坡中華善堂藍十救済総会」である。この善堂連合組織には一一の善堂が加入しており、それらは由緒ある善堂とみなされている。そのなかで、修徳善堂はシンガポールにおいて歴史的に最も古く、また最も規模の大きい善堂といえる。なお、修徳善堂系列だけは分堂を含めて三堂がある。

シンガポールにおいて、善堂が次々に誕生した背景には日本占領期という一時的な特殊な時代背景があった。同国における早い時期の善堂として、修徳善堂は一九一六年に成立し、普救善堂は一九二九年、南洋同奉善堂は一九三七年に成立した。この三つの善堂は日本占領期の一九四二年から率先して病気、飢餓などによる被災者救助に取り組んでいた。個々の善堂の活動を統合するかたちで被災者救助を展開するため、前述したとおり、上記三つの善堂が連合して一九四二年に当時の日本軍政当局に申請し、「新加坡中華善堂藍十救済総会」を発足させた。この「藍十」という二文字には救済と死者埋葬の両方の意味が含まれている［中華善堂藍十救済総会　二〇一三：五〇］。その後、救助のニーズに応じて、修徳善堂は、一九四二年に分堂として、今日のトア・パヨーにある大芭窯修徳善堂を増設した。続いて、一九四三年に同敬善堂、また一九四四年に南安善堂が創立された。戦後、一九五〇年に同徳善堂、一九五九年に報徳善堂、一九六一年に南鳳善堂、一九七四年に衆弘善堂などが次々と創設され、藍十救済総会に加入した。火災、水害救助などの非常時の災害救助と日常的な福祉サービスの提供で、善堂組織は戦後も依然としてその役割を果たしていた。

善堂増殖のもう一つの理由は既存の善堂からのメンバーの分離、独立である。上述したように、潮州式の功徳儀礼の提供を生業とし、そのために結成された新たな職能団体もある。そのほかに、一〇ぐらいの善堂は既存の善堂から分離したもので、「藍十総会」という総会組織には加入しておらず、独自に活動を展開している。

およそ九〇年代以降、それぞれの善堂では位牌供養サービス、老人ホーム、幼稚園経営などを始め、従来の医薬サービスと合わせて時代のニーズに合った慈善のかたちを模索するようになった［中華善堂藍十救済総会 二〇一三：五二］。なお前述したとおり、善堂はそれぞれ経楽部を設けて経楽サービスを提供しており、その独特な職能性は同じ潮州人の宗教慈善団体とみなされる徳教とは異なるところとなる。経楽サービスに関しては、シンガポールの各善堂には平均してそれぞれ三名から五名前後のベテラン経生がおり、その人たちが中心となってそれぞれの経楽演奏と法事が成り立っている。なお、各善堂間では経楽サービスに関して、人員の相互支援がよく行われている(11)。

シンガポールでは、潮州人とかかわりをもつとみなされる宗教信仰とその施設として、三山国王廟、玄天上帝廟、大峰祖師を奉じる善堂、集合的な神をパンテオンにもつ徳教団体があるが、そのうち、善堂のみが潮州系社団組織の団体会員に数えられている（表1）。

表1のとおり、善堂はほかの潮州系の同郷会、宗親会、また商業、娯楽団体とともに潮州系の社団とみなされている。その理由はのちでも述べるように、おそらく善堂のしっかりとした組織性、潮州的伝統文化伝承の場という性質にあると思われる。前述した済雲閣などの徳教団体も明確な組織性をもつが、第一節で言及したように、徳教団体は基本的に自身の宗教的理念をもつ宗教慈善団体で、潮州文化の伝承、宣揚はその目的ではない。善堂もとくにエスニック文化の宣揚を自身の明確な目標と掲げていないが、郷土的な潮州音楽や儀礼の実践は図らずもそういうことと密接な関係性を結んでいるといえる。

では、個人レベルでは人々はどういう経緯、またどんな気持ちで善堂に加入しているのだろうか。以下筆者が

表1　新加坡潮属社団（シンガポール潮州系社団）

性質		社団名称
信託慈善機構		義安公司
	義安公司相関教育機構	端蒙学校、端蒙中学、義安学院、義安女小（現在義安小学校に改名）
会館		新加坡潮州八邑会館
		新加坡潮州総会
	県属地縁性会館	潮安会館
		潮陽会館
		澄海会館
		掲陽会館
		南洋普寧会館
		新加坡恵来同郷会
	宗親公会及同郷会	潮州曽氏公会
		広安旅外同郷会
		南洋礼陽鄭氏同郷会
		余氏公会
		樟林旅外同郷会
		新加坡潮安東凰陳氏同郷会
		新加坡潮安金砂陳氏同郷会
		新加坡潮安仙都林氏同郷会
		新加坡潮州江夏堂
		新加坡潮州隴西李氏公会
		新加坡潮州沈氏聯合会
		新加坡潮州西河公会
		新加坡潮安黄氏聯誼社
		新加坡劉隴同郷会
		新加坡滎陽堂鄭氏公会
		新加坡潁川同郷会
		新加坡鳳廓汾陽公会

二〇一四年八月にシンガポールの大芭窯修徳善堂で行った聞き取り調査に基づき、当該善堂のメンバーであるS氏、H氏、Y氏の事例をみていきたい。

まず、S氏は五〇代の潮州系シンガポール人で、現在大芭窯修徳善堂の総務を務めている。S氏自身は英語教育を受け、刺繍といった伝統工芸のビジネスを営む商人である。S氏の祖父が当該の善堂の発起人の一人であるが、父はそれほど善堂の活動に熱心にかかわらなかったという。(12) S氏自身は以前は旧暦の一日と一五日のみ善堂に来てお

善堂		中華善堂藍十救済総会
		報徳善堂
		南安善堂
		南鳳善堂
		南洋同奉善堂
		普救善堂
		同徳善堂念心社
		同敬善堂誠善社
		新加坡崇峰善堂
		修徳善堂養心社
	修徳善堂養心社分社	大芭窯修徳善堂
		武吉知馬修徳善堂養心社
		衆弘善堂
文娯社団與倶楽部		六一儒楽社
		南華儒劇社
		新加坡陶融儒楽社
		新加坡潮劇聯誼社
		余娯楽社
		新加坡潮州聯橋倶楽部
		酔花林倶楽部
商業社団		新加坡布業商務局
		新加坡磁商公会
		新加坡潮僑匯兌公会

李志賢・何奕凱編『新加坡潮人社団出版物輯録』（新加坡国立大学、新加坡潮州八邑会館聯合出版）より作成

り、それほど熱心に善堂の活動に参加していなかったが、七、八年前に扶乩を介して大峰祖師の指名を受け、善堂の活動に真面目に参加するようになった。その後副総務を務め、現在総務を務めるに至っている。なお、神の指名がほかの若年層の会員たちにも及び、それで定期的に善堂の活動に参加するようになった例は複数あるという。

次は六〇代のH氏をみよう。H氏は同じく潮州系で、内装デザイナー兼画家を職業としている。大芭窯修徳善堂に加入してすでに三〇年以上が経つ。善堂に加入してまもなく、H氏は理事に選出され、その後中文秘書、医薬部総務、財政担当を歴任してきた。H氏は週二、三回定期的に善堂に来て、地道に活動を続けている。H氏の弟も同じ善堂の会員である。H氏は華文教育出身で、その弟は英文教

育出身という。また、両者とも、同時に前述の徳教団体済雲閣、済霞閣のメンバーでもあり、H氏はさらに済雲閣と済霞閣で乩手も務めている。なぜ徳教団体にも行っているのかについては、H氏は徳教では扶乩が重視され、その体験の機会も多く、扶乩に直接関わることができるのでそちらにも行っていると説明した。また、扶乩を介する悩み相談は功徳を積めることなので、それも自分が徳教団体で奉仕する理由だという。一方、善堂では扶乩に関する規定が厳しく、容易に関わることができないので、H氏は記録など周辺的な手伝いのみをしている。H氏は大峰祖師や善堂の理念に深く共鳴しており、それゆえに三〇年以上真面目に活動を続けてきた。同時に、H氏は扶乩を介した神との交流にも並みならぬ興味を示しており、そのため徳教団体にも行っている。筆者は両方の団体におけるH氏の活動を観察しており、彼の二つの志向性が印象に残った。その両方の姿にはそれぞれ人々の善堂と徳教に対する一般的なイメージ、素朴な善意と神との交流という両者が反映されているのではないだろうか。

最後に経楽サービスの経師を務めるY氏をみよう。Y氏は同じく潮州系で、現在四〇代後半、善堂に加入して二〇年以上が経つ。Y氏は義安公司という一八〇年の歴史を有する潮州人団体が所轄する義安葬儀会館に勤めている。そこに勤めるようになったのも、大芭窯修徳善堂の理事長の紹介によるものだという。Y氏はここ二〇年来、経生という一般の経楽サービスメンバーから務め、現在上師という最上クラスの職能者になっている。経楽の学習に関しては、Y氏は同じ潮州系の小学校の同級生の影響で八歳からベドックにある修徳善堂養心社で学び、成人後も経生として長年経楽演奏、儀式に携わってきた。上述したように、潮州時代から数えて氏は三代目の経生で金剛上師というレベルに達している。

Y氏は前述の中華善堂藍十救済総会で副総務を務めるほか、修徳善堂養心社と大芭窯修徳善堂の両方において理事、経楽の指導師、また前掲の運徳善堂、衆弘善堂で顧問、さらに保生堂慈善互助会という組織で理事を務めている。氏は潮州の普寧出身のため、シンガポールの南洋普寧会館の理事も務めている。海外では中国潮安の大呉修徳善堂の顧問、太和善堂のボランティア秘書などを務めるほか、マレーシアの修徳善堂マラッカ分堂の顧問、ジョホール州ムアル分堂、ペナン州平安村分堂の経楽指導師を務めている。このほか、タイ、インドネシア、香港の善堂においても、名誉理事長、顧問、経楽指導師といった肩書を持っている。Y氏はシンガポールの善堂界で各所を回っているが、マレーシア、また中国にもたびたび足を運び、法事、経楽演奏の支援、その指導を行ってきている。少なくともシンガポールとマレーシアの善堂関係者の間ではY氏は若いながらもかなり名前が知られる存在となっている。Y氏のもっている肩書、氏の経歴だけをみても、善堂と経楽サービスを介する各地の潮州人のネットワーク、一つの祭祀文化圏が浮かび上がってきたといえよう。Y氏は同時に大峰祖師の教え、善堂の理念の宣伝にも熱心で、文字による慈善理念の宣揚にも力を入れており、それが自分の使命だと明言している。

上記のS氏、H氏、Y氏の事例を通して共通してみえてくるのは、善堂の後継者に関しては父祖や同郷出身者の影響が圧倒的に強いことである。また、慈善の理念に対する共感、経楽といった潮州文化の伝承に対する思い入れも人々を動かす要因とみられる。それらの要素が相互作用した結果、徳教会や玄天上帝廟などほかの潮州人の宗教施設よりは、善堂はより組織性がしっかりとしており、またより地道に「潮州文化」を媒介し、それを伝承している場となっているといえる。

三　シンガポールとマレーシアにおける南洋同奉善堂

1　南洋同奉善堂の活動

シンガポールとマレーシアに広がる南洋同奉善堂系列の善堂の嚆矢である星洲南洋同奉善堂は、一九三七年にシンガポールのセンカンで成立した。当時シンガポールで働いていた楊元璧という人物が、郷里潮安の庵埠に里帰りしたとき同奉善堂に立ち寄った。彼はそこで扶乩による神の指示を受け、シンガポールに戻ってから、南洋同奉善堂の創建に着手した。一九四一年から一九四五年までの日本占領期、南洋同奉善堂は修徳善堂、普救善堂、同敬善堂、南安善堂とともに活躍する五大善堂の一つとして知られるようになった。南洋同奉善堂は、その後マレーシアに展開し、一九六〇年にジョホール州の分堂、一九六一年にスランゴール州の分堂、一九六七年にペナン州の分堂という三つの分堂が次々とでき、全部で四つになった。三つの分堂はいずれも扶乩を介する大峰祖師の指示、またそれぞれの地域の潮州系華人の支持によって実現できたという〔馬来西亜雪隆南洋同奉善堂　二〇一二：四五〕。なお、南洋同奉善堂では共通して、祭壇には大峰祖師、華陀仙師、護天元帥が祀られている。

南洋同奉善堂では、無料医薬サービス・施棺、経楽股による法要サービス、扶乩が行われており（近年扶乩が再開されたところもある）、この三つはともに重要という。シンガポールにある南洋同奉善堂本堂の葬儀サービスは最もプロレベルだという。とくに誦経が有名でシンガポールの善堂界では「同奉経」として知られる。経楽部に六〇名のメンバーがおり、葬儀サービス、中元普渡、ほかの民間信仰の神壇の神事時に経楽サービスを提供している。葬儀サービスは、一日の場合、会員は一八〇〇シンガポールドル（一二万円前後）で、非会員は二二〇〇シンガポールドル（二〇万円前後）である。「放焔口」という儀礼を含める場合、儀礼の日数は二日間かかる。法事サービスの際に、『地蔵王経』などを誦経する。

2　ペナンの概況

ペナンの南洋同奉善堂についてみる前に、まずペナンの潮州人と潮州人団体の概況についてみてみよう。ペナンは、シンガポール、マラッカとともにイギリスの直轄植民地で、中国人移民の重要な受け皿であった。中国からの移民がマラヤ地域に大量に移住し始めたのは、一七八六年のイギリスによるペナン領有から始まる。一九世紀半ばからスズ鉱山開発ブームが始まり、それに伴って、中国南部の広東省、福建省などからマレー半島へと流入する労働移民が増加した。一九二六年は華人移民のマレー半島流入のピークの年となり、二二万八二三五人の華人移民が入ってきた。一九四七年に現マレーシア半島部の華人人口は一八〇万人以上に達し、全人口の三八・四%を占めた［林水豪・何啓良ほか 一九九八］。

一九四七年のセンサスでは、ペナンの華人人口は全体の五五・四%を占め、以後も長い間エスニック・グループ別人口の第一位であり続けた。しかし、近年その割合は逆転し、二〇一五年の統計では、マレー人は全体の四〇・六%で、華人の四〇・五%を超えた。

ペナン州はジョージタウンのあるペナン島とマレー半島部のウェルズリー省（Province Wellesley）（マレー語ではスブランプライ郡）の両方からなるもので（地図1）、その歴史は一八八〇年に遡ることができる。一九世紀末以来ペナン州の潮州系華人の多数はウェルズリー省の中部と南部に集住してきた。華人人口における潮州系の割合は、一九〇一年の一六%と一九一一年の一五%という記録がある。一九四七年ではペナン州の潮州人は華人総人口の二〇%を占め第三位となり、福建系

地図1　マレーシア・ペナン州

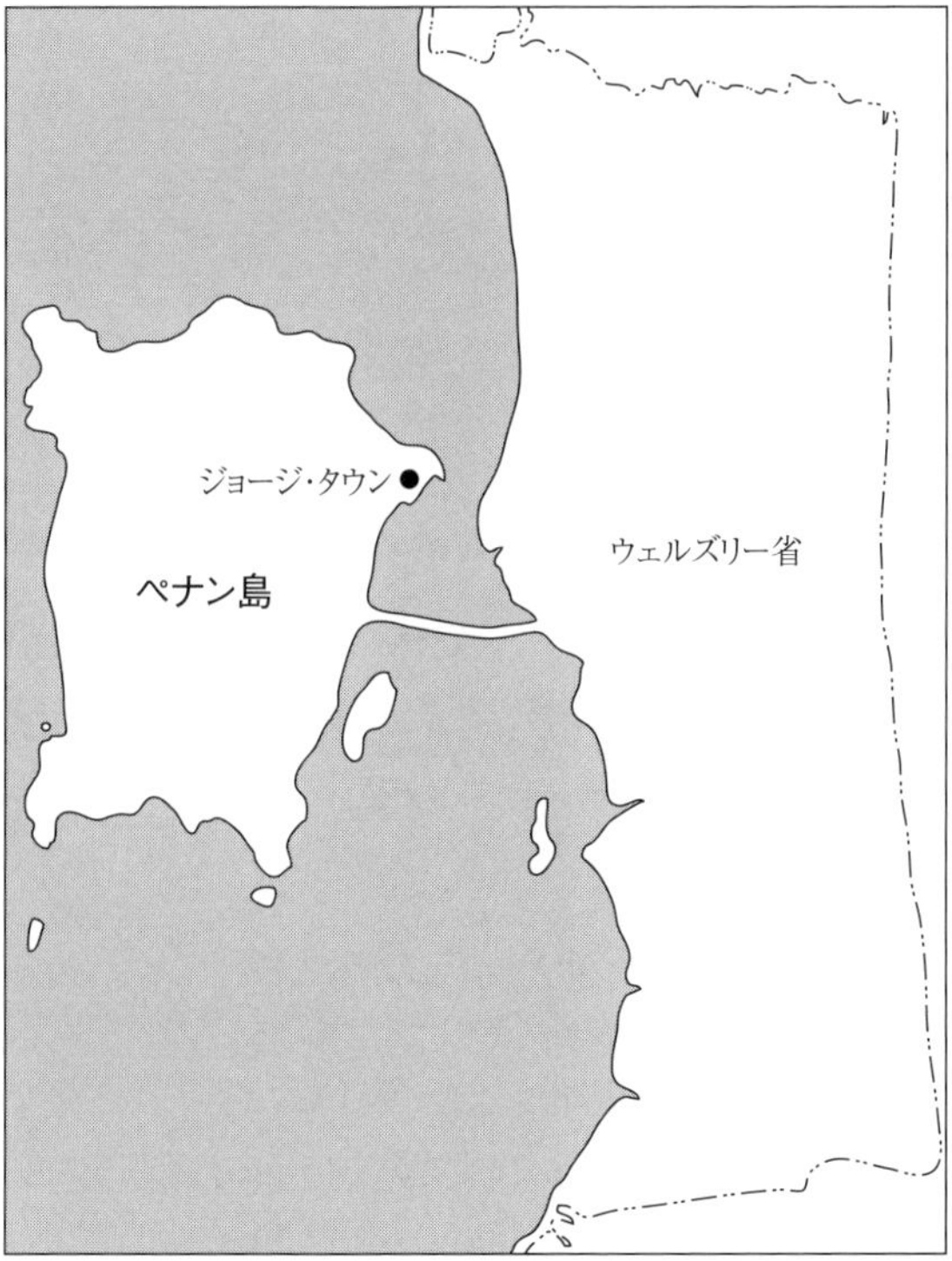

写真7　ペナンの潮州会館（2017年3月1日筆者撮影）

は四三％で第一位、広府系が二二％で第二位を占める［陳剣虹　二〇一〇：七四―七五］。今日に至っても、ペナン島における潮州系華人は華人人口を占める割合は低く、ウェルズリー省の中部と南部が潮州系の集住する地域であるという構図は依然として変わっていない。例えば、ウェルズリー省の中部に位置するブキットメルタジャム（大山脚）は人口一八万人の同郡第二の町で、華人人口が多数を占めるが、そのうち潮州系華人が一番多く、潮州語が華人の共通語になっているほどである。ほかに潮州系が多いところは、ウェルズリー省南部のニボンテバル（高淵）で、華人住民のうち潮州系が一番多い。

　マレーシアでは、マレー・イスラームとの対比関係、エスニック政治という社会環境の中で、華人コミュニティの結束意識、華人文化の維持・継承に対する人々の意識がともに高く、また実際高い比率の華人人口のもとで華人の「文化」、伝統がかなりの程度において維持されている状況がある。華字新聞だけみても、よく売れているのは五、六種類あり、シンガポールの二種類と対照的になっている。

　ペナンには多数の華文小学校、中学があるほか、各種の同郷会館が密集し、また様々な民間宗教の施設、例えば観音廟や大伯公廟などが多数みられる。ペナンの潮州人は全華人人口の一、二割しか占めていないが、潮州人の結束意識は非常に高い。潮州人コミュニティーでは潮州会館（写真7）、その会館が管轄する潮州人義山、潮州会館支援の韓江小学、韓江中学、韓江学院という小学校から短期大学までの学校系列がそろっているが、これはほかの福建や広東の方言集団では見られないことである[13]。そのほか、徳教会、善堂、潮州人の「功徳班」といった宗教組織、職能団体がある。

善堂に関しては、全マレーシアで一〇以上の善堂があり、マレー半島部に関しては、主にペラー州、ペナン州、ケダー州に集中している。東マレーシアでは、サラワク州に砂拉越雲南善堂、砂拉越同心善堂という二つの善堂がある。前者は六〇年以上の歴史をもち、潮州系華人が創始者であるが、現在ほかの方言集団の参加者も多数いる。後者の同心善堂も潮州系が発起人であるが、現在ほかの方言集団の参入者も多い。マレー半島部のペラー州、ペナン州、ケダー州には、明月善社、明徳善社といった明という字を頭にもつ善社系列がある。それらは直接中国からマレーシアに伝播し増殖されたものである。そのうち、一九四七年にできたペラー州の明月善社は一番古く、その後連続して同じペラー州に明徳善社、明安善社、ケダー州に明修善社、最後にペナン州ウェルズリー省北部の平安村に明福善社が成立した[14]。明月善社を初めとする明の字をもつ系列善社は、徳教に接近する傾向を見せている。そのうちの一部は徳教聯合総会にも加入し、未加入組織も含めて、徳教団体との行き来は今日まで続いている［黄二〇一二：一四八］。上記のシンガポール修徳善堂と南洋同奉善堂の分堂のかたちでできた善堂系列はペナン州以外に、おもにスランゴール州、マラッカ州、ジョホール州といった南部諸州に位置する。

写真８　ペナンの南洋同奉善堂の祭壇（2017年2月27日筆者撮影）

３　ペナンの南洋同奉善堂

ペナンの南洋同奉善堂は一九六七年に成立し、その正式名称は「南洋同奉善堂ペナン分堂」という。「分堂」という名称からも他地域とのネットワークを前提としていることがうかがえる（写真８）。南洋同奉善堂は、マレー人が多く住むジョージタウン郊外にあり、華人住民に関して言えばこの地域にはとりわけ潮州人が多い[15]。ペナンの南洋同奉善堂には五〇〇人あまりの

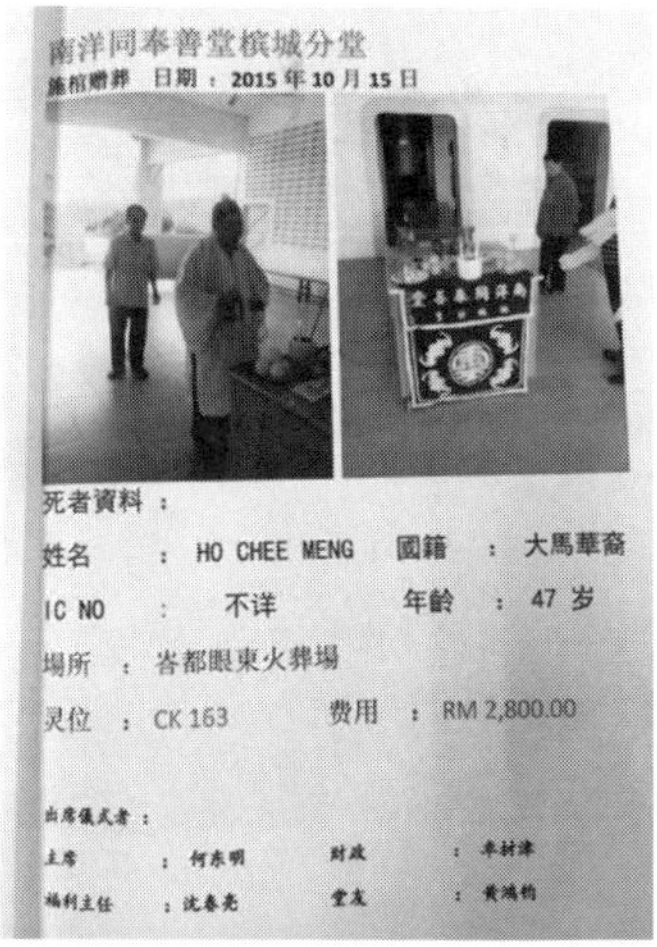

写真9　施棺贈葬の一例

写真10　法会の際に使う法器（2017年2月27日筆者撮影）

会員がおり、その七割は潮州人だという。積極的に善堂の各種の活動に参加するのは数十名だという。善堂の主な活動は、「施棺、施米」（貧しい人に対して棺と米を贈呈すること）（写真9）、貧困者救助と「贈医施薬」という無償の医薬サービスの提供である。ボランティアで奉仕する医師が決まった時間帯に診療に当たっている。フリー医薬サービスに費やす費用は年に数万マレーシアリンギ一（一〇〇万円前後）に上るという。

法事サービスに関しては、三〇人からなる経楽部があり、その歴史はすでに四〇年以上あるという。貧しい人に対して無償で法事サービスを提供している。そのほか、死者の超渡や法会、盂蘭盆の法会などを行う（写真10）。筆者が行った聞き取り調査によると、経楽部のメンバーの多くは子供の頃から楽器の演奏を習い始めているという。現在では週一回、二回程度善堂に集まって練習を行っている（写真11）。現在経楽部のメンバーが減ったため、功徳儀礼の際に行う音楽演奏では、現在は太鼓と銅鑼という打楽器のみで、二胡、揚琴、嗩吶といった弦楽器の演奏はなくなっている。なお、善堂にはとくに楽譜はないという。

一〇年ぐらい前から葬儀サービスの需要が少なくなり、現在では平均して月二、三回しか行っていない。費用は会員に対して一晩一五〇〇マレーシアリンギ（六万円前後）で、非会員は一八〇〇リンギ（七万円前後）である。時間は一晩五時間かかる。ペナンの南洋同奉善堂では、扶乩を介する神の指示により、『金剛経』、『地蔵菩薩本願経』を唱えているという(16)。

その他の宗教活動の面では、かつては扶乩を行っていたものの、数年前に扶乩の担い手がなくなったのち、後継者が見つからず、しばらく扶乩は停止していた。近年ではようやく扶乩が再開されている。しばらくの練習期間を経てようやくその扶乩儀礼が軌道に乗ったが、まだ人の悩み相談という問事には応じられないという。

上述したように、マレーシアには宋大峰信仰を中心とする善堂、善社という名称をもつ潮州人の慈善結社は、ほかにも複数ある。ペナン島では南洋同奉善堂は唯一の潮州人の善堂組織である。宗教的意味のほか、南洋同奉善堂は、地域の潮州人の親睦団体としての色彩も濃く帯びている。筆者が何回か訪れた際にみた光景は、中高年の会員たちが善堂でおしゃべりなどをしながら午後のひと時を過ごすものだった。中には、会員歴四〇年以上、総務などの要職を務めた信者が、職から引退した後も、毎日善堂に通って来るといった例もみられる。

写真11　経楽部のメンバーの一部が練習を行っている様子（2017年3月1日筆者撮影）

ペナンの南洋同奉善堂は宋大峰の慈善精神に基づき、創設以来地道に慈善活動を展開することで地元社会において信頼を集めてきた。もと総務のT氏によると、南洋同奉善堂はペナンではよく知られている慈善団体であり、その慈善事業に寄付する人は後を立たず、ある団体からは乗用車の贈呈もあったという。

ペナンの南洋同奉善堂はこうして、教理や明確な形での教団体制がないという意味で宗教教団化していないものの、宋大峰信仰とその慈善の理念をもとにして、地域社会に根を張るかたちで、庶民の共感と支持を得ているのである。その地域社会における位置づけは、地域住民が気軽にアクセスできる宗教、慈善センターというものである。なお、マレーシアのほかの南洋同奉善堂分堂、シンガポールの本堂との相互連携と交流も行われており、相互にサポートしながら、慈善事業を展開している［黄　二〇一一：一三三―一三四］。

南洋同奉善堂の相互のネットワークについては、成立記念日にシンガポールとマレーシアの善堂間で相互に訪問がなされている。ペナンの南洋同奉善堂の堂友たちによると、シンガポールとマレーシアの四つの善堂で年四回の堂慶という成立記念行事があるが、それぞれ相互に訪問しあっている。ペナンの南洋同奉善堂の場合、他の三つの堂の堂慶の際に、それぞれ二、三名、多いときには四、五名の代表が行く。各地の友人と会うのが楽しいという。このほか、土地の購入、施設の建設にあたっては資金援助もお互いにしている。例えばペナンの分堂設立は、シンガポール本堂の扶乩による指示で実現されたもので、その際の土地購入、建物の建設においてはシンガポール側による資金援助があった。ジョホール州の南洋同奉善堂分堂の新施設建設も各分堂の資金援助で実現されたものである［馬来西亜雪隆南洋同奉善堂　二〇一二：四六］。このようなネットワークの存在は、分堂成立のきっかけとなると同時に、それ以後の活動維持においても大きな意義を持っている。

法事、経楽サービスの展開に関しても、各地の相互の連携が重要な意味を有する。新しい分堂ができた際には、基本的にシンガポールにある本堂が経楽サービスにかかわる儀礼、演奏などを伝授している。二〇一二年にペナンの南洋同奉善堂設立の重要な発起人で初代主席である李光協がなくなった際、同善堂の経楽部による二、三日の功徳儀礼が執り行われた。シンガポールにある星洲南洋同奉善堂の経楽部から四、五人が支援のために駆け付け、儀礼に加わったという。彼らの助けでようやく内容の充実した功徳儀礼ができたという。

4　南洋同奉善堂の経楽サービスとウェルズリー省の潮州功徳班

ジョージタウンには慈善を行う宗教団体として、上記の南洋同奉善堂と徳教紫雲閣の二つがある。紫雲閣には今日各方言集団のメンバーが居り、その成員の潮州人性はすでに薄れているといえる。しかし、依然として潮州人が多数参加していることで「潮州人の団体」と目される面も維持されている。慈善活動の展開においては、南洋同奉善堂と紫雲閣はほとんど差がなく、ただ後者はより大掛かりな慈善活動を展開するという点で違いがある。両者の一番大きな違いといえば、葬儀サービスと経楽サービスの提供の有無においてである。今日南洋同奉善堂では経楽部の成員は減少しつつあるが、数十年来細々と潮州独特の葬儀サービスを提供することでジョージタウン、ペナン島でその特殊な位置を占めてきている。

もともと南洋同奉善堂周辺には天徳園という潮州人の村が存在し、数百世帯の潮州人がそこに住んでいた。人々は野菜栽培、家畜の養殖などの農作業で生計を立てており、そうした村社会を基盤として、のちの南洋同奉善堂ができ、郷土的な潮州スタイルの葬儀サービスが実現されてきた。現在の南洋同奉善堂の堂員の話によると、かつて善堂は地域の活動センターでもあり、子供たちは善堂で潮州音楽を学び、経楽サービスに必要な演奏を徐々に覚え、それで善堂の経楽部の担い手の確保ができていたという。しかし、この地域が開発されるにつれて、人々は新しい衛星都市に移住し、かつての村の形がとうとうなくなり、経楽サービスの担い手も流出していった。

現在四〇代初頭のC氏は数少ない昔からの経楽部メンバーの一人である。C氏は子供の頃から南洋同奉善堂の経楽部で経楽にかかわる演奏を習ってきた。現在すでにほかのところに移住しているが、かつての記憶により熱心に善堂の各種の活動にかかわっている。現在経楽部においてもC氏は一番若いメンバーである。なお、南洋同奉善堂の提供している功徳儀礼はあくまでもアマチュアレベルにすぎないことは自他ともに認めるところである。筆者はC氏、または当該善堂以外の潮州系華人からもそういう評価を聞いたことがある。以前は、打楽器以外に、揚琴、二胡、笛などさまざまな楽器の演奏があったが、近年では後者はすべてなくなっている。

ペナン州では、潮州式の功徳儀礼、経楽サービスを提供しているところとして、ペナン島の向かい側にあるウェルズリー省の中部と南部に一〇以上の「潮州功徳班」という職能団体がある。それらの団体はいずれも潮州人の集住する村や地域社会を基盤としており、功徳儀礼の提供のみで生計を立てている点で、「兼業性」の強い南洋同奉善堂の経楽部とは異なる。「潮州功徳班」とは総合的な言い方で、実際は例えば「威南華都村潮州功徳班『慈善堂』」というふうに、それぞれ特定の名称がある。ほかには斎姑という女性修行者のいる庵と呼ばれる宗教施設も潮州式功徳儀礼を提供している。例えば、ブキットメルタジャム（大山脚）にある海東媽庵、ペナン州北部のバターワースにある姑娘庵にはそれぞれ潮州系の斎姑から構成される功徳班があり[17]、ウェルズリー省の各地において功徳法事サービスを提供している。筆者がペナン南洋同奉善堂、ペナン潮州会館で聞いたのは、ペナン島の潮州人で相対的に裕福な家庭の場合、以前よりウェルズリー省の潮州功徳班を招いて潮州式の功徳法事サービスを行ってもらっているという。上記のC氏によると、南洋同奉善堂で五日間という大規模な功徳儀礼を行う場合、ウェルズリー省の潮州功徳班も招いて、前者に儀礼の前半を担当してもらい、自分たちは儀礼の後半を担当するというかたちで儀礼を執り行ったことがあるという。なぜなら、ウェルズリー省の潮州功徳班はよりプロレベルなので、彼らの助け、参加が必要であったからという。このように、ウェルズリー省の潮州功徳班はプロレベルの潮州式功徳法事サービス提供者としてかつてよりウェルズリー省とペナン島の両方の潮州人コミュニティにサービスを提供してきた。ウェルズリー省にいつ頃から潮州功徳班ができたのかについては定かではないが、筆者のインフォーマントの中で少なくとも一九六〇年代にウェルズリー省でそうした潮州功徳班を目撃したことがあると言っている人がいるので、遅くとも二〇世紀六〇年代までにはあったと推測される。

では、ペナン島ではなぜ潮州式の功徳法事を行うところは一箇所しかないのか。筆者の把握したところでは、まず、ペナン島のジョージタウンには早くから福建省北部出身の香花僧による法事サービス提供者がおり、その後閩南系の道士、広東系の道士による法事サービス提供があり、それらと仏教式の法事でペナン島の法事市場がほぼ飽和状態であったという。閩南系の道士に関しては、ジョージタウンの中心地にある城隍廟がその重要な拠点の一つである。その城隍廟は一八五〇年にすでに建設され、ペナンの福建系有力者の要請で福建の漳州から道士が招かれてきたのがその始まりである。一九世紀半ばからすでに道教式の法事提供が始まったという。もう一つは、ペナン島では潮州系華人はそれほど多くなく、潮州式の功徳法事が必要なら、向かい側のウェルズリー省から潮州功徳班を招いてくればそれで足りるという状況もあった[18]。なお、前にも言及したように、潮州式の功徳法事の価格が高いため、それを頼むのは相対的に裕福な華人で、これは昔も現在も同じだということを潮州系華人から聞いている。上記の状況を総合していうと、おそらく初期ペナン島では法事サービスはすでにほかの方言集団の関係者によってその市場が占められ、その後潮州系華人の集中しているウェルズリー省で潮州功徳班ができ、ペナン島の潮州人ならそこから気軽に招くことができるのでとくに不自由はないという状況が推測される。

以上のように、ペナン島側にある南洋同奉善堂は数十年間の間、細々と潮州式の功徳儀礼を続けてきており、よりプロレベルのウェルズリー省の潮州功徳班と協力することもあった。両者が相互補完的にペナン州における潮州式儀礼の文化圏を形成、維持してきているといえる。

おわりに

「有潮人的地方就有善堂」（潮州人のいるところに善堂あり）という言い方があるように、東南アジアの華人コミュニティでは、善堂は潮州人のエスニック文化の象徴とされている。宋大峰信仰に代表される慈善文化は、潮州人を束ねる文化的・宗教的指標、紐帯とみなせる。なぜなら、善堂が存在するからこそ、潮州語を相互に話し、潮州に起源をもつ慈善文化を実践しているなかで、潮州人としてのエスニシティが初めて意識され、生きたものとして存在することができたからである。

もっとも潮州人とかかわりをもつ民間信仰として、三山国王、玄天上帝といった郷土的信仰もあり、それらの廟もマレーシアとシンガポールに多数あるが、神を中心としながら、明確な組織性をもち、また慈善を展開しているのは善堂のみである。このような信仰と組織性、また慈善の理念を兼ね備えたかたちは善堂独自のもので、そこに潮州という郷土性が維持され、潮州的文化が明示的に示されているので、より潮州系華人の共感を得られやすい存在となっている。各地の善堂が増殖されていくなかでそのサークルはより強固になりつつある。

善堂の展開している活動のなかで、葬儀サービス、功徳儀礼は可視的な潮州楽器、潮州音楽と直接結びつき、潮州人のエスニシティを喚起する装置とも見られる。潮州楽器、潮州音楽の習得に関しては、異なる地域間の人的交流、相互の頻繁な訪問によるものであり、それらも潮州的文化のサークルの維持に多いに役立っている。善堂間のネットワークの存在は、そのような状況を増殖させ、地域を越えた一つの儀礼文化圏を浮かび上がらせている。

第四章の志賀論文でも取り上げた呂梅絲（Mercedes M. DuJunco）は、タイ、マレーシア、シンガポールの潮州功徳班が行っている儀礼、そのうちとくに潮州音楽について比較研究を行った。各地ではそれぞれの地域の状況に応じた異なる特徴、儀礼、音楽の独自性がみられるが、共通するのはそれぞれ独自の形で潮州的儀礼文化を伝承し、またそれぞれの地域独自の形でスペクタクル性を演じて見せていることである［呂梅絲　二〇一〇］。潮州的功徳法事は「過橋」といった儀礼のようにスペクタクル性、ストーリー性が高い。筆者が前述のペナン南洋同奉善堂、またペナン潮州会館で調査した折、ほかの方言集団の華人もしばしば潮州式功徳儀礼のそうした点を好み、わざわざ潮州式の功徳儀礼を頼んでいると聞いた。そうした独自性も潮州式功徳儀礼を浮かび上がらせている理由の一つといえよう。

もしシンガポールとマレーシアにこれほどの数の善堂が存在していなかったらば、今日のような両国の潮州人のあり方も変わっていたかもしれない。
シンガポールとマレーシアにおける善堂の事例は、潮州系華人がナショナリズムという国家の枠組みを超えて、いかにトランスナショナルに「潮州人」、もしくは「潮州系華人」というカテゴリーの中身を主体的に作り上げているのかを示しているといえよう。

注

(1) 広東地域における善堂の普及には、清末民国初期の社会情勢の中で、一般の宗教結社が慈善活動の展開に乗り出し、徐々に善堂へと転じたという流れが存在していた。大峰信仰と結びついた善堂の展開は最も多くみられるパターンである。その一例として、掲陽地域の平徳善堂の設立が挙げられる。一九〇五年に掲陽地域のいくかの民間慈善組織が相互に協力するかたちで報徳善堂から大峰祖師の分香を迎え入れ、大峰祖師を奉じた。その後、その信仰を中心に平徳善堂という善堂が設立される展開となった［林剣盛 一九九六：三七］。こうして、大峰祖師の信仰が広まるにつれ、善堂も連鎖的にできていった。
(2) 大峰祖師以外、例えばマレーシアの明修善社では宋林祖師を同時に祀っている例もあるが、いずれも基本的に宋大峰祖師を主神としている。
(3) 徳教団体では、かつて施棺というサービスもあったが、近年ではそのような慈善活動を行うのはとてもまれである。今日では、施棺とは善堂の行う活動だという認識が人々の観念に浸透している。
(4) ただ、東マレーシアのサラワク州にある雲南善堂、同心善堂は例外的である。両善堂はいずれも潮州系華人によって始められたが、潮州人が少ないという地域的状況の中で、現在参加者の多数は潮州系華人ではない状況にある。
(5) 潮州八邑会館の活動については、同会館のホームページを参照されたい。http://www.teochew.sg/
(6) 二〇一七年六月一一日に行ったシンガポールの修徳善堂のY氏への電話によるインタビュー調査に基づく。
(7) 二〇一四年八月二六日に大芭窯修徳善堂で行ったインタビュー調査による。これ以下のデータもすべて同じ日に行ったインタビュー調査によるものである。
(8) 済雲閣でもそうだが、徳教団体では神の指示の内容がより具体的で、また信徒の悩み相談もより多く見受けられる。
(9) 二〇一七年六月一一日に行ったシンガポールの修徳善堂のY氏への電話によるインタビュー調査に基づく。

(10) 二〇一三年三月二一日に平安村修徳善堂で行ったインタビュー調査による。
(11) 二〇一四年八月二七日に大芭窯修徳善堂で後述するH氏に対して行ったインタビュー調査による。
(12) 二〇一四年八月二七日に大芭窯修徳善堂で行ったインタビュー調査による。
(13) ペナンの華文学校の設立に関しては、各方言集団の同郷会館や宗教団体がかかわっていた場合が多いが、その度合いは方言集団によって異なる。福建系の同郷会館は多数の華文小学校、中学を設立、支援しているが、広東系の同郷会館は華文小学校一軒の設立にしかかかわっていなかった。
(14) 明月善社などの明の系列の善社は宋大峰祖師と宋禅祖師を祀り、また功徳儀礼、経楽サービスがとくにない点はほかの潮州系善堂と異なる。
(15) 筆者はペナンの南洋同奉善堂に数回聞き取り調査などに行っているが、以下はおもに二〇一三年三月と二〇一七年三月に行ったインタビュー調査のデータに基づく。
(16) 二〇一三年三月二二日にペナンの南洋同奉善堂で行ったインタビュー調査による。
(17) 姑娘庵の儀礼に関しては呂梅絲［二〇一〇］に言及がある。
(18) バターワースとペナン島の間では昔から船やフェリーが定期的に運行し、一五分ぐらいで着く距離なので、両地域の華人住民の行き来は昔から頻繁に行われているという。

引用・参考文献

〈日本語文献〉
黄　蘊
　二〇一一『東南アジアの華人教団と扶鸞信仰——徳教の拡大とネットワーク化』東京：風響社。
田村慶子
　二〇〇〇『シンガポールの国家建設——ナショナリズム、エスニシティ、ジェンダー』東京：明石書店。
〈中国語文献〉
陳　剣虹
　二〇一〇『檳榔嶼潮州人史話』檳城：榔嶼潮州会館。

大芭窯修徳善堂
一九九二『大芭窯修徳善堂慶祝金禧記念特刊』新加坡：大芭窯修徳善堂。
冷　東
一九九九『東南亜海外潮人研究』厦門：中国華僑出版社。
李　志賢
二〇一六「做功徳：新加坡潮人功徳的救贖儀式」『華僑華人文献学刊（第二輯）』北京：社会科学文献出版社、一七五―一九四。
李志賢・何奕凱編
二〇一五『新加坡潮人社団出版物輯録』新加坡：新加坡国立大学、新加坡潮州八邑会館聯合出版。
林　剣盛
一九九六「掲陽平徳善堂」『善堂春秋』広州：広東出版社、三七―三九。
林水豪・何啓良ほか編
一九九八『馬来西亜華人史新編　第一冊』吉隆坡：馬来西亜中華大会堂総会。
梁　其姿
一九九七『施善與教化』台北：聯経出版。
呂　梅絲（Mercedes M. DuJunco）
二〇一〇「泰国、馬西来亜、新加坡潮州功徳班喪葬儀式中〝血盆〟的展現及其社会和歴史因素的考慮」『大音』上海：上海音楽学院中国儀式音楽研究中心、二一八―五九。
馬来西亜雪隆南洋同奉善堂
二〇一二『馬来西亜雪隆南洋同奉善堂成立二十五周年金喜記念特刊』吉隆坡：雪隆南洋同奉善堂。
修徳善堂養心社
二〇一〇『修徳善堂養心社慶祝宋大峰祖師聖誕暨成立九十五周年記念』新加坡：修徳善堂養心社。
中華善堂藍十救済総会
二〇一三『中華善堂藍十救済総会成立七十一周年紀念暨藍十彩虹療養院十一周年紀念特刊』新加坡：中華善堂藍十救済総会。

第六章　ベトナムの潮州人宗教結社――ホーチミン市とメコンデルタ

芹澤知広

はじめに

本章では、ベトナム南部の潮州人社会を歴史的に概観し、とくにホーチミン市（かつてのサイゴン・ショロン）の潮州人の生活にとって重要な宗教結社を具体的に紹介するとともに、ホーチミン市とメコンデルタの諸都市との関係についても考察する。

最初に、二〇〇九年に行われたベトナムの人口調査にもとづいて、現在のベトナム華人の人口を概観しておく。ベトナムの総人口は、八五八四万六九九七人であり、そのうち華人にあたる「ホア族」は、八二万三〇七一人を数える［Department of Population and Labour Statistics, the General Statistics Office 2010: 134］。この人口調査から華人人口のベトナム国内での地域分布を見ることにしたい（表1参照）。ホーチミン市を含む「東南部」と、その後背地ともいうべき「メコンデルタ」の数字を合わせると、七二万七四七五人になり、その数はベトナム全華人人口の八八パーセントを占める。つまり、ベトナムの華人の大部分は南部に居住している。

残念ながらベトナムの人口調査には、祖籍地別の華人人口の統計はないため、各地の潮州人の分布は正確にはわ

表1　ベトナムの地域別華人人口（2009年現在）

地域	華人人口（人）
北部高原・山地	42,236
紅河デルタ	9,421
北中部・中部沿岸部	20,057
中部高原	23,882
東南部	550,297
メコンデルタ	177,178
合計	823,071

出　典：［Department of Population and Labour Statistics, the General Statistics Office 2010］

からない。ホーチミン市では広府人が多数派を占め、広府話（広東語）が共通語として使われているが、広府人に次ぐ人口規模をもつのが潮州人である。いっぽうメコンデルタでは潮州人が多数派を占める。またベトナム中部のフエやホイアンにも潮州人の会館はある。ベトナム北部でも潮州人が商売をしていた痕跡を見ることができる[1]。

しかし戦後の日本の華僑華人研究で、多くの調査研究が行われてきたマレーシア・シンガポール、そして近年の華人文化の復興とともに調査が蓄積されつつあるインドネシアに比べて、ベトナムの華僑華人についての調査研究は未だ少なく、とくに潮州人などのサブ・エスニック・グループごとの実態については基本的な情報を欠いている[2]。

海外（中国域外）の潮州人を研究するうえで重要な場所であり続けてきたタイ国（シャム）の研究と今後接続していくためにも、ベトナム南部は重要な参照点になると考えられる。一七世紀の明清交替期に、清朝への帰属を拒否した中国人がベトナムへと移った。『大南寔録』の太宗三一年（一六七九年）の条には、明軍の龍門総兵であった楊彦迪とその副将・黄進、高雷廉総兵であった陳上川とその副将・陳安平が、軍船五〇余艘、兵三〇〇〇人余を率いてベトナム中部に投降し、その後ベトナムの朝廷の命で、楊彦迪の船は南部のミトーへ、陳上川の船はビエンホアへ、それぞれ海路を移動し、南部のメコンデルタに入植したことが書かれている［許文堂・謝奇懿　二〇〇〇：三］。

このころメコンデルタの河口部からカンボジア、タイへと続く海岸部には、中国からの移民が活躍していた。カンボジアへの入口にあって重要な港であったハーティエンには、中国から来てカンボジアの王朝に仕えていた鄭玖が、後に独立した王国をつくった。[3] そして、このハーティエン王国が勢力を広げるうえで最大のライバルとして立ち現われたのが、タイ湾地域の潮州人と結んでシャムに新王朝を興すターク・シン（中国名：鄭信）である［北川二〇〇二：一九七―一九八］。

楊彦迪、陳上川、鄭玖のいずれもが広東省出身であることから、鄭玖の子、鄭天賜とターク・シンとの争いを、広府人と潮州人の争いとしてとらえる見方が陳荊和によって出されている［Chen 1979］。しかし、ターク・シンと行動を共にした華人の重要人物には潮州人ではないグループの出身者も含まれるため、一八世紀のシャムの華人集団については、今も検討の余地がある［増田　二〇〇二：二四六］。また、一八世紀を「華人の世紀」と表現したカール・トロツキーは、この時期の中国から東南アジアへの移民が、定住パターンと経済活動において、それ以前の中国人移民とは性格が異なることを指摘している。シャム、カンボジア、ベトナム南部においては、中国からの移民が農業労働力として未開拓地へ入植し、地元の人々に同化するという特徴があった。中国人農民は、サトウキビやコショウなどの新たな作物を導入し、それらを売りさばくルートを開拓した［Trocki 1997: 84-85］。タイとベトナムのあいだの政治に関与するよりも、農村に定住し、先住民のタイ人やクメール人と混血していった当時の中国人移民の多くにとって、広府人であるか潮州人であるか、という分類は、それほど重要ではなかったのではないかとも考えられる。[4]

その後、中国人移民が「潮州人」というカテゴリーとして区分され実体化されるうえでは、一九世紀にベトナムを統一した阮朝と、その後コーチシナを植民地化したフランス政府が、中国人移民を出身地ごとに管理する「幇」（congrégation）の制度を採用したことが重要な役割を果した。中国人移民が出身地ごとにグループをつくり、相互扶助のための会館組織・施設をつくることは各地によく見られるが、フランス領インドシナでは、その出身地が広府・潮州・福建・海南・客家の「五幇」として行政上の重要性を帯びた。

「五幇」に先立つ分類のカテゴリーとしては「七府」（広州・潮州・福州・漳洲・泉州・瓊州・徽州）がある。「七府」というカテゴリーは、「中華総商会」が中国人移民を束ねる「中華会館」として登場する以前には、中国人移民の出身地ごとの分類を超える上位のカテゴリーとして存在した。現存するビエンホアの「七府古廟」のように、「七府」でもって当地の華人全体を指し、具体的に七つの府の出身者がすべて加わっているかどうかは重要ではない場合もある。いっぽう「五幇」という言葉については、ホーチミン市を離れた場合には、その地の華人住民の構成から、「ここは四幇である」「ここには三幇しかない」等、五つのグループが具体的に数えられる傾向がある。

潮州人というカテゴリーは、他の幇との関係で意味が生じてくる。ホーチミン市の華人社会のなかでの多数派は広府人であり、潮州人は広府人に次ぐ規模のグループであるが、ホーチミン市の潮州人グループは、二〇〇一年に私立病院である「潮安医院」を創設したり、近年にはチョロン地区の潮州幇の会館「義安会館」に付設された関帝廟を豪華に改修したりしている。一九九〇年代の終わりから二〇〇〇年代の初めにかけて筆者がチョロンで調査をした時には、多数派である広府人ではなく、潮州人のグループが今は一番「勢力がある（有勢力）」ということをよく聞いた。香港の場合と同様、ホーチミン市において潮州人が、「積極的」あるいは「攻撃的」というイメージでとらえられやすいのは、多数派の広府人を脅かす第二のグループであることとも関係があろう。

また広府人と潮州人は、民間信仰のうえでも対になって表象されている。「義安会館」の関帝は、潮州人をこえてホーチミン市の全華人に信仰されているが、その理由は、その関帝が「阿公」（おじいさん）として、隣接する広府人の「穂城会館」の天后「阿婆」（おばあさん）と対になって認識されているからである。現存しないが、かつてこれらの二会館の近くには、「七府武廟」（関帝廟）と「七府天后廟」があり、その時も同様に関帝と天后は男女の対として認識されていたと想像できる。そして、この「義安会館」に関帝を祀るというモデルは、メコンデルタ各地の潮州人に採用されている。チャビン省のティウカン（小芹）という小さな町では、華人の宗教施設は二つだけで、広府人は天后廟を管理し、潮州人の管理する関帝廟は「義安宮」という。

これら比較的大規模な同郷会館に附属する寺廟とは別に、潮州人の小さな宗教結社が、ベトナムではむかしから重要性をもっていた。それは五幇ごとの商売や通婚が今でも重要であるように、宗教生活においても潮州人の葬儀には潮州話（潮州語）で儀礼を行う専門家が必要だったからである。会館は病院、老人ホーム、共同墓地を経営した。例えばホーチミン市（旧サイゴン）の潮州幇の病院には隣接して葬儀場もあり、文字通り「ゆりかごから墓場まで」の、総合社会福祉施設を形成していた。しかし、その葬儀場で儀礼を行うのは、会館とは異なる宗教結社の宗教専門家であった。

そのなかでの例外は福建幇の会館である。福建幇の「温陵会館」と「二府会館」は、二〇世紀前半に福建省福州市にある西禅寺の末寺になっており、会館に西禅寺の僧が常住していた。その後、一九四九年の中国の共産主義革命の後、西禅寺の僧たちがベトナムに根を下ろし、多くの仏教寺院を建設した。現在のホーチミン市の華人仏教界の中心人物は、この福建省福州の西禅寺から来た僧侶の教えを受けた地元出身の僧侶たちである。彼らの祖籍地は潮州も含め、さまざまである。かつては福建人のために福建の方言で読経する福建人僧が重要であったが、現在は必ずしも方言での読経は必要ではなく、西禅寺にゆかりのある華人仏教寺院においても五幇の枠を超えた活動が行われるようになってきている［Serizawa 2007］。

そのいっぽうで、潮州人による小さな宗教結社は依然、潮州話で儀礼を行うにもかかわらず、広府人やキン人（ホーチミン市の広府話では「安南人」。ベトナムの多数派民族）にも葬式互助団体として受け入れられている。本章では、ホーチミン市のいくつかの潮州人宗教結社を具体的にとりあげることで、他地域とも比較可能な潮州人の宗教文化を紹介したい。

一　ホーチミン市の潮州人会館

五幇の制度は入国管理システムと関係している。新来の移民は、まず自身の属する幇の事務所に赴いて登記する必要があった。その事務所が、幇の「公所」で、そこに附属して神々を祀る「廟宇」を含んだ「会館」という建物と、組織としての「会館」を形成した(5)。

中国からの移民の子孫で、ベトナムに帰化した明郷人の鄭懐徳が、一八二〇年に編纂した地理歴史書『嘉定城通志』には、「巻之六　城池」の「柴棍舗」の段に次のような記述がある。「大街北頭、本舗関帝廟、福州広東潮州三会館、分岐左右、大街中之西、天后廟、稍西、温陵会館、大街南頭之西、漳州会館」[Trinh 1999: 491]。

「柴棍」は「サイゴン」のことであるが、一九世紀のベトナムの文献に出てくる「柴棍」は、今日のチョロン地区のことを指している[Choi 2004: 37]。この時代すでに、広府幇の「広東会館」と潮州幇の「潮州会館」があったことがわかる。なお、「本舗関帝廟」とは、一八二〇年に修建された「七府武廟」（前述。一九七五年の南北ベトナム統一後に取り壊された）を指す。「福州会館」は、それに隣接した「三山会館」（現存。七府武廟の関帝像と銅鐘は三山会館に現在移されている）のことを指す。「天后廟」とは、「七府武廟」と対になった「七府天后廟」（前述。現存しないが、跡地の体育館のなかに古い廟宇の建物の残骸と銅鐘が残されている）のことである。「温陵会館」（前述）は福建省泉州府出身者の会館で、「漳州会館」とは福建省漳州府出身者の会館「霞漳会館」のことである。この『嘉定城通志』の記述から、現在のチョロン（堤岸）地区にあたるホーチミン市第五郡の趙光復街周辺が、当時から華人居住区の中心地であったことがよくわかる。

引用した『嘉定城通志』の記述には、五幇のうち広府、潮州、福建の会館が出てくるが、海南と客家の会館が出てこない。五幇に先立つ七府には、海南島の瓊州が含まれており、天后廟を併設した「瓊府会館」が趙光復街に隣接して現存する。しかし客家の独立した会館建築は昔も今もチョロンには存在しない。現在は「崇正会館」の事務所が、潮州会館である「義安会館」のなかにある。

義安会館に現存する一九世紀の碑文によると、義安会館は当初、潮州人と客家人が協同して建設した。蔡志祥は、義安会館に残された碑文を手がかりに、今日の客家地区である嘉応州地域を含む潮州府の古い地名が「義安郡」であったことに因んで「義安会館」と命名されたという起源伝承が、一九〇一年の客家人による碑文では、「義合」と「安南」（ベトナムのこと）という言葉に因むと説明されるように変わったことを指摘している。そして、その理由を、一九世紀末から二〇世紀初めにかけて汕頭で起きていた潮州人と客家人の争いが、汕頭からの移民によって持ち込まれたことに求めている(6)［蔡志祥　二〇〇三］。

客家人のグループが、「崇正医院」を建設したのは一九二〇年代であり、かなり時代が新しいが、潮州人の義安会館は「六邑善堂」、広府人の穂城会館は「広肇善堂」として、それぞれ古くからの病院兼葬儀場をもち、同郷の移民に対する慈善活動を行っていた。

「六邑善堂」は、潮州人の共同墓地に貧者や病者が集まるようになり、一八八五年に簡単な建物がつくられることで始まった。一九一六年に医者が常駐するようになって「六邑善堂」という名称になった。その後一九四五年に「六邑医院」となり、中国医学のほかに、西洋医学も取り入れるようになった。一九四八年以降には、「産育院」、「看護宿舎」、「殯儀館」を増設し、正式に「西医部」を設けた。一九七五年のサイゴン解放後、「安平医院」と改称した。一九九一年には「安平医院輔助会」が結成され、一九九四年には「安平免費医院」になった［陸進義　一九九七：一八］。

一九七五年以降、これらの会館の慈善活動に関わる施設は政府に接収されたが、一九九〇年代になって会館の建物は各幇の人々の管理に戻された。義安会館と穂城会館は、一九九三年に華人の会館として初めて国家級の「歴史文化遺跡」にそれぞれ認定されている。ホーチミン市の潮州人は現在、「輔助会」というかたちで、元の「六邑医院」である「安平免費医院」の活動を金銭的に支えている。

もっとも、成功した商人が同郷会館の役員になり、現在のベトナム政府とも協調しながら、その会館の施設を通じて慈善活動を行うということは、他の幇のグループの場合でも同じである。一九九〇年代以降は宗教施設に特化したという面はあるが、付設された廟への寄進が、関係する社会福祉施設の経費へ回されるという運営方法は、昔も今もあまり変わらない形で行われている［Serizawa 2006］。したがって、潮州人の特色をそこに見いだすことはむずかしい。しかし以下で紹介するように、これら大規模な「会館」＝「善堂」とは異なる、小さな潮州人宗教結社を見てみると、潮州人の宗教文化の特色を見いだすことができる(7)。

例えば、一九九〇年にホーチミン市で行われた「越南各民族文化和体育運動日」に関する華人文化活動を紹介した特刊には、ホーチミン市の芸術活動や体育活動に関係した華人団体や個人が紹介されている［楊忠・葉鴻一九九一］。そのなかに、潮州人の宗教結社である「師竹軒父母会」が含まれている。同会が自ら紹介する短い文章によると、「師竹軒工業鼓楽団体」として成立した時から、社会福祉、慈善事業に努力し、一九七五年に政府機関の指導の下で活動を再開してからも、会員の不幸に対応し、貧困家庭には棺を提供する「施棺組」を設けているという［楊忠・葉鴻　一九九一：四四］。

この「師竹軒父母会」は、チョロンに小さなビルを持ち、そこに仏壇を祀り、「師竹軒精舎」と称している(8)。一九九〇年代から今日に至るまで、チョロンの路上で行われている各家庭の葬儀の仮設テントに書かれている団体名に注目してみると、その多くに師竹軒精舎がかかわっていることをうかがうことができる。つまり、この「師竹軒父母会」は、「父母会」というかたちを取った葬式互助団体であり、葬儀を執行する小さな潮州人宗教結社であって、単なる音楽隊ではない。

二　潮州人の共同墓地と明月居士林

広府人が香港へ遺体を送る「運棺」が、横浜など世界各地の広府人のチャイナタウンで行われていたように、ベトナム・ホーチミン市の潮州人社会でも、かつては共同墓地に葬るのとは別に、遺体（遺骸）を潮州の郷里へ送還することも行われていた。一九二〇年代に「平西街市」（ビンタイ・マーケット）を建設した著名な潮州人企業家の郭琰は、一〇〇名以上の遺体を灰にして、自身の創業した「元亨輪船公司」の「元利輪」で汕頭へと送り、汕頭の「存心善堂」に保管させて、該当する親族が存心善堂へ取りに行くように手配したことがあったという［楊群熙　二〇〇三：五九］。

いっぽう共同墓地であるが、前述したように、現在の安平免費医院の場所が、もともとの潮州人の墓地の場所にあたる。しかしその後、病院の建設地にしたり、政府の指示で郊外へ移されたりした結果、一九五六年の時点では、潮州人グループの墓地は、新山一（タンソンニャット）区に二か所ある「椽義祠」と、富寿（フートー）区にある小さな墓地の三か所であった［陳極星　一九五六：六〇］。

現在の安平免費医院には、隣接して「椽義祠」という広東式の祠堂建築物と小さな観音廟がある。かつてはここに医院関係者の位牌を祀っており、それが一九七五年の解放後に荒れてしまっていたので、一九九四年に修復された［陸進義　一九九七：一七］。

現在では潮州人の共同墓地は、もっぱらホーチミン市の北、邊和（ビエンホア）の化安（誼安）というところにある「邊和義安墓園」ということになっており、盂蘭盆の時には義安会館が、そこへ参拝に行く人たちのための無料送迎バスを手配している。二〇〇四年九月に義安会館でW氏から聞いた、義安会館の「七月節」（盂蘭盆）の行事の概要は次のようなものである。

旧暦七月一一日に、「橡義祠」で拝む。七月一六日に会館で拝む。会館の法事は、必ずしも潮州人の宗教団体を呼ぶとは限らないし、毎年同じ団体を呼ぶとも限らない。二〇〇四年は「龍華寺」（一九五八年に江蘇省出身の超塵法師が開いたもので、現在の住持の慧功法師は華人仏教の修行をしたキン人）を呼んだ。「霊福壇」（後述）の年もあった。和尚の読経も、国語（標準中国語）であったり、広府話であったりする。希望者は読経の対象である「神位」を無料で申し込むことができる。また会館では、貧しい人に食べ物などを配る。そして七月一八日と一九日は、「山地」（共同墓地）で拝む。この両日には、三台の車をチャーターし、さらに個人の自家用車も一緒になって、朝七時にホーチミン市を出発する。百数十人参加者がいる。「山地」でご飯を作って、みんなで食べる。この食事は無料である。そして午後の三、四時ころに帰ってくる。

W氏によると「橡義祠」の管理は会館がしている。いっぽうビエンホアの「山地」は、現在は会館では管理をしていないが、会館が仲介することはしている。死者の家族が希望した場合には直接「山地」へ行って申し込む。最近は土葬ではなく火葬をしている。

この邊和義安墓園は、六邑医院第一三届董事会董事長の黄綿禎が提唱して寄付を集めて土地を購入し、六邑医院董事会に寄付して一九六四年に建設されたものである。黄綿禎は当時、富寿にあった墓地が手狭であり、新しい遺骸のために三年経ったら必ず掘り返さなければならず、また窪地で地下に水がたまるため、もっとよい土地を探す必要を感じていた［陸進義　一九九七：五八］。

黄綿禎を記念して邊和義安墓園に一九六八年に建てられた「綿禎亭」の碑文によると、この黄綿禎の意向に賛同して、「明月居士林」の「林友」である馬成寶、林龍、黄成超、黄植夫が資金を寄付した。

明月居士林は、一九四四年に潮州府潮陽県大布郷に組織された「明月善社」の流れを汲む、チョロンの潮州人の小規模宗教結社である。明月善社が「祖師」として奉じるのは、李道明（潮州では八仙の一人に数えられる）と宋禅祖師（俗名を「超月」という）で、「明月」はその二神の名に由来する。ホーチミン市チョロン地区に明月善社の南の分壇が置かれて活動が始まった後、一九四七年には仏教の祭壇を設け、在家仏教徒の団体としての性格を強めていった［芹澤　二〇〇九b、Serizawa 2014］。

明月居士林のM氏に二〇一三年に聞いたところでは、富寿区の共同墓地は、一九六〇年代から七〇年代にかけて明月居士林の林長として積極的に活動した李仰伯の、父にあたる李伯勳が土地を買い、それを義安会館に寄付をして建設されたものであるという。この墓地は、解放後には政府に接収された。解放前、富寿の墓地に埋葬される潮州人は貧しく、豊かな潮州人は邊和の墓地に葬られるか、土龍木（トゥーザウモット。ビエンホアと同じくホーチミン市の北にある都市）に個人で墓所を作ったという。

筆者は二〇〇四年に邊和義安墓園へ行った後、この富寿の墓地の場所にも寄ったが、すでに墓標等はなく、門が残されていただけだった。門に掲げられている題字の年号は、「一九六七年」であった。

李伯勳は、チョロンに「来安堂」という「東医医館」（「東医」はベトナム語の言い方。中国医学の診療所・薬局）を設立した。M氏によれば、李伯勳の名前を知らなくても、ホーチミン市の華人なら誰でも「来安堂」の名を知っているという。「来安堂」の建物は、チョロンの郵便局の前のメインストリートである、周文廉（チャウヴァンリン）街に沿って今も残る（写真1参照）。

李仰伯は、一九六〇年代には知られた人物で、一九六三年にチョロンで出版された『華裔在越南』の「越南華僑

写真1　ホーチミン市第五郡に今も残る来安堂の建物（2013年8月、筆者撮影）

華裔聞人簡介」の中で略歴が紹介されている。要約すると、原籍は澄海県で、一九六三年現在五九歳。広州仲房鍼灸研究学院卒業、汕頭市第六届優等全科中医師合格。現在は明月居士林林長。医学と仏学の両方を研究し、父の来安堂から、その「楽善」の意志を継いでいる。かつて「薬師弥陀普問品」などの経文を手で写し、中国語ベトナム語対照版を印刷して無料で配布することも行った〔施達志　一九六三：第一五編の一三〕。M氏によれば、かつては明月居士林においても年配の医師が二、三時間詰めて、「贈医施薬」を行うことがあったという。現在は行われていない。

　ホーチミン市の義安会館や潮州人の墓地と明月居士林との関係については上記の情報しかないが、明月居士林がかつて行っていた「執骨」(9)について、以下のような興味深い話をM氏から聞いた。明月居士林は、チョロンの祭壇のある建物を「総林」と称し、メコンデルタの地方都市にある、五つの支部の祭壇（寺院）を「分林」と称している。これら分林が設立するきっかけは、「執骨」にあるという。M氏は次のように説明した。

　「義荘」（共同墓地）を再建したり、政府の要請で移転したりする時に、数百年前の骨を掘り返す必要が出てくる。メコンデルタの地方都市には潮州人の仏教組織もなく、潮州人の「乱手」（霊媒）もいないのに対し、チョロンの明月居士林なら、潮州人の「師傅」がいて、潮州語で読経ができる。そのためメコンデルタ各地の「潮州公所」から連絡が入って出張を依頼される。

　例えば、ソクチャンの分林の場合、ソクチャンの潮州人から連絡があり、李仰伯林長と乱手がチョロンから出かけて行って、そこの義荘で扶乩の儀礼をした。この場合には、宋大峰祖師が降りた。なぜなら宋大峰祖師は「執骨」が専門だからである。一日に一回か二回、そこで扶乩をする。その後、やはり扶乩で分林を建てるかどうかを神に聞き、神が承認したら分林を建てる。この時に降りてくる神は、宋大峰祖師ではなく、李道明祖師である。ファンティエット（中部に近いビントゥアン省の省都）、ラクザー（メコンデルタのキエンザン省の省都）、フエでは、祖師が分林の設立を承認しなかったから、分林が作られなかった。

筆者は、二〇〇七年にカナダ・トロントの明月居士林を訪問した時に、ファンラン（ビントゥアン省の北のニントゥアン省の省都）やフエでも分林を作る動きがあったが、一九七五年にベトナム戦争が終結し、南ベトナム（ベトナム共和国）の解放があったために分林設立に至らなかったという説明を聞いたことがあった。しかしM氏の話からは、分林がつくられるかどうかは政治情勢によるのではなく、乩示による神の決定であったことがわかった。M氏によると、後述するチャビン省に明月居士林の分林が作られなかったのは、その理由からではないかという。

明月居士林には、経典など仏教関係の書物を集めた「経蔵」の部屋がある。そこの書棚には、一九六〇年代にバンコクで出されていた中国語の仏教書が多くあり、徳教紫峰閣の特刊も含まれている。M氏に聞いたところ、当時は明月居士林で扶乩を行っていたため、同じく扶乩を行うタイの徳教の団体とは人の行き来があったという。その後、明月居士林は、真言密教を本格的に学ぶようにという乩示を得て、一九七四年に日本の真言宗豊山派と正式に関係をもつようになり、その後は扶乩を行っていない。数年前にバンコクの明月善社の人が突然訪ねてきたことが一度あったらしいが、現在明月居士林では、タイやマレーシアの明月善社とは行き来がない。

なお筆者が、香港の徳教紫和閣を訪問した時に提供を受けた特刊には、「近年は、東南アジア地域のほか、さらに外国へと発展しており、例えばオーストラリア（紫時閣、紫乗閣、紫洋閣）、アメリカ（紫根閣、紫金閣）、カナダ（紫屏閣)、日本(紫瀛閣)、台湾(紫雄閣、紫台閣)、及びベトナムなどの地に続々と徳教会の組織が作られた」[香港徳教会紫和閣 二〇〇九：四]とあり、ベトナムにも近年徳教の組織が作られたことが伝えられているが、筆者の近二〇年来のホーチミン市での調査のなかでは、ベトナムにおける徳教の宗教施設についての情報を聞いたことはない。

三　ホーチミン市第八郡の潮州人宗教結社──可妙壇と霊福壇

1　潮州人集住地区・ソムコイ

華人の集住地区であるチョロンの中心部にあたる第五郡・第六郡の、南の対岸にあるのが、ソムコイ(森挙)といわれる第八郡である。そのあいだにはさまる運河は、「豆腐涌」と呼ばれている。一九九〇年代には、この川岸にショップハウスが並び、米の積み出し、積み入れが行われた昔を想像できたが、今では第五郡と第六郡の側の川岸の古い家屋はすべて取り壊され、第一郡へと続く大きな道路が建設されている。第八郡の側の古いショップハウスは、まだ若干残されており、そのなかには一九六〇年代に潮州人のために設立されたプロテスタント教会「生命堂」がある[芹澤 二〇一二]。この第八郡には、潮州人が多く居住している。(10)

筆者は、二〇〇一年に第八郡の「豊富会館」を訪れ、その会館の活動を主導する潮州人のD氏に会った。豊富会館は、もともとキン人の宗教施設であり、城隍神を祀っている。(11) 一九七五年までは会員制で運営され、城隍神を主神としつつ、会員の祖先の位牌を置く祠堂でもあったようだ。

一九九〇年代に政府が豊富会館を元の所有者に返還しようとしたが、元の所有者たちが出国してしまっていて該当者がいないため、長年近所で商売をしてきたD氏に管理がまかされた。D氏は伽藍を整備したほか、城隍神の祭祀活動や施棺などの慈善活動を始めた。管理委員会には、近所の華人のほかキン人もメンバーで入ったが、D氏が筆者に、同席したキン人のメンバーやキン人の研究者に聞こえないように広府話を使って、「安南人（キン人）はお金の取り方を知っているだけで、お金の使い方を知らない」と説明した。華人の慈善活動のノウハウを豊富会館というキン人の会館に適用したことについて、D氏本人の自負が感じられた。一九九〇年代以降、正月一五日の城隍神の誕生日には潮州人の楽隊を招いて神像のパレードを行うようになった。このアイデアなどは、D氏に蓄積された潮州の宗教文化の発露とも考えられる。

二〇一二年に筆者は第八郡の三つの宗教施設、可妙壇、霊福壇、豊富会館を訪問した。豊富会館を久しぶりに訪問したが、D氏はすでに亡くなっていた。しかし、依然慈善活動は活発に行われているようだった。ちょうど盂蘭盆の季節で、その行事に使うための袋に入った米などの品物が建物内にたくさん置かれていた。以下では、とくに可妙壇と霊福壇にて聞いたことを紹介する。

写真2　ホーチミン市第八郡の可妙壇（2012年8月、筆者撮影）

2　可妙壇

可妙壇は「可妙壇餘徳善堂」というのが正しい名称である（写真2参照）。「善堂」という名称を掲げていること、そして「宋大峰祖師」を祀るということで、ホーチミン市の華人社会のなかでは、きわめて特別な宗教施設であるといえる。他に宋大峰祖師を奉じる廟があるかどうかを可妙壇で聞いたところ、他にもう一つあり、同じく第八郡だが、いつ行っても今は閉まっているとのことであった。

可妙壇は、会長のY氏が宋大峰祖師を信仰していて始めたものである。Y氏は潮陽県の出身で一九四六年、十数歳の時にベトナムへ来た。そしてこの廟は、一九五五、六年ころにつくられた。会長以外の創設時のメンバーは、もう全員亡くなっているという。現在の建物は、一九七四年に改修した時のものである。

一九九六年には、ビンズン省に義山・義地の土地を買い、慈善活動の一環として無料で埋葬地を提供している。

一月二九日が宋大峰祖師の「宝誕」、一一月九日が「成道日」にあたる。他にも祭日があるが、この二つの日にちほど盛大には祝わない。

Y会長は、宋大峰祖師がしたのと同じ慈善活動をしようと考えているという。理事会は潮州人に限られているが、慈善活動の対象は潮州人に限られない。

慈善活動として一貫して行ってきたのは「施棺」（棺を用意することのむずかしい貧者に棺を無料で提供すること）である。「棺材」（棺おけ）は、ホーチミン市の北のホクムンでつくっている。「棺材」は一基三〇万ドン、「寿衣」（死装束）は一式四万ドンで、合計で三四万ドン（約一七〇〇円）になる。

施棺は一年中しているが、旧暦七月には、貧しい人に無料で米を配る「派米」をするための米を倉庫へ入れるので、棺材をたくさん倉庫に置けないため、その数は少ない。

派米のための米は、寄付されたものであったり、理事会が買ったりしたものである。理事会で買う時には、値段を見たりして買っているから、それほどいい米ではないという。派米の行事の時には、廟の建物の前に人が並ぶが、用意している米が足りなくなると、理事会がすぐに米を買ってくるらしい。

なお、盂蘭盆の時の「放蒙山」の儀礼は、龍華寺の慧功法師（前述）を招いて行う。慧功法師の読経は、広府話もしくは国語（標準中国語）で行われる。

他には、橋をかけたり、貧者に金銭を施したりする慈善活動を行っている。大々的に行っているわけではないが、地方政府から連絡があった場合に援助をしている。政府と協力して「情義屋」（無償で提供する家屋）を建てることもある。

一九七五年の解放後、数年して扶乱をしていた人が亡くなったため、今は扶乱を行っていない。今もむかしも、「贈医施薬」のようなことはしていないという。

可妙壇には「父母会」の制度がある。会費は年に六〇万ドン（約三〇〇〇円）、会員は五〇〇人以上である。潮州人以外にも広府人やキン人が入会しているという。父母が亡くなった時に儀礼をする。可妙壇の関係者によると、潮州話で経をあげる潮州人のやりかたが、とても「厳重」（おごそか）だと広府人やキン人は思って入会しているという。

可妙壇の関係者の説明では、ホーチミン市の華人で父母会に参加している人は多いが、可妙壇は慈善活動として行っているので、年会費の額が六〇万ドンと低く抑えられているという。

可妙壇で「法事」をする人たちを「経生」という。音楽を奏でる人たちも含め、全員で二〇人くらいの人たちが、会員の家で行われる葬儀に出かけて儀礼を行う（これを「打斎」という）。経生が出張する交通費や食費は、その家で出してもらう。家によっては経生とは別に、葬儀に仏教僧も呼んで読経をしてもらう場合がある。

「経生」には、男女二つのグループがある。「女法事」と「男法事」が、それぞれ二〇人ずつでグループを作っている。「放蒙山」の儀礼は、女法事がする。「過橋」の儀礼は、男法事がする。放蒙山をするか、過橋をするかは、その家の希望で決まる。

可妙壇の近くに潮州人の「霊福壇」があり、連絡をしている。霊福壇にはあって、可妙壇にはないのは、「鑼鼓隊」（銅鑼と太鼓を演奏する楽隊）だという。

3　霊福壇

霊福壇は、第八郡の潮州人が一九五四年に建てたもので、「感天大帝」を祀っている。

写真3　ホーチミン市第八郡の霊福壇（2012年8月、筆者撮影）

「感天大帝」は宋朝の人で、名を「鄭子明」という。その「宝誕」は旧暦三月二九日、「成道日」は六月一八日にあたり、この両日にお祭りをしている。

他に旧暦七月には盂蘭盆の儀礼を行う。二〇一二年の場合、霊福壇では七月二五日から二九日まで盂蘭盆の行事が行われ、可妙壇では七月一三日から一八日まで行われた。

現在の建物「悟修堂」は、一九九〇年に建てられた（写真3参照）。三階の「三聖殿」（仏祖・観世音菩薩・大勢至菩薩を祀る）では、毎月「初一」と「十五」、そして「仏祖誕」に儀礼をする。専門の仏教僧を呼ぶ時には華人仏教会の日修法師（中国広西省（今の広西チワン族自治区）に祖籍をもつ華人僧。草堂禅寺の住持）に頼む。日修法師の読経は国語（標準中国語）で行われる。

理事会の組織があり、四年ごとに改選されて、現在は第九届にあたる。「父母会」の制度もある。会員は四〇〇人以上、年会費は四〇万ドン（約二〇〇〇円）である。入会すると、「夫妻父母」の四人の葬式が対象になる。父母会の儀礼のために「法事組」があり、この廟に、儀礼のしかたを教える先生がいる。「打」（音楽）と「唱」（読経）の二人の先生がいる。集まって練習をすることがあり、その時にはメンバーに電話で連絡が入る。

慈善活動としては、水災や天災の時などに赤十字に協力する。そのほか、毎年七月の盂蘭盆の時に派米を行う。その米は理事会のメンバーが現物を寄付するほか、経費を理事会が負担し、郊外の場所へと米を持っていくこともある。施棺も行っている。

霊福壇では扶乱はしていない。

二〇一三年八月七日付『西貢解放日報』の広告によると、二〇一三年に邊和義安墓園で行われる盂蘭盆の行事は、七月一八日・一九日の二日間で、一八日は「霊福壇悟修堂主持法事全天」、一九日は「万仏寺主持法事・下午一時恭請釋傳強法師主持瑜伽燄口施食」とある。霊福壇と傳強法師が選ばれているのは偶然ではなく、潮州人らしい儀礼が行える適任者として選ばれていると思われる。二〇〇四年の場合も、会館の法事ではなく邊和義安墓園での法事は、霊福壇と傳強法師が担当していた。万仏寺は、福州の西禅寺からチョロンへ来た僧が一九六〇年代に開いた寺であるが、現在の住持の傳強法師は潮州人である。

明月居士林のM氏の説明では、霊福壇の読経は、その歌い方（「唱板」「唱腔」）が「潮州板」（「開元寺板」）の純粋なものだという。それに対し、今の明月居士林の読経の場合は、潮州以外のものである「外江板」だという。潮州板と外江板では、「口腔」の高低に違いがあるらしい。今の明月居士林の読経では、「国語」（標準中国語）の発音と「潮州話」の発音が混ざっている。今の若い人は漢字の潮州音から教えなければならなくなっているという。また、霊福壇は「過橋」の儀礼ができるということも重用されている理由としてあるらしい。

四　チャビン省チャビン市の義安会館

メコンデルタのなかでも、チャビン省はクメール人の中心地のひとつと考えられている。そこへ一八世紀から一九世紀にかけて多くのキン人と華人が入植していき、とくに農村部では潮州人とクメール人の混血も見られた［芹澤　二〇一六］。二〇〇九年の人口調査では、チャビン省の華人人口は、七六九〇人であり、そのうちチャビン市などの都市部に居住する華人は、六二五四人である［Department of Population and Labour Statistics, the General Statistics Office 2010: 216］。

写真4　チャビン省チャビン市の義安会館（2014年7月、筆者撮影）

チャビン省の省都チャビン市の特徴は、市内がきれいに整備され、華人の古い施設が今やほとんどないということである。運河の岸部がコンクリートできれいに改修されていて、古い市場や建物やショップハウスが少しは残っているが、メコンデルタの他の都市に見られるような市場に隣接する天后廟がない。現在は少し離れたところに、国家級の歴史文化遺跡となった福建人の関帝廟、「福明宮」が一つあるだけである。

二〇〇五年に初めてチャビン市を訪れた時には、市内に広府人の墓地「広肇義祠」を見かけたが、開発によって市内の華人の義山はすべて改修されてなくなり、「五幇」がそれぞれ持っていた墓地が統合されて郊外へ移されている。客家人の「崇正義祠」の跡地に、新しく大きな天后廟と中国語学校が建てられて、華人文化の文字通りのセンターとなっている。なお一九五六年の『南越高棉華僑事業』では、チャビン市内では潮州人よりも客家人の人口が多いという指摘がある〔陳極星　一九五六：九七〕。

この天后廟の管理は、「五幇」の持ち回りで行われている。そのため市内には「幇」ごとの組織があり、彼らが集まる場所があると考えられる。しかしながら、チャビン市のなかで独立した会所は、潮州人の「義安会館」だけのようである。

かつての潮州公所の跡地に、一九七二年にコンクリート造り三階建てでつくられた会所は、屋根近くに今も「義安会館」という標示を赤い文字で掲げ、一階の玄関には赤地に金色で書かれた漢字の対聯を掛けているため、ひときわ目立つ建物である（写真4参照）。

一階には「土地公」が祀られているが、とくに神を祀るための祭壇はこの会館にはなく、集会所としてのみ使われている。一階と二階を結婚式の披露宴の会場として貸し出すことも行っていて、その賃料は、会館の建物の前で開いているコーヒー屋の賃料と同じく、会館の収入になる。

この義安会館の活動として注目すべき点は、「仁風楽社隊」という潮州音楽の楽団をもっていることである。チャビンの華人社会のなかでは、この楽団以外に楽団はないという。

仁風楽社隊は、請われて葬儀に出張して、晩と翌朝に演奏する。この一回の招聘には、三〇〇万ドン（約一万五〇〇〇円）を受け取る。葬儀で唱えられる歌、演奏される曲には、かつては潮州話の歌、潮州から伝わった伝統音楽しかなかった。しかし、今はベトナム語の歌も潮州話の歌も両方演奏するという。顧客がキン人の家族の場合には、ベトナム語の歌を聞いて理解してもらうことができ、顧客が華人の場合には潮州話の歌を聞いて理解してもらえるからだという。また顧客である家族の要望に沿って、現代的な曲を演奏することもあるらしい。

楽隊の隊員は、ふだんはそれぞれ自分の仕事をしているという。長年楽隊をやって来たメンバーばかりで、新しくメンバーに入る人がなかなか出ない。そのため、わざわざ集まって練習するということはないという。

おわりに

ホーチミン市の潮州人の宗教結社である「可妙壇」には、潮州人以外にも広府人やキン人の会員がいる。そのことについて可妙壇のメンバーは、「潮州話で経をあげる潮州人のやりかたが、とても『厳重』（おごそか）だと広府人やキン人は思って入会している」と説明した。チャビン市の潮州人の楽団である「仁風楽社隊」にも、潮州人に加えてキン人の顧客がいる。

これらの事例から、潮州の宗教文化のうち、葬送儀礼や民間音楽は、潮州人という枠をこえて広く受け入れられているることがわかる。葬列にブラスバンドが出ることは、仏教的な葬儀でもキリスト教的な葬儀でもよく見かける。貧しい人たちに棺を提供すること、無償で家を提供すること、遠い村に橋をかけること、これらも潮州人の宗教結社に限らず、代表的な慈善活動としてホーチミン市では各慈善団体、宗教結社が競って行っており、その成果は、『西貢解放日報』の記事や広告で多くの人に知らされている。しかし、そのなかでも、とりわけ潮州人の宗教結社が用意する父母会の制度は、その儀礼サービスも含めて、他のグループの人々にとっては、とても魅力的なものである。

近年ベトナムにおいて、かつては社会主義化に反する「迷信」として抑圧された「レンドン」というキン人のシャーマニズムが、ベトナムを代表する無形文化遺産と認められて、今やほとんど解禁状態になっている。しかし扶乩の儀礼は、まだ解禁にはなっていない。ベトナム南部で二〇世紀に扶乩から始まったカオダイ教と、カオダイ教に関係する宗教教団の施設をいくつか訪れたことがあるが、古い善書（扶乩のお告げを記した本）を見ることは現在もできるが、現在行われている扶乩の儀礼を見る機会には未だ恵まれていない。華人社会のなかでも同様で、ベトナムで扶乩は今もまったく行われていないか、あるいは外から来た調査者に簡単に見せるものには未だなっていない[12]。

明月居士林がかつて盛んに行っていたような墓地の「執骨」は、今や時代遅れになっているのかもしれない。今なお広府話が共通語として使われ、五幇に分かれた華人の文化が日々の生活のなかで顕在化しているホーチミン市とは違って、華人の人口も少なく、中国語を学ぶことの利点も見えにくいメコンデルタの諸都市では、華人としてのアイデンティティを次世代が保持することは難しくなってきている。そのため正統な潮州文化をホーチミン市から地方都市へと持ち込む必然性は見出しにくい。

しかし今後、扶乩が復活し、徳教がベトナムに進出して宋大峰信仰が広まると、慈善活動としての「執骨」が、ベトナム南部に限らず、国家規模で見直されることも考えられる。首都のハノイでは、国際会議場を新たに建設する時に不穏な事件が頻繁に起こり、結果として移転予定の神祠が残ったことや、戦争中に行方がわからなくなった親族の遺骨を探し出すために霊媒師を雇ったことなどを、二〇一〇年代によく聞いた。ハノイと同様、都市化による開発が進み、戦争の記憶が今なお残る南部諸都市においても、華人のもたらした宗教文化の新たな需要は、おそらく今後も大いにあると思われる。

注

(1) ベトナム北部において、ハノイ、ハイフォンに次ぐ商業都市であるナムディンには、「ケオ・シウ・チャウ(Kẹo Sìu Châu)」という名称の菓子が土産物として売られている。この菓子は、中国南部でよく見る、「花生糖」というピーナッツを飴で固めた甘くて固い砂糖菓子と同じであり、この名称のベトナム語の意味は、「潮州のアメ」になる。(「シウ・チャウ(Sìu Châu)」が「潮州」を指すことは、ベトナム社会科学院文化研究院のチュー・スァン・ザオ博士からご教示いただいた。)

(2) 今世紀初めまでのベトナム社会科学院文化研究院のチュー・スァン・ザオ博士からご教示いただいた。)

(2) 今世紀初めまでのベトナム華僑華人研究の動向については、次の拙文を参照されたい［芹澤　二〇〇九a］。その後、筆者はベトナムの潮州人について、仏教居士林、キリスト教会、農村部の盂蘭盆行事について報告した［芹澤　二〇〇九b、二〇一二、二〇一六］。現状を実地調査から把握する文化人類学の分野の研究があまり進んでいないこととは対照的に、中国からベトナムへの移民に焦点をあてた歴史研究は近年大きく進んでいる。ノラ・コックとリ・タナによる、メコンデルタとトンキン湾に焦点をあてた二つの論文集は、その代表的なものである［Cooke and Li 2004; Cooke, Li and Anderson 2011］。また、フランス植民地時代の華人会館に焦点をあてたトレイシー・バレットの単著も出ている［Barret 2012］。

(3) 鄚氏のもともとの姓は「莫」であるが、ベトナムに来てから、広南阮氏の旧敵にあたる莫登庸一族との混同を避けて、「鄚」姓に換えたと考えられる［藤原　一九八六：二一九］。

(4) 後述するように、一八世紀とは異なり、一九世紀以降に入植した潮州人は幇の制度の下で潮州出身者としての意識を保つような環境に置かれていたと考えられる。また農民から商人へ転身し、活躍する場所を農村部から都市部へと移した潮州人の意識も異なるものであったと思われる。二〇世紀にサイゴン(現在のホーチミン市)で中国医学の医師として活躍した広府人の回想録には、潮州人移民の農村での土着化について次のような興味深い記述がある。「ベトナムへ来て農村へ入り成功する移民は、多くが潮州人と福建人だった。彼らは農村へ入ってからすぐベトナム人を嫁にし、自分は田を耕し、妻は市場で小商いをする。市場で得た金で田を小作に出し、利益をあげて米をかたに金を作り、いなかで小さな精米所を設ける。そして精米業を拡張する時はチョロンの美萩街へ移る。往診の時に会った精米所社長の第一夫人はたいていベトナム人で、第二夫人には広府人が多かった。」[馮風　一九八七：四七]

（5）「会館」が建物と組織の両方を指すことは、中国南部の宗族や海外のチャイナタウンの秘密結社が、「堂」や「堂口」と呼ばれて、建物（不動産）をもつ組織になっていることと類似する。

（6）筆者は、一九九九年から二〇〇一年にかけて国際交流基金の助成を受けて行われた香港科技大学華南研究中心とホーチミン市社会科学院（当時）人類学・宗教学研究所の共同研究の一環で、ホーチミン市の北、チョロンから約一〇キロ北、ゴーヴァップ（舊邑）郡にある客家の会館「群賓会館」（天后廟）を訪問した。そこには光緒一七年（一八九一年）の対聯が掛かっていた。この群賓会館は、一九七四年に台北で編集された『世界客属第二次懇親大会実録』には、「旅居越南西貢客属六機構之一」と紹介されてあり、サイゴン（当時のベトナム共和国の首都のサイゴンで、チョロン地区を含む）の客家人を代表する施設と二〇世紀後半には認識されていたことがわかる［著者不詳　一九七四：二九〇］。また「世界客属第二次懇親大会」に先立って行われた「世界客属第一次懇親大会」の特刊にあたる一九七一年の香港崇正総会の特刊では、当時のサイゴンの客家人のリーダーであった高学田が、群賓会館の歴史を紹介している。それによると客家人は早くからベトナム南部各地に入植していたが、サイゴン・チョロンに来た人数は少なく、潮州人、福建人、広府人に比べて遅く来たため、同治年間になって人数が増えて会館を設けたという。群賓会館が創設されたのは同治一〇年（一八七一年）で、当時有名だった「堪輿大明師」に頼んで風水に恵まれた土地を探してもらい、ゴーヴァップに建物を建てて天后を祀ったと書かれている［高学田　一九七一：一二五一―一二六］。この一八七一年にゴーもらい、ゴーヴァップに会館を設立したエピソードは、二〇世紀時点での言い伝えであり、同時代史料にもとづくものではないが、一八七〇年代の当時、チョロンの客家人が主体的に独自の会館設立を計画し、風水上の理由から遠い場所に建設したことを示している。

（7）本章で扱う潮州人の小規模慈善団体は、タン・チーベン（Tan Chee-Beng）が中国潮州地方、シンガポール、マレーシアの潮州人社会に共通して見られる「善堂」として紹介したものに近く、タンが指摘するように、これらの慈善団体は今まで明清史で紹介されてきた「善会」や「善堂」と比べて宗教色の強いことが特徴である［Tan 2012］。潮州人小規模慈善団体が「善堂」のほかに、どのような団体名を名乗っているのかについては、本書第四章の志賀論文を参照されたい。

（8）師竹軒精舎の建物内にある、一九六七年建設時の「師竹軒精舎序」と題する碑文には、以下のように変遷が説明されている。「師竹軒工業鼓楽団体」の設立は一九二七年であり、一九四五年に「旅越華僑師竹軒音楽会」と改称して政府に登記し、そして一九六〇年に「越南師竹軒愛友会」と改称して「法事組」を設け、同時に「浄土仏学」に参加して会所としての精舎を建てることを決めた。一九六〇年に仏教団体に加盟して「精舎」を名乗っているのは、当時のベトナム共和国政府の華僑政策のなかで、華僑団体として取り締まりの対象となることを避けるために、仏教団体としての体裁を整えたことが理由だと考えられる。

(9)「執骨」は広東語での表現である。しかし、後述するソクチャンの潮州人の義荘の碑文にも「執骨」という文字がある。白骨を掘り起こすことを意味するが、その後、掘り出した白骨を集めて読経する儀礼を行った。この一連の儀礼は、潮州人が行っている「修骷」や「修骷法会」と同じものと考えられる。タイの「修骷法会」については、本書第四章の志賀論文を参照されたい。

(10)ソムコイには、蔡坤という商人が一九四六年八月に設立した「志徳善社」という慈善団体があった。一九四六年の当時、戦争と飢饉のために道端に死体があふれ、放置されていたために、ソムコイでビーフンの工場を経営していた蔡坤が、その工場をやめて、そこに事務所を設けて馬車を準備し、敵味方なく死体を集め、貧しい人に棺を提供することを始めた。[李文雄他編一九四九：一一一]。フランス軍がベトミンの兵士をチョロンで射殺した後、この志徳善社が来て死体を回収したことが、当時の回想にも出てくる[馮風　一九八七：一六五]。設立者の蔡坤という商人が潮州人であったかどうかは未確認であるが、ソムコイという場所を考えると潮州人であった可能性は大いにある。

(11)豊富会館内には「豊富亭」と書かれた文字も見ることができる。「亭(ディン)」とは、本来キン人の村に設けられる村民共同の宗教施設である。理念型としては、ゲマインシャフトとしてのキン人の村の中心的な施設が「亭」であり、いっぽうゲゼルシャフトとしての都市の商人のクラブが「会館」ということになる。しかし、ホーチミン市の場合には、キン人と華人が同じ時期に住み始めたことや、早くから都市化したことがあるため、村人の信仰の中心としての「亭」とボランタリー・アソシエーションとしての「会館」との区別がむずかしい。資料には「亭会」や「会亭」という用語も出てくるため、厳密には区別されていなかったと思われる。都市化していくなかで村の亭が会員制の祠堂に移行したことや、華人ではなくキン人の同業団体として会館を組織し、城隍神を祀ったことが考えられるが、豊富会館の設立の経緯については今のところ不明である。

(12)台湾からもたらされた「一貫道」がホーチミン市で流行していることを、二〇一〇年代にベトナム人の研究者から聞いた。一貫道の系統の宗教団体では扶乩を行うことがあるため、ホーチミン市の台湾人、華人、キン人のあいだで現在扶乩が盛んに行われているのかもしれない。ベトナム政府の宗教活動に対する警戒は、迷信という観点とは別に、宗教団体を通じた外国とのコネクションという観点からも行われているため、チョロンでの扶乩が見えにくくなっているということもあろう。

引用・参照文献

〈日本語文献〉

北川香子

二〇〇一「ハーティエン」池端雪浦ほか編『岩波講座　東南アジア史第四巻　東南アジア近世国家群の展開』一八九―二〇九頁、

東京：岩波書店。
芹澤知広
二〇〇九ａ「華僑・華人　南部」末成道男編『ベトナム文化人類学文献解題――日本からの視点』一三〇―一三二頁、東京：風響社。
二〇〇九ｂ「海外華人社会のなかの日本密教――潮州系ベトナム華人の居士林をめぐる実地調査から」『総合研究所所報』（奈良大学）一七：五五―七〇。
二〇一二「ベトナム・ホーチミン市の華人プロテスタント教会――一九六〇年代における潮州人教会の設立」『総合研究所所報』（奈良大学）二〇：三一―四三。
二〇一六「ベトナム国チャビン省チャウタン県の関帝廟の盂蘭盆に見る華人の文化変容」、『華僑華人研究』一三：五一―六〇。
藤原利一郎
一九八六『東南アジア史の研究』京都：法藏館。
増田えりか
二〇〇一「トンブリー朝の成立」、池端雪浦ほか編『岩波講座　東南アジア史第四巻　東南アジア近世国家群の展開』東京：岩波書店、二四一―二六四頁。
〈中国語文献〉
蔡　志祥
二〇〇三「汕頭開埠与海外潮人身分認同的建構――以越南西貢堤岸市的義安会館為例」李志賢主編『海外潮人的移民経験』新加坡：新加坡八邑会館・八方文化企業公司、五〇二―五二〇頁。
陳　極星
一九五六『南越高棉華僑事業』西貢：陳極星。
馮　風
一九八七『西貢三十年』香港：華風書局出版。
高　学田
一九七一「越南客属群賓会館簡史」、香港崇正総会金禮紀念特刊編輯委員会編『香港崇正総会金禮紀念特刊』香港：香港崇正総会、一三五―一三八頁。
李文雄・崔瀟然・曹信夫編

　一九四九　『西堤年鑑』西貢：李文雄・崔瀟然・曹信夫。

陸　進義主編

　一九九七　『越南胡志明市義安会館（関帝廟）特刊』胡志明市：越南民族文化出版社・胡志明市各民族文化協会。

施　達志編

　一九六三　『華裔在越南』堤岸：施達志。

香港徳教会紫和閣

　二〇〇九　『香港徳教会紫和閣三十三周年紀念特刊』香港：香港徳教会紫和閣。

許文堂・謝奇懿編

　二〇〇〇　『大南實録清越關系史料彙編』台北：中央研究院東南亜研究計画。

楊　群熙

　二〇〇三　『潮人在越南』広州：公元出版。

楊忠・葉鴻編

　一九九一　『華人文化文藝』胡志明市：胡志明市第五郡文化通訊處。

著者不詳

　一九七四　「越南客属羣賓会館概況」世界客属第二次懇親大会実録編輯委員会編『世界客属第二次懇親大会実録』台北：世界客属第二次懇親大会実録編輯委員会、三九〇―三九一頁。

〈英語・ベトナム語文献〉

Chen Chingho A.

1979 Mac Thien Tu and Phrayataksin: A Survey on Their Political Stand, Conflicts and Background, *Proceedings of the Seventh IAHA Conference*, pp. 1534-1575, Bangkok: Chulalongkorn University Press.

Barret, Tracy C.

2012 *The Chinese Diaspora in South-East Asia: The Overseas Chinese in Indochina*, London and New York: I. B. Tauris.

Cooke, Nora and Li Tana (eds.)

2004 *Water Frontier: Commerce and the Chinese in the Lower Mekong Region, 1750-1880*, Singapore: Singapore University Press.

Cooke, Nora, Li Tana and James A. Anderson (eds.)

2011 *The Tongking Gulf through History*, Philadelphia: University of Pennsylvania Press.

Choi, Byung Wook

2004 *Southern Vietnam under the Reign of Minh Mạng (1820-1841): Central Politics and Local Response*, Ithaca: Cornell Southeast Asia Program Publications.

Department of Population and Labour Statistics, the General Statistics Office

2010 *The 2009 Vietnam Population and Housing Census: Major Findings,* Hanoi: Department of Population and Labour Statistics, the General Statistics Office. http://www.gso.gov.vn/Default_en.aspx?tabid=491（Accessed 21 July, 2014）

Serizawa, Satohiro

2006 Chinese Charity Organizations in Ho Chi Minh City, Vietnam: The Past and Present, in Khun Eng Kuah-Pearce and Evelyn Hu-Dehart (eds.)*Voluntary Organizations in the Chinese Diaspora*, pp. 99-119, Hong Kong: Hong Kong University Press.

2007 The Fujian Chinese and the Buddhist Temples in Ho Chi Minh City, Vietnam, in Yuko Mio (ed.) *Cultural Encounters between People of Chinese Origin and Local People: Case Studies from Philippines and Vietnam, Proceedings of International Workshop,* Tokyo: Research Institute for Languages and Cultures of Asia and Africa, pp. 65-75, Tokyo University of Foreign Studies.

2014 Japanese Buddhism and Chinese Sub-ethnic Culture: Instances of a Chinese Buddhist Organization from Shantou to Vietnam, in Tan Chee Beng (ed.) *After Migration and Religious Affiliation: Religions, Chinese Identities and Transnational Networks, Singapore: World Scientific*, pp.311-327, Singapore World Scientific.

Tan Chee-Beng

2012 Shantang: Charitable Temples in China, Singapore and Malaysia, *Asian Ethnology* 71(1): 75-107.

Trinh Hoai Duc

1999 *Gia dinh thanh thong chi,* T.P. Ho Chi Minh: Nha xuat ban giao duc.

Trocki, Carl A.

1997 Chinese Pioneering in Eighteenth-Century Southeast Asia, in Anthony Reid (ed.)*The Last Stand of Asian Autonomies: Responses to Modernity in the Diverse States of Southeast Asia and Korea, 1750-1900*, pp. 83-101, Hampshire and London: Macmillan Press.

［謝辞］本論文は、JSPS 科研費の助成を受けた研究課題、JP22251003、JP24520920、JP26300038、JP17H04515、の研究成果の一部である。

第七章　タイ現代史の中の潮州系善堂——華僑報徳善堂の発展と適応

玉置充子

はじめに

本章は、バンコクの華僑報徳善堂（以下「報徳善堂」）を中心に、歴史学的アプローチから、タイの潮州系善堂の過去一世紀にわたる発展の経緯をタイの社会的文脈の中に位置づけることを目的とする。

潮州人のエスニシティや慈善文化を考える上で、潮州系が華人人口に占める割合が高く[1]、また、華人のホスト社会への同化が進んでいるタイの事例は、我々にさまざまな視点を提供してくれる。特に、二〇世紀初頭に潮州系華人によって設立された善堂が現在まで存続するばかりでなく、タイ社会に定着し活発に活動している事実は注目に値する。

現在のタイにおいて華人の同化が進んだ結果、民族集団としての華人とタイ人の境界があいまいとなっていることは、最近の研究も指摘するところである[2]。タイにおける華人の同化は、一九五〇年代にタイ華人に関する古典的研究を行ったスキナーが「華人が次第にタイに完全に同化する」[Skinner 1957] との展望を示して以来、一貫してタイ研究者が共有する問題関心となってきた［小泉　二〇〇六：四三九］。タイにおいて華人の同化が進んだ背景には、

「タイであること（Thainess）」がかならずしも民族的出自に結びつかないことがある。村嶋英治は、「タイであること」の要件として、経済的定着、タイ語教育によるタイ語・タイ史・タイ文化の習得、タイの国王と民族への政治的忠誠の三つを挙げ、「種族的出自を問わず、タイに経済的に定着し、タイ語を話し、タイ人の共同体の一員として忠誠心を持つこと」が重要で、問題とされたのは言語的・文化的・政治的同一性であると強調している［村嶋 二〇〇二：三五、四五］。マウドも、戦後のタイの政策が Thainess の文化的特徴を強調してきたことを指摘し、そのため Thainess を定義づける「言語（タイ語）、慣習、宗教（上座仏教）、国王への敬意」を受け入れれば、華人もタイ人になることができた、とする［Maud 2005:162］。また、スザントンブランクは、タイでは国民性は行為によって定義されるため、華人は「うわべ」の Thainess を維持しさえすれば、国民として期待されるタイ人らしい行為と華人らしい実践を結びつけることが許される、と指摘する［Szanton Blanc 1997: 267-268］。

実際、現在のタイにおいて「華人」と「タイ人」を区別することは困難であるだけでなく、ほとんど意味がないとさえ言える。現在、タイ華人の多くは中国系移民の子孫であるというルーツを自覚し、祖先祭祀など中国由来の慣習を多少なりとも維持しているが、彼らがタイ人としてのアイデンティティと華人としてのアイデンティティを両立することは、決して矛盾しない。華人にとってタイへの同化はもはや二者択一的なジレンマではなくなり、その代わりに、文脈、戦略として「いつ、いかに、なぜ」彼らの Chineseness が喚起されるのかという問いが生まれている［Chan and Tong 1995: 5］。また、だれが「タイ人」でだれが「華人」かを判断するのはもっぱら本人の自己認識に左右され、何世代目かは必ずしも関係しない［末廣 二〇〇二：一二三］。

こうしたタイ華人を取り巻く社会背景のもと、潮州系善堂に代表される華人系慈善団体も、タイ社会に適応しながら発展し社会的に認知されるようになった。華人のタイ社会への同化、融合は、華人文化のタイ社会への浸透も促し、たとえば、観音など華人が信仰する神仏は今やタイの仏教徒の信仰対象となっている［Pattana 2005］。善堂が慈善団体としてタイ社会に受容されるなかで、「扶乩《ふけい》」や「修骷《しゅうこ》」等の善堂の活動に伴う宗教文化もまた、華人アイデンティティの有無や程度に関わりなく、広く受け入れられている。

それでは、華人が境界づけられた民族集団としてもはや存在しなくなっているように見える現在のタイで、善堂がなお、華人性を表象していると見なされる宗教文化を維持しながら存続しうるのはなぜなのか。この問いに答えるには、タイの善堂が辿った歴史をひも解く必要があろう。

タイの潮州系善堂に関して、中山三照は報徳善堂のレスキュー隊の活動をクローズアップし、宗教的要素を排除した世俗団体と見なす立場を強調して、これを無批判に華人の宗教結社と見なすべきではないと主張する［中山二〇〇八：八九―九〇］。これに対し、バンコクのレスキュー活動において報徳善堂と勢力を二分する義徳善堂を考察した片岡樹は、善堂のレスキュー活動は、生者と死者の双方をカバーする宗教的理念に基づくものであり、そこから宗教を切り離して主題化するアプローチはきわめて一方的だと指摘する一方で、中山の見解は一面では間違いではない、と理解を示している［片岡　二〇一五：二〇二］。筆者は、現在のタイの潮州系善堂の活動を取り上げ、そこに華人性を過度に読み込むことに慎重になるべきであることには同意するものの、善堂の活動から潮州伝来の宗教文化や慈善文化の要素を捨象すれば、かえって実像を見誤ることになるのではないかとの立場を取る。

この問題が提起するのは宗教文化に限らない。タイ華人の大多数がすでに方言を含め中国語も漢字も理解しないのにもかかわらず、タイの華人系慈善団体の多くに「中文組」と呼ばれる中国語を扱う部門があり、一部の団体は今でも中国語とタイ語が併記された「特刊」を刊行している。またタイでは今もなお複数の華字紙が発行されており、そこにはタイ各地の華人団体に関するニュースが掲載されている。これらは華人旧世代の残滓にすぎず、いずれ淘汰されるものなのだろうか。たとえそうであっても、筆者はそこに、個人のアイデンティティとは別の次元で、自分たちの歴史や文化を記憶し、維持しようとする、組織としてのアイデンティティの存在を想定する。その上で、

写真1　華僑報徳善堂の本部ビル（2008年、筆者撮影）

華人による相互扶助団体として誕生した善堂が、現在のようにタイ社会に深く根を下ろす発展を遂げるに至った経緯を、報徳善堂の歴史を通して検証してみたいと思う。

言うまでもなく、二〇世紀初めにバンコクのチャイナタウンに建立された当初の報徳堂（報徳善堂の前身）の姿は、タイ最大の民間慈善団体と言われるまでになった現在の報徳善堂とは大きく異なっている。この一世紀余りの間に、報徳善堂は、タイおよび中国の政治的、社会状況の変化の影響を受けながら、時代に合わせて組織形態や活動内容を調整し、役割を変化させてきた。すなわち、タイの社会的、政治的文脈の中で、社会の要請に積極的に応えることによって主流社会に受容され発展してきたと言える。その変遷を検証し、中国本土との関係や華人社会内部の情勢も含め、タイの現代史の文脈の中に位置づけることは、潮州エスニシティの成立や維持、変容を考える本論文集の主旨から言っても大きな意義がある。

報徳善堂の歴史については、林悟殊［一九九六］がすでに詳細に検証しており、筆者も大いに参考にしたが、林の主たる関心は宋大峰《そうたいほう》信仰の成立や報徳善堂の事業内容にあり、善堂を取り巻く社会状況について、かならずしも目を向けているわけではない。そこで本章では、報徳善堂の歴史を「発足の二〇世紀初頭から第二次世界大戦終結の一九四五年まで」、「終戦からタイが開発独裁体制下にあった一九七〇年代まで」、「タイ経済が発展し社会の民主化が進んだ一九八〇年代から現在まで」の三つの時代に大別し、報徳善堂の特刊や華字紙を資料として、[3] それぞれの時期にタイの政治的、社会的状況の中で報徳善堂が組織や活動をどのように発展させてきたのか見ていきたい。

一　宋大峰信仰の伝播と報徳堂の建立（一九世紀末〜一九二〇年代）

1　宋大峰祖師像、バンコクへ

タイで「報徳堂」の潮州語読みで「ポーテックトゥン」と呼ばれる報徳善堂は、中国以外の地域で初めて設立された潮州系の善堂と考えられる。その歴史は、一九世紀末に潮州出身の華人が故郷の潮陽《ちょうよう》から宋大峰祖師の神像をバンコクに持ち帰ったことに始まる。一九一〇年になって、有力華人一二人を発起人として「報徳堂（大峰祖師廟）」が建立され、善堂としての活動が始まったが、当初は華人社会内の相互扶助的な活動が中心で、特に「収屍《しゅうし》・施棺《せかん》・贈葬《ぞうそう》」（無縁の死者の遺体回収、納棺、埋葬）、すなわち「恤死《じゅつし》」に重点が置かれた。

志賀市子［二〇一二］によると、潮州系善堂の活動は民俗宗教的活動と公益的活動を二つの柱とし、一つの団体が複数の機能を持つ場合が多い(4)。報徳善堂も創設当時はもちろん、設立から一世紀を越えた現在においても、宋大峰を祀る廟を維持すると同時に、タイ最大の民間慈善団体として幅広い分野で事業を展開し、とくに事故・災害時のレスキュー活動で知られている。報徳善堂以外にも、タイには宋大峰を慈善精神の象徴として祀る潮州系善堂が数多く存在するが、報徳善堂はその代表格であると言える。もっとも報徳善堂が「典型的」な潮州系善堂と言えるのかどうかは若干疑問の余地があるが、この問題はひとまず措いて、まず潮州の善堂がどのようにタイに移植されたのか、報徳善堂の歴史からたどってみたい。

タイの華人人口は、民族別の統計が存在しないことから正確に把握することは不可能であるが、推計では総人口の一割を超える約七〇〇万人とされている［中華民国行政院僑務委員会　二〇一七：一〇］。そのうち潮州系は半数以上を占めるとされる(5)。福建系あるいは広東系が優勢な近隣諸国と異なり、タイに潮州系が多いのはなぜなのか。スキナーは、一八世紀後期にトンブリー朝を開いたタークシン王が潮州系華人を優遇したことから、潮州系が大きな勢力を持つようになり、とくにバンコクでは多数を占めるに至ったとする［Skinner 1957: 21］。タイで一四世紀から港市国家として栄えたアユタヤ王朝が一七六七年にビルマの攻撃を受け滅びた後、アユタヤの地方国主であったタークシンは、ビルマ軍を撃退して、現代のバンコクの対岸にトンブリー朝を開いた。タークシン王は潮州出身の徴税請負人を父に持つ中タイ混血児で、ビルマとの戦闘において潮州人の協力を得たと言われている。

この通説に対し、タイの華人研究者・黎道綱は異を唱え、バンコクで一八四〇年代以前に建立された華人廟がすべて福建系であること、一九世紀初めにタイ語に翻訳された『三国志演義』などの中国通俗小説の固有名詞が福建語の発音を元にしていることを根拠に、現バンコク王朝（一七八七—）成立以降も、ラーマ四世（在位一八五一—一八六八）の時代までは、バンコクの華人は福建人が優勢で、潮州人が主流になるのは一八五五年にタイが英国とボーリング条約を締結して以降のことだと主張する［黎道綱　二〇〇六ａ：二九—三二］。ボーリング条約によってそれまで王室が独占していた貿易が開放されたことで、アユタヤ王朝以来、王室貿易の担い手として特権を得ていた福建人に代わって、中流の潮州系商人に大きな進出の余地が生まれたのである。一八五七年以降、中国とタイの間の貿易の拠点が福建のアモイから潮州に移り、さらに一八六〇年の北京条約で汕頭《さんとう（スワトウ）》が開港すると、潮州からの移民が激増した。ラーマ五世（在位一八六八—一九一〇）の時代に華人人口は八〇万人近くにまで増加するが、その半数が潮州人だったという［黎道綱　二〇〇六ａ：三七］。この黎道綱の説は、通説では語られない近代における西欧列強のアジア進出の影響を示唆するもので興味深い。

志賀市子は、潮州地方で宋大峰を奉じる善堂が爆発的に流行したのは一八九〇年代後半以降だと指摘している［志賀　二〇一二：一九四］。潮陽出身の華人によってバンコクに宋大峰祖師像が持ち込まれたのは一八九六年のことで、まさにこの時期に当たる。これはまた、前述のバンコクで潮州系移民の激増と主流化が起こったのと同じ時期でもある。ただし後述するように、バンコクに持ち込まれた宋大峰は当初はあくまで限られた範囲で信仰されており、善堂の組織が誕生するのは、もう少し後の一九一〇年のことであった。

報徳善堂が一九五〇年に設立四〇周年を記念して刊行した特刊から、一九一〇年に報徳善堂の前身である「報徳堂（大峰祖師廟）」が建立されるまでの経緯を見よう。一八九六（光緒二二）年（一説には一八九七年）、馬潤という潮陽県出身の華人が同県和平郷の報徳堂[6]から宋大峰像を分香し、バンコクのチャイナタウン（ヤワラー）にある自分の店「永順昌鏡庄」に祀った。すぐに多くの同郷者が参拝に訪れ、出入りに不便が生じたため、占いで土地を選び、チャイナタウンの一角に簡素な廟を建てて神像を安置した。おりしもバンコクでは疫病が流行しており、宋大峰に救いを求めて参拝する人が後を絶たず、廟は一八九九年に潮州山荘（潮州系華人の共同墓地）の傍に移転された。宋大峰は潮陽では「収屍」の象徴であったことから、この時期にはすでに、小規模ながら参拝者の寄付による収屍・贈葬が実施されていた。潮州山荘の一角を購入して無縁墓地とし、バンコクで客死した華人を超度する儀式も行っていたが、墓地が小さいため、毎年遺骨を掘り出し潮州山荘内の塔に保管していた。当時は宋大峰の信者はまだ少なく、華人有力者からの支援も限られていたことから、専用の人員を雇うことができず、潮州山荘の工人に駄賃を渡して作業をさせていた。一九〇六年頃に墓地を拡張し、「万人墓《ばんじんぼ》（無縁仏の墓）」を三穴作り、歴年保管していた遺骨をようやく埋葬することができた［華僑報徳善堂　一九五〇：四九］。

この記述からは、馬潤が宋大峰像をバンコクに持ち込んだのは個人的な動機で、最初から廟を設けるつもりではなかったということが推測できる。潮州山荘ができたのは一八九八年だが、宋大峰像はその直後に山荘の近くに移され、信者が潮州山荘になかば附属する形で小規模な収屍を行っていた。しかし当時、宋大峰信仰は潮州系華人全体に共有されていたわけではなく、おそらく潮陽出身者のみが信仰するもので、華人有力者の幅広い支援も得られず、事業は非常に限られたものだった。それでも、一〇年余の間に支援者が徐々に増えたことが窺い知れる。その背景には、この間の潮州系華人の継続した増加があったと考えられる。

一九一〇年、華人有力者の協力を得て報徳堂が建立されることになるが、林悟殊が強調するように、善堂のタイへの移植は当初から計画されていたものではなく、善堂という組織そのものが直接持ち込まれたわけではなかった［林悟殊　一九九六：五八］。つまり、華人が個人で宋大峰像をタイへ持ち帰ったことをきっかけに潮陽出身の信者が集まり、小規模な事業を通して善堂設立の機運が高まったということになる。(7)

2　バンコクの華人社会を巡る変化

一九世紀末期から二〇世紀初めにかけて、華人の激増を背景にバンコクには同郷や同業といった紐帯に基づく各種の華人団体が設立された。五つの方言グループ（いわゆる「五大幇《バン》」）の同郷会館の発足は、福建（一八七二年）、海南（一八七五年）、広肇《こうちょう》（広東《カントン》・一八七七年）、客家《ハッカ》（一九一〇年）の順で、(8)潮州会館が設立されたのは大きく遅れて一九三八年のことである。一九〇四年には慈善医院の天華《てんか》医院が設立されている。また方言ではなく華語（標準中国語）で教える華文学校も次々にできた。一九一〇年には統括的な組織として中華総商会が設立された。同じ年に報徳堂が建立されたのも、当時のタイの華人社会が規模の拡大とともに、それまでの幇毎に分断された状態から、一つの社会集団として凝集に向かったことと無関係ではないだろう。

一九一〇年はラーマ五世の統治の最晩年に当たり、タイの対華人政策の転換やタイ華人の政治運動が始まった時期でもある。ラーマ五世の在位中、それまで華人に与えられていた各種の税金徴収や賭博場経営等の特権が徐々に廃止された。ラーマ六世（在位一九一〇—一九二五）はラーマ五世の方針を受け継ぎ、西欧列強の脅威に対抗すべく「上からの近代化」を進めると同時に、帰化条例（一九一一年）、国籍法（一九一三年）、私立学校条例（一九一八年）、強制教育条例（一九二一年）など華人への影響の大きい法例を次々に発布した。一九二七年にはタイ初の移民条例が発布された、初めて中国からの移民を制限し、入国税を一人五バーツに定めた。［李恩涵　二〇〇三：四一三］。

ラーマ六世は一九一四年に筆名を使って「東洋のユダヤ人」等を著し、「タイに忠誠心を持たず、外国人としての意識を常に持ち、義務を果たさず、利益を国外に持ち出す」と、華人を厳しく批判したことでも知られる。ラーマ五世の晩年からラーマ六世の在位期間には、中国革命の影響を受けてタイ華人の民族主義的な政治運動が昂揚した［村嶋　一九八九：一一七―一一九］。「中国革命の父」孫文は一九〇三年に初めてタイを訪れた後、一九〇八年に再訪し、有力者に革命への資金援助を求めるとともに、蕭仏成《しょうぶっせい》(9)ら同志を集めて中国同盟会シャム分会を発足させた。一九一一年の辛亥革命を経て一九一二年に同盟会が中国国民党に改組されると、シャム分会は国民党シャム総支部となり、蕭が支部長に任命された［村嶋　一九九三：二八〇］。孫文は一九〇八年にタイを再訪した際、当時のタイ華人の中で最も有力かつ富裕であった鄭智勇《ていちゆう》(10)に支援を求め、鄭はこれに応えて多額の資金援助をした［黎道綱　二〇〇六b：二五八］。

鄭智勇は立志伝中の人物で、華人秘密結社（洪党）の二番目の頭目であったことから「二哥豊」と呼ばれた。一方でタイの上流社会ともつながり、ラーマ五世に重用されて、賭博場の税徴収を任され巨万の富を得て、事業を拡大するとともに慈善事業に熱心に金を出した。しかし、時代の変化は鄭智勇の境遇に影を落とすことになる。一九一〇年、タイ政府は華人に対する人頭税をそれまでの四倍に当たる年六バーツへ引きあげた。反発したバンコクの華人は同年六月一日よりストライキを敢行し、市内は混乱に陥った。タイ当局はこれを制圧して四〇〇人近くを逮捕し、七一人が国外追放となった。当局はストライキの背後に鄭智勇がいることを察知し、ラーマ五世に鄭の特権を取り上げるよう進言した。ほどなく鄭は賭博場の利権を失い、その後しだいに没落の道をたどった［黎道綱　二〇〇六b：二五九］。

3　報徳堂の建立と一二人の発起人

鄭智勇は報徳堂建立の一二人の発起人の筆頭である。報徳堂建立の計画は一九〇八年頃に始まり、一九一〇年にヤワラーの一角に宋大峰を祀る「報徳堂」が落成した。報徳堂という名称は、言うまでもなく宋大峰信仰の本家、潮陽の報徳堂に倣ったものである。廟宇の設計は汕頭で最も有名な存心《そんしん》善堂をモデルとし、潮陽から宮大工が呼び寄せられたという［華僑報徳善堂　一九五〇：四五］。

ここで、報徳堂建立の発起人を通して、報徳堂建立が当時のバンコクの華人社会とどう関わっていたのか考察を加えたい。一二人の発起人は、戦後の報徳善堂の特刊や報告書の中で繰り返し言及され、二〇一〇年に行われた一〇〇周年記念式典でも、その貢献が改めて強調された。そのうち鄭智勇、陳鶴珊、伍淼源、陳武烈の四人は、当時のバンコクの有力華人である。特に鄭は、前述の通り二〇世紀初頭まで誰もが認める華人の領袖であった。鄭は報徳堂の初代総理となり、やがて半ば神格化され、現在も報徳堂の本堂の一角に祀られている。[11]

陳鶴珊と伍淼源は、戦前のいわゆる「五大コメ財閥」で［末廣　二〇〇二：一七］、現在もなおタイ経済に影響力を持つ華人財閥のワンリー（黌利）家とラムサム家の当主であった。陳鶴珊（別号「立梅」）は、饒平《じょうへい》県を祖籍とするタイ生まれの潮州人でワンリー家の二代目である。タイ中華総商会の発起人の一人であり、副主席、主席を歴任した。当時ワンリー家は香港から東南アジア各地に進出して手広く事業を行っていた。[12] 伍淼源（別号「藍三」）はラムサム家の初代で、梅県（旧潮州府管内）を祖籍とする客家である。伍は天華医院の主要な創立者で、また、長男の佐南は陳鶴珊とともに中華総商会創設に関わっている。当時から、この二つの有力なコメ財閥は姻戚関係にあった［末廣・南原　一九九一：二九六］。

陳武烈については、一九五〇年の『報徳善堂四十周年特刊』では、屋号の「振成桟」のみが記され、詳しいことは不詳とされていたが、一九七〇年発行の『六十周年記念特輯』になって名前や略歴が記載された［華僑報徳善堂一九七〇：六七］。陳は福建系シンガポール華人五世で、「振成桟」は祖父の代にバンコクに進出しタイ米の輸出業に参入した。祖父の陳金鐘は、ラーマ五世からシャムの駐海峡植民地総領事に任命され、一八五五年に爵位を与えられるほどの名士であった［黎道綱　二〇〇三：二四三］。

報徳堂の発起人一二人のうち、残りの八人は質屋や菓子店などの経営者で、ある程度の資産と信用は築いていたとはいえ、前記の四人のように富裕ではなかったと思われる。八人はすべて潮州人で、一人（潮安出身）を除いて潮陽出身者である。さらに、そのうちの六人が潮陽県成田《せいでん》郷出身の馬姓であったことは注目に値する。

彼ら一二人がどのような経緯で報徳堂建立の発起人になったかは資料が残されていない。メンバーの顔触れからは、必ずしも当時の華人社会のリーダーが結集したわけではないことがわかる。有力者だった四人を見ると、鄭智勇は当時の華人社会の領袖でタイ人社会にも顔が利き、慈善事業に非常に熱心だったことから、請われて発起人となったとしても頷ける。陳鶴柵は同年に発足した中華総商会の中心人物で、賭博場の利権でのし上がった鄭智勇とは異なる新しいタイプの潮州人社会のリーダーであった。伍は客家系だが陳とは姻戚で、何より一九〇四年に発足した慈善医院「天華医院」の創始者であったことから、慈善家として

写真2　2010年に百周年を記念して改修された報徳堂。本部ビルと通りを挟んで向かいにある。(2012年8月22日、筆者撮影)

写真3　宋大峰像を祀る報徳堂本堂（2010年10月28日、筆者撮影）

名声が高かったと思われる。また、陳武烈は、孫文の東南アジアにおける有力な同志の一人で〔林摩尼　二〇〇六：二四三〕、あるいは同盟会の活動を通して鄭智勇とも交友があったのかもしれない。

では、残りの発起人のうち六人が潮陽県成田郷出身の馬姓であったことは何を意味するのか。タイに宋大峰像を持ち込んだ馬潤が成田郷出身だったか断定はできないものの、報徳堂ができるまで、宋大峰を祀る廟の管理は成田郷出身の馬一族が担っていたのではないかと推測できる。報徳堂は「総理」のもと、財政役など数人によって運営されていたが、財政などは引き続き馬一族が担当していたと思われる。発起人ではないが、鄭智勇が高齢を理由に引退した後に総理を引き継いだ馬元利も成田郷出身で、また後述する一九三六年の報徳善堂への改組を後押しした馬介寿も同郷であった。馬元利は、長男の桂欽が『報徳善堂四十周年紀念特刊』に寄せた伝記によると、一八九〇年頃に十代で単身タイに渡り、苦労して商売を成功させた。シャム同盟会に初期から参加していたほか、慈善事業にも熱心に取り組み、周囲からの信頼が厚かったという〔華僑報徳善堂　一九五〇：八〇〕。

馬元利がシャム同盟会に参加していたという事実は、同盟会を通した馬一族と鄭智勇や陳武烈とのつながりを示唆する。報徳堂の建立は、それまで廟を管理してきた馬一族の呼びかけに鄭智勇らが賛同して実現したとして、その背景には、シャム同盟会の設立や中華総商会発足といったタイの華人社会の政治的活動の活発化があったことが指摘できる。

4　報徳堂の活動

一九一〇年の報徳堂の建立と総理制の発足によって、タイで最初の宋大峰を奉じる善堂組織が誕生した。この時期の活動は、やはり無縁死者の遺体回収と埋葬が中心で、このため、報徳堂の後方に「施棺処」が設けられ、専門の工人を雇っていた。遺体回収は人力の荷車で行い、棺は工人の手作りだった。報徳堂の収入の大部分は参拝者からの寄付であった。しかしこの時期になっても、宋大峰は潮陽、普寧《ふねい》、掲陽《けいよう》といった潮州地方西部の出身者には知られていたが、それ以外の東部一帯（海澄饒＝海陽、澄海、饒平）の出身者にとってはなじみのある神格とは言えなかった。またもっぱら死者を扱っていたことから、「縁起が悪い」と見なされ、特に女性は報徳堂に近づくことすらはばかられていたという［華僑報徳善堂 一九五〇：六八］。

報徳堂の収入にはこのほか、華人商店などからの「月捐《げつえん》（毎月決まった額の寄付）」があった。月捐の額は通常一〜二バーツだったが、ワンリー家だけは年二四〇バーツという高額の寄付をしていた［華僑報徳善堂 一九五〇：二六］。ラムサム家の関与の度合いは不明であるが、有力な発起人であった鄭智勇と陳武烈はともに一九一〇年代半ばから事業の失敗等により財産を失って没落していたため、ワンリー家のような資金援助はできなかったはずだ。一九二〇年代、報徳堂は依然として潮陽出身者に支えられていたが、タイ当局の華人に対する締め付け強化に加えて、世界恐慌による経済低迷のあおりを受け、資金的には苦しい状態にあったものと考えられる。

二 「華僑報徳善堂」への改組と活動の拡大（一九三〇年代〜一九四五年）

1 一九三〇年代のタイ社会の状況

一九三〇年代に入って、報徳善堂は重要な転機を迎える。一九三六年、報徳堂は「暹羅華僑報徳善堂」に改組し、章程（定款）を定め、董事会《とうじ》（理事会）組織を発足させた。さらに翌一九三七年にタイ政府および中国の国民政府に社団登録をし、正式に慈善団体としてスタートした。

この改組前後、激動する世界情勢の中で、タイ華人の置かれた社会状況も大きく変化した。一九二〇年代から一九三〇年代にかけて、タイ華人の政治活動はますます活発化した。一九三一年の満州事変から一九三七年の日中戦争勃発を経て一九四〇年代にいたる期間、タイの華人社会は政治化し、国共両陣営に分かれて抗日救国運動が展開された。

中国の国民党内の派閥対立の影響を受け、シャム国民党は、一九三二年から中華総商会主席と中華民国駐シャム商務委員を兼ねた陳守明《ちんしゅめい》の一派（蔣介石派）と蕭仏成の流れを汲む蟻光炎《ぎこうえん》を中心とする西南派（後の潮州会館派）に分裂した［村嶋　一九九三：二八三］。陳守明は報徳堂の発起人である陳鶴珊の長男で、ワンリー家の三代目当主であった。

一方、タイ社会は一九二〇年代の終わりになると、絶対王政に対する批判が高まった。世界大恐慌の影響を受けて景気が低迷したことがそれに拍車をかけ、一九三二年についに立憲革命が起こって絶対王政が終結した。立憲革命後はタイ・ナショナリズムが高まり、一九三八年に革命の主要メンバーだったピブーンソンクラーム（以下「ピブーン」）が政権に就くと、経済タイ化政策のもと、華人の商業活動に制限が加えられた。

一九二〇年代に設定された入国税は、一九三一年に一〇バーツに値上げされ、そのうえ手数料一三・五バーツ、居留税三〇バーツも徴収されるようになった。居留税はその後徐々に値上げされ、一九三九年の改正で五〇〇バーツに跳ね上がった。また、入国税も一九三〇年代末期には二〇〇バーツになっていた。さらに一九三九年三月、タイ政府は「外国人登録条例」を施行し、身分証発行費として四バーツを徴収した［李恩涵　二〇〇三：四一三］。こうして、タイ国籍を持たない華僑の金銭的負担はますます重くなった。

一九四〇年代に入ると、外国籍の華僑への締付けはさらに強化された。タイ政府が一九四一年五月にチョンブリー、チェンマイ、コラートなどに外国人の居住を禁止する区域を設定したことによって、九〇日以内の退去命令を受け、強制移住させられた華僑は一〇万人を超えた。タイ政府はまた一九四二年六月、保留職業条例を発布し、外国人が二七種の職業に就くことを禁止した［李恩涵　二〇〇三：四一八］。これらの政策によって、貧しい華僑は特に厳しい生活を強いられた。

2　報徳善堂への改組の経緯

こうした社会情勢のなか、報徳堂は一九三六年に「暹羅華僑報徳善堂」に改組された。報徳堂では、第二代総理の馬元利が一九三四年頃に中国に戻り、長男の桂欽がその職を引き継いだ。しかし、桂欽は報徳堂の運営に困難を覚え、総理職を辞したいと考えていた。これを聞いた同郷の馬介吾は、報徳堂を時代に合わせた組織に改編する必要性を説き、馬桂欽に総理の名義で華字新聞に広く意見を求める広告を出すことを提案した。これが掲載されるや大きな反響があり、同年一〇月三〇日に中華総商会や各同郷会館など二〇以上の華人団体の代表が集まって改組大会を開催し、改組準備委員会を立ち上げた。翌一一月一〇日の第一回準備委員会で蟻光炎、馬桂欽らが章程を起草することに決まった。同二五日、第一回董事会が開かれ、蟻光炎が董事長に、陳景川《ちんけいせん》が[13]董事募捐、馬桂欽が董事財政、馬介吾が董事秘書等に選出された〔華僑報徳善堂　一九五〇：堂史〕。

改組には、潮州系華人だけでなく、中華総商会、各帮の同郷会館、華字紙など当時のバンコクの華人団体が広く関与したが、董事会の役員に選出されたのは、やはり潮州系であった。初代董事長の蟻光炎は当時のバンコクの華人社会のリーダーで、蟻のイアムスリー家は、ワンリー家、ラムサム家とともに、戦前の「五大コメ財閥」のひとつであった〔末廣　二〇〇二：一二二〕。蟻は、一九三六年に陳守明から中華総商会主席の座を奪い、潮州会館設立の主要メンバーにもなった。潮州会館が設立されたのは一九三八年二月であるが、一九三六年より蟻光炎、陳景川、陳守明らを設立準備委員として計画がスタートしていた〔泰国潮州会館　二〇〇八：七八〕。陳守明は設立準備委員会のメンバーではあったが、一九三八年の潮州会館設立時には董事会役員に選ばれておらず、報徳善堂でも董事会には加わらなかった。

報徳堂から報徳善堂への改組によって、バンコクの華人社会、特に潮州系のリーダーが結集して善堂の運営に関わることになり、報徳堂時代の潮陽、特に成田郷出身の同姓集団が支える「地域性」から脱却したと言える(14)。また報徳善堂の設立は、潮州会館設立準備と時期を同じくし、当時のタイ華人社会の政治化を反映していたことが窺える。報徳堂時代に多額の資金援助をしていたワンリー家は、陳守明が蒋介石派だったためか、蟻光炎ら潮州会館派が中心となった改組後は報徳善堂にほとんど関与しなくなった。

一九三九年に蟻は暗殺され(15)、その後、董事の一人であった鄭午楼《ていごろう》が二〇代の若さながら董事長を二期務めた。後述する通り、鄭は戦後の一九七二年に再び董事長に選ばれ、その後三五年にわたり報徳善堂を率いて、その発展に大きく貢献することになる。

一九四一年一二月八日、太平洋戦争の勃発と同時に日本軍がタイに侵攻した。対日協力をおこなっていたピブーン首相は、日本と同盟を結び、英米に宣戦布告した。華人の抗日救国運動への取り締まりはいっそう厳しくなり、陳景川は逮捕され、中華総商会主席の張蘭臣《ちょうらんしん》らは逮捕を免れたものの潜伏を余儀なくされた。バンコクを占領した日本軍は、対日協力させるために陳守明に中華総商会主席就任を迫った。陳はやむなく受諾し、一九四五年まで二期にわたり主席を務めたが、このことが災いし、一九四五年八月一六日に暗殺された［村嶋　一九九三：五四］。

3　改組以降の報徳善堂の活動

報徳善堂は一九三六年の改組以降、宋大峰を祀る報徳堂と慈善活動を行う善堂の二つの異なる部門に分かれたとする。一方で、宋大峰が「生前善挙を実践した」ことを根拠に「他の神仏とは違う」とし、報徳善堂が奉じるのは大峰の「救生恤死の偉大な精神である」と一般の華人廟との違いと慈善団体としての性格を強調している［華僑報徳善堂　一九五〇：二四］。

この言葉通り、改組後の報徳善堂は、活動を「恤死」（死者を対象とした収屍・贈葬）から「救生」（生者を対象とした医療など）

に広げることを大きな目標とし、その手始めとして一九三八年に「華僑救護産科医院」を開設した。これ以前に、バンコクでは華人系慈善医院として一九〇四年に天華医院、一九二一年に中華贈医所が設立されている。華僑救護産科医院ができるまで、バンコクの華人社会では「救生」は天華医院と中華贈医所、「恤死」は報徳善堂という形で住み分けがなされており、「生有天華、死有大峰公」と言われていたという。金がなくとも、生きているうちに病気になったら天華医院、死んだら大峰公（＝報徳善堂）が面倒をみてくれる、といった意味だ。

報徳善堂に医院を開設することは、一九三六年の改組準備の段階で構想が出ていた。救護産科医院は当初、中国広東省から招聘した産科医が一人で診察に当たっていたが、一九四〇年に「華僑医院」に改名され、場所も潮州会館跡地に移転して規模を拡大した。当時は戦時体制下で寄付を集めるのは容易でなかったが、何とか完成にこぎつけた［華僑報徳善堂　二〇一〇：一〇〇］。

「恤死」の部分でも事業は拡大された。改組以降、華字紙には毎月、報徳善堂への寄付者の名前が寄付金額とともに掲載されている。たとえば一九三七年四月二八日の『曼谷《バンコク》日報』には、五〇〇バーツから一五サタン（バーツの一〇〇分の一の単位）まで四〇〇人以上の寄付者の名前が載っている。現金だけでなく、白絹、仙衣、棺桶用木材など現物寄付も三〇人いた。また、天華医院に代わって五三体の遺体を収容している。

報徳山荘は長年にわたって無縁死者の埋葬が行われ、収容できる数を超えていたことから、改組直後の一九三七年三月に遺骨六八六体を「火化（火葬）」することを決定し、各華字紙に「四月中に親族が引き取りに来なければ火化して万人墓に収める」旨の広告を出した。同年一二月一九日から二一日までの三日間、第一回「火化先友法会」を実施し、バンコクの各寺院、善堂、仏教社が超度の儀礼をおこなった。

この時期、報徳善堂は、タイ華人による抗日救国運動にも加わっている。一九三九年三月の第三回堂友大会で、タイ各地の華人に古着や食糧の寄付を呼び掛け、短期間で古着一万着を集め、これを香港の「救災難民総会」に送った〔華僑報徳善堂　一九五〇：七〕。一九四一年一二月に日本軍がタイに進駐して以降、連合軍による空爆でバンコクにも多数の死傷者が出た。一九四三年一二月、中華総商会と各僑団は連合で「救済空襲難民委員会」を組織した。その救護隊は報徳善堂内に設けられ、救護隊の隊長には董事長の陳振敬[16]が就任し、自ら陣頭指揮を執った〔華僑報徳善堂　一九五〇：二七〕。

このほか、前述の一九四一年の外国人居住禁止区域の設定によって居住地を追われた外国人は、ほとんどが中国人であったが、報徳善堂は彼ら難民化した華僑を援助した〔華僑報徳善堂　一九五〇：三〇〕。

三　戦後におけるタイ華人の境遇と報徳善堂の発展（一九四五年～一九七〇年代）

1　戦後の新移民支援と「救郷運動」

第二次世界大戦終結で、中華民国は戦勝国となった。一九四六年一月、タイは中華民国と正式に国交を結び、これに伴ってタイ華人の社会的地位は相対的に上昇した。同年六月三日、若き国王ラーマ八世と王弟（後のラーマ九世プミポン）が揃ってバンコクのチャイナタウンを訪問した際、特に報徳善堂と華僑医院にも足を運び、一〇〇〇バーツを寄付した[17]〔華僑報徳善堂　一九五〇：二四〕。言うまでもなく、これは報徳善堂にとって大きな栄誉であり、当時のタイで華人の地位が高まり、報徳善堂の活動がタイ社会に受け入れられつつあったことを示している。

戦後の数年間、戦後の混乱や国共内戦を避けて中国からタイに新たな移民の波が押し寄せた。報徳善堂の戦後の活動は、かれら新来の移民に対する支援から始まった。一九四六年、中国で国共内戦が始まり、その混乱を避けて中国南部から数十万人が東南アジア各地に移住した。一九四六年から一九四八年までの三年間で、中国からタイに渡った移民は一六万人を超える〔江白潮　二〇〇五：五三〕。報徳善堂はバンコク等の埠頭で炊き出しを実施し、病気等で船に留め置かれた中国人移民に対して、当局にかけあって上陸許可を求め、食事を提供した。同年六月からの約半年間で、報徳善堂が炊き出しを行った移民船は三一隻、延べ六万人以上に上る。このときの支援に恩義を感じた当時の移民は、その後タイでの生活が安定すると、報徳善堂に熱心に寄付をするようになったという［華僑報徳善堂　一九五〇：九、二〇〇〇：二九］。

また、戦後深刻な食糧危機に陥った中国南部の故郷を救うため、一九四五年一一月、国民政府の呼びかけに応じ、タイの華人団体七五団体が「華僑救済祖国糧荒委員会」を結成した[18]。そこでも報徳善堂は重要な役割を果たし、董事の一人であった鄭午楼が同委員会の帰国団長となり、事業を牽引した。このとき、潮州地方における支援の受け入れ窓口は汕頭の存心善堂をはじめとする各地の善堂であった。同委員会はタイ各地に一五〇もの分会を設置した。戦中期の抗日救国運動でも、バンコクと地方の連携はあったものと思われるが、一九五〇年代以降のタイの華人団体のネットワーク形成には、このときのバンコクと地方の緊密な連携の経験が少なからず貢献したに違いない。

戦前からの事業に関しては、一九四七年春、附属山荘の拡張工事を行い、同年秋までに一三〇〇穴の義墳や井戸等を整備した。報徳善堂の山荘の特徴は、各同郷会館が持つ山荘が、例えば潮州会館なら潮州人のみを対象とするのに対し、出身や国籍、民族を問わず埋葬することであった。このため、報徳山荘にはタイで客死したさまざまな国籍の人々が埋葬されるようになった［林悟殊　一九九六：一〇五］。

華僑医院は一九四五年に再移転し、設備を拡充した。一九四〇年の設立当初は五〇床、年間出生数が一八〇〇人程度だったが、移転後は一〇〇床、年間出生数一万人以上に大きく増加した［華僑報徳善堂　一九五〇：五三］。

2　タイ政府の華人同化政策と善堂の対応

一九四九年に中国で中国共産党率いる中華人民共和国が樹立されると、反共政策を採るタイ政府はその翌年に年間の移民受け入れ数を一国当たり二〇〇人に減らした［江白潮　二〇〇五：五三］。これにより中国からの移民は実質的に停止され、華人と中国との関係は断たれることになった。

一九五〇年代から一九七〇年代は、タイの華人にとって試練の時期であった。タイ政府は、共産思想が華文学校を通して浸透することを恐れ、華人の華語教育を厳しく制限した。国民統合のため公教育を含む強制的とも言える同化政策の中で、タイ華人の言語的、文化的同化が進んだ。タイと中国が国交を回復したのは一九七五年のことであるが、国交回復後も、タイの華人政策に大きな変化はなかった。一九九〇年代に入ると、改革開放政策後の中国の経済発展によるプレゼンス向上およびタイの民主化にともなう多文化主義的文教政策が追い風となり、華語教育に対する制限は緩和されたが、一九三〇年代から約半世紀にわたって、タイの華語教育は冬の時代にあったと言える。

タイ政府はこの時期、華人を通して共産主義が浸透するのを警戒する一方で、華人団体をコントロールして政府に協力させようとした。華人の側も時の政府の要請に応え、協力することで、華人の利益を守ろうとした。一九五〇年発行の報徳善堂設立四〇周年紀念特刊には、ピブーン首相をはじめ枢密院長、内務相など当時の閣僚ら一〇人からの祝辞が掲載されている。今も昔も、華人団体の幹部は、有力な企業家が占める。彼らがタイで商業活動を円滑に行うには、政府の後ろ盾が必要であったとことは言うまでもなく、華人と政府は、持ちつ持たれつの関係にあったと言えよう(19)。

タイ政府の華人に対する同化政策は強制的なものであったが、それは華人をタイの価値観を受け入れる「よきタイ人」にせんがためであった。タイにおける戦後を通した善堂の事業の拡大は、あるいは華人が自ら「よきタイ人」であることを示すためであったと言えるかもしれない。

一九五〇年代以降、タイに帰化する華僑が増加し、一九四七年に四八万人いた華僑は、一九七〇年代初めには三〇万人に減っていた［江白潮　二〇〇六：五五］。タイは一九三二年の立憲革命で絶対王政から立憲君主制に移行したが、その後四〇年以上にわたって一部の期間を除いて軍事政権による権威主義体制が敷かれた。外国人である華僑に対する政策は時に厳しくなり、特に資産を持たない貧困層は翻弄される場合が多かった。そのたびに、報徳善堂は政府との間に立って調整に奔走した。

例えば、一九七二年一二月一三日、「革命団[20]」が外国人労働者の就業に関する条例を布告した。身分証を持ちタイ国内での就業を希望する外国人に対し、九〇日以内に労働許可証を申請・取得しなければ、就業を禁止するというものだった。これはあくまで「外国人」に向けた措置で、すでにタイ国籍を持つ華人には関係がなかったが、報徳善堂はただちに対策を講じ、労働省の協力を取り付けるとともに、各僑団、華字紙と共同で「泰華各界協助外僑申請登記労工執業証委員会」を立ち上げ、多数の臨時スタッフを雇って、一九七三年三月一四日に支援活動を開始した。事務所は新築の報徳善堂本部ビルに設けられた。報徳善堂はパンフレットを作成して無料で配布し、さらに地方にもスタッフを派遣し手続きをサポートして、六月までの九〇日間の期限内に、労働者・雇用者合わせて八万件近くの労働許可証を代理申請した。会場には労働省からも職員が派遣され、その場で臨時労働許可証を発行した。また許可証の受領は本来、本人が労働省へ赴かなければならないことになっていたが、事前に予約した場合は、特別に報徳善堂で受け取ることも可能になった。手続きをする外国人の中には、日本人、インド人、ベトナム人、欧米人もいたという［華僑報徳善堂　一九九〇：八八］。これは一例であるが、報徳善堂が時の政府の華人政策に協力し、新たな施策のスムーズな運用を助けていたことがわかる。

3　「救災」事業の拡大と善堂のネットワーク

報徳善堂の戦後一九七〇年代までの事業で、特に目立つのは「救災」、すなわち災害・事故時の救急救命活動（EMS）である。従来の「救生恤死」に比べて、「救災」の対象は被災した一般市民であるため、タイの人々に対して

写真4　報徳善堂のレスキュー車（2010年9月8日、筆者撮影）

活動の成果をアピールしやすいということもあったのだろう。救災に伴うレスキュー隊の活動は、やがて報徳善堂の代名詞となっていった。

現在、潮州系善堂およびそれに類する団体（徳教会《とっきょうかい》、明聯《めいれん》など）はタイ各地に見られるが、戦前は報徳善堂以外に組織化された慈善団体はなかったと思われる。戦前にも同郷会館や商業団体のほかに、父母会、仏教社といった小規模な相互扶助団体や宗教結社はあったが、数は少なく組織化もされていなかった。李道輯は、一九五〇年代以降、華人が故郷とのつながりを絶たれタイへ定着、同化していくなかで、華人団体の数が増加するとともに多様化し、ネットワーク化が進んだと指摘している［李道輯　一九九九：二四三］。

バンコク市内で発生した大火災をきっかけに、報徳善堂が中心になって一九五二年に組織した「華僑報徳善堂各僑団聯合救災機構（以下「僑聯」）は、初期の華人団体のネットワーク化の代表例である。タイは毎年洪水など天災に襲われ、また火災も各地で頻発していた。僑聯は、バンコクおよび周辺地域だけでなく、地方で災害が起こった際は、現地の華人団体と連絡して災害救助活動を展開した。また個人からの義援金は、僑聯および各華字紙を通して報徳善堂に送られていた。

一九五〇年代以降、地方でも宋大峰を祀る潮州系善堂が設立されるようになった。これらの善堂と報徳善堂に直接的な系譜関係はないが、各地の善堂は、その設立および運営、活動方法に関して、タイ最古かつ最大の報徳善堂をモデルにしていたと考えるのが妥当であろう。また、僑聯の活動に見られるように、地方の善堂が救災事業において報徳善堂と協力する体制が徐々に確立され、全国的な「慈善ネットワーク」が形成された［玉置　二〇〇八］。

従来福建系が優勢で相対的に潮州系が少なかったタイ南部でも、戦後タイ中部などから潮州系華人が流入したことによって、一九五〇年代以降、宋大峰を奉じる善堂が設立された。当初は南部の華人の間で、善堂に対して「善堂は潮州人のもので、一部の者が地位を争うための場だ」といった中傷もあったという［泰国合艾同声善堂一九七〇：九五］。一九七〇年、南部の中心都市であるソンクラー県ハジャイで、同声善堂《どうせい》（一九五七年設立）を中心に、バンコクの僑聯に類する救災のための聯合組織「泰南十四府聯合救災機構」が発足した。(21) 七団体でスタートした同機構は、年々参加団体が増え、二〇〇七年の加盟団体は五四に上った。設立時期を見ると、一九五〇から一九七〇年代が半数を占める。バンコクの僑聯との協力においては、南部では各団体が個別に対応するのではなく、同機構が窓口となっている［玉置　二〇〇六：九五］。

現在、報徳善堂の財政は、寄付金、基金、賛助人制の三つから成り立っている［林悟殊　一九九六：一七五］。賛助人制は、一九五九年の章程改正を機に、従来の社友（会員）制に替えて一九六〇年より導入された。賛助人制では、会費があらかじめ決まっている社友と異なり、賛助金の額を個人が決める。報徳善堂は毎年タイ各地に「徴収人」と呼ばれるスタッフを派遣し、賛助金を集める。各地には華人団体の幹部等の協力者がいて、賛助金の募集やとりまとめを行っている。賛助人制の趣旨は、金額よりもむしろ地方における宣伝効果や華人団体との直接交流にあるとされている［華僑報徳善堂　二〇〇〇：七三］。一九六〇年代から七〇年代には、報徳善堂は全国レベルではまだそれほど知られた存在ではなく、タイ各地で報徳善堂の活動をPRするという意味において、賛助人制の意義は現在以上に大きかった。華字紙にも毎年、各地に派遣された徴収人のレポートが掲載されていた。地方における僑聯の救災活動においても、賛助人制を介した地方の華人団体との関係強化がプラスに働いたものと考えられる。

四　タイの経済発展と民主化の中の報徳善堂（一九八〇年代以降）

1　激変するタイ社会と報徳善堂の事業拡大

タイは一九八〇年代後期から急速に経済が発展し、それに伴って政治的には混乱を繰り返しながらも民主化が進展した。タイの民主化の先駆けとなったのは、二五年間続いた軍事政権を倒すきっかけとなった一九七三年の「一〇月一四日事件」である。このタイで最初の民主化運動は、三年後の一九七六年一〇月六日に集会中の学生や市民三〇〇人が犠牲になった「血の水曜日事件」で終焉を迎える。しかし軍はもはや民主化の趨勢を無視することはできず、総選挙は実施するが首相は軍から選ぶという「半分の民主主義」を導入し、限定的な民主主義を進めていった［末廣　二〇〇九：五―七］。

一九八八年になって、国民に選ばれた首相による政党政治がようやく始まった。しかし政党政治の開始は、一方で政治腐敗の拡大を招き、それにつけこんだ軍が一九九一年に再びクーデタを断行した[22]。このクーデタに対抗して一九九二年に第二次民主化運動が始まり、その結果、タイの人々の民主化への希求は国民の権利と自由を大幅に認める「一九九七年憲法」に帰結した。同憲法は、二〇〇一年の総選挙でタクシンという「強い首相」を生み出す制度的基盤ともなった。タクシンは、高い支持率を頼みに「国の改造」を推し進めた。後述する社会保障政策もその一環である。しかし、既存の価値観の否定につながる強硬なスタイルが王室、軍、公務員らの不満を引き起こし、タクシンは二〇〇六年九月に再び起こったクーデタで失脚した［末廣　二〇〇九：八―一〇］。

タイ社会が激変したこの時期、報徳善堂は、一九七二年に董事長に就任した鄭午楼のリーダーシップの下、事業規模を大幅に拡大した。鄭午楼（ウテーン・テーチャパイブン）は、バンコクメトロポリタン銀行などを傘下に持つ有力華人財閥テーチャパイブン家の総帥であった。父親の鄭子彬《ていしひん》は戦前、蟻光炎らとともに潮州会館派の主要人物で、長男の鄭午楼も、若い頃から報徳善堂や潮州会館、中華総商会の役員を務め、長らくタイの華人社会において一、二を争う地位にあった[23]。

鄭午楼が董事長として推進した事業を見ると、まず華僑医院が一九七九年に二二階建ての二四時間診療の近代的総合病院に生まれ変わった。また、一九九五年には、タイと中国の国交樹立二〇周年を記念し、華僑中医院が開院した。教育分野では、華僑医院附属の看護学校を母体として一九八一年に単科大学として創立された華僑学院を、一九九四年に総合大学の華僑崇聖大学に発展させた。同大学は、報徳善堂創立八〇周年紀念事業の目玉で、タイの主要華人団体四〇団体が発起人となり、多くの寄付を集めて実現したものだ。また、一九九六年には、タイ政府の華語教育に関する規制緩和を受けて、中国語教師の養成を目的とする華文師範学院を創設した［玉置　二〇〇七：一九二―一九五］。

こうした大規模な事業の展開を可能にしたのは、鄭午楼のリーダーシップに加えて、報徳善堂の長年の活動がタイ社会に認知され、信頼を勝ち得た結果、華人社会にとどまらず、社会各層から広く寄付を集めることができたためであろう。さらには、タイにおける民主化の進展や冷戦の終結といった国内外の情勢変化によって、かつての排華的な政策が転換したことで、報徳善堂は名実ともに「タイの財団」として自由に事業を展開できるようになったとも考えられる。この時期の大型プロジェクトは、すべてプミポン国王の支持を得ており、医院や大学のオープニングセレモニーには、国王自らあるいは中国通

写真5　華僑崇聖大学に立つ鄭午楼像
（2012年8月24日、筆者撮影）

で知られるシリントン王女が臨席し、報徳善堂の名声やタイ社会への融合を印象付けるものとなった。

2　セーフティネットとしての善堂

報徳善堂が現在のように広範な支持を獲得するに至った背景には、社会保障制度や福祉政策が未整備なタイで、善堂が慈善事業を通してそれを補完する役割を果たしてきたことも指摘できる。元来、タイの社会保障制度は受給者を公務員と軍人に限定したものであった。民間企業に導入されたのは一九九〇年の社会保障法の制定以降で、その適用範囲が全事業所に拡大されたのは二〇〇二年である［末廣　二〇一〇：二二二、二二四］。労働人口の六割を占める非給与労働者（農民や自営業者等）は、任意加入が認められているものの加入率は低い。医療保障については、普遍的医療制度（UC）の導入により、制度上は皆保険制度が達成されているが、タクシンが二〇〇二年に「三〇バーツ医療」を導入する前は、これらの最低限の保障すらなかった。国民の八割を占める非給与労働者や無業者には、UC以外には社会福祉施策による低水準のサービスが適用されているのみである［厚生労働省　二〇一七：四四五］。生活困窮者に社会福祉施策は、財源の不足や給付水準の低さから、必要な人々にサービスが行き渡っていない。生活困窮者に対する普遍的な公的扶助制度はなく、年金についても、国民の四分の三が制度の枠外に置かれている［厚生労働省　二〇一七：四四九］。

公的にカバーされない人々の福祉は、伝統的に家族や寺院を核とする地域社会が担ってきた。しかし、急激な経済発展の結果、国民の貧困は大幅に改善された反面、所得格差を表すジニ計数は〇・四台後半と高い水準にあり、個人および地域間による経済格差が固定化し、「豊かさの中の貧困」が問題となっている［萩原　二〇〇七：三九五］。二〇〇〇年代以降、タイ政府は社会保障制度の拡充を目標に掲げてはいるが、タイの政治情勢が混迷を続けるなか、十分な成果は上がっていないのが実情である。長年の実績と資金力を有するタイ最大規模の民間慈善財団である報徳善堂に期待されるセーフティネットとしての役割は、当分の間変わることはないだろう。

既述の通り、戦後の報徳善堂は社会福祉的な分野に加えて「救災」にも力をいれてきた。一九八九年には本部ビル内に「バンコク無線センター」を開設し、二四時間体制で事故・災害の情報を集め、現場地区のレスキュー隊員に出動を指示している〔華僑報徳善堂　二〇〇〇：六〇〕。救災の要であるレスキュー活動は、報徳善堂にかぎらず、タイの善堂の活動のなかで一般の人々に最も知られたものである。実は、タイでは二〇〇〇年代に入るまで公的な救急救命活動（ＥＭＳ）は行われておらず、救急車が全国に配備された現在も、その数は極めて不十分であり、各地で善堂がＥＭＳを担っている状況に変わりはない。政府に代わってＥＭＳを担ってきたことは、報徳善堂がタイの人々に広く知られるようになった大きな要因である。

3　タイ社会における上座仏教と善堂の宗教

報徳善堂にかぎらず、タイの潮州系の善堂は宋大峰祖師を祀る廟を併設するか、規模によっては廟がそのまま善堂の事務所となるが、ほとんどが慈善財団として政府に登記されるため、タイ語で財団を意味する「ムーンラニティー」と称され、法的には宗教団体とは見なされない〔片岡　二〇一五：一七六―一七七〕。善堂の廟に参拝したり宗教行事に参加したりする機会を持つ人々が、必ずしも華人アイデンティティを持つとはかぎらないし、まして、宗教行事に参加しない人々にとっては、レスキュー活動にばかり目が行き、それ以外の活動が意識されないのは当然であろう。

タイの一般の人々が「善堂＝レスキュー隊」と捉えているとすれば、報徳善堂のレスキュー隊で活躍するスタッフやボランティアにとって、もはや善堂は「華人の宗教結社」ではないとして、宗教的要素を排除すべきとの主張はこの面から言うと正しいと言える。しかし、レスキュー隊、もしくはそれを包括する「救災」は、決して善堂の活動のすべてではない。

報徳善堂は、一九三六年の改組の際に、宗教の部門（大峰祖師廟）と慈善組織の部門（善堂）に分かれたとしている。この両部門が活動領域として分離していたとしても、善堂にとって民俗宗教は現在もなお、善堂を構成する重要な要素であり続けている。林悟殊は、報徳善堂の活動資金について、一部の華人企業家によって支えられているわけではなく、最も大きな資金源は一般市民からの善意の寄付であり、その背景には宋大峰への信仰があると指摘している［林悟殊　一九九六：一八五］。特に年中行事[24]は、宗教儀礼の場であると同時に、多くの寄付を集める機会となる。

報徳善堂の設立九〇周年特刊には、当時のタイ仏教サンガの大僧長の祝辞が掲載されている。そこでも、報徳善堂の名声が事故発生時のレスキュー隊と結びつけて語られ、さらにこれがタイ社会の報徳善堂に対する信頼を醸成しており、タイの民衆と僧侶の心に深く刻まれていると語られる。また報徳善堂の「仁義、博愛」の精神は人類社会の柱であり、仏教の「善因善果」という因果の法則に合致していると高く評価している［華僑報徳善堂　二〇〇〇：六］。ここから看取できるのは、タイの主流社会は、レスキュー活動に目が向いているとはいえ、上座仏教に引き寄せながらも、報徳善堂の活動に普遍的な宗教的理念を感じ取っているということである。

タイは仏教徒が国民の九〇％以上を占め、上座仏教が実質的な国教となっている国である。小野澤正喜は、タイの上座仏教徒には「タンブン（上座仏教の功徳理念）志向」と「呪術志向」との二つの仏教実践があると指摘する［小野澤　一九九四：二四―二五］。タンブン志向は、上座仏教寺院に喜捨する延長線で、人々が善堂に寄付をすることを促す。それと同時に、タイ仏教が内包する呪術志向は、タイの人々が善堂に足を運ぶ動機ともなっていると考えられる。

実は、筆者は報徳善堂が果たして「典型的」な潮州系善堂と言えるのか、若干の疑問も持っている。なぜなら、報徳善堂は、潮州の善堂の組織形成の基本の一つである「扶乩」を行っていないからだ。現在はもちろん、かつて実施していたという資料や証言は今のところ得られていない。　筆者が調査したタイ南部や中部、北部の善堂は、すべて扶乩を実施しており、特に年中行事の際には重要な儀礼となっていた。また、徳教、明聯、蓬莱逍閣《ほうらいしょうかく》といった、善堂に類したタイ華人の宗教慈善団体にとっても、扶乩は欠くべからざる儀礼である。一部の善堂やこれらの団体は扶乩を定期的に実施しており、華人かタイ人かに関わらず、多くの人々が悩みや相談事の答えを求めてやってくる。「呪術志向」を持つタイの人々にとっては、扶乩が華人由来の宗教文化であるかどうかは問題ではなく、霊験があるかどうかが重要なのである。

イギリスのチャリティ援助財団ＣＡＦ（Charities Aid Foundation）が毎年発表している「世界寄付指数（World Giving Index）」によると、二〇一三年、タイは総合指数では世界二一位で、東南アジアではミャンマー（一位）、マレーシア（七位）、インドネシア（一三位）より低い［Charities Aid Foundation 2014: 9］。しかし、金銭的寄付行為を示す「寄付指数」を見ると、人口比率で第三位（七七%）、人口で第五位（四二〇〇万人）だった。ここでも一位はミャンマーだが、同国とタイの寄付指数の高さに関して、上座仏教の影響が大きいと分析されている［Charities Aid Foundation 2014: 19］。また二〇〇九年から二〇一三年の五年間の平均を見ると、タイは総合指数では一三位（東南アジアで一位）だが、寄付指数は人口比率で一位となっている［Charities Aid Foundation 2015: 12］。つまり、金銭的寄付行為の大きさに比べて、タイ人は人助け指数とボランティア指数（組織的なボランティアに時間を捧げたか）が低く、それが総合指数の順位低下の原因となっている。タイは、八割近い人が金銭的寄付行為を実践している「慈悲深い国」である一方で、ボランティア活動の参加者は少ないというわけだ。

報徳善堂をはじめとするタイの潮州系善堂のレスキュー隊では、専門スタッフのほかに多くのボランティア隊員が活動している。善堂のレスキュー隊は、あるいはタイのボランティア活動の受け皿の一つとなっているのかもしれない。またボランティア活動とは言えないが、近年タイ社会で一種のブームとなっている「修骷」への参加やキン・

ジェー(25)（九皇勝会）の普及は、寺院への金銭的寄付だけでは飽き足らなくなった人々に、宗教的ボランタリーの機会を提供しているとは言えないだろうか。

4　報徳善堂の歴史の記憶とタイのナショナル・ヒストリー

二〇一〇年一〇月末、報徳善堂は創立一〇〇周年を迎え、三日間にわたり記念イベントを大々的に開催した。初日のオープニング式典にタイ王室からシリントン王女が臨席したほか、報徳善堂の前の道路に設けられた特設舞台では連日、コンサートやタイの伝統舞踊などの催しが行われた〔華僑報徳善堂　二〇一〇：五〕。これらの式典やイベントの模様は、華字新聞だけでなくタイ語新聞でも広く報道されたという。

筆者も、この記念イベントに参加し、展示や報徳善堂の歴史を描いた劇などを鑑賞した。興味深かったのは、シリントン王女が臨席したオープニング式典でも、イベントの一つとして上演された劇の中でも、戦後初期に新来の中国人移民を癒した炊き出しが「一杯の粥」のエピソードとして象徴的に再現されたことである。この劇や記念展示の中では、一九一〇年の創設時の一二人の発起人も紹介されており、報徳善堂が設立一世紀の節目に当たり、潮州というルーツを再確認するとともに、報徳善堂の歴史をタイのナショナル・ヒストリーの中に積極的に位置づけようとしているように感じられた。これは同時に、報徳善堂のタイ社会に対するメッセージであったかもしれない。一般のタイ人は、報徳善堂の現在の活動はある程度知っていたとしても、その歴史を知らず、「善堂＝レスキュー隊」という図式を連想しがちである。そこで敢えて、報徳善堂は自らの歴史だけでなく、タイ華人が中国にルーツを持ちながら、タイ社会で奮闘しタイ社会の一員となった歴史を、タイの歴史の一部として再現してみせるとともに、記憶に留めようとしたのではないだろうか。

報徳善堂の「歴史の記憶」について、もうひとつ気になることがある。それは「華僑」という名称に対するこだわりである。報徳善堂は一九三七年に社団登録する際、「暹羅華僑報徳善堂」と登録された。一九五九年の章程改正時に「暹羅（シャム）」は削除されたが、その後も「華僑」は名称に残ったままである。また、傘下の病院（華僑医院、華僑中医院）と大学（華僑崇聖大学）にも「華僑」が冠されている。華僑医院と大学は、タイ語名にも「華僑」の潮州語読みの「ホアチュウ」が含まれる。潮州語で「ホアチュウ」と呼んでも、漢字が読めず潮州語も解さないタイ人には意味は通じないにもかかわらず、である。

筆者の経験では、タイで中国語を話す華人は、自分たちのことを「華人」、中国語を解さない「タイ化した」華人を「華裔」と呼び、他称であれ自称であれ「華僑」を使うことは、まずない。中国からタイに移住して日が浅く、中国籍を有する人々についても、「華僑」とは言わず「中国人」あるいは「潮州人」などと出身地で言う。「華僑」は、もっと抽象化された言葉で、基本的に固有名詞以外には使われないように思われる。だとしたら、報徳善堂の「華僑」へのこだわりもまた、ルーツを記憶しようとする意思の表れなのだろうか。

報徳善堂の意思はさておき、はたして、タイの人々はタイ華人の苦難の歴史をナショナル・ヒストリーとして、ひいては「自分のもの」として受け入れることができるのか、筆者にはまだ答えが出せない。あるいは、将来名称から「華僑」がなくなり、名実ともに「ポーテックトゥン」となった時、報徳善堂の歴史は真の意味でタイのナショナル・ヒストリーの一部となったと言えるのかもしれない。

おわりに

本章では、タイの潮州系善堂を代表する報徳善堂の一世紀を超える歴史を概観し、タイの現代史の中に位置づけることを試みた。

近代以前、華人はタイの王室に優遇され特権的な地位を得ていた。ところが、一九世紀後期から二〇世紀初頭にかけて、華人の激増に加えて、華人の間で民族主義的な政治運動が始まったことを契機に、タイの華人政策は転換した。それまでの特権は廃止され、国籍法等の法例が制定され、華人は「外国人」として明確に区分されるようになった。一九一〇年の報徳堂の建立と善堂としての組織発足は、華人に対する管理が強化されるに伴い、それまで幇毎に分断していた華人が連帯し一つの社会集団として立ち現れたことを反映している。

一九三〇年代、タイでは立憲革命が起こって絶対王政が終結し、タイ・ナショナリズムが勃興して、華人の商業活動に制限が加えられた。一方で、タイの華人は日中戦争など中国本土の情勢の影響を受けてますます政治化した。一九三六年の報徳堂から報徳善堂への改組の背景には、タイ華人社会の政治運動の高まりとそれに伴う対立があった。一九四〇年代、戦時体制の中、タイ・ナショナリズムと華人の民族主義的ナショナリズムの対立は避けがたく、対日協力を選んだタイ政府は華人の抗日運動を弾圧した。その一方で、報徳善堂の活動は、従来の華人社会内の「恤死」を中心とした相互扶助から対象を華人に限らない「救生」に拡大された。

戦後初期の数年間には、中国の内戦を避けた華人移民がタイに殺到した。報徳善堂は新来の移民の救済と、荒廃する中国南部の故郷を救う運動を展開した。この時のバンコクとタイ各地の華人との連携が、後の報徳善堂の全国的なネットワークの形成に寄与したものと考えられる。

一九五〇年代から一九七〇年代まで、タイは軍による権威主義体制が続いた。反共政策を採る政府は、中国からの移民を厳しく制限する一方、国内の華人を「よきタイ人」にするべく、強制的な同化政策を進めた。特に、華語教育に対する厳しい規制によって、タイ華人の言語的、文化的な同化が進んだ。タイに帰化すればタイ人と同等の権利が得られたことから、タイ華人の多くが帰化し、タイ社会に定着していった。華人がタイ社会に定着していく過程で、報徳善堂は、生存のために「よきタイ人」の団体であることを示すかのごとく、積極的にタイ政府の政策に協力した。この時期の「救災」事業の拡大は、報徳善堂がタイの一般の人々に広く知られる要因となった。

一九八〇年代以降、タイは急激な経済発展と民主化を達成した。その一方で、格差が拡大かつ固定化し「豊かさの中の貧困」が問題となっている。政府は社会保障や福祉の拡充を目指しながらも、国民全体をカバーするには至っていない。報徳善堂は、社会保障制度や福祉政策が未整備なタイで、慈善事業を通して政府の施策を補完する役割を果たしてきた。一九九〇年代、報徳善堂は立て続けに大規模な事業を実現させた。それを可能にしたのは、こうした長年の実績を通して、寄付が確実に社会に還元される団体として信頼され、タイ社会から多くの寄付を集めることができたからである。

写真6　報徳堂龍山墓苑（共同墓地）で挙行された清明節《せいめいせつ》行事（2013年3月26日、筆者撮影）

潮州系の善堂は、死者への供養と生者への施しをともに重視するが、積善を強調する以外に確たる教義は持たず、世俗的な活動に重点を置く。このため、善堂はタイ社会の政策や宗教に抵触することなく、巨額の活動資金を集めて公益的事業を行い、政府の福祉を補完することができた。さらに、多額の寄付を慈善活動を通して社会に還元するという点で、富の再分配の機能も果たしてきた。善堂のシステムによって生み出された信頼は、華人社会の枠を越えて多くの人を引き付けており、今や活動への参加者は華人にとどまらない。

冒頭に述べたように、タイにおいて華人の同化はすでに自明の趨勢となっている。民族集団としての華人とタイ人との境界が薄れるなかで、報徳善堂に代表されるタイの善堂は、運営の主たる担い手が華人であっても、もはや単なる「華人団体」ではない。タイ社会の中で確固たる地位を築き、タイ社会にとって「われわれの」団体となったのだと言える。

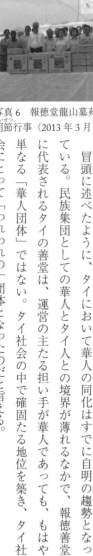

現在、タイで「善堂」の名を持つ華人系慈善団体は各地にあるが、潮州系とはかぎらないし、また潮州系であっても宋大峰を祀っていないものもある。潮州系かどうかに関わらず、もともと華人廟であったものが、善堂に倣って慈善活動をはじめ、政府に社団登記する際に善堂を称することも少なくない[26]。これらの「善堂」が活動を始めようとするときには、長い活動の歴史を持ち、社会的に高く評価されている報徳善堂が多かれ少なかれモデルとなったはずである。報徳善堂の成功がなければ、タイの華人系慈善団体が今日のようにタイ社会に普及し、活躍することは難しかったに相違ない。

一九九〇年代に民主化を果たしたはずのタイであるが、政治的には現在も混乱が続いている。タクシンが亡命を余儀なくされた二〇〇六年のクーデタ以降、タクシン派と反タクシン派が対立し、社会的分断が深まった。二〇一一年に選挙で政権に就いたタクシンの実妹インラックは二〇一四年に再び断行されたクーデタで失脚した。二〇一七年現在、軍による暫定政権が続いており、民政移管の総選挙は二〇一八年以降にずれこむ見込みである。さらに二〇一六年一〇月、タイ社会の安定の要であったプミポン国王が崩御し、ワチラロンコン王子が一〇世王に即位した。奇しくも同年八月、報徳善堂では二〇〇七年に鄭午楼から董事長を引き継いだ胡玉麟が死去し、鄭午楼の長男の偉昌が副董事長から昇格して、新体制に入った。報徳善堂の活動は、長年タイ王室の支持を受けてきたが、プミポン国王亡き後のタイにおいて、その関係が変化するのかどうかは未知数である。一世紀にわたり時代の変化に適応して事業を発展させてきた報徳善堂が、新たな時代を迎えたタイの社会状況にいかに対応していくのか、今後に注目したい。

注

（1）　華僑と華人の違いは、一般的に「華僑」が中国籍（香港含む）および台湾籍を保有していて、「華人」が居住国の国籍を保有しているとと区別されるが、文脈上使い分けが必要な場合を除き、本章では「中国にルーツを持つ移民とその子孫」を国籍や本人のアイデンティティに関わらず便宜的に「華人」と称することとする。

(2) 例えば、片岡［二〇一五、二〇一六］、林育生［二〇一六］などがある。

(3) 報徳善堂および各華人団体の特刊等の資料の多くは、報徳善堂中文股（中国語担当部門）および泰国華文師範学院図書館に提供もしくは閲覧の便を図っていただいた。また華字紙は、華僑崇聖大学図書館のご協力により、同館が構築中のデジタルアーカイブを閲覧することができた。関係各位のご厚意とご協力に、ここに改めて心より感謝を表する。

(4) 潮州における善堂の活動については、志賀［二〇一二］第四章を参照されたい。

(5) スキナーの一九五五年の推計では、潮州五六％、客家一六％、海南一二％、広東七％、福建七％、その他二％となっている［Skinner 1957: 211］。

(6) 和平郷の報徳堂は、現在は報徳古堂として復興されている。報徳堂および宋大峰祖師信仰の歴史的変遷については林悟殊［一九九六］、志賀［二〇一二：第四章］を参照されたい。

(7) シンガポールでも、個人によって一九一六年に潮安県の「修徳善堂養心社」から大峰祖師像が分香され、正式に善堂組織が発足したのは一〇年後の一九二六年のことである［玉置　二〇〇七：一八八］。

(8) 可児ほか編［二〇〇二］による。福建、広東、海南については、同郷会館の前身の「公所」の設立年とした。

(9) 蕭仏成（一八六四―一九三九）は、六代前の先祖が福建からマラッカに渡り、父親の代にバンコクに移住した福建系華人である。一九三〇年代までタイの富裕な華人は、ヨーロッパの国籍を持ち治外法権を享受している者が少なくなかったが、蕭もイギリス国籍を持っていた［村嶋　一九九三：二六五―二六六］。

(10) 鄭智勇の出生について、鄭自身が公言していたことから多くの資料はバンコク生まれとしている。しかし、林摩尼（林悟殊）は、鄭の孫への聞き取り調査等に基づき、鄭が一八五一年に潮安県の貧しい農家に生まれ、幼い頃に父親が出稼ぎ先のタイで客死し、一五歳頃にタイに渡ったとの見解を示す［林摩尼　二〇〇六：二四〇］。

(11) 鄭智勇は賭博場を経営していたことから賭け事の守り神と見做され、報徳堂以外でも祀られている。

(12) ワンリー（陳黌利）家については、本書第二章の蔡論文も参照されたい。

(13) 陳景川は潮州会館の第一期（一九三八―一九三九年）、第二期（一九四〇―一九四一年）の主席であった［泰国潮州会館　二〇〇八：七］。

(14) ただし、報徳堂の関係者が改組後の報徳善堂の運営に関与しなかったわけではなく、馬桂欽は第一期から一九六八年（第一八期）に死去するまで「董事財政」の要職にあった。

(15)　犯人は蟻に個人的恨みを持つとされる華人だったが、タイ華人の間では日本が背後で糸を引いたものと信じられている［村嶋一九九三：二九五］。

(16)　陳振敬は一九四四年（第六期）から一九七二年（第一九期）に亡くなるまで報徳善堂の董事長を務め、戦後の報徳善堂の発展を支えた。陳は陳鶴珊（立梅）と同郷で、一九二〇年代に渡タイした当初、陳黌利で働き鶴珊の信頼を得た。独立後、港湾業から始めた事業で成功して、中華総商会や潮州会館などの役員を歴任し、後半生は報徳善堂に捧げた［林悟殊　一九九六：一三〇―一三三］。

(17)　二〇歳のラーマ八世がバンコクの宮殿内で変死するのは、そのわずか六日後の六月九日のことであった。

(18)　同委員会については玉置［二〇〇八］を参照されたい。

(19)　末廣・南原は、一九七〇年代までのタイの華人系財閥は、不可避的に軍・政治指導者と強く結びつき、「政商」的発展をしたと指摘している［末廣・南原　一九九一：九］

(20)　一九七一年一一月一七日にクーデタで政権を取ったタノーム元帥（クーデータ当時は首相）の政権を指す。この政変で一九六八年に始まった政党政治に終止符が打たれ、再び軍部独裁になった［末廣　一九九三：六〇］。

(21)　その前身となる「泰南大峰祖師聯合救災機構」は一九六一年に同声善堂、ヤラー県の慈善堂、トラン県の万徳善堂の三堂によって発足している［泰国合艾同声善堂　一九七〇：三二］。

(22)　一九九一年のクーデタは、翌一九九二年に軍が反対運動を武力制圧した事件の後、国王が調停に乗り出し、首相の退陣で終結した［末廣　二〇〇九：八］。

(23)　一九九七年のアジア通貨危機で、テーチャパイブン家の主なビジネスはほぼ崩壊した［末廣　二〇〇二：二一］。それでも、同家が華人社会における影響力を失ったわけではなく、鄭午楼は二〇〇七年に死去するまで董事長として報徳善堂を率いた。長男の鄭偉昌（ウィチアン）は、報徳善堂の副董事長等を長年務め、二〇一六年八月に董事長に昇格した。

(24)　報徳善堂では春節、元宵節、盂蘭勝会、九皇勝会など年間九回の行事を実施している。これらの行事は宗教儀礼であると同時に社会福祉的な役割も持ち、盂蘭勝会の「施孤」等で貧困者救済の一環として食料品や日用品が配られる。

(25)　キン・ジェーは、旧暦一〇月九日の前後一週間程度の期間を精進潔斎する宗教行事で、タイでは一九八〇年代以降、「ベジタリアン・フェスティバル」として国民的イベントとなっている。バンコクのキン・ジェーについては、伊藤［二〇〇九］に詳しい。

(26)　最近では、あたかも華人系慈善団体であるかのような印象を与えることにより、華人団体や地域住民からの寄付金勧誘に取り組む華人系でない善堂も出現しているという［中山　二〇〇八：一〇〇］。

引用・参考文献

〈日本語文献〉

伊藤友美
　二〇〇九「バンコクの九皇斎とタイ華人の信仰（前編）」『タイ国情報』四三（六）：二九―四〇。
小野澤正喜編
　一九九四『アジア読本タイ』東京：河出書房。
片岡　樹
　二〇一五「タイ国における中国系善堂の宗教活動――泰国義徳善堂に見る中国宗教、タイ仏教」『東南アジア研究』五二（二）：一七二―二〇七。
　二〇一六「架空の識字力――現代タイ国における漢文経典の知識をめぐって」『華僑華人研究』一三：七―二六。
可児弘明・斯波義信・游仲勲編
　二〇〇二『華僑・華人事典』東京：弘文堂。
小泉順子
　二〇〇六「タイ中国人社会研究の歴史性と地域性――冷戦期アメリカにおける華僑・華人研究と地域研究に関する一考察」『東南アジア研究』四三（四）：四三七―四八六。
厚生労働省編
　二〇一七『世界の厚生労働〈二〇一七〉――二〇一六年　海外情勢報告』。
志賀市子
　二〇一二『〈神〉と〈鬼〉の間――中国東南部における無縁死者の埋葬と祭祀』東京：風響社。
末廣　昭
　一九九三『タイ――開発と民主主義』東京：岩波書店。
　二〇〇二「タイにおけるチャイナ・コネクション――伝統的華人組織と財閥グループ」『東亜』四二一：一〇―二五。
　二〇〇九『タイ――中進国の模索』東京：岩波書店。
　二〇一〇「タイ――国家による福祉の制度化とその限界」末廣昭編『東アジア福祉システムの展望』二一一―二四五頁、東京：ミネルヴァ書店。

末廣　昭・南原　真
　一九九一　『タイの財閥――ファミリービジネスと経済改革』東京：同文館出版。
玉置充子
　二〇〇六　「タイ華人団体の慈善ネットワーク」『海外事情』一〇：八七―一〇〇。
　二〇〇七　「東南アジアの華人コミュニティ――タイ・シンガポールにおける潮州系華人慈善団体『善堂』の発展と機能」岩崎郁夫編『新世代の東南アジア』一八一―二一七頁、東京：成文堂。
　二〇〇八　「タイの華人団体の慈善ネットワーク――華僑報徳善堂の賛助団体リストからの考察」『海外事情研究所報告』四二：一〇七―一一六。
中山三照
　二〇〇八　『公的補助金に依存しない社会事業の実現――タイにおける華人の慈善活動と民間主体のレスキューシステム』東京：青山ライフ出版。
萩原康生
　二〇〇七　「タイにおける貧困軽減政策に関する一考察」『大正大学大学院研究論集』三一：三二一―四〇二。
村嶋英治
　一九八九　「タイ国における中国人のタイ人化」岡部達味編『ＡＳＥＡＮにおける国民統合と地域統合』一一五―一四一、東京：日本国際問題研究所。
　一九九三　「タイ華僑政治運動――五・三〇運動から日中戦争まで」原不二夫編『東南アジア華僑と中国――中国帰属意識から華人意識へ』二六三―三六四頁、千葉：アジア経済研究所。
　二〇〇二　「タイにおける華僑・華人問題」『アジア太平洋討究』四：三三―四七。
林　育生
　二〇一六　「タイにおける一貫道の組織発展と人間の流動性」『東南アジア研究』五三（二）：一八九―二二六。

〈中国語文献〉
華僑報徳善堂
　一九五〇　『華僑報徳善堂建堂四十周年紀念刊』。
　一九七〇　『華僑報徳善堂建堂六十周年紀念特輯』。

一九九〇『華僑報徳善堂八十周年紀念特刊』。
二〇〇〇『華僑報徳善堂成立九十周年特刊』。
二〇一〇『華僑報徳善堂百週年紀念特刊』。
江　白潮
二〇〇五「泰国五十年華僑史」泰国世界日報編『泰華之光――我們一同走過五十年』五二―五七頁、バンコク：泰国世界日報。
二〇〇六「泰国華僑華人現状的探討」洪林・黎道綱編『泰国華僑華人研究』五三―六六頁、香港：香港社会科学出版社。
黎　道綱
二〇〇三「華僑報徳善堂創始人之一振成桟考」『泰中研究』（一）：一〇四―一一二。
二〇〇六ａ「一七八二―一八五五間鮑林条約簽訂前的泰国華僑」洪林・黎道綱編『泰国華僑華人研究』二二―三七頁、香港：香港社会科学出版社。
二〇〇六ｂ「泰国潮人與孫中山先生的革命活動」洪林・黎道綱編『泰国華僑華人研究』二一〇―二二六頁、香港：香港社会科学出版社。
李　道輯
一九九九「泰国華社的変遷與発展」陳鴻瑜編『邁向二十一世紀海外華人市民社会之変遷與発展』二三九―二五二頁、台北：中華民国海外華人研究学会。
李　恩涵
二〇〇三『東南亜華人史』台北：五南図書出版社。
林　摩尼（林悟殊）
二〇〇六「二哥豊鄭智勇史実補正」洪林・黎道綱編『泰国華僑華人研究』二三九―二五〇頁、香港：香港社会科学出版社。
林　悟殊
一九九六『泰国大峰祖師崇拝與華僑報徳善堂研究』台北：淑馨出版社。
中華民国行政院僑務委員会
二〇一七『中華民国一〇五年僑務統計年報』台北：行政院僑務委員会。
泰国潮州会館
二〇〇八『泰国潮州会館成立七十周年紀念特刊』バンコク：泰国潮州会館。
泰南合艾同声善堂

一九七〇『泰南合艾同声善堂成立十二周年紀念特刊』ハジャイ：泰南合艾同声善堂。

〈英語文献〉

Chan, Kwok John and Tong, Chee Kiong
1995 Introduction: Modern Culture Contact and Chinese Ethnicity in Thailand, *SoutheastAsian Journal of Social Science* 23(1): 1-12.

Charities Aid Foundation
2014 *World Giving Index 2014*, London: Charities Aid Foundation.

Maud, Jovan
2005 The Nine Emperor Gods on the Border: Transnational Culture, Alternate Modes of Practice, and the Expansion of the 'Vegetarian Festival' in Hat Yai, in Wattana Sugannaasil (ed.) *Dynamic Diversity in Southern Thailand*. Seattlle: University of Washington Press, pp.153-178.

Pattana, Kitiarsa
2005 Beyond Syncretism: Hybrization of Popular Religion in Contemporary Thailand, *Journal of Southeast Asian Studies* (36): 461-487.

Skinner, G. William
1957 *Chinese Society in Thailand: An Analytical History*. Ithaca: Cornell University Press.

Szanton Blanc, Cristina
1997 The Thoroughly Modern 'Asian': Capital, Culture and Nation in Thailand and The Philippines, in Donald Macon Nonini and Aihwa Ong (eds.) *Ungrounded Empires: The Culturalpolitics of Modern Chinese Transnationalism*. New York: Routledge, pp.261 -286.

第八章　海外華人宗教の文化適応
――タイ国の徳教における「白雲師尊」像の変化を事例として

陳　景熙（阿部朋恒訳）

はじめに

一九三〇年代から四〇年代にかけて、広東の潮汕地域で創始された徳教《とっきょう》は、善を行い徳を積むことを説き、華人の伝統的な道徳観を宣揚する宗教である。今日では海外の華人に広く浸透するに至っており、なかでもタイにおいては、徳教と現地の主流社会の間に非常に密接な関係が築かれている。徳教のタイへの伝播は、タイ生まれの華人であった林修悟が、一九四五年末に汕頭《スワトウ》からバンコクへもどったとき、「白雲師尊《はくうんしそん》」の絵図と燈明を持ち帰ったことにはじまる。その後、一九四〇年代末から一九五〇年代初頭にかけて、タイの目まぐるしい政治状況の変化に対応しつつ、徳教はバンコクに根を下ろし、合法的な地位を獲得していった。絵図や塑像に描かれる白雲師尊の特徴は、そうした過程と連動するように、この時期を通じて「道士らしい風貌」から「僧形の容姿」へと変化していった。

本稿では、タイの徳教界において祀られてきた白雲師尊像の歴史的変化の分析を通じて、一九五〇年代初頭における海外華人の現地化を背景とし、華人宗教の文化適応がどのように進展していったのかを明らかにしたい。

一　問題の所在及び資料と方法

図像資料と歴史研究の関係について、葛兆光教授は次のように指摘している。

図像資料の意義は、文字文献を「補う」ためだけにあるのではないし、「図説歴史」の挿絵として用いられるだけでもないし、もちろん芸術史の課題にとどまるものでもない。なぜならば、図像は歴史上の人々が描き残してきたものであって、そこには必然的に何らかの意識的な選択やデザイン、構想が含まれ、その中に歴史と伝統が積み重ねられてきたからである。主題についての好みであれ、色彩の選択、形象をめぐる想像であれ、さらには図案のデザインや比率の決め方であれ、特筆すべきことは、図像を描写する際に意識的な変形を行っているということなのであり、そこには各々の想像力が込められている。そしてまた、無意識的あるいは随意であるかのように見えるそうした想像の背後にこそ、歴史や価値、観念といったものが隠されているのである。したがって、図像資料そのものが、思想史の観点から注目され、研究されるべき文献にほかならないのだが、目下のところ、文字文献の研究とは異なる方法論はまだ整っていない。［葛兆光　二〇〇二：七四］

中国宗教史の研究領域では、仏教、道教、カトリックおよびプロテスタント系キリスト教、イスラームなどを対象とするもののなかに、図像資料を活用した研究成果が比較的多く見られる［張総・王宜峨ほか　二〇一一］。これに比べて、民間宗教（海外華人宗教も含めて）については、図像資料を用いた研究は緒に就いたばかりである。

本章でとりあげる徳教は、海外華人宗教においてとくに注目に値する、現代的かつ世界的な宗教である［陳景熙・張禹東　二〇一二〕。なかでも、タイ国徳教会の紫真閣をはじめとするタイの徳教は、今日の世界の徳教界において突出した社会的影響力を有している。タイの徳教については、すでに中国の林悟殊〔林悟殊　二〇〇二〕、台湾の鄭志明〔鄭志明　二〇〇三〕らによって、その歴史と現状についての概括的な研究がなされてきた。また日本においても、一九七〇年代から吉原和男による一連の研究が発表され、以来学界の高い関心を集めてきた〔吉原一九七八、二〇〇二〕さらに近年では、華僑大学の張禹東や筆者も、社会文化史の視座のもと、タイの徳教をめぐる事例から、海外華僑宗教の伝播と海外華僑社会のネットワークの関係について研究を進めている〔陳景熙　二〇〇八、陳景熙・張禹東　二〇一三〕。しかしながら、タイの徳教についての事例にもとづいて、海外華僑の宗教組織、ひいては海外華僑社会の現地化の歴史過程とその文化適応のメカニズムを探求する試みは、いまなお手つかずのままに残されている。

以上の状況を踏まえ、本稿ではとくにタイの徳教界において祀られてきた白雲師尊像の造形の歴史的変遷を事例として、海外でのフィールドワークによって得られた図像資料、乩文《けいぶん》（訳注：「扶鸞《ふらん》」ないし「扶乩《ふけい》」と呼ばれる降霊儀礼によって得られた乩示、すなわち託宣のこと）、回顧録など諸文献の分析を行う。これらの作業を通じて、タイにおける華人宗教の文化適応の歴史過程、およびそのメカニズムを具体的に明らかにすることが本稿の目的である。

二　徳教のタイへの伝播

一九四一年末、澄海県（現在の汕頭市澄海区）南砂郷を祖籍とし、一九一三年にタイで生まれた僑生（訳注：「祖国」である中国へと戻って就学する在外華人子弟のこと）である林修悟が、父親の命を受けて祖先の地である澄海県南砂郷を訪れた。そこに滞在した数年の間、林修悟は汕頭における徳教の拠点であった紫雄閣の諸活動に参加し、信徒として認められたのちに「徳悟」の名を授かり、「白雲道長」を師（訳注：ここでは自らの守り本尊の意）として仰いだ。このとき、林修悟は紫雄閣から白雲道長を描いた一幅の絵図を譲り受けている。(1)

一九四五年の日本軍の降伏前後、林修悟はタイへと帰ることを決めた［陳景熙　二〇〇八］。このとき彼は紫雄閣において白雲道長の降臨を請い、帰路の安全を祈願する「包香火」を施してもらった。白雲道長は、タイに帰った後に新しく閣（訳注：徳教会に属する系列の乩壇のこと）を創設するべしとの託宣を林修悟に与え、さらに「紫辰閣」という題字と、「紫気東来創仏閣、辰光南照渡蒼生（神仙の気が東より出でて仏閣を建て、瑞兆の光が南方を照らして衆生を救う）」という対聯《ついれん》の一句を授けた。(2)

一九四五年の年末を前に、林修悟は白雲の絵図と香火（訳注：線香を燃やす香炉の灰）及び授かった題字と対聯を携え、戦後タイ行の第一便となった貨物船「富昇号」に搭乗してタイへもどった［陳景熙　二〇〇八］。タイに戻ってからしばらくの間、林修悟は一族で経営していた「海市」という商店の上層階に白雲道長の絵図や香火を祀り、そこで雑務係として働いていた林徳炎を乩手（訳注：扶乩の霊媒のこと）として養成し、不定期ながら扶乩を始めた。(3)

一九四七年、林修悟は汕頭紫雄閣の乩手であった黄是山に手紙を送り、タイへと招いた［「黄是山自伝」二〇〇六：五］。その後羅作根、張永嘉をはじめとする汕頭の紫雄閣の徳教徒らが次々とタイへと移住し始め、タイ徳教の最初の閣である「紫辰閣」が正式に開幕し、毎晩活動が行われるようになった［陳漢徳　一九九三：六］。徳教の創設者である馬貴徳と李懐徳による「徳教根源」は、この時期のことを次のように描写している。「潮汕から来た若い徳教徒たちは、タイで縁を結んだ。徳教徒は徐々に数を増し、師は陳徳泰に命じてさらに紫玄閣を創設させ、現地で徳の高い人々が次々と集うようになった。徳教は活動の基礎を固め、団結して大きな目標を掲げた。続いて二つの閣は協力して玄辰総閣を組織し、扶鸞による宣化の場所とした［馬貴徳・李懐徳　一九九五：二］。

以上述べてきたように、一九四〇年代末から一九五〇年代初頭にかけて徳教の香火がタイ国へと伝わると、バンコクにおいて紫辰閣、紫玄閣、玄辰閣が相次いで創立された。しかしながらその後、「惜しむらくは、戦後の社会不安からタイ政府が五人以上の集会を禁止したため、扶乩による布教活動を公開することが難しくなってしまった」〔「紫真閣史銘」一九九五：一七九〕。

このため、一九五二年一二月に、徳教徒の簫錦錫がバンコクにあった景福寺住職の宝恩大師に願い出て寺の前殿を借り受け、扶鸞を執り行う場所として紫真閣を創設した。「紫真閣史銘」によれば、「師は簫君徳を閣長に任命して三つの閣の信徒たちをまとめさせた。力を合わせて徳教を広め、現地の民衆のために扶乩を行い、悩みごとの相談に乗り、贈医施薬や貧者への施しなどを行った。一日に四、五〇〇人もの人が押し寄せ、現地で大変な評判となった」〔「紫真閣史銘」一九九五：一七九〕。

一九五三年二月二四日、タイの国王が紫真閣に御幸された〔「紫真閣史銘」一九九五：一七九〕。同年、タイの首都であるバンコクの徳教徒たちはこの機会を利用し、簫錦錫をはじめとする一一名を臨時理事、タイ国籍の陳錦源ら五名を申請代表人に任命し、玄辰閣を慈善団体「玄辰善堂」として登録した。一九五三年七月二八日、玄辰善堂の創設記念式典が挙行された〔陳漢徳　二〇〇三：一〇二〕。ところが「その後宝恩大師が入寂され、後ろ盾となってくれる庇護者が失われてしまった。景福寺の前殿は宝恩大師の霊堂となったため、扶乩儀礼はしばらくの間できなくなってしまった」。とはいえ、玄辰善堂は合法的な地位を確保していたため、「扶乩儀礼は毎週水曜と日曜の晩と日を定めて、引き続き行われた。」〔「紫真閣史銘」一九九五：一七九〕。

一九五〇年代中期以降には、徳教の香火はバンコクのみならず、タイ国北部へとさらに伝播していくことになる〔陳景熙・張禹東　二〇一三〕。

三　四相師尊系統の形成

前節で述べたようにタイの徳教は祭祀儀礼や崇拝対象などのさまざまな側面において、徐々に草創期の潮汕徳教と袂を分かち、香港徳教やシンガポール、マレーシアの徳教とも異なる体制を形成していき、現在に至るまでこれを継承している。

1　タイの徳教紫閣における師聖の序列体系

まず、崇拝の対象とされている師聖の序列体系について見ていきたい（訳注：「師聖」は徳教において崇拝対象とされる神格）。現在、タイ国徳教慈善総会の管轄下にあるタイおよびラオスの閣に祀られている師聖は、上位から下位へと次のように階層化されている（写真1）。

至高神：玄旻高上帝玉皇大天尊と協天閣関平主裁からなる階層。

「四相師尊」：揚筠松師尊（別名：揚益）、柳春芳師尊（別名：柳渾）、張玄同師尊（法号：白雲道長）、呉夢吾師尊（法号：空空道長）から構成される階層。（上記二つの階層の間に、呂祖、済公、観音、何野雲などの神格を置く閣も少なからずみられる。また、四相師尊の階層に大峰祖師を祀る閣もある。）

「師兄」：「成」の字を含む徳教の号を授けられた世代の複数の「師兄」と、崇山老人から構成される階層。

ここに掲げた師聖の序列体系のなかで、タイに存在する徳教の各壇に共通してみられるのは、至高神と「四相師尊」の階層に限られる。[4] なかでも「四相師尊」の系統は、一九四〇年代末から一九五〇年代初頭にかけて、徳教の香火がはじめてタイに伝わった時期に徐々に形成されていったものである。

2 「四相師尊」階層の段階的形成

一九三九年、潮陽県和平鎮英西港村の揚家邸宅に、潮汕地域で初めての閣となる紫香閣が創設された。そこに最初に降りてきた神格は、紫香閣の主神柳春芳仙師であった。その後、紫香閣が所在していた英西港村の門を修理する際に祈願したところ、さらに揚筠松仙師降臨があった。[5] このため、紫香閣の壇上には、揚師尊と柳師尊の絵図が掲げられている。また、紫香閣の法壇上に祀られていたほかの神格については、念仏の意義を説く手引きとして紫香閣の草創期に発行された『念仏帯帰果証』に、柳春芳先師、揚筠松先師、華佗先師、大聖仏祖、薬師仏、観世音菩薩、地蔵王菩薩、阿弥陀仏という八柱が記載されている。[6]

写真１ タイ国徳教慈善総会新会館（2007 年設立）に奉納された師尊祭壇（2009 年 12 月 3 日、筆者撮影）

一九四〇年、潮汕地区で二番目の閣となる紫清閣が、潮陽県城の棉城の馬貴徳の邸内に設けられ、柳春芳師尊が主神とされた。[7]

一九四二年、陳徳榮、陳立徳、馬貴徳らによって、潮汕地域における第三番目の閣として汕頭市内の潮安街に紫和閣が創設され、「協天閣関平主裁ご自身が主管されることとなった（訳注：至高神である協天閣関平主裁を主神とした）」［馬・李　一九九五：二］。

一九四二年、紫和閣の信徒たちは、乩示（訳注：扶手に降りた神のお告げ）に従い、潮汕地域では第四番目となる閣として、澄海県の市街地に紫澄閣を創設した。

「徳教根源」の記載には「（紫和閣では）華佗師尊ご自身がご降臨されていた」〔馬・李　一九九五：一一〕とあるが、紫澄閣の閣長であった呉淑瑜が馬貴徳に宛てた一九四八年一二月一九日の書簡には、「柳師をお祀りしてからというもの、私は師の徳の大きさと御恩の深さに対する感謝を忘れたことは一日としてありません」と記されていることから、紫澄閣の主神はおそらく柳春芳師尊であったと考えるべきであろう。(8)

一九四四年、紫清閣において降された乩示に従い、李懐徳が潮汕地域で五番目となる紫陽閣を潮安県庵埠鎮に設立し、「柳師尊が主に壇務を務められた」〔馬・李　一九九五：一一〕。草創期の徳教の乩文集である「竹橋初集」の記録によれば、紫陽閣に降臨していた神格は、太上老君、八仙、陳摶老祖、文昌帝君、武昌帝君、財帛星君、福徳神、司命神、玄天上帝、協天大帝、何野雲祖師、華佗祖師、医聖張仲景、および揚柳祖師であった〔「竹橋初集」一九九八：一一—七八〕。

同一九四四年、馬貴徳と李懐徳が潮汕徳教の第六閣である紫雄閣を、汕頭市内の鎮華里に設立した〔馬・李　一九九五：一一〕。『汕頭紫雄閣的回憶』によれば、この閣に降臨したのは、関平、済顛仏尊（済公）、白雲、呉夢吾、揚柳仙師などであった〔呂一潭　一九九八：一三三〕。しかし、これらのうち呉夢吾の降臨に関しては、「竹橋初集」に関連する記録が見当たらないことから、徳教がタイへと伝播して四相師尊の階層が成立した後、その影響を受けて生じた誤記であると考えられる。さらに「竹橋初集」には、玉皇大天尊、孔聖夫子、道祖太上老君もこの閣に降臨し、「頒行徳教、勅命清陽二閣、共負発揚大任（紫清閣、紫陽閣の二つの閣に命じる。共に手を携え、徳教を広める大任を果たすべし）」との乩示がある〔馬・李　一九九五：一一〕。

ここまでの経緯を総合すると、潮汕地域で最初に建てられた潮陽県和平鎮の紫香閣から、六番目の閣、つまりタイへと徳教の香火を伝える足掛かりとなった汕頭市の紫雄閣に至る草創期において、玉皇大天尊および関平を至高神とする師聖の階層はすでに出現していたといえる。一方、揚筠松師尊と柳春芳師尊、とくに柳師尊を主神とするケースも比較的多くみられるとはいえ、徳教の師聖体系はまだ確定していなかったと考えられる。既に述べたように、一九四五年の秋に、林修悟が絵画、燈明、題字や対聯などの聖物を携えてタイへもどった際にバンコクへと持ち帰って祀った徳教の神像は、白雲道長の絵図であった[9]。

その後一九五二年に紫真閣が創立されるまでの時期、タイに建てられた紫辰閣、紫玄閣、玄辰閣の壇上に祀られていた師尊の聖像は、汕頭から招来されたこの白雲師尊であった。さらに、この時代に編まれた『徳僑醒世浅集』に記されている乩文集には、白雲師尊の乩示がもっとも多く、揚筠松師尊と柳春芳師尊の乩示がこれに次いでいる。

一九五二年一二月に紫真閣が創設された際、籥錦錫ら徳教の信徒は金の装飾品を持ち寄って寄付し、これを鋳造し直して金と銅の合金でできた白雲師尊の像を奉納した[10]。紫真閣が建立されたときの殿宇の写真からは、壇上に白雲師尊の金身が供奉されているほか、揚筠松師尊と柳春芳師尊の画像も掲げられていることが分かる。

一九五三年七月二八日設立の玄辰善堂に供奉されていた師尊については、『徳僑醒世浅集』にある一九五三年三月一二日の白雲師尊による乩文[11]から推し量ることができる。

彼我の区別をせず同じように観るならば、有徳の者が先に徳教の名簿に名を記す。表面だけ取り繕って善いふりをしてはならず、心と行為を一致させねばならない。タイの信徒の功労をいま言葉にすれば、その功績は多く、苦労も大きかった。六人の創始者は遠からず神霊を輔弼する任を仰せつかるだろう。彼らに続く人々に期待したい。徳を心に抱き、口にすることと心に想うことを一致させ、皆の期待に背くことのないよう。汝らは知らねばならない。白こと私、そして楊、柳という二人の友が命じられた使命は、世間をうろつく低俗な神や物の怪のそれとは異なり、人々のために尽くすことである。有徳の者と出会えたならば、全身全霊をもって敬うべきなのである。長年この善堂に集まっているものには天に居場所が用意されているのだから、その期待を裏切ってはいけない。今晩伝えたことは、すべて心からの言葉である。心変わりなきよう願っている。(訳注1)〔『徳僑醒世浅集』一九九三：六二〕

この文中にある「六人の創始者」とは、玄辰善堂の創設を担った簫錦錫をはじめとする六人のことである〔『泰京玄辰善堂成立五十周年金禧記念特刊』二〇〇三：四、七〕。また、「白こと私、そして楊、柳という二人の友が命じられた使命」とは、聴衆に向かって徳教の師尊が天命を奉って衆生を救っていることを伝える内容だが、この一節にある名から、白雲師尊、柳春芳師尊、揚筠松師尊の三人が玄辰善堂の師尊であったことがうかがえる。

次に、「空空道長」とも称される呉夢吾がタイにおける徳教の神格に数えられるに至った経緯について検討したい。『徳僑醒世浅集』によれば、一九五二年三月一〇日より以前の時点で、[12]「空空道長」は扶乩を通じて『空空詞』という詩を降している〔『徳僑醒世浅集』一九九三：七八―七九〕。管見の限り、これは一九三九年から一九五〇年代初期にかけての徳教早期において、はじめて「空空道長」が出現したときの乩文である。

さらに、一九五二年一二月一日から一九五四年五月一九日までの間にも、[13]「空空道長」は再び詩を一首降している〔『徳僑醒世浅集』一九九三：一〇三〕。

一九五四年六月五日、「呉夢吾道長」（乩文の原注には、「すなわち空空道長」とある）が降臨したが、その際に詠まれた詩は、「呉夢吾至（参上）」という句から始まっている〔『徳僑醒世浅集』一九九三：一二六〕。これは筆者が目にした初期徳教の乩文のなかで、初めて「呉夢吾」という神格の名が登場した事例である。続く訓諭文は、「五五之日、本師借清風来此、但別子等久矣（五五の日に、私は清風を借りてここに来た。汝らには長く待たせてしまった）」〔『徳僑醒世浅集』一九九三：一二六〕という出だしの一句からはじまり、「此地得玄同道兄主持、不愧爾們之師（この地は兄弟子の玄同（訳注：白雲道長のこと）が管轄されているが、さすがは汝らの師であることよ）」という一文も見られる〔『徳僑醒世浅集』一九九三：

一二七〕。

「空空道長」は、一〇日後の一九五四年六月一五日にも再び降臨し、のちに「呉師尊自伝」と名付けられることになる、自身の来歴を語っている。

私の人生にも限りはあり、俗世に生きれば、空念からは離れがたい。空念に一生を送れば万物を思い悩むことはない。思い悩むことがなければ、すべては皆空であり、夢と同じである。私が仕郎として官職についていた当時は権力を弄ぶ輩が多かったため、詩才があったとしても、それを生かすことが難しかった。このため私は迷いを捨て去って道法の研鑽に力を尽し、一切の雑念を払い、心を清くして博愛を抱くようになった。このため、神仙の身となったときに空空を名乗ることにしたのである。世の中が変幻して留まらないことに思い至らず、廟に落ちついたこともあったが、これを打ち壊しに来る輩もいたため、各地を転々とするようになってしまった。幸いにして、いま南方の辺境にて私の教えが盛んになりつつあるため、ここに至ってようやく言うことができる。なんとつらかったことか！(訳注2)〔『徳僑醒世浅集』一九九三：一三〇〕

「空空道長」はさらに続けて、次のように述べる。

皆の者、私は外来の師としてここに来た。汝らが誠意をもって美酒や名茶、生花を奉げてくれているので、私の心は感謝であふれている。徳の教えは各地に広まっているが、本来は一つである。汝らの師もすでに言っている通り、善に先か後かなどはなく、ただ誠実であれば報われるのだ。心が良い人のことはひとまず措くとしよう。たとえば大変な金持ちだとしても、その人となりが吝嗇であったならば、それを善と呼ぶことができるだろうか。私の心は空であるが、世の中に対して空しく嘆いている。世の人々の心が空でないことを嘆いている。盲目的に従うのみで、正と邪を分かたず拝むだけでは、どんなに拝んでも空虚なのである。(訳注3)〔『徳僑醒世浅集』一九九三：一三二〕

以上からもわかる通り、「空空道長」は以前から来歴不明の神格としてしばしば降臨していたが、一九五三年七月二八日に玄辰善堂が設立されてからは、乱文を通じて徐々に名と来歴が明かされ、タイの徳教界において「吾が教え」を説く「異邦の師」としての位置づけが構成されていった。一九五四年六月一五日以降の乱文ではさらに具体的に、「呉夢吾師伯」(14)、「呉夢吾師尊」、「呉師尊」、「呉師」〔『徳僑醒世浅集』一九九三〕などと呼称されるようになっている。つまるところ、タイの徳教界にみられる揚筠松師尊、柳春芳香師尊、張玄同師尊（白雲道長）、呉夢吾師尊からなる「四相師尊」の階層は、玄辰善堂が成立してからおよそ一年ほど後になってから形成されたのである。

四　白雲師尊像の変遷

徳教がタイに伝わり、徐々に四相師尊の階層が形成されていくなかで、タイの紫辰閣、玄辰閣、紫真閣、玄辰善堂の主神は一貫して白雲道長であった。

徳教草創期に編まれた「竹橋初集」には、白雲尊師の経歴に関する記載は見られない。白雲師尊が自らの来歴を扶鸞によって語るようになるのは、徳教がタイへ伝播してから以降のことである。

（私＝白雲の）姓は張、名は玄同。湖北の人で、明代の嘉靖年間に湘濱に生を受けた。故に名付けて『濱雁』という。

齢一四にして官立の学校に学び、一九歳にして翰林院に入った。二三歳で雒県の長官となり、三年の後には都に召されて礼部で侍中の職に就いた。二八歳のとき大名府の長官を拝命し、そこで三年間の任期を四度務めた。その間にすべての案件を片付けてしまった。ははは！　可笑しいかな、一府の民をよく治めることはできたが、権益をめぐって皆が相争いあう政治状況のなかで、心安らかな時などまるでなかった。だから、世間の煩わしいことは忘れることにしたのだ。その後、命を受け江淮（江蘇省北部）に赴いた。悔しいことに当時の権力者たちが上を目指す道を阻んだため、四年間をそこで過ごした。五台山の麓で火煒真人と了空禅師に出会い、その教えに従うようになった。はじめ廬山にて修業し、名を川陵道人とした。一〇年の苦しい修業を経たのち、再び了空禅師に導かれて白雲山にある白雲寺に籠り、四年間の苦行を続けた。これを終えてあるとき白雲山の奥地を歩いていると、突然、峰にある石が光を放っているのが見えた。そこまで登ってみると、その石には「白雲はここに俗世を離れた」とあったため、それでようやく了空禅師の言葉の意味を悟り、白雲と改名した。嘉靖末年の六月一八日、座して入寂した」[15][訳注4]〔『徳僑醒世浅集』一九九三：一二―一三〕。

ここで留意すべきは、タイの徳教におけるこの神格は、儒・仏・道を合わせた民間宗教の崇拝の対象であったということである。

また、さらに重要なのは、潮汕からバンコクに至るまでに、白雲尊師像の造形は変化し続けていたという点である。一九四五年の年末に林修悟がタイに持ち帰り、その後バンコクに建てられた紫辰閣に奉納された白雲道長の肖像画には、世俗を離れた道士風の姿が描かれている。髷を結い、文人風の髪飾りを付け、道服を纏い、左手には麈払いを持ち、素足で立っている（写真2）。林修悟の口述によれば、この絵は汕頭の紫雄閣の乩手であった紀雲程が憑依状態で描いた白雲尊師の「自画像」である。[16]また別の口述資料によれば、紀雲程は紫雄閣に来る以前、もともとは潮陽県金浦郷の紫梅閣の乩手であった。その当時紫梅閣に祀られていた神像は、林修悟がタイへ持ち帰った肖像画とおおよそ同様のものであったという[17]。

一九五二年一二月、バンコクに紫真閣を建立するにあたり、蕭錦錫をはじめとする信徒たちが金と銅の合金で鋳造した白雲尊師の像は、結跏趺坐した仏教の僧侶風のものであった。巻物を手にした右手を腿に置き、左手で智慧の印相（親指と人差し指を結び、残りの三本の指を自然に伸ばした状態）を結び、腹の前に置いている像である（写真3）。

その後、一九五三年に陳徳仁が描いた白雲尊師の姿は、聖水を撒いているような姿である。右手は右胸の前に置かれ、親指と人差し指で細長い柳かザクロのような枝を持っている。左手は腹の前におかれ、手のひらに水の入った容器を乗せている（写真4）。

これ以降現在に至るまで、タイおよびタイの徳教から影響を受けた諸国の徳教団体に祀られる白雲尊師の像は、印相と持っている法器は様々ではあるが、僧衣をまとう僧侶風の姿で描かれている点で共通している（写真5）。

つまり、一九五二年にタイの徳教信徒たちが「景福寺」の前殿に間借りして紫真閣を創設したという出来事が、

写真2　1945年に林修悟がタイに持ち帰り、紫辰閣に奉納された白雲師尊の絵図（2007年7月28日、筆者撮影）

写真3　1952年、紫真閣の建立に際して鋳造された白雲師尊像（2007年8月1日、筆者撮影）

その後白雲尊師が僧侶風に描かれるようになったことの発端となっているのである。

それでは、このとき白雲尊師の姿が「道教の風貌」から「仏教の風貌」へと変化した理由は何なのだろうか。

タイの徳教界における二代目の乩手陳漢得の回顧によれば、非公式に扶鸞を行っていた玄辰閣から公に扶鸞を行う紫真閣へと発展した経緯は、以下のようなものであった。

（玄辰閣ができた後も）残念なことにさまざまな要因から定期的な扶鸞儀礼を行うことができず、公に布教を行うこともできなかった。ある日、唐人街の三聘（サンペーン・sampeng）にあった成利行という店の主であった籥錦錫（原注：徳禄）と俊盛行という店の主人陳洽藩（原注：徳福）が、景福寺の住職宝恩大師を招いて、玄辰閣の扶鸞儀礼に参席してもらった。そのとき白雲道長が降臨したのだが、乩筆の動きで乩砂が舞いあがり、霊験あらたかであった。宝恩大師はいたく感激し、神格と心を通じ合わせた。当時門徒は多く、儀礼が行われる際は黒山の人だかりができて身動きできないほどであったが、政治的な時局は不安定であった。このため、幾

写真4　1953年、陳徳仁によって描かれた白雲尊師の絵図（2007年8月1日、筆者撮影）

写真5　済陽閣（マレーシア）の白雲師尊銅像とその概要説明（『吉礁済陽閣慶祝道済天尊生誕及創閣金禧特刊』2頁より抜粋）

人かの理事が宝恩大師に相談を持ち掛け、このまま扶鸞儀礼を続けるのは非常に不便であるので、景福寺に儀礼の場所を移したいが大師のお考えはどうであるか、といったことを尋ねた。宝恩大師はその場で承諾した。徳教信徒たちが徳教の神格にこのことを報告すると、白雲道長は四番目となる閣を紫真閣と名付けてくださった。（中略）こうした機縁によって、壬辰年冬月（原注：西暦一九五二年）、紫真閣が誕生したのである［陳漢徳一九九三：六］。

文中には「さまざまな要因から定期的な扶鸞儀礼を行うことができず、公に布教を行うこともできなかった」とあるが、その主な理由とは、その年「タイ政府が五人以上の集会を禁止した」［「紫真閣史銘」一九九五：一七九］ためであった。

扶鸞儀礼は徳教の中核となる宗教儀式であるが、この儀式の進行には正副の乩手のほか、神格の言葉を翻訳して皆に伝える役、それを記録する役、そして壇下に参集する信徒など、さまざまな役割を担う人が必要である。そのため、紫真閣ができる以前にタイの徳教信徒たちが行っていた宗教活動は、事実上非合法の集まりだったといえる。こうした事情から、蕭錦錫らタイの徳教信徒は、景福寺の主持宝恩大師に集会のための場所を提供してもらうことで、「仏を拝むという口実のもとで扶鸞儀礼を行う」［「紫真閣史銘」一九九五：一七九］しかなかった。上座仏教国であるタイの徳教信徒たちは、このようにして合法的な活動空間を得るという道を選んだのである。

このとき、庇護を求める相手としてタイの徳教信徒たちが選んだ景福寺は、ベトナム系の仏教寺院であった。このことについて、吉原和男は次のような分析を行っている。

「タイの徳教にはいくつか有力な組織があるが、その一つが紫真閣である。一九五二年に潮州人の男性数人がベトナム仏教寺院である景福寺の堂宇の一部を借りて扶乩儀礼を始めたのが紫真閣の始まりである。周知のとおりベトナム仏教は、タイ仏教とは異なり中国の大乗仏教が伝わったものであり、華僑・華人にはなじみやすい仏教であった。それ以前には反共法のために自宅での扶乩しかできなかったが、ベトナム人住職が扶乩に理解を示し、なおかつこの景福寺が十九世紀中頃にラーマ三世によって建造されたものであったので、活動の公認を得ることができた」［吉原　二〇〇四］：二一］。

しかし吉原和男は、タイの徳教信徒が庇護者を探すにあたって、なぜ同じ大乗仏教の潮州籍僧侶を主体とした華宗（訳注5）の寺院を選ばなかったのかについて言及していない。

徳教草創期の文献には、柳春芳師尊による乩文では「普生」として記されている仏教僧釋普淨が、一九四五年六月一二日に澄海の紫星閣で行われた扶乩に参加したという記載がみられる［「竹橋初集」一九九八：五八］。

釋普淨（一九〇二―一九八六）は広東省潮汕地区の掲陽県出身の人で、一九二七年にタイに渡ったのち、出家して僧侶となった。一九三二年から一九三四年、一九四二年から一九四八年、一九四九年と三度の中国帰郷を除いてはタイで暮らし、六〇年の長きにわたって教えを広めることに尽した人物である。タイにおいて十数か所の大乗仏教寺院の建立や改修に携わり、一九五一年以降何度もタイの国王や法王から受勲され、一九五六年には「華宗大尊長」の称号を賜っている［于凌波　一九九八：一一六］。

一九五〇年代初頭のタイにおいて、蕭錦錫を代表とする徳教界と、釋普淨が属する華宗仏教界の両者は、どちらも潮州出身者を中心とする宗教組織であった。このため、筆者の見るところ、両者の間にはこれ以前に接触があったと考える。しかし、徳教信徒たちが合法的な地位を模索しはじめた頃には、両者の関係はむしろ疎遠になっていた。それはおそらく、華人の集会活動を抑圧する政策を採っていたプレーク・ピブーンソンクラーム政府からの疑いを回避するためであろう［スキナー　一九八一］。

このような政治情勢から、タイの徳教界にとっては、ベトナム人僧侶の宝恩大師を主持とする大乗仏教寺院の景福寺に支援を求めることが、危険を冒さずに実利を得るための選択だったのである。こうして、宝恩大師は徳教のタイにおける現地化と仏教化を進める上で大きな役割を果たすことになった。

一九五二年一二月、バンコクに紫真閣が開かれるに際して蕭錦錫ら信徒によって奉納された白雲尊師の金像は、当初予定されていた「道士風の姿」から、「仏僧風の姿」へと急な変更がなされた。これに関して、タイの徳教界の長老陳漢得は次のように語る。「宝恩大師は圓光術という神通力を持っており、親指の上に神霊や祖先などの姿を浮かび上がらせることができた。ちょうど白雲師尊の像を鋳造する少し前にタイの徳教信徒が宝恩大師にその術を見せてくれるよう頼んだことがあり、その際に宝恩大師の親指に現れたのが僧形の人物であったために、その姿を真似て白雲師尊の像を建てることにしたのだ[18]。」換言すれば、タイの徳教信徒が景福寺に奉納した白雲師尊像は、実は宝恩大師自身が提供したイメージにしたがって造られたものだということである。

紫真閣に祀られている四相師尊画像[19]の中の揚筠松師尊と柳春芳師尊は、この二人の神格が扶鸞を通じて自ら語った姿[20]をもとに描かれている［『徳橋醒世浅集』一九九三：一一二］。一方、空空道長すなわち呉夢吾尊師と白雲師尊はいずれも山中の石の上に結跏趺坐し、仏教の僧侶風の装いを纏っている。両者の違いは、白雲師尊は水を入れた容器を持った左手を腹の前に置き、呉夢吾恩師は左手を胸に当て、親指と薬指を合わせている点のみである。一九五二年に鋳造された白雲の金像は、白雲師尊がタイの仏教僧風に描かれるようになった発端であっただけでなく、その後の一九五三年七月二八日に玄新善堂が設立されてから徳教の神格のパンテオンに登場するようになった呉夢吾師尊の描かれ方にも影響を与えているのである。

白雲師尊の造形が変化した後、タイの徳教界は合法的な地位を得ることに成功しただけでなく、その後の歴史は良い方向へと進展し始めた。

一九五二年一二月、バンコクの景福寺の前殿にて、紫真閣が正式に誕生した。およそ二か月後の一九五三年二月二四日、タイの国王と法王が景福寺を参拝された折、宝恩大師は国王を紫真閣に案内した〔『泰国徳教会紫真閣成立五十周年金禧記念特刊』二〇〇三：三八―三九〕。

その四日後の一九五三年二月二八日に紫真閣で扶鸞が行われた際、白雲師尊が降臨して『玄辰善堂縁起』を完成させた。そして玄辰閣を登録し、堂宇を建てるよう信徒たちに呼びかけた〔『徳橋醒世浅集』一九九三：三―四〕。これを受け、徳教信徒たちはタイ国籍を持つ五人の華人を申請人に立て、タイ政府並びに警察において、登記手続きを進めていった〔『泰京玄辰善堂成立五十周年金禧記念特刊』二〇〇三：八―九〕。一九五三年七月二八日、玄辰善堂の完成式典が行われた。その後玄辰善堂は慈善救済活動を積極的に実施し、タイにおける華人系善堂のなかでも五本の指に数えられるまでになった〔陳漢徳　二〇〇三〕。これを契機として、以降は法律に則って正式に登記された徳教団体が、タイの各地に次々と誕生していったのである〔cf. 林悟殊　二〇〇二、鄭志明　二〇〇三〕。

おわりに――タイにおける華人宗教の文化適応

タイにおける徳教の現地化をめぐる問題について、鄭志明はかつて次のように指摘している。

タイにおける特殊な文化的背景により、徳教は発展のために二つの戦略を採らざるを得なかった。一つは、仏教が大きな影響力を持ち、人々の意識にも深く根差しているタイの実情に寄り沿うため、自らを仏教のなかの分派の一つとして位置づけるという戦略である。これにより、タイの徳教界はタイ国内の仏教団体と密接な関係を築き、各種の式典に仏教僧を招いて読経や儀礼を行っている。もう一つは、慈善団体になるという戦略である。宗教と善堂の組織を結合させ、贈医施薬や施棺助葬、災害支援などの福祉事業を行ってきた。このためバンコクでは、徳教の玄辰善堂、世覚善堂と言えば、長い歴史を持つ華僑報徳善堂とともに著名な慈善団体の一つに数えられており、扶乩をはじめとした宗教活動の合法化に寄与しているのである。［鄭志明　二〇〇三：二八七］

本研究では、白雲師尊の造形の変化こそが、徳教がタイにおいて合法的な地位を獲得し、その後も順調に発展していくための契機となっていたことを明らかにした。本稿が論証した白雲師尊の絵姿の歴史的な変化の経緯は、タイの華人宗教の本土化における文化適応のメカニズムを探求するための実証的事例を、図像資料研究の視点から提供していると言える。

東南アジア華人の文化適応をめぐっては、曹雲華がかつて詳細な研究を行っている［曹雲華　二〇〇二］。曹雲華によれば、東南アジアの華人を宗教信仰の側面から類型化すると、華人ムスリム、華人キリスト教徒、華人伝統宗教信仰者と三つに分けることができ、文化適応の方向性もそれぞれ異なるという。華人ムスリムは現地化の傾向が強く、華人キリスト教徒は西洋化を目指す。そして、華人伝統宗教信仰者の文化適応は「中華化」であるというのである［曹雲華　二〇〇二：一二二］。

しかし、本章が提示した事例は、上記の分類にしたがえば「華人伝統宗教信仰者」であるはずのタイの徳教信徒が、現地タイの宗教文化的環境に積極的に適応してきた経緯を示している。

このような食い違いの主たる原因は、曹雲華が東南アジア華人の伝統宗教信仰者の文化適応を議論するにあたって、マレーシア華人の伝統宗教の事例にもとづいて論を立てたからであろうと推測する［曹雲華　二〇〇二］。本章で検討したタイにおける華人宗教の文化適応の問題については、アメリカ人研究者ダグラスが東南アジアの華人の文化適応について論じた際に用いた、文化保存から調整、そして同化へ、という一連の方式のほうが、より実情に即しているようである〔道格拉斯　一九九三：三六〕。ダグラスは、以下のように指摘している。

調整とは、中国文化の核心にあるいくらかの要素を残すことと、居住している国の文化からいくらかの要素を受け入れることの双方を含む。そこでみられる明らかな傾向は、借用してきた要素を、現地の人にはっきりとみせるために舞台の表側に並べ立てるというものである。華人コミュニティに属する人々は表側では現地の服装や食品、言語、マナー、さらには建築様式に到るまで現地のそれを踏襲するが、舞台裏では華人としての社会組織や食品、祖先祭祀や言語を保持し続けているのである。そこには通常、華人社会のある種意識的な策略が反映されている。すなわち、居住している国の人々にできるだけ受け入れられることで、安定的な社会環境と雰囲気のなかで事業を営もうというものである。しかしながら、華人の文化適応方式は、彼ら自身がコントロール可能な範囲を越えて、人口統計的あるいは政治経済的な諸要素からも少なからず影響を受けるのである。〔道格拉斯　一九九三：四二〕

本章ではタイの徳教における白雲師尊の像をめぐる事例を通して、白雲師尊が道士風から仏教の僧侶風の姿へと変化していったことを示したが、それこそまさに、「ある種意識的な策略」としての文化的な調整の実例と言えよう。さらに、儒・仏・道の三教合一をそのまま体現するかのような白雲師尊の歴代のテキストは、白雲師尊をはじめとした神格が降臨して善行と積徳を促すという儀礼の伝承によって、現在に至るまで信徒に受け継がれている。華人の民間宗教の核心的な要素は、このようにして保たれてきたのである。

タイにおける華人宗教の文化適応の過程において、徳教信徒をはじめとするタイに居留する華人たちがもっとも影響を受けた要素は、一九五〇年代初期のタイ政府が打ち出した一連の政策、たとえば集会の禁止、登録制度などであった。またその他にも、タイの宗教文化的な環境に適応するためには、政策的な圧力だけでなく、華僑とタイ国民、華人とその他の移民集団（ベトナム人）、さらには潮州人を中心とするタイの華人集団内部（徳教界とタイ華宗仏教界）のエスニック関係に対しても、穏当に処理することが求められていたのである。

訳注

（訳注1）一九五三年三月一二日の張玄同（白雲道長）による乩文、原文は以下の通り。「在白無彼此分別、一視同仁、惟以有徳者、先登徳録、決不以面為善、須有表里相合、如泰生、今夕白言之、其功大苦多、六創始人不久之時、将奉勅為霊霄輔弼。望継起各生、以徳為懐、以口為心、決不負各生之望。須知白与楊柳二友奉勅、非凡間遊神、亦非龜精鼈怪、而貪人利、遇有徳者当竭力以呈。而跟本堂年久者、亦決不負其苦心、位以有定。今夕白一片之言、尽瀝其情、望勿退心」。

（訳注2）一九五四年六月一五日の空空道長（呉夢吾）による乩文、原文は以下の通り。「吾生也有涯、然生塵世間不難離開空念。夫空念一生、則万物無思。既無思矣、其他一切事物皆空、与入夢同。故本師自登仕郎後、以権奸当道、任你詩才満腹、亦難登入其門、是以舎心従道、細心研究道法、去一切繁雑之念、潔心以博愛為懐。至羽化之日、以空空為名。殊不料宇宙変幻無常、聊得一居、而悪魔毀廟、致為三山九洲遊方寄跡。幸南疆吾教正盛、方能至此一言。思之痛矣！」

（訳注3）一九五四年六月一五日の空空道長（呉夢吾）による乩文、原文は以下の通り。「各生、本師系一客師来此、蒙至誠之心、敬吾以醇酒香茗鮮花、実使本師心領而多感。徳字本体一、住居各別。前你師言了、善無先後、誠則霊。心善算了、如世人身擁千百万資、其為人也、一毛不抜、其可謂善乎？吾空心，空嘆世，嘆世人不空、茫茫皆空従、不択正邪空心拜、任你拜尽亦空空」。

（訳注4）一九五三年前後の張玄同（白雲道長）による乩文、原文は以下の通り。「姓張名玄同、湖北人、明嘉靖生于湘濱、故名曰：〝濱雁〟。十四入泮、十九入翰苑、廿三出任雒県令、三年奉詔入京為礼部侍中。年廿八、奉旨任大名府尹、一往四任、一任三年、自問案無留積。哈哈！可笑能治一府之民、奈何河東獅争権、室無安日、以存了塵之念。後奉旨至江淮之上。莫奈当時受権者阻、受命四載、在五台之麓得遇火煒真人及了空禅師之指、故舎心従道。初至廬山静修、名曰：川陵道人。十年苦修、再受了空之引、至白雲山白雲寺閉関、四年苦心。後在白雲山之背閑遊、忽見峰石有光、登視之、該石有：白雲在此了凡。迨後悟了空師之言有意、

故改名白雲。坐化在嘉靖末年六月十八日」。

（訳注5）　タイに進出した中国系大乗仏教を華宗（チーンニカーイ）という。タイで公認されている大乗仏教には、華宗のほかベトナム系大乗仏教（越宗・アナムニカーイ）がある。一九九七年時点で上座仏教（マハーニカーイ、タンマユット）の寺院が三万を超えるのに対し、華宗寺院の数は八、越宗寺院も一一と少数にとどまる［片岡　二〇一四：一〇］。

注

（1）林修悟（一九一三―二〇〇九）氏へのインタビュー記録による。二〇〇七年七月二八日～八月一日、バンコク。林錚［二〇〇一］の新聞記事も併せて参照した。

（2）同上。

（3）林修悟氏へのインタビュー記録による。二〇〇七年七月二九日、バンコク。

（4）タイにおける師聖の序列体系についての素描は、筆者がこの八年間にタイで収集した現地調査資料にもとづいている。

（5）揚瑞徳の次男である揚樹栄氏へのインタビュー記録による。二〇〇五年七月二五日。

（6）潮陽和平紫香閣念仏社が一九四〇年代に汕頭市同平路友会印務局から出版した『念仏帯帰果証』による。

（7）馬貴徳の夫人である鄭瑞英氏（一九一六―？）へのインタビュー記録による。二〇〇八年五月二三日、汕頭。

（8）馬貴徳の長男で、バンコクに居住する馬桂旭氏所蔵。

（9）林修悟氏へのインタビュー記録による。二〇〇七年七月二九日、バンコク。

（10）林修悟氏へのインタビュー記録による。二〇〇七年七月三〇日、バンコク。

（11）この託宣が下された日付は『徳僑醒世浅集』に明記されていない。本文で提示した年月日は、日付が確定している複数の託宣文との前後関係から、筆者が割り出したものである。

（12）この託宣が下された日付は確定できないが、『徳僑醒世浅集』では一九五二年三月一〇日に下された別の託宣文よりも前の位置に記載されている。

（13）この託宣文が下された日付は確定できない。このため、本稿では前後の記録から割り出した大まかな時期を提示しておく。

（14）『協閣諸師鸞示』（陳徳益抄本、紫真閣収蔵、抄録年月日不詳）による。

（15）『徳僑醒世浅集』掲載の乩文には乩示が降りた日付が明記されていない。ただし、その底本となった『協閣諸師鸞示』の五頁には、これに相当する乩示が一九五三年三月一二日に降されたとの記述がある。

（16）林修悟氏へのインタビュー記録による。二〇〇七年七月二九日、バンコク。

（17）潮陽県金浦郷の紫梅閣の閣長を務めた鄭宛民の第五子、鄭衍壁へのインタビュー記録による。二〇〇七年一〇月二八日、潮陽県金浦郷。
（18）林修悟氏へのインタビュー記録による。二〇〇七年七月三〇日、バンコク。
（19）この絵図には、左側に四柱の神格の名が描かれているほか、右側に「紫真閣、癸巳年元月一一日（一九五三年二月二四日）、陳徳仁敬具」とある。しかし、本稿第三節で考証してきたように、この日付は事実を記したものではなく、タイにおける徳教とくに紫真閣の社会的影響力を強めることを目的として、四相師尊の階層が整った後になってから、タイ国王が紫真閣を参拝した時期に合わせて書き入れられたものだと考えられる。
（20）『徳僑醒世浅集』における該当箇所には、それぞれ「柳師尊諭示聖容」「揚師尊諭示聖容」とある。これらの乩示が降された時期は明記されていないが、一九五四年五月一九日の乩示の直前に掲載されている。

引用文献

〈日本語文献〉
片岡　樹
　二〇一四「中国廟からみたタイ仏教論——南タイ、プーケットの事例を中心に」『アジア・アフリカ地域研究』一四（一）：一—四二。
スキナー、ウィリアム
　一九八一［一九五七］『東南アジアの華僑社会——タイにおける進出・適応の歴史』東京：出版社。
吉原和男
　一九七八「華人社会の民俗宗教——香港・満州人社会の徳教」宗教社会学研究会編『現代宗教への視角』一九四—二〇九頁、東京：雄山閣。
　二〇〇四「中国人の宗教——儒教に注目して」関一敏・大塚和夫編『宗教人類学入門』一三一—三三頁、東京：弘文堂
　二〇〇一「徳教の多国籍化とネットワーキング」『アジア遊学　特集：華人宗教のネットワーク』（二四）一八—三二頁、東京：勉誠出版。

〈中国語文献〉

曹　雲華
二〇〇一『変異与保持：東南亜華人的文化適応』北京：中国華僑出版社。
二〇〇二「宗教信仰対東南亜華人文化適応影響」『華僑華人歴史研究』二〇〇二（一）：二二—二九。
陳　漢徳
一九九三「泰国執掌揚教扶鸞三傑乩生史略」『徳教史源』六頁、出版地：出版社。
陳　景熙
二〇〇八「徳教海外場与〝香叻暹汕〟貿易体系」『海交史研究』二〇〇八（一）：一〇六—一二三。
陳景熙・張禹東編
二〇一一『学者観徳教』北京：社会科学文献出版社。
陳景熙・張禹東
二〇一三「海外華人社会網絡与華人宗教伝播——泰北徳教団体創建考」『世界宗教研究』二〇一三（一）：七一—八四。
葛　兆光
二〇〇二「思想史研究視野中的図像」『中国社会科学』二〇〇二（四）：七四—八三。
于　凌波
一九九八「華宗大尊長普淨大師」『中国近代仏門人物誌（第四集）』一—六頁、台北：慧炬出版社。
張総・王宜峨・蘇　喜楽・劉　平・揚　桂萍ほか
二〇一一『中国仏教、道教、基督教、天主教、伊斯蘭教芸術』北京：五洲伝播出版社。
鄭　志明
二〇〇三「泰国徳教会的発展」『宗教論述専辑』（五）二八七—三〇二頁、出版地：出版社。
道格拉斯・雷伯克著、（饒　志明・張　斌訳）
一九九三「東南亜華人的文化適応模式」『華僑華人歴史研究』一九九三（三）：三六—四二。
〈徳教内部刊行物〉
陳　漢徳
二〇〇三「玄辰善堂与白雲道長史略」『泰京玄辰善堂成立五十周年金禧記念特刊』一〇七頁、バンコク：玄辰善堂。
呂　一潭

一九九八　「汕頭紫雄閣的回憶」劉禹文、呂一潭編『尋源記（一）』二三頁、徳教尋源史源委員会。

馬貴徳・李懐徳
一九九五　「徳教根源」『竹橋集成』一頁、シンガポール：星洲徳教会紫新閣。

n.d.（著者不明）
一九九三　『徳教醒世浅集』バンコク：泰国徳教会紫真閣。
一九九五　「紫真閣史銘」黄鶴編『徳教文集』一七九頁、バンコク：泰国徳教会紫真閣。
一九九八　「竹橋初集」『潮汕鸞文集粋』一―七八頁、馬来西亜高級拿督紫瑞閣閣長劉玉波印贈。
二〇〇三　『泰京玄辰善堂成立五十周年金禧記念特刊』バンコク：玄辰善堂。
二〇〇六　「黄是山自伝」陳漢藩編『徳教南伝――崇慶皇上登極六十周年大典、徳教会南伝泰国発揚――甲子記念特刊』五頁、バンコク：泰国徳教会紫真閣。

〈新聞記事〉

林　悟殊
二〇〇二　「泰国潮人徳教信仰考察」『星暹日報』（二〇〇二年六月、六月二九日、七月二日、七月六日）。

林　錚
二〇〇一　「赤子情懐――記我的叔祖父林修悟（上）」『新中原報』（二〇〇一年四月二五日）。

第九章　功徳がとりもつ潮州善堂とタイ仏教——泰国義徳善堂の事例を中心に

片岡　樹

はじめに

東南アジアの中国系善堂に関する華僑華人研究のアプローチからは、それがもつとされる、中国（華人）性Chineseness の維持装置としての機能が主題化されやすい。しかし残念ながら、このアプローチからは新たな発見が導かれにくいのも事実である。なぜなら、中国系という名を冠して呼ばれる組織や団体に、なんらかの中国性がみられることは、その定義上はじめから自明だからである。つまり右に見た命題というのは、実のところこの同語反復的な前提をなぞっているにすぎないことになる。東南アジアにおける華僑華人研究にしばしばみられるのが、調査に際しては中国語（しかも多くの場合北京官話）のみを用い、現地語資料への参照は行わず、いかにも中国的な指標のみを選択的に拾い上げ、異郷の地において中国的伝統が息づいていることを確認するというアプローチであり、これが今述べたような傾向をさらに助長している。これは中国文化以外なにも視野に入らない特殊なアプローチであるから、中国性の保持を同語反復的に確認したところで、中国由来の伝統が現地社会においてどのように意味づけられているのかについてはまったく手がかりを与えてくれないのである(1)。

もう一つの問題は、この命題が一種の論点先取を伴いやすいという点である。善堂が中国性の維持装置だと仮定する場合、その担い手の分母を抽出せざるを得ない。華僑華人と呼ばれる人々がそれにあたる。こうして抽出された集団は民族集団ということになり、そこに共通する、当該民族に固有の属性（この場合でいえば善堂）が民族境界として提示されることになる。つまり善堂の担い手としての華僑華人が、明確な民族境界をもつ民族集団だという論点が検証抜きに先取りされてしまうのである。(2)

たとえばフォルモソは、中国系移民にとっての善堂が土着タイ人との民族境界を構成しつつ両者の有機的な協調を促進するという議論を展開する。善堂が中国系移民によって担われ、土着タイ人が忌避する（無縁死者関連の）サービスを提供することで、移民とホスト社会というふたつの民族集団の民族境界として、また両者の橋渡しとして機能する、というわけである(3) [Formoso 1996 a; 1996 b; 2009; 2010]。

この議論が成り立つには、タイ人と華僑華人という二つの民族集団が存在し、それぞれの集団がタイ仏教、中国宗教という独自の宗教を擁し、両者が民族境界に沿って住み分けているという前提が要請される。いうまでもなく、これは典型的な複合社会のモデルである。しかし複合社会モデルがタイ国にあてはまるのかどうか。もしあてはまらないのであれば、いま述べたような前提は、根本から修正を迫られるはずである。次節以下で述べるように、タイ国の中国系善堂の理解に際しては、そうした諸前提の根本的修正が必要だと筆者は考えている。

この修正のヒントは、ほかならぬフォルモソの論考の中に見いだすことができる。彼は右で述べた図式をマレーシアにおける中国系善堂の状況と比較することで、タイ国の善堂の独自性を明らかにしている。すなわち、マレーシアにおいてはホスト社会のマレー・ムスリムが華僑華人と宗教面で交わらず、そのため両者の間で相互補完的な宗教的サービスの提供が行われないため、中国系善堂もまた民族境界をまたぐことなく、華僑華人コミュニティ内部での活動に特化しているという [Formoso 2009]。こうした状態を複合社会と呼ぶとすれば、タイ国の善堂をめぐる状況は、むしろその正反対にあるものといえる。フォルモソ自身が近著で述べているように、タイ国における多民族的な宗教状況は、民族ごとの隔離ではなく融合を顕著な特徴とするからである。

自分たちの信仰を維持する一方で、タイ国の華僑華人たちは上座仏教の聖人やバラモン教の神やタイ人の精霊の熱心な崇拝者でもある。この、異なる伝統に属する信仰の合祀状態は、宗教的シンクレティズムの豊かな形式や、幅広い神々や精霊を統合する信仰の公共空間における緊密な調和をもたらしている［Formoso 2016: 119］。

彼はここで、そうした多民族的な信仰は仏教の大枠内で展開され、またそれらの発展と融合それ自体が仏教を触媒としていることに注意を喚起している［Formoso 2016: 119］。ならば、善堂へのアプローチに際しても、二つの民族集団や二つの宗教の存在をアプリオリに想定しない方が生産的であろう。むしろ問われるべきは、フォルモソがいう、仏教を触媒とする「信仰の公共空間における緊密な調和」がどのようなものであり、そこに善堂がどのような位置を占めているかである。そのための試みとして本稿では、タイ国における潮州善堂を、タイ上座仏教を頂点とするシステムを構成する一要素としてとらえ直してみたい。

なお本章では、タイ国におけるいわゆる潮州善堂の事例を、泰国義徳善堂（以下では義徳善堂と表記する）を中心にいくつかとりあげるが、そこでいう潮州善堂というのはあくまで潮州系移民とその子孫によって設立されたという程度の意味である。実際にそこに参加するステークホルダーが潮州人かどうかということは、次節に述べるような理由からあまり重要ではない。むしろここでは、潮州からもたらされた善堂の伝統が、ホスト社会の宗教的環境とどのような共存のかたちを作り上げているかを中心に検討することにしたい。

一　タイ仏教徒としての華僑華人

1　同化を可能にした環境

現代タイ国においては、そもそも華僑華人という民族集団の存在をアプリオリには想定できない。タイ華僑華人研究においては、中国人からタイ人へという同化モデルを提示したスキナーの研究が一種の古典となっている［Skinner 1957］。彼のモデルは賛否の論争を引き起こしたものの(4)、タイ国の華僑華人がホスト社会への同化の趨勢にあること自体については大筋の合意を見ている。それはすなわち、華僑華人とされる人々はホスト社会に自然に組み込まれ、特に言語面においてはタイ語化し、自らをタイ人と考えるようになっているが、しかしそのいっぽう、中国から祖先が来たという記憶や中国的祭祀慣行なども（個人差は大きいものの）一定程度保持されている、という現状認識である。

タイ国において華僑華人のホスト社会への同化を促進した要因としては、ホスト社会の多数派が仏教徒であることや、タイ国が植民地化を免れ伝統的エリート文化が温存されたため、華僑華人移民が社会的上昇をめざすにあたり、（植民地における欧米の宗主国文化ではなく）宮廷エリートへの同化が指向されたことなどが指摘されている［Skinner 1996］。

今述べた点と関連して指摘しておきたいのは、タイ国の場合、華僑華人とホスト社会との関係が民族問題として表現される契機を総じて欠いてきたという事実である。二〇世紀前半にナショナリズムが強まる以前のタイ国（当時はシャム）においても中国からの移民は多数存在し、「中国人」という行政カテゴリーは存在してきた。しかしこれはあくまで課税カテゴリーであり、タイ人には禁じられていたアヘンを吸飲するために「中国人」としての人頭税を払ってアヘン窟に出入りするタイ人が存在していたように、このカテゴリーは必ずしも民族境界としては機能していなかった[5]［Kasian 1992］。

カシアンによれば、民族問題としての華僑華人問題というのは、二〇世紀に入り、ラーマ六世王（在位一九一〇―一九二五年）やピブン首相（在任一九三八―一九四四、一九四八―一九五七年）が国民統合のためにタイ族至上主義的な主張を宣伝する中で人工的に作り出されてきたものである［Kasian 1997］。ラーマ六世による反華僑プロパガンダ[6]が、具体的な政策を伴わないレトリックに終始していたのに対し、ピブン政権のもとでは華字紙の廃刊や華校の統廃合（および同時に進められた中国語教員の資格制限や中国語授業時間の削減）などにより、強制的なタイ語化を通じて華僑華人をタイ人に同化させるための施策が行われた[7]。

ここで注意を要するのは、ピブンの反華僑政策が（隔離や排除ではなく）同化政策というかたちをとったという点である。これはいいかえると、政府が掲げるタイ人像（より具体的には事実上中部タイをモデルとする）[8]への同化が求められるが、その条件を満たす限りにおいて民族的出自は考慮されないということである。多民族国家を公的に標榜する一部の周辺諸国と異なり、タイ国においては民族ごとに権利義務の量を調整するということを行っていない。したがって、民族別人口を統計的に把握するという作業も行われておらず、国民携帯票（国民の身分証）には民族の記載欄が存在しない（タイ国籍者は一律にタイ人とのみ表記される）。一視同仁の原則のもとで、国民の民族的出自は問わない、というのが、少数民族に対する歴代タイ政府のスタンスである[9]。そのためタイ国においては、中国系出自のタイ国籍者を他の国民から区別する法的枠組みは存在しない[10]。

華僑華人の同化に伴う地位上昇の例として、村嶋［一九八九］は二〇世紀のタイ国において、中国系出自の高僧がタイ上座仏教サンガに多数輩出されている事実を指摘している。イスラム圏への移民と異なり、タイ国に移住した中国出身者たちは、現地の仏教に大きな躊躇をみせずに参加してきた。これはいいかえれば、華僑華人と呼ばれる人々はタイ仏教徒と並列されるべき別個の存在ではなく、あくまでその一部を構成しているということでもある。

2　タイ性と中国性の相互浸透

ところで、華僑華人のタイ人への同化という現象は、必ずしも一方的な過程ではない。自身の祖先に中国出身者が含まれることを自覚し、父祖から引き継がれた文化を実践することが、タイ人としての自己規定を妨げないということは、少なからざるタイ人がそうした文化的背景を有しているということでもある。中国移民が主流派タイ人に同化するのであれば、それは主流派のタイ文化に中国由来の要素が浸潤することと同義となる。たとえばバンコク中華街（サンペン通り）の歴史的盛衰を描いたヴァン・ロイは次のように述べている。

若い世代においては、潮州語能力や、タイ語会話における特徴的な潮州アクセントが加速度的に失われている。民族間の通婚、居住地の選択、職業の選択や生活スタイルなどが、加速度的に彼らをサンペン通りのルーツから遠ざけつつある。狭まりゆく民族間の亀裂を別の角度から見ると、目を見張る程度にまで進んだ逆方向の同化が、タイ国民を潮州文化にかつてないほどに近づけている［Van Roy 2008: 24-25］。

ここで彼は「逆方向の同化」の実例として、潮州語借用語彙のタイ語への混入、潮州料理のタイ料理への影響、通婚、潮州式ビジネス慣行の浸透（年末のボーナスなど）、観音崇拝などの例をあげている。このうち観音崇拝というのは、元来は上座仏教徒であるはずのタイ人が観音に帰依する、あるいは、上座仏教寺院に観音像が寄進されるなどといった現象をさす(11)。この現象はすでに複数の研究者によってとりあげられており、それが資本主義的発展の続くタイ国の都市部における「タイ人の中国化と中国人のシャム化という同時並行現象から生じた」ものとする解釈が示されている［Jackson 1999: 271］」。

今述べたような状況、さらにはタイ国において民族別人口統計が行われていないという事実を念頭に置いた場合、現代タイ国の華僑華人という存在を、明確に境界づけられた民族集団として扱うことは不可能に近い。さらにいうならば、中国文化を華僑華人アイデンティティの指標として扱いうるかどうかも疑わしくなる。右記の一連の指摘に従うかぎり、たとえば潮州文化の担い手がタイ人だという事態をも想定しなければならないからである。

もちろん現代のタイ国にも華僑華人やタイ人というカテゴリーは存在する。しかしそれは、二つの民族集団が、民族境界に沿って別様に動員されているような状況をさす語ではない。むしろそれは、ひとつの連続線の幅の両端を示す類型だと考えた方が生産的である。一方には、中国からの系譜を明確に意識し、家庭内でも中国語（の方言）を継承し、子弟を中文学校に通わせ、中国系各種社団の役職を引き受けるとともに、自身も中国由来の儀礼実践を保持しているような人々がいる。その反対の極には、中国出身者を祖先にもたず、中国文化との接触もほとんどもたない人々がいる。その中間に位置するのが、血統や文化の面でさまざまな混合度を有する人々であり、彼らがタイ国の都市部人口の圧倒的多数を構成している、というのが最も現状に近い。タイ国の潮州系善堂は、まさにこうした環境のなかで形成され、維持されてきたのである。

3　タイ国に「中国系宗教」は存在しない

タイ国に限らず、宗教団体としての善堂の地位は総じて曖昧である。すでに指摘されているように、中国における初期の善堂は、そもそも必ずしも宗教的側面を伴わない名士の慈善活動として始まったものであり[12]、そのかぎりでは、善堂の活動が成り立つうえで宗教団体としての体裁は必須ではない。福祉活動を通した富の再配分機能自体は、わざわざ教団を名乗らずとも、一般社団や慈善財団という資格でじゅうぶんカバーできるのである。

タイ国においても善堂は、後述するように多くが財団法人の資格で活動している。ただしタイ国の場合、善堂を取り巻く宗教的環境に若干の特色がある。簡単にいえば、タイ国において中国系宗教は、自己完結的な独立したカテゴリーを形成していないのである。

公認宗教制度をとるタイ国では、仏教のほか、イスラム教、キリスト教（カトリック、プロテスタント）、ヒンドゥー教、シーク教が公認されている。そこには儒教や道教といった公認枠はないので、中国系移民の子孫たちもまた、ごく一部のキリスト教徒を除けば仏教徒として登録することになる。つまり法的には、華僑華人と呼ばれる人々もまた、タイ仏教徒のカテゴリー内に算入されている。

宗教施設についても同様の公認枠にしたがった登録がなされている。ただし仏教寺院は、寺院の設置基準やそこでの僧侶の資格等を細かく定めたサンガ法の規定を満たす必要があり、そこではそもそも僧侶を常駐させない廟や善堂は対象に想定されていない。廟は廟として、善堂は一般社団や財団法人の資格で登録し、（文化省宗教局ではなく）内務省地方行政局の管轄を受けている。したがっていずれもが法的には非宗教施設である。なお、善堂は多くの場合、敷地内に廟を併設し、そのいっぽう、廟の一部もまた善堂として財団登記している場合がある。では公式に登録された廟と善堂の違いはどこにあるかというと、それは法的地位である。財団としての善堂には法人格が認められるが廟はそうではない。そのため、より安定した法的地位を望む廟は、財団として登記する傾向がみられる。

中国由来の宗教施設のうち、大乗仏教寺院のみは国家の公認を受けている。中国系の華宗と、ベトナム系の越宗がそれである。ただし、両者を合わせても寺院数はわずかに三五（華宗一八寺、越宗一七寺）と極小勢力である。しかも、華宗や越宗は、タイ上座仏教サンガと対等の独立した教団ではなく、あくまでそれを補完する従属的部分として位置づけられている。華宗・越宗教団の合法性は、一九六二年サンガ法とそれを補足する一九七七年の文部省令に依拠している。同省令では、華宗・越宗サンガが人事面でタイ・サンガに従属する（華宗・越宗サンガ長はタイ・サンガの法王の任命により、華宗・越宗傘下寺院の住職・副住職の任命にはタイ・サンガの法王の同意が必要とされる）ことが明確に定められている。のみならず、タイ国では中国語やベトナム語による教理試験は行われておらず、大乗僧といえども、公式な教理試験合格資格をもつには、タイ・サンガが行う試験以外に選択肢はなく、上座仏教の教理の兼修が事実上義務づけられている。

つまり、中国からもたらされた宗教的伝統というのは、公認大乗仏教寺院以外は世俗施設として宗教行政の埒外に置かれ、大乗仏教寺院についてはタイ上座仏教サンガへの従属が定められているわけである。

いま述べたように、善堂や廟は行政上は非宗教扱いとなっている。実際には前述のごとく、善堂も廟を併設しているため、善堂においても廟と同様の神仏への礼拝は行われる。では善堂や廟が事実上の宗教活動を行うとして、それは法的にはともかく、実態においてタイ仏教とは別の何かなのであろうか。

おそらくそうではない。というのは、善堂や廟は自前の僧侶をもたず、したがって宗教活動を行ううえでは儀礼の執行を外部に委託しなければならないためである。その意味で、善堂（廟も同様）は宗教施設としての自己完結性を欠く。第二節および第三節で述べるように、自前の僧侶をもたない善堂は、まさにその理由ゆえに仏教僧院のパトロンとして機能しうる。その意味で疑似宗教団体としての善堂というのは、あくまで国家が公認するサンガの存在を与件に、それに対する奉賛団体として存在しているわけである。したがって、少なくともタイ国の事例に関する限り、善堂（とそれを擁する華僑華人）がいかにタイ仏教（とそれを擁するタイ人）と対峙し交渉を行っているか、という前提は不適切である。華僑華人は明確な輪郭をもたぬままに仏教徒タイ人の一角を構成し、善堂や中国由来の宗教的伝統は、場合によっては非宗教施設という資格でタイ仏教サンガを頂点とするシステムに包摂されている、というのが現状である。

二　タイ化する善堂

1　義徳善堂の設立経緯と組織構成

タイ国における華僑華人のホスト社会への同化、および中国文化とタイ文化の相互浸透という事実をふまえて同国の潮州善堂のあり方を考えるうえで、そのひとつの典型例として泰国義徳善堂をここではとりあげてみたい[13]。

義徳善堂は、黄恵傑（ソムサック・ソムサクンルンルアン）がバンコク・クロントイで創立した慈善団体である。創立者の黄恵傑はバンコクの中華街で一九二七年に生まれ、幼少時に勉学のため中国に赴いている。彼は一九三九年に中国から帰国し、戦後の一九五九年にクロントイ・スラムの付近で小売業を開業した。顧客の多くがスラムの住民だったため、葬儀費用に困窮する彼らへの援助として、施棺などの活動を開始し、一九七〇年には正式に泰国義徳善堂（ムーンラニティ・ルアム・カタンユー）という名称で財団としての登記が行われた。登記当初は財団の名目上の董事長は黄恵傑の母方オジが務めていた[14]。黄恵傑が学齢期を中国で過ごしたため、タイ語の読み書きに不慣れであったことがその理由である。一九八七年にオジが死去すると黄恵傑が董事長となり、二〇〇〇年に彼が死去すると妻の王月嬌が秘書長から董事長に昇格した。後任秘書長には娘の黄麗君が就任している。

現在の義徳善堂は、華僑報徳善堂と並びバンコクの二大善堂を構成しており［中山 二〇〇八：一六一―一八］、両者の間には一定の役割分担が存在する。バンコク都内でのレスキュー活動については、チャオプラヤ川を境に左岸（バンコク側）と右岸（トンブリ側）とで、義徳善堂と報徳善堂の両者が一日おきに役割を交換する取り決めになっている。また施棺活動についても、遺族が火葬を希望した場合は義徳善堂、土葬の場合は報徳善堂という役割分担が存在する。

義徳善堂の特徴は、そのリーダーシップを報徳善堂と比較することでより明らかになる。報徳善堂は、一九〇九一九一〇年に鄭智勇によって設立され、一九三七年に蟻光炎を初代董事長に迎えて正式に善堂として発足している。

蟻光炎が一九三九年に死去すると、鄭午楼が後任董事長に就任している［泰国華僑報徳善堂 二〇一〇］。このうち鄭智勇というのは、秘密結社の一つである三点会のリーダーをつとめる一方でシャム政府から貴族称号を付与された人物であり［Skinner 1957: 166-167］、蟻光炎とは報徳善堂の財団登記の前年（一九三六年）に中華総商会の主席となり、登記翌年の一九三八年には潮州会館の財政委員をも兼務した人物である［Skinner 1957: 260、村嶋 一九九三：二八七―二八八］。鄭午楼は京華銀行の創業者であり、一九四〇年以来潮州会館の理事を戦時中を除いて継続して務め、一九八〇年以降は同会館の永遠名誉主席となっている［泰国潮州会館 一九八三］。彼らに限らず、報徳善堂の歴代董事長はいずれも潮州会館の理事名簿の中に名前を見いだすことができる。[15] 表1は潮州会館設立時の理事名簿を同時期（一九三八年）の報徳善堂のそれと比較したものである。ここからは、報徳善堂に個人として参加している理事一三名（全一六名であるが団体として参加している和合祥、中華贈医所、民国日報を除く）のうち五名すなわち三分の一強が、潮州会館の設立メンバーとなっていることがわかる。両団体の理事の重複はその後も一貫して続いている。このように、報徳善堂の理事にはバンコク潮州人社会の名望家が一種の名誉職として就任する傾向が認められる。

それに対し義徳善堂は、中華街の名望家クラブではなく、クロントイ・スラムの救貧団体として発足し、そのリーダーシップは名望家の互選ではなく、創立者一族のあいだで世襲的に継承されている。報徳善堂とは対照的に、義徳善堂創立者である黄恵傑の名は潮州会館の歴代役職者名簿に一度も登場せず、そのいっぽう義徳善堂の顧問団筆頭にはタイ国軍の陸軍大将が据えられている［Ruam Katanyu Foundation 1997］。

同様の傾向は、善堂の刊行物にも反映されている。中国系団体の記念刊行物においては、しばしば賀詞や広告がかなりの紙幅を占め、それらは当該団体の交友範囲をも反映している。たとえばタイ国における徳教会の統括組織である泰国徳教慈善総会が二〇〇七年に新本部の落成を記念して発行した本を例に挙げると、そこには、傘

表1　報徳善堂と潮州会館の理事名簿（1938年）

報徳善堂		潮州会館	
董事長	**蟻光炎**	主席	**陳景川**
副董事長	鄭午楼	副主席	廖公圃
董事財政	馬元利	財政	**蟻光炎**
董事秘書	馬燦紅	秘書	余子亮
董事募捐	余文仁	常委	鄭子彬
董事組織	呉碧岩	執委	曽仰梅
董事	**許仲宜**	執委	謝毅庵
董事	姚玉輝	執委	盧瓞川
董事	**陳景川**	執委	蘇君謙
董事	陳鳳毅	執委	馬快冬
董事	李玉成	執委	**鄭景雲**
監事主任	**鄭景雲**	執委	潘伯勲
監事審核	和合祥	執委	洪鑑澄
監事審核	中華贈医所	執委	黄諒如
監事	**馬仁声**	執委	袁貞謙
監事	民国日報	監委兼稽核	陳梧賓
		監委兼稽核	馬雪岩
		監委	頼渠岱
		監委	**許仲宜**
		監委	陳志鴻
		監委	馬海生
		監委	**馬仁声**
		監委	陳成瀛

【出典】泰国華僑報徳善堂 2010 および泰国潮州会館 1988 より作成。（太字は両者に重複する理事）

下の系列団体や国外の姉妹団体のほか、総商会、宗親会、同郷会などの各種社団から寄せられた賀詞が網羅的といってよいほどに掲載されており、さながら中国系団体の一覧表の観を呈している［泰国徳教慈善総会 二〇〇七］。もちろん報徳善堂、明聯、蓬莱逍閣などの大手主要善堂も賀詞を寄せているが、そのなかで義徳善堂の名前は見当たらない。

　それに対し義徳善堂の刊行物の場合、一九九七年の新総堂落成記念刊（言語はすべてタイ語）では、外部からの賀詞（計三〇）は首相・閣僚（三名）、軍将官（一〇名。国軍最高司令官および陸海空軍司令官を含む）、警察将官（七名。警察局長、警察司令官を含む）、高位文官（七名。局長、県知事および郡長）、地方自治体幹部（二名。タンボン評議会[16]）、国会議員（一名。下院議員）によって占められており、中国系団体からの賀詞は皆無である［Ruam Katanyu Foundation 1997］。また二〇〇三年に発行された黄恵傑の追悼特刊の場合、九通の弔辞が寄せられており、その内訳は首相一名、僧侶四名（首都サンガ長、住職など。すべてタイ上座仏教サンガ所属）、陸軍大将二名（うち一名は義徳善堂顧問会議筆頭）、医師二名で、やはり中国善堂からの弔辞は皆無である。[17]

以上からわかるのは、義徳善堂がバンコク潮州人社会内部での威信にほとんど関心を示していないということである。[18] むしろ義徳善堂は、中華街や潮州人社会という枠とは無関係に、広くタイ社会全体からの支持の調達を試みてきたとみることができる。

2　ハイブリッドな神々とチャオポー崇拝

義徳善堂が潮州善堂の典型的タイ化例だというのは、何も組織面にのみ限ったことではない。本書の他の章でも指摘されているように、善堂はしばしば独自の守護聖人ともいうべき神仏を祀る廟を擁し、廟活動での布施が慈善活動の原資となっている。その最も典型的な例は、中国潮州地区からもちこまれた大峰祖師崇拝で、タイ国では前述の報徳善堂（その名前も中国本土で大峯祖師を祀る報徳堂に由来する）がその代表格となる。その点からしても、報徳善堂はタイ国における潮州善堂の伝統の正統な嫡流ともいうべき地位を誇っている。義徳善堂はそれとはまったく対照的に、クロントイ・スラムの霊媒カルト集団として発足し、その廟のパンテオンもまた著しく雑多である。ここではその点をまず確認しておこう。

義徳善堂の創立者の黄恵傑は、クロントイでの活動開始と相前後して、南天大帝（チャオポー・カオトック）とプーピアムの霊媒となっている。自宅をプーピアム廟と名乗り、託宣を下して信者を集め、そこで調達した布施を施棺の原資にしつつ、信者たちを組織して死体回収作業などを行っていた、というのが草創期の義徳善堂の姿である。[19]

南天大帝ないしチャオポー・カオトックというのは、義徳善堂の主祭神であり、主にサラブリ県の上座仏教寺院であるプラプッタバート寺周辺で祀られる神である。プラプッタバート寺はアユタヤ朝のソンタム王の治世時に発見された仏足跡で知られ、爾後歴代王室の尊崇を受けてきた。その親拝路を南側の入り口で扼するのがカオトック山で、それを天界の南門になぞらえ、その土地公すなわち守護神を南天門伯公（南天大帝の別名）と称したのがチャオポー・カオトックである。こうした経緯が示すように、チャオポー・カオトックはプラプッタバート寺の霊威に付随して崇拝される神であり、そのため当地で南天門伯公を祀る廟の多くは、名目上はプラプッタバート寺の境内社ということになっている。

ところで、南天大帝ないしチャオポー・カオトックの神像であるが、義徳善堂では中国式の武人の姿で祀られているのに対し、プラプッタバート寺周辺ではしばしばタイ人兵士の姿をとっている。これは前述のソンタム王の従者が神格化されたものがチャオポー・カオトックだという伝承にもとづく。ようするに、チャオポー・カオトック（＝南天大帝）というのは、プラプッタバート寺の縁起やアユタヤ武将崇拝に由来する神が、中国系移民の想像力のなかで土地公として読み替えられていったものだということができる。

義徳善堂のパンテオンにおいて、南天大帝と並び重視されるのがプーピアムである。プーピアムというのは、バンコクのドーン寺（ワット・ボロマサートーン）の元住職の師として知られる人物である。同寺は、ビルマ人移民によって建てられ、一九六四年までビルマ人の末裔が代々住職をつとめていたことで知られる。プーピアムは俗人修行者として、同寺の最後のビルマ人住職となったルアンポー・クンにウィチャー（呪術的な力）を伝授した師匠とされている。ただしプーピアム自身は僧侶ではなく、ルシーとも呼ばれる在俗の修行者である。ルシーというのはインドの流れを引く行者であり、独自の瞑想修行などにより神秘的な力を獲得したと主張しクライアントに対し各種の呪術的なサービスを提供するが、タイ仏教と別個の教団を構えるのではなく、あくまでそれを在家者レベルで補完する存在として位置づけられている［McDaniel 2013］。

つまるところ、南天大帝やプーピアムというのは、言葉の上では中国系およびインド系の流れを引きつつも、前者はプラプッタバート寺の土地公（前世はアユタヤ武将）、後者はドーン寺の住職専属の呪術師というように、むしろタイ仏教の枠内の神々として存在している。それを集約的に表現するのがチャオポー崇拝と呼ばれる霊媒カルトである。

チャオポー崇拝というのは、森によれば、仏教的世界観における天界の高貴霊を霊媒に憑依させ、さまざまな奇跡を行わせるもので、特に一九五〇年代以降のタイ国の都市部で盛んになったものである［森 一九七四a、一九七四b］。高貴霊にはさまざまな種類のものが含まれるが、特に人気があるのが、アユタヤ朝の将軍や山の神、ルシーなどの霊だという［森 一九七四a、一九七四b、一九七八］。チャオポー崇拝の霊媒たちはそれぞれ独自のクライアントを擁するが、仏教から独立した教団を構成せず、むしろ信者を組織し善徳積みと称して上座仏教寺院への寄進活動を行っているのが特徴的である［森 一九七四a、一九七八］。ようするにチャオポー崇拝集団というのは、霊媒カルトであり、かつまた、仏教の枠内に包摂された在家者による奉賛団体でもあるのである。

こうしたチャオポー崇拝の特徴は、義徳善堂にもそのままあてはまる。すでにみたように、義徳善堂そのものが、黄恵傑自身がチャオポー霊媒として組織した信者集団に由来する。また、義徳善堂が祀るチャオポー・カオトック（アユタヤ武将および山の神）やプーピアム（ルシー）というのは、まさにそうした高貴霊の典型であることがわかる。そのほか義徳善堂は、後述するように、上座仏教サンガへの寄進活動も積極的に行っているという事実もまたチャオポー崇拝集団としての性格を反映している。

このように義徳善堂のチャオポー崇拝的特徴や、そこでのハイブリッドなパンテオンというのは、タイ仏教寺院を頂点とし、その下位にタイ系、インド系、中国系など雑多な系統の諸神格や諸実践を多配列的に配置することで成り立っている。ではこの多配列システムはどのように整序されているのか。次項ではそれを善堂の側から見てみることにする。

3　タイ仏教システムにおける在家者奉賛団体としての善堂

善堂を宗教施設として見た場合の特徴は、その自己完結性の低さである（これは僧侶を常駐させない廟も同様である）。善堂がしばしば仏教系団体を名乗るとしても、[20]善堂自体は自前の僧侶をもたない。本書の志賀論文でふれられているように、善堂が功徳儀礼の執行者を養成したり、あるいは念仏社が善堂を兼ねたりする場合があり、そこでは善堂自体が職能者の供給源となりうる。また徳教会では扶鸞《ふらん》儀礼[21]のための専属霊媒師を擁している。[22]そうした場合を除けば、多くの善堂は重要な儀礼に際しその都度宗教的職能者に司式を依頼する必要がある。[23]つまり善堂というのは、単独の宗教団体であるよりは、むしろ他の宗教団体の施主として機能する場合が多いということになる。たとえば義徳善堂はその活動分野のひとつとして「宗教活動」を挙げているものの、その活動報告で言及される具体例はすべて仏教寺院への寄進活動（後述）であり、自身の廟活動にはまったくふれられていない。[24]端的にいって、義徳善堂にとっての宗教活動というのは、寄付者の浄財を集約して行う仏教寺院への参拝、あるいは僧侶の招聘や饗応といった積徳活動なのである。

善堂はその活動を維持するために宗教的職能者を欲し、それら職能者への布施を通じて功徳を積む。その一方で僧侶や僧院は、自ら生産労働に携わらないため、その活動を維持するためには在俗の施主を必要とし、自身が提供する功徳と引き換えに布施を得る。概略すればそのような図式になる。これは、タイ仏教を成り立たせる僧俗関係の前提として石井が指摘した構図［石井　一九九一］と全く同じである。タイ国における善堂というのは、タイ仏教をめぐる僧俗の役割分担の中にあって、その世俗部門を担当しているのである。具体的には、それは主に、僧侶による善堂の儀礼の請負というかたちをとる。以下では、死者供養の例にもとづき、その関係をみてみることにする。

死者供養に際し必要とされるのは、儀礼執行者、葬儀会場、火葬場（火葬の場合）、墓地などである。仏教寺院が火葬場と墓地を所有する場合は、一団体のみでの自己完結的な活動が可能となるが、それができる寺院は必ずしも多くない。華宗寺院の場合でいえば、全一八寺のうち境内に墓地施設をもつのは一か所のみである。同様の傾向は上座仏教寺院についてもあてはまる。善堂のうちでも、多角経営を行う報徳善堂は、病院や大学のみならず墓地も所有しているが、自前の儀礼執行者をもたない。善堂の死者供養に際しては、儀礼執行者については、僧侶に依頼するか、念仏社と呼ばれる在家の功徳儀礼執行団体に依頼するのが一般的である。また葬儀会場や火葬場についても、それらの施設をもつ仏教寺院で行われる場合が多い。タイ国における善堂は救急車の運営やレスキュー活動のみならず、施棺事業や死体回収作業でも知られるが、そうした活動は仏教寺院を含む複数のアクターの介在を前提としている。

義徳善堂はバンコクとその周辺に三つの廟を有しているが、そのひとつは、バンコクの上座仏教寺院であるファラムポーン寺の敷地内に間借りしている。同寺は敷地内に一六の葬儀用ホールと一つの霊安室を擁する、著しく葬儀サービスに特化した寺院であり、その一種の境内社としての義徳善堂廟は、そこに施棺用の窓口を設けて参拝者から寄付を募ることで、同寺の葬儀サービスを補完している。義徳善堂が行う活動のうち、無縁死者供養やいま述べた施棺事業に関しては、ファラムポーン寺とサパーン寺が葬儀会場を、サパーン寺が火葬場を提供している。このように義徳善堂の活動は、そもそも仏教寺院の存在を与件に展開されているわけである。

ほとんどの善堂は、農暦七月に施餓鬼（無縁死者供養。普度、施孤、盂蘭勝会、タイ語ではティン・クラチャート、テー・クラチャートと呼ばれる）を行い、そこでは僧侶や念仏社といった宗教職能者が読経を含む供養儀礼のために招請される。どの寺やどの念仏社のクライアントになるかは、個々の善堂によりある程度固定した関係が認められる。義徳善堂は施餓鬼には僧侶ではなく、大光仏教社という在家の念仏社に供養のパフォーマンスを依頼している。もちろんこのことが、義徳善堂の死者供養に仏教寺院が関与しないということを意味しないのは前述のとおりである。その他の善堂についてみてみると、報徳善堂の場合、施餓鬼に際してはバンコクの華宗寺院である普門報恩寺から、天華医院

（贈医施薬を目的とする善堂兼病院）は越宗の慶雲寺から大乗僧を招く。バンコクのバーンラックにある本頭媽廟は基金会すなわち善堂を兼ねており、施餓鬼には華宗の龍蓮寺から僧侶を招いている。

死者供養の一環として、無縁死者の墓地を掘り返して追善供養を行う場合がある。これは修骷《しゅうこ》と呼ばれる。タイ語ではラーン・パーチャーであり、これは墓地を洗うという意味である。修骷の一例として、ナコンパトム県の普元堂（大乗仏教系の齋堂であり徳教会に加盟）が二〇一三年に主催し、徳教会傘下の姉妹団体である各地善堂の協力を得て行った活動の場合、遺骨の発掘・洗浄後に「華僧」つまり中国系大乗僧による破地獄、瑜伽焔口《ゆがえんこう》などの儀礼が行われ、火化（遺骨の火葬）に際しては同県内の上座仏教寺院であるフオイ・チョーラケー寺が会場となり、そこで僧侶の説法と読経ならびに火葬が行われる。その後、遺骨は同県内の義山（中国系霊園）に埋葬されるという段取りになっている。[25] 善堂が関与する死者供養に際しては、大乗仏教寺院、上座仏教寺院、在家念仏社など、さまざまなアクターとの協調が必要とされている。それらの多配列的なシステム[26]の稼働を支えるのが、諸アクターを結びつける功徳の論理である。

三　多配列システムを支える功徳の論理

1　善堂と功徳

中国からタイ国への善堂の普及に際しては、中国由来の善挙の思想とホスト社会のタンブン（積徳）思想との共鳴がそれを大いに助けたことがすでに指摘されている［Formoso 2009、玉置 二〇一二］。ではタイ国の善堂において、タンブンの理念はどのように展開されているのか。

善堂におけるタンブンの顕著な特徴は、ひとつには、そこであからさまな功徳の売買が行われることであり、もうひとつは、寄進の対象が必ずしも神仏に限られないことである。善堂以外の寺廟では、一般参拝者が寄付する賽銭は、神像や仏像に直接与えられるか、あるいは（こちらのほうが一般的だが）花やろうそく、線香等といった参拝用品の対価として徴収される。そして多くの場合、金額は参拝者の自発的意思にゆだねられる。それに対し善堂には、今述べた参拝用品以外のモノも境内で販売されている。貧民救済用の米や日用品、死者用の衣裳や棺桶などがその典型であり、施餓鬼などの儀礼シーズンにはさらにその品目が多くなる。しかもこれらについては、金額があらかじめ定められていることが多い。参拝者はそうした積徳商品を購入すると、それを祭壇の前に置いて線香とともに主祭神に祈りを捧げ、然る後に自分が購入した積徳商品を善堂スタッフに預ける。これら商品は、後日善堂の名でそれを必要とする人々に配布される。

これが功徳売買だというのは、単に金額が指定されているということだけを意味するのではない。儀礼における積徳の場合、受付で寄付金額を記載した名簿が作成され、それが燃やされて神に報告される。また通常の参拝であれば、金額が記載された領収書を礼拝後に燃やして神に報告する。つまり個人の積徳は天界への報告にあたり、金額によって数値化されるのである。

善堂における積徳のありかたを示す例として、義徳善堂が毎年旧暦七月に行う施餓鬼に際し、参拝者たちがどのようなかたちで功徳を獲得するのかをみてみることにしよう。施餓鬼の会場に用意される積徳商品は二種類に大別される。そのひとつは、紙銭など死者用の可燃性の供物（金山と呼ばれる紙製の金銀の塔、紙製のかばん、衣類、腕時計、スマートフォン、自動車、豪邸など）である。死者用の供物はさらに、無縁死者用のものと特定の祖先に送るものとに細分される。いずれも寄付者の名前を書いた所定用紙が貼りつけられるが、特定祖先への供物には宛先も明記される。もうひとつは、米、飲料水、即席ラーメン、帽子などの日用品である。これは生者のためのもので、儀礼期間中はやはり寄付者の名前が貼り出され、終了後は希望者に分配される。両者の中間に属するのが、儀礼会場に並べられる料理である。これは大鍋で作られ、鍋ごとに五〇〇バーツで寄付者が購入し、自分の名前を書いた紙を貼りつける。儀礼中は無縁死者に供えられ、終了後は袋に分けて希望者に分配される。

このように人々は、善堂の施餓鬼への参加を通じ、死者と生者の双方に向けた積徳を行う。参拝者による寄付は、死者に対しては他界での財貨として回向され（焼却によって他界に送られる）、生者に対しては生活必需品として分配される。こうした善行の反対給付として寄付者は功徳を得るという仕組みである。ここでの善堂というのは、生者と死者の互酬的関係と、富者から貧者への再分配の双方をともに仲介する存在であり、この仲介作業の媒体となるのが功徳の概念なのである。つまり善堂の理念に従えば、死者供養と人助けはそのいずれもが等しく功徳をもたらしうる。しかしそれだけではない。功徳を媒介にして善堂に流れ込む資金は、上座仏教における積徳にも接続・翻訳されていくのである。それを知るためには善堂による上座仏教寺院への寄進活動を見ておく必要がある。

2　積徳代行業者としての善堂

先に見たように、善堂が行う施餓鬼の積徳イベントにはしばしば僧侶が介在する。しかし善堂が仏僧を招く機会は、死者供養の場に限られない。多くの善堂は、それ以外にもさまざまな機会を設け、僧侶や僧院への寄進を行っている。まずその一例として、義徳善堂が毎年九月に行う法要をみてみることにする。

義徳善堂の創立者である黄恵傑は二〇〇〇年九月一日に死去しており、それ以後は彼の命日法要に義徳善堂の寄付活動が集中的に行われるしきたりとなっている。この式典は、午前中に行われる僧侶による読経、仏像鋳造（完成後に上座仏教寺院に寄進される。対象となる寺は年ごとに異なる）、僧侶への施食と、午後に行われる奨学金や病院等への寄付金の授与式とに大きく二分される。僧侶は、バンコクの上座仏教の名刹であるサケート寺から招聘される。午前中のプログラムの内容は、上座仏教におけるタンブンのまさに典型といえる。そしてその布施の原資になっているのは善堂への寄付金である。義徳善堂廟では仏像鋳造用の金の板への寄付が呼びかけられている。参拝者は一枚一〇バーツでそれを購入し、寄付受付用の箱に入れることで、仏像鋳造への協力によって功徳が得られる仕組みになっている。これらの資金もこの積徳イベントの一部を構成している。

午後に行われる奨学金と寄付金の授与式に際しては、寄付金が臨席した僧侶にまず渡され、ついで僧侶の手から受取人へと授与される。純粋に形式上のことであるが、善堂から僧侶へと寄付金が寄進され、それを僧侶が慈善事業への寄付金として分与するという建前がとられているわけである。[27] その限りでは、奨学金や病院への寄付にあてられる資金もまた、僧侶へのタンブンという手続きを踏んでいることになる。

そのほか義徳善堂は、同善堂廟が間借りしているファラムポーン寺（前述）の僧侶に対し、月例の施食を行っている［Ruam Katanyu Foundation 2000: 93-117］。要するに義徳善堂への寄付は、間接的に仏教寺院への寄付を構成するのであり、善堂廟における功徳売買は、善堂が行う寄付活動の過程で上座仏教に特有の功徳倫理に翻訳されていく。その限りでは、寄付者たちの浄財を集め、それを一括して僧侶や寺院に代理寄進を行う善堂は、一種の積徳代行業者だということもできる。

これは、義徳善堂がチャオポー崇拝集団を兼ねているから、というだけではない。そうした前史を共有しない他の善堂もまた、類似の活動を行っている。たとえば報徳善堂は一九九五年より、タイ国内各地の上座仏教寺院を対象に（対象となる寺は年ごとに異なる）カティナ衣奉献式を行っている［泰国華僑報徳善堂 二〇一〇］。これは元来は僧衣に用いる布を在家者が寄進するという意味であるが、一般にはそこに多額の献金が付帯することが多く、在家者による組織的な積徳のイベントとなっている。善堂への寄付が間接的に仏教寺院への積徳費用つまり寺院維持のための原資となっているのは、義徳善堂に限らない。むしろこれは、タイ国において、仏教教団に対する在家奉賛団体としての善堂がもつ一般的特徴とみてよい。ここからは、善堂が、中華街の富が積徳という名目で寺院に流れ込む回路となっていることがわかるだろう。

3　功過格とタイ仏教

先ほど、善堂が仲介する積徳活動は、生者と死者の双方を対象としていると述べておいた。生者間における日用品の授受や金銭の再分配と、他界の霊的存在に対する供養というのは、一見するとまるで違う次元に属するようでもあるが、善堂においてはそのいずれもがタンブンという同一の理念で表現される。

次に掲げるのは、義徳善堂がその刊行物の中で挙げている活動領域である。[28]

①被災者救援（水害、台風、火災、事故）
②宗教活動（寺院への寄付、仏像の寄進など）
③教育（奨学金、校舎の寄付など）
④慈善食堂（さまざまな行事の機会に無料食堂を設置）
⑤施棺（棺桶の寄付の受け付け、棺桶を必要とする者に寄付）

これらはすべて積徳活動として展開されるわけであるが、ここで我々が違和感を覚えるのは、明らかに世俗的な（神霊の関与を必須条件としない）活動が、積徳の名のもとに宗教活動と同居していることである。しかし、タンブンが中国における善挙の翻訳であるならば、それほど不自然なことではない。

ここでみた義徳善堂の活動領域リストは、実は中国における善堂のそれと大きく変わらない。たとえば可児［一九七九：三五九―三六〇］は主に香港の事例から、善堂の役割として、教育、施棺、医療、社会的弱者の救済、貧民救済、公共施設の建設、防犯、消防、災害救助などを列挙している。いっぽう志賀［二〇一二：二三八―二四〇］による中国潮州地方の事例では、善堂の活動領域は①贈医施薬、②過境接済、③施棺収殮、④消防救護、⑤興辨義学に大別されている。やはり、一見して宗教らしいものとそうでないものとが混在しているのである。

この点に関し夫馬は、この雑然たる善挙のリストは、それぞれが同一の「救済」理念の別の表現であり、「その救済対象を人間一般、魚畜、遺骨、水難者、寡婦、貧民などに限定しあるいは拡大したものであった［夫馬 一九九七：一八七―一九一］。」わかりやすく言えば、善挙の論理というのは、相手は神霊であれ死者であれ生者であれ魚畜であれ、対他的な善行に対して無差別に価値を認めるという点で一貫しているのである。その意味では、善挙というのは一般に想定される宗教的救済財よりはもう少し意味の幅が広い概念だということになる。現在のタイ国で華僑華人と呼ばれる人は、おおむね第一言語がタイ語化しているため、この種の善挙の概念もまたタンブンとして表現される。冒頭に見たような、「逆方向の同化」に伴う「信仰の公共空間における緊密な調和」、すなわち土着タイ文化と潮州文化との相互乗り入れは、タイ仏教におけるタンブンの理念に功過格的な価値観をも持ち込むことになるのである。

ここで見たような中国的な功徳／善挙観は、一見するとタイ仏教が説く倫理とおよそ正反対なもののように映る。一例としてタンバイアによる東北タイ農村での調査結果をみると、そこではタイ仏教徒が重視する積徳方法の選肢が表2のように順位づけられている。ここからは、寺院建築費の支出や（自分自身または自分の息子の）得度、寺院修繕費の寄付などが高く評価されていることがわかる。その一方、仏日に寺院に詣でたり、五戒を遵守したりという戒律実践については相対的に評価が低い［Tambiah 1968］。自分の財産（出家の場合は自分の身体）を断念しそれをサンガへの物質的貢献に向けることが功徳の源泉である、という理解をここに見ることができる。ここからは、世俗色の濃厚な中国型功徳と、脱俗指向の強いタイ仏教型功徳との対比が導かれる。(29)

表2　東北タイ農村の村人から見た積徳行為のランクづけ

順位	行為の種類
1	寺院建設費用の全額を出資する
2	自分自身が得度する
3	自分の息子に得度させる
4	寺院修繕費を寄付する
5	カティナ衣奉献祭で贈り物をする
6	毎日の托鉢に応じる
7	毎回仏日に寺院に詣でる
8	五戒を厳格に守る

出典：Tambiah 1968: 68

ただし、その対照性はあくまで事実の一面にすぎない。なぜならタイ仏教の功徳と中国由来の善挙との違いはあくまで表面的なものであり、実際の運用面では見かけ以上に重複部分が大きいためである。キングスヒルは、平地タイ仏教徒農村においては、僧院への寄付のほか、人間、動物を含むあらゆる衆生への贈与もまた功徳を生み出すことを指摘している［Kingshill 1965: 145-148］。またタンネンバウムは、タイ国北部のタイ語系民族（シャン）の事例から、功徳や祝福の与え手として、僧侶のみならず両親、年長者、村長、富裕な地方有力者など、自分より地位が上と考えられるあらゆる人々が想定されていると述べている［Tannenbaum 1996: 195-196］。したがって、タイ仏教徒の論理においても、実際には対他的な善行に対し無差別に功徳を認めているのである。

善堂における金銭によるあからさまな功徳の売買や、功徳売買によって民間の浄財をプールし公共事業に還流させる方法というのも、善堂のみの専売特許ではない。そもそも前述のように、タイ仏教における出家者の脱俗指向は、在家者レベルでの功徳を介した現世利益の追求によって補完されているのである。以下の文章は東北タイ農村の上座仏教寺院をめぐる功徳の特徴について述べたものであるが、それはほぼそのまま善堂の特徴として通用することに気づくだろう。

> つまり、寺に布施として集積された資金は寺の発展及び、村落への還流的資金として利用される。（中略）村落における富農と小作農、或いは、経済成長から取り残された地方農村と、繁栄している都市をつなぐ結節点

が寺院である。富農は地位相当の布施を様々な行事で出す。出稼ぎ者は都市で稼いできた金の一部を布施することで安全と家族の幸せを祈願する。社会的名望家をめざす様々な人々が寺に布施を申し出る。このようにして集積された布施は、ある程度の寺の化粧（施設の整備）が済んだ後、地域社会へ還元されることで公共財に変わるのである［櫻井 二〇〇八：二一五］。

個々の積徳を公共財として再分配する機能において、実は善堂の果たす役割は上座仏教寺院と構造的にはそう大きく変わらないのである。つまりタイ仏教においても、功徳は狭義には宗教的救済財であるが、広義にはそれを超える範囲を意味内容に含んでいる。この広義の功徳こそが、善堂における善挙や功過格が想定する功徳と共鳴するわけである。

ただしここで、狭義と広義の功徳を択一的に考える必要はない。両者はあくまで功徳の幅の両端を構成すると考えたほうが生産的である。善堂が行う積徳の一定部分は、直接に寺院や僧侶への寄進に振り向けられる。施餓鬼や修骷など善堂が主催するイベントもまた、在家者から僧院に向かう資金の流れを媒介する。その意味では、善堂の活動の一部は、まぎれもなく狭義のタイ仏教的な功徳を体現しているのである。もちろんその対極には、生者に対し金品を直接配布するような積徳も並行的に存在している。タイ仏教を頂点に擁する多配列的システムの一角を構成する善堂の活動は、まさにこの二つの功徳観の幅の中で展開されているのである。

おわりに

本稿の中で何度も繰り返し指摘してきたように、タイ国の善堂にアプローチするにあたり、タイ人と華僑華人と

図1　タイ国の中国系宗教論における従来の前提

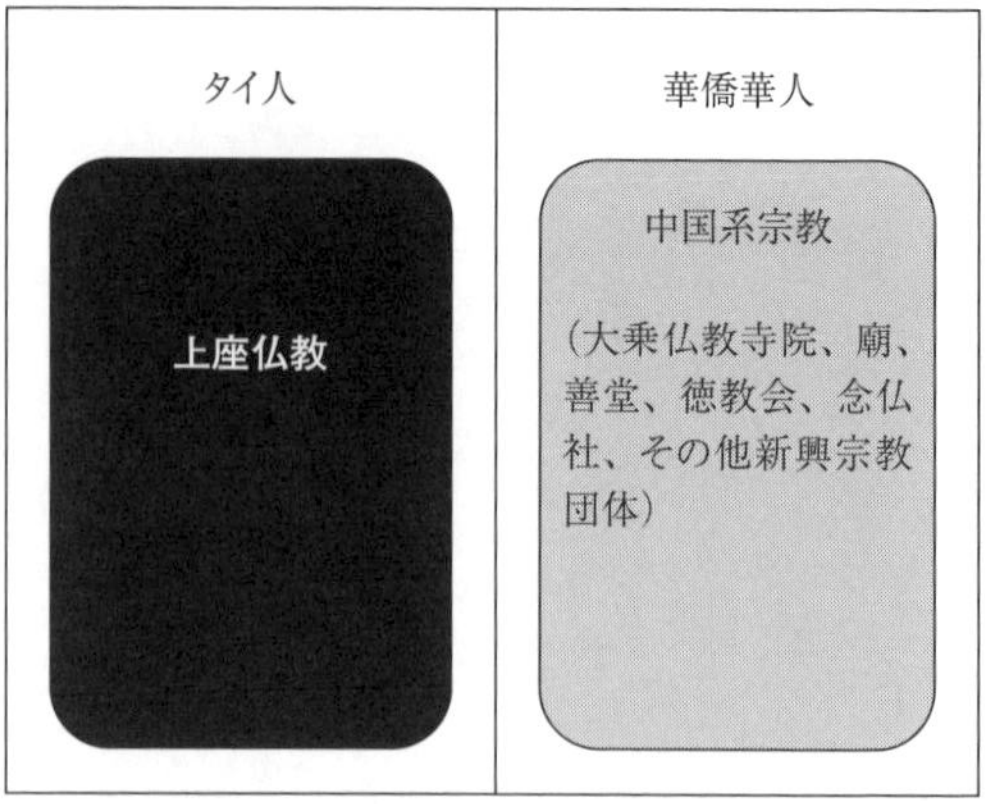

いう二つの民族集団や、タイ仏教と中国系宗教という二つの宗教が並立している状況を想定することは、そもそもその出発点において大きく間違っている。図1に示したのがそうした図式の前提である。これがなぜ間違いかというと、華僑華人というのは境界づけられた民族集団というよりは、むしろタイ仏教徒の下位範疇を構成しており、中国系宗教もまたタイ仏教とは対等な独立のカテゴリーを構成しているのではなく、あくまでタイ仏教の枠内における在家者の奉賛団体として存在しているからである。

それを図式化したのが図2である。この図を多少敷衍しつつ補足する。そもそも善堂や各種廟とタイ仏教との関係を説明するのに、民族集団や民族境界という概念は必要ない。より重要なのは僧俗の対比である。中国からもたらされた宗教的伝統のうち、大乗仏教寺院は上座仏教サンガの従属的な下位分節として包摂されている。その他はすべて「世俗（在家）」である（図2の下半分）。この領域には、中国系に限らず、インド由来、タイ民間信仰由来のさまざまな実践が含まれ、それぞれ異なった水準の法的地位のもとに活動を行っている。善堂、中国廟、念仏社などは中国系と見なしうるが、そのほかにもタイ民間信仰系やインド系の廟もある。ルシーはインドの行者崇拝の伝統に属し、チャオポー崇拝というのは、いま述べた各種の伝統を無差別に混ぜ合わせたものである。「その他の財団・社団」には、徳教、一貫道などの中国系新宗教や日系新宗教など、財団ないし社団の名目で活動する未公認宗教団体の多くが含まれている。タイ仏教のレパートリー［McDaniel 2011］というのが、まさにこのような雑多な流れをくむ諸実践の集合体として存在していることをこの図は示している。

図2では煩を避けるために省略したが、この雑多な構成要素を有機的に結びつけるのが功徳の概念である。出家者（図の上半分）は物質的生活を在家者（図の下半分）の寄付に依存し、後者は前者の施主となることで功徳を得るという相互依存関係がそれにあたる。善堂についていうと、一般信徒から善堂に集約された資金は、タイ仏教寺院への寄進、死者供養儀礼の大乗仏教寺院や念仏社への委託などによって功徳に変換され、寄付者へと還元される。このように、タイ仏教システムの中で、功徳を介した諸アクター間の資金の流れの結節点機能を担う施設のひとつが善堂だということができる。

図2　多配列的な僧俗関係からみた善堂

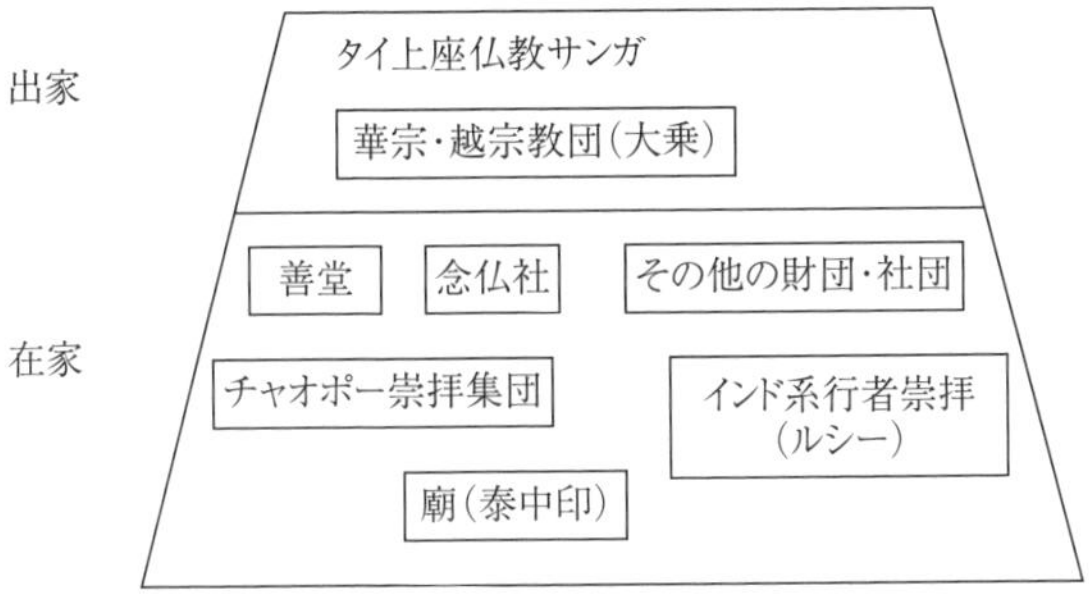

以上の整理に対しては、善堂の活動に上座仏教寺院の僧侶が招かれるのは単なるホスト社会へのリップサービスであり、潮州善堂の本質とは無関係な付け足しに過ぎないという反論が可能かもしれない。あるいは、善堂は自前の念仏社さえ所有すれば自己完結的に儀礼を執行できるのであるから、仏僧の招聘というのは単に善堂の活動に箔をつけているだけにすぎない（つまり潮州善堂本来の活動にとって必須ではない）という指摘も可能かもしれない。しかしそうした発想には落とし穴たり得る側面があるのではないかと筆者は考えている。

すでに確認したように、華僑華人をそのうちに含むタイ仏教徒にとって、特に高く評価される積徳項目というのが、高僧や名刹への寄進である。善堂が功徳と引き換えに民間の浄財を循環させる機能をもつ以上は、寄付金の一部がそこで期待される付加価値の高い功徳に翻訳されうることは、参拝者に対する有効な積徳のインセンティブとなりうる。事実ここでみたように、多くの善堂は、僧侶への施食、寺院への寄付、仏像の寄進、儀礼への招請など、機会さえあればサンガに対する施主になろうとするのであり、それは功徳を求めて善堂に集まるタイ仏教徒たちの期待を直截に反映しているとみてよいだろう。右に「落とし穴」と述べたのは、仏僧の関与が「潮州善堂本来の姿」と無関係とする前提が、当事者たちの動機づけと無縁な場所で行われる分類であるだけでなく、その前提それ自体が前述の図1のような図式の先取りをもたらし、それを同語反復的に再生産することになるという点で、不適切な方向に議論を導いてしまうおそれがあるためである。

ところで、善堂が体現する功徳の概念というのは、神仏／神霊を対象とする活動のみに限られない。その対象は死者、生者、あるいは魚畜までをも含むのであり、対他的善行に無差別に価値を認めるものである。それゆえに、神仏の礼拝や死者霊の供養が、生者を相手とするレスキュー活動や財貨の分配と同列に積徳として扱われることになるのである。これは善堂における、中国由来の功過格的な功徳理解の典型ということができるが、実はタイ仏教における広義の功徳概念もまた、ほぼ同様の範囲をカバーしている。神仏への供養と生者への金品の配布は、西欧近代に由来する宗教観に従うかぎり、前者が宗教的行為で後者が世俗的行為となるが、当事者の概念では両者は同一の理念（タンブン／善挙）の異なる表現にすぎない。

このように、善堂をタイ仏教における僧俗の枠組みの中で定位しなおすと、それを活性化する因子としての功徳の概念が重要となり、功徳に着目すると、こんどは我々が従来自明視してきた宗教概念の再考が求められることになるのである。冒頭で、華僑華人研究アプローチによる中国研究モデルへの還元が東南アジアにおける善堂論の視野を狭めていると述べたが、実はここにおいて、ある中国研究モデルの重要性が再び見いだされる。それは楊慶堃の中国宗教論である。

中国宗教研究に関する彼の古典的労作では、中国の宗教の大部分は分散的宗教 diffused religion の類型に属するものと規定されている。分散的宗教とは、宗教が世俗的社会制度の中に分散して組み込まれ、前者が後者の一部として吸収されている状態を呼び、世俗的社会制度から分離され独立した機能を担う制度的宗教 institutionalized religion と対置される［Yang 1991: 294-295］。分散的宗教は制度としての独立性と自己完結性が低く、そのパンテオンは雑多であり、ある寺廟や神がどの宗教に属しているかは多くの学者にとっても謎であるが、しかしこの疑問は一般の人々の宗教生活にとって何ら意味をもたなかった［Yang 1991: 340］。

楊慶堃の中国宗教論を経由させてタイ国の善堂とそれを取り巻く宗教システムをとらえると、善堂や中国廟をその構成要素に含むタイ仏教体制というものが、制度的宗教と分散的宗教の二重構造になっていることがわかる。これを図2に即してとらえれば、僧すなわち出家者の世界（図の上半分）が高度に制度化しているのに対し、図の下半分に置かれる廟や善堂は著しく分散的である。この雑多な伝統に属する分散的宗教に在家者としての地位を与え、上座仏教サンガがそれを上位で包摂するというのが、タイ仏教システムの多配列構造の特徴であることが今や明らかになる。そしてこの構造の中で在家者と出家者を媒介する功徳の概念は、霊的存在への信仰に特化した西欧近代的宗教概念が想定する領域を大きく踏み越えている。ここにおいて我々は、そもそも宗教とは何か、救済財とは何かという、より大きな問いへと導かれるのである。

注

（1）たとえば玉置［二〇一六］はタイ国の中国廟の活動を理解するうえで、中国性の有無を問うことがまったく生産的でないことを明らかにしている。

（2）津田［二〇一六］がいうように、この問題（対象を選定する時点で論点先取が発生する）は移民エスニシティの研究に一般に見いだされるものの、特に華僑華人研究の分野においてその弊害が著しいのも事実である。

（3）こうしたアプローチはフォルモソに限らない。たとえばタイ国における善堂や中国系社団の役割に関する玉置［二〇〇七］や潘少紅［二〇一四］の議論では、ほぼ同様の主張が展開されている。

（4）スキナー以後のタイ華僑華人研究においては、タイ華僑華人が大筋においてはホスト社会に同化していることを認めつつも、それが中国性の完全な消滅を必ずしも意味するわけではないという留保を付しつつ一定の批判が行われる場合が多い。小野澤［一九七六］、小泉［二〇〇六］、Chan and Tong［1993］、Cushman［1989］、Boonsanong［1971］、Supang［1997］などを参照。

（5）カシアンはこの指摘を、スキナー説への反論として行っている。もっとも、彼自身は一貫して、タイ国における華僑華人の同化を積極的に評価する議論を展開しているので、彼のスキナー批判の焦点は、同化の有無そのものではない。彼が問題視するのは、「中国人からタイ人へ」というスキナーの図式の前提となる、一〇〇パーセント中国人か一〇〇パーセントタイ人かという二者択一的な前提である。彼によれば、そうした二者択一的な争点それ自体が、二〇世紀の国民形成過程で政治的に構築されてきたプロパガンダに由来している。

（6）その典型例として、彼は筆名を用いて『東洋のユダヤ人 *The Jews of the Orient*』という宣伝書を一九一四年に出版し、当時の西欧における反ユダヤ感情を前提に、タイ国の華僑たちを、移住先社会に貢献も同化もせずに現地住民から暴利をむさぼる経済的寄生虫だと指弾している［Vella 1978: 193-196］。

（7）ピブン政権は全国民を一律にタイ人と称すべきことを布告し、画一的な国民文化の建設をめざしていた［玉田　一九九六］。ピブン政権期の反華僑政策についてはSkinner［1957］が詳しい。

（8）タイ国では一九世紀末から二〇世紀初頭にかけての行政中央集権化により地方国が整理されるまでは、中部デルタ周辺を直轄統治するバンコク王朝と、それに服属する（場合によっては半独立の）地方国とが併存し、それぞれが独自の文化を生み出していた。そのため行政集権化とそれに続く国民統合政策の進展は、周辺文化の中部タイモデルへの一方的・画一的同化をしばしば意味していた。

（9）この説明は、南部マレー・ムスリム地域においてイスラム法廷の設置が認められているという事実と矛盾するように見えるが、これはあくまで建前としては民族政策ではなく宗教政策としてなされていることを念頭に置く必要がある。

（10）華僑華人とその子孫たちがタイ社会にじゅうぶんに統合され、彼らの民族的出自が国政においてまったくスティグマにならなくなったことを示す典型的な例が、二〇〇六年から二〇一四年の軍事クーデタまで続いたいわゆる赤黄論争である。これはタクシン派（赤＝民主派）と反タクシン派（黄＝王党派／軍政支持派）の争いとして知られているが、両派の中心人物は華僑華人系の出自をもつ。タクシン元首相および彼の妹のインラック元首相は梅県客家の子孫であるのに対し、二〇〇六―二〇〇八年の反タクシン派デモ隊「人民民主同盟ＰＡＤ」を率いたソンティ・リムトーンクンは福建系である。そのほか、ＰＡＤの黄服派デモ隊には、「華裔愛国」と記したTシャツを着た人々が多く参加していたことも指摘されている。タイ国における華僑華人の子孫たちは今や、民主主義や愛国主義、あるいは王制への忠誠等といった国政レベルの重要争点をめぐる論争の先頭に立つに至っていたのである［Kasian 2009, Anderson 2016］。

（11）ただし厳密にいうと、観音崇拝が潮州文化の影響と断定しうるかどうかについては疑わしい部分もある。第一に、タイ国の中国系大乗仏教寺院は一九世紀に広州僧により広州から持ちこまれている。第二に、タイ国における大乗仏教については、ベトナム系寺院が中国系寺院よりも一〇〇年ほど早く活動を開始している。もちろん、バンコク中心部の広州系寺院やベトナム系寺院を中核的に支えているのは潮州系の信者である蓋然性が高いので、一般信者レベルでの観音崇拝の流行を媒介したのが潮州人だという想定が間違っているというわけでもない。

（12）この経緯については夫馬［一九九七］が詳しい。

（13）義徳善堂の成立経緯については黄恵傑の葬式本 *Thiraluk Nai Somkiat Somsakunrungruang Adit Prathan lae Phu Kotang Munlanithi Ruam Katanyu.* 2003. によっている。片岡［二〇一五］も参照されたい。

（14）漢語表記では舅舅、タイ語表記ではナーである。*Thiraluk Nai Somkiat Somsakunrungruang Adit Prathan lae Phu Kotang Munlanithi Ruam Katanyu* より。

（15）そのほかの人物について述べると、一九四二―四三年に董事長を務めた張蘭臣は翌一九四四年に潮州会館主席となっている。一九四四―七三年に董事長を務めた陳振敬は、董事長就任時に潮州会館副主席であり、その後も一九五〇年から六九年まで潮州会館理事の座にあった［泰国潮州会館 一九八八］。

（16）村と郡の中間にある地方自治単位。

（17）*Thiraluk Nai Somkiat Somsakunrungruang Adit Prathan lae Phu Kotang Munlanithi Ruam Katanyu*, pp.21-31.

（18）もちろん義徳善堂が他の善堂と完全に没交渉だったというわけではない。黄恵傑の葬儀に際し寄贈された三一一の花輪のうち、五つは報徳善堂や明覚善壇（明聯系）などの善堂によるものである。ただし軍人の二三に比べると明らかに少ない。*Thiraluk Nai Somkiat Somsakunrungruang Adit Prathan lae Phu Kotang Munlanithi Ruam Katanyu*, pp.119-126 を参照されたい。

（19）そのため草創期のメンバーは、信者ないし弟子を意味するルークシットという語で呼ばれる。

（20）たとえばタイ国の大手善堂チェーン（フォルモソ［Formoso 1996a］の用語法である）のひとつである明聯の正式名称は泰国仏教衆明慈善聯合会である。

（21）霊媒がトランス状態で文字を書き、それを神意と解する降神術。

（22）もっとも、徳教会に加盟するすべての団体が扶鸞用の霊媒を有しているわけではない。儀礼に際し、その都度徳教会傘下の他団体から霊媒の派遣を仰ぐケースも多い。

（23）もちろんすべての儀礼に僧侶を招聘する必要はない。後述するように、僧侶ではなく在家の念仏社に読経パフォーマンスを委託する場合もある。南部のプーケットなどでは、付近に大乗僧を置く僧院がないこともあって、廟や善堂の行事にはしばしば在家の誦経専門家が招かれる［片岡　二〇一四］。また一部の徳教系施設では、扶鸞を行う霊媒をそのメンバー内から調達している。

(24) *Thiraluk Nai Somkiat Somsakunrungruang Adit Prathan lae Phu Kotang Munlanithi Ruamkatanyu*, pp.50-66 参照。

(25) フォルモソが調査を行った東北タイ（コンケン県）の修骷《しゅうこ》の事例でも同様に、修骷全体については善堂が組織するものの、破地獄などのパフォーマンスには道士や大乗僧が、遺骨の埋葬にあたっての読経儀礼にはタイ仏教僧が招聘されている［Formoso 1996b］。

(26) ここでの多配列システムというのは、近代以前の日本における神仏習合状態（中央の顕密仏教寺院神社を頂点とし、その傘下にさまざまな施設や神仏が配置されている状態）を記述する概念として白川［二〇〇七］が用いたものである。

(27) 多くの帰依者を集めるタイ上座仏教寺院の場合、住職が禁欲ゆえに奢侈を嫌った場合、しばしば寺院に集中する寄付金を病院など慈善活動への寄付に振り向けるという事例がみられる［Taylor 1993: 295］。義徳善堂のこの寄進イベントもまた、それと同様の形式を踏襲しているとみることができる。

(28) *Thiraluk Nai Somkiat Somsakunrungruang Adit Prathan lae Phu Kotang Munlanithi Ruamkatanyu*, pp.50-66 より。

(29) こうした対比の図式は、タイ仏教の出家主義と、中国系の神々が媒介する現世利益の肯定との対照性というステレオタイプによっても補強されている［Coughlin 1960: 117］。

引用・参考文献

〈日本語文献〉

石井米雄
　一九九一『タイ仏教入門』東京：めこん。

小野澤正喜
　一九七六「タイ国地方都市における中国系住民のタイ社会への同化過程に関する調査報告――タイ国スコータイ県シーサムロン郡における文化人類学的調査から」『民族学研究』四一（三）：二五九―二六七。

片岡　樹
　二〇一四「中国廟からみたタイ仏教論――南タイ、プーケットの事例を中心に」『アジア・アフリカ地域研究』一四（一）：一―四二。
　二〇一五「タイ国における中国系善堂の宗教活動――泰国義徳善堂に見る中国宗教、タイ仏教、そして世俗」『東南アジア研究』

五二（二）：一七二―二〇七。
可児弘明
一九七九　『近代中国の苦力と「豬花」』東京：岩波書店。
小泉順子
二〇〇六　『歴史叙述とナショナリズム――タイ近代史批判序説』東京：東京大学出版会。
櫻井義秀
二〇〇八　『東北タイの開発僧――宗教と社会貢献』松戸：梓出版社。
志賀市子
二〇一二　『〈神〉と〈鬼〉の間――中国東南部における無縁死者の埋葬と祭祀』東京：風響社。
白川琢磨
二〇〇七　「神仏習合と多配列クラス」『宗教研究』八一（二）：二五―四八。
玉置充子
二〇〇七　「東南アジアの華人コミュニティ――タイ・シンガポールにおける潮州系華人慈善団体『善堂』の発展と機能」岩崎育夫編『新世代の東南アジア――政治・経済・社会の課題と新方向』一八一―二一七、東京：成文堂。
二〇一二　「中国と東南アジアの華人社会――民間信仰と結びついた慈善団体『善堂』」櫻井義秀、濱田陽編『アジアの宗教とソーシャル・キャピタル』一九六―二一九、東京：明石書店。
二〇一六　「タイで『華人性』を考える――ある『華人廟』からの問い」津田浩司、櫻田涼子、伏木香織編『「華人」という描線――行為実践の場からの人類学的アプローチ』六三―九五、東京：風響社。
玉田芳史
一九九六　「タイのナショナリズムと国民形成――戦前期ピブーン政権を手がかりとして」『東南アジア研究』三四（一）：一二七―一五〇。
津田浩司
二〇一六　「序論――『華人学』の循環論を超えて」津田浩司、櫻田涼子、伏木香織編『「華人」という描線――行為実践の場からの人類学的アプローチ』一九―四七、東京：風響社。
中山三照
二〇〇八　『公的補助金に依存しない社会事業の実現――タイにおける華人の慈善活動と民間主体のレスキューシステム』東京：

トレンドライフ。
潘　少紅
　二〇一四「一九八〇年代以降のタイ華人社団の新発展」（王艶梅訳）清水純、潘宏立、庄国土編『現代アジアにおける華僑・華人ネットワークの新展開』三七三—四一七、東京：風響社。
夫馬　進
　一九九七『中国善会善堂史研究』京都：同朋舎。
村嶋英治
　一九八九「タイ国における中国人のタイ人化」岡部達味編『ＡＳＥＡＮ諸国における国民統合と地域統合』一一五—一四一、東京：日本国際問題研究所。
　一九九三「タイ華僑の政治活動——5・30運動から日中戦争まで」原不二夫編『東南アジア華僑と中国——中国帰属意識から華人意識へ』二六三—三六四、東京：アジア経済研究所。
森　幹男
　一九七四ａ「タイ国中央平野部のChao Phou信仰——第一次予祭」『アジア・アフリカ言語文化研究』七：一二一—一四五。
　一九七四ｂ「タイ国Chao Phou信仰に関する若干の知見」『アジア・アフリカ言語文化研究』九：一七五—一九二。
　一九七八「タイ国Chao Phou信仰における儀礼と慣行（一）」『アジア・アフリカ言語文化研究』一五：一一一—一四二。

〈中国語文献〉
泰国潮州会館
　一九八三『泰国潮州会館成立四十五周年紀念特刊』。
　一九八八『泰国潮州会館成立五十週年紀念特刊』。
泰国徳教慈善総会
　二〇〇七『泰国徳教慈善総会新址落成掲幕大典紀念特刊』。
泰国華僑報徳善堂
　二〇一〇『百年創堂・世紀善続——華僑報徳善堂一〇〇周年紀念特刊』。

〈英語・タイ語文献〉

Anderson, Benedict

2016 Riddles of Yellow and Red, *New Left Review* 97: 7-20.

Boonsanong Punyodyana

1971 *Chinese Thai Differential Assimilation in Bangkok: An Explanatory Study*. Ithaca: Cornell University.

Chan Kwok Bun and Tong Chee Kiong

1993 Rethinking Assimilation and Ethnicity: The Chinese in Thailand, *International Migration Review* 27(1): 140-168.

Coughlin, Richard J.

1960 *Double Identity: The Chinese in Modern Thailand*. Hong Kong: Hong Kong University Press.

Cushman, Jennifer W.

1989 The Chinese in Thailand, in Leo Suryadinata(ed.) *The Ethnic Chinese in the ASEAN States: Bibliographical Essays*. pp. 221-259, Singapore: Institute of Southeast Asian Studies.

Formoso, Bernard

1996a Chinese Temples and Philanthropic Associations in Thailand, *Journal of Southeast Asian Studies* 27(2): 245-260.

1996b *Hsiu-Kou-Ku:* The Ritual Refining of Restless Ghosts among the Chinese of Thailand, *Journal of the Royal Anthropological Institute* 2(2): 217-234.

2009 Ethnicity and Shared Meanings: A Case Study of the ‘Orphaned Bones' Ritual in Mainland China and Overseas, *American Anthropologist* 111(4): 492-503.

2010 *De Jiao: A Religious Movement in Contemporary China and Overseas: Purple Qi from the East*. Singapore: NUS Press.

2016 Thai Buddhism as the Promoter of Spirit Cults, *South East Asia Research* 24(1): 119-133.

Jackson, Peter A.

1999 Royal Spirits, Chinese Gods, and Magic Monks: Thailand's Boom-time Religions of Prosperity, *Southeast Asia Research* 7(3): 245-320.

Kasian Tejapira

1992 Pigtail: A Pre-History of Chineseness in Siam, *Sojourn* 7(1): 95-122.

1997 Imagined Uncommunity: The *Lookjin* Middle Class and Thai Official Nationalism, in Daniel Chirot and Anthony Reid (eds.)*Essential Outsiders: Chinese and Jews in the Modern Transformation of Southeast Asia and Central Europe*. pp. 75-98, Seattle and London:

University of Washington Press.

2009 The Misbehaving *Jeks*: The Evolving Regime of Thainess and Sino-Thai Challenges, *Asian Ethnicity* 10(3): 263-283.

Kingshill, Konrad

1965 *Ku Daeng*: *A Village Study in Northern Thailand*. Bangkok: Bangkok Christian College.

McDaniel, Justin T.

2011 *The Lovelorn Ghost and the Magical Monk*: *Practicing Buddhism in Modern Thailand*. New York: Columbia University Press.

2013 This Hindu Holy Man is a Thai Buddhist, *South East Asia Research* 21(2): 191-209.

Ruam Katanyu Foundation

1997 *Munlanithi Ruam Katanyu (Ngi Tek Tung)*.

2000 *Munlanithi Ruam Katanyu*.

Skinner, G. William

1957 *Chinese Society in Thailand*: *An Analytical History*. Ithaca: Cornell University Press.

1996 Creorized Chinese Societies in Southeast Asia, in Anthony Reid (ed.) *Sojourners and Settlers*: *Histories of Southeast Asia and the Chinese*. pp. 51-93, St. Leonards, NSW: Allen and Unwin.

Supang Chantavanich

1997 From Siamese-Chinese to Chinese Thai: Political Conditions and Identity Shifts among the Chinese in Thailand, in Leo Suryadinata (ed.) *Ethnic Chinese as Southeast Asians: Bibliographical Essays*. pp. 232-259, Singapore: Institute of Southeast Asian Studies.

Tambiah, S. J.

1968 The Ideology of Merit and the Social Correlates of Buddhism in a Thai Village, in E. R. Leach (ed.) *Dialectic in Practical Religion*. pp. 41-121, Cambridge: Cambridge University Press.

Tannenbaum, Nicola

1996 Blessing and Merit Transfer among Lowland Shan of Northwestern Thailand, in Cornalia Ann Kammerer and Nicola Tannenbaum (eds.) *Merit and Blessing in Mainland Southeast Asia in Comparative Perspective*. pp. 181-196, New Haven: Yale University Southeast Asia Studies.

Taylor, J. L.

1993 *Forest Monks and the Nation-State*: *An Anthropological and Historical Study in Northeastern Thailand*. Singapore: Institute of

Southeast Asian Studies.

Van Roy, Edward
2008　Sampheng: From Ethnic Isolation to National Integration, *Sojourn* 23(1): 1-29.

Vella, Walter F.
1978　*Chaiyo*!: *King Vajiravudh and the Development of Thai Nationalism*. Honolulu: The University Press of Hawaii.

Yang, C. K.
1991　*Religion in Chinese Society*: *A Study of Contemporary Social Functions of Religion and Some of Their Historical Factors*. Taipei: SNC Publishing.

資料

2003　*Thiraluk Nai Somkiat Somsakunrungruang Adit Prathan lae Phu Kotang Munlanithi Ruamkatanyu*.

コラム③

潮州劇について

田仲一成

一　中国演劇における地方劇の地位

中国の戯曲史は、江南（江蘇省、浙江省、安徽省、江西章）を中心とする正統派の戯曲と、その周辺地域（華北地区の河北省、河南省、山東省、山西省、陝西省、華中地区の湖北省、湖南省、四川省、貴州省、雲南省、華南地区の福建省、広東省、広西省など）の地方派の戯曲とに分かれて発展した。正統派は、音楽的に蘇州の優婉な昆曲を軸として明代に成立したものであり、作者としては、読書人、文人によって占められ、作品は、四〇場に及ぶ長編で、内容は、主に才子佳人の愛情劇であり、文辞は、美辞麗句を連ね、文学性が高い。対する地方派は、音楽的には喧噪と評される、乱弾腔、弋陽腔を軸とし、昆曲より早く宋元時代に成立しており、作者は無名の俳優が多く、作品は、短編で、内容は、歴史小説や、公案もの（裁判もの）が多く、文辞は、素朴直截であるが、文学性に欠ける。世界遺産になったのは、文学性に秀でた江南の昆曲系戯曲であり、京劇は、全国に普及しているが、文学性に乏しい地方派に属し（湖北の西皮調子と安徽の二黄調の混合したもの）、世界遺産に取り上げられるほどの評価は得ていない。日本との対比でいうと、能にあたるのが昆曲で、歌舞伎に当たるのが京劇ということになっているが、必ずしもそのような対応関係があるとは言えない。例えば、短編の能と長編の昆曲は、芸態が似ておらず、作者の身分についてみても、能の作者は文人に当たる公卿ではなく、能役者自身であって、むしろ地方派に近い。歌舞伎も、芸態の上では、長編の写実的な世話物などは、歌唱や立ち回りを得意とする短編の京劇とはまったく似ていない。むしろ、演出の荒っぽい短編の京劇の方が長編昆曲より短編の能に似ており、演出の細やかな長編昆曲の方が短編京劇より長編歌舞伎に似ている、ともいえる。成立時期の点でも、地方派と能は一四世紀、昆曲と歌舞伎は一七世紀と対応する。貴族的か、庶民的か、という判断基準だけで、能＝昆曲、京劇＝歌舞伎という単純な対比は、演劇史的に意味がない。以下では、より広い視点から、潮劇の位置付を試みたい。

二　潮州劇の通行範囲

まず、地方派戯曲は、都市の文人社交の場か劇場を基盤とする正統派戯曲が官僚の共通語（官話）またはそれに準ずる言語で演じられ、地域を越えて鑑賞されたのに対して、地方派戯曲は、農村祭祀の場を背景とする神事の一部として上演されているため、農村祭祀の基盤となっている地方の方言グループ（飲食文化、宗教信仰なども共有するエスニック・グループ）ごとに成立し、地域を越えて他の方言グループに伝わることはない。従って全国に三〇〇種あるエスニック・グループごとに、三〇〇種の地方劇が存立している。潮州劇は、潮州方言が通用する広東省東部（粤東地区）において成立した。同じ広東省でも、潮州方言を解さない地域（例えば、広州府）には伝播しない。逆に、潮州人の海外貿易の及ぶ海外においては、潮州人が移住している地域に限って、潮州劇が伝播する。例えば、香港、シンガポール、マレーシア、タイなどの潮州人居住区域に潮州劇が盛行している。

三　潮州劇の上演環境――祀神信仰

潮州劇は、劇場でなく村落祭祀の場で演じられてきた。祭祀は、守護神に捧げられ、常に神殿に向かって演じられる。潮州劇に限らず、地方劇は、すべて、祀神信仰と結びついているが、潮州の場合、その祀神信仰には、他の地方劇とは異なる大きな特徴がある。それは、淫祀的な偶像崇拝を避け、国家の祀典に列せられた、所謂、正神のみを信仰するという点であり、非常に観念的な性格を帯びる。たとえば、潮州人は、寺廟の祭壇の外側の空間に、必ず、「天地父母」を祀る。偶像はなく、天の神、地の神を祭り、併せて祖先の神としての父母を祀る。これは、潮州人独特のもので、他のエスニックグループにはない。このほか、南辰北斗をまつるが、これも偶像がなく観念的な点では、天地父母と同様である。またどこにでもある土地神を「福徳正神」として祀る。ほかに、まれに関帝、老子（大上老君）などを祀ることもあるが、その数は多くはなく、目立たない。広東で広く信仰される楊侯王、天妃、北帝（玄天上帝）などは、まったく祭っていない。

この点は、おなじエスニックグループに属する海陸豊人とは対照的である。海陸豊人は、孫悟空（斉天大聖）を信仰しているが、潮州人は、見向きもしていない。また福建系エスニックグループに多く見られる童乩による憑依、託宣というような土俗的な宗教行為も全く見られない。ただ潮州人の中にも、地域差があって、潮州西部、海陸豊県の境に近い普寧県人は、孫悟空を祀る。香港では、石籬貝、官涌など、山寄りに住む普寧出身者の場合には、孫悟空の神殿を作っている。潮安県（海陽県）、潮陽県、掲陽県、澄海県、汕頭など、韓江流域に住む正統派潮州人においては、淫詩邪教を退け、むしろ儒教に近い「天地父母」「南辰北斗」の信仰に集中している。潮州城内においては、仏教として開元寺が君臨するが、道教の「玄妙観」は、消滅し、正統派潮州人には、道士さえ見当たらない。儒教の外は、仏教以外に認めないという態度である。このような状況の下で、潮州人の村落祭祀の中心を占める神は、結局、土地神、すなわち「福徳正神」に帰着することになる。福徳正神は、白髯を蓄えた老人の姿で、類型化されており、これもある種の観念的な信仰対象と言えなくもない。偶像のある信仰対象としては、わずかに関帝のみ、関羽は関聖帝君として清朝の祀典では、正神とされているから、許容範囲ということであろう。潮州城内には、三山国王廟があるが、これは、客家人の信仰対象であり、香港では、海陸豊人が祀るが、潮州人は、関与していない。また、潮州城内には、老子を祀る老君堂があり、香港の潮州人も老子を祀る玄都仙観という老子廟を持つ。結局、潮州人が祭祀の対象とするのは、関帝、老子、土地神（福徳正神）ぐらいのもの、あとは偶像のない「天地父母」ということになる。

因みに、潮州劇が奉納の対象とする神々の神格を中元節に架設される神殿の配置から見てみよう。もっとも奥にある神壇には、紙で作られた冠、靴などが三対並べられる。中央が天地父母、向かって左が「諸位福神」、同右が「南辰北斗」である。神殿の前方空間には、大香炉三基が据えられ、これに龍香三本が配される。香炉三基には、「諸位福神」「天地父母」「南辰北斗」の銘文が刻まれる。土地神や関帝などの偶像は、村の精霊神の位牌や香炉とともに神殿と大香炉間に置かれた儀卓の上に置かれる。天地父母などは、神殿の中に祀られているから地位が高く、土地神などの偶像は、神殿の外に置かれるから、地位が低い。潮州人の神観念がこの神殿の配置によく表れている。

四　潮州劇の起源――海陸豊劇との関係

この神殿に奉納される潮州劇は、福建省の古都、泉州の梨園劇の系統をひく。梨園劇は、南宋の温州から出たといわれる南戯の演目を多く伝承していることから、宋元時代の戯文、いわゆる南戯を継承している。したがって、潮州劇は、中国全土で三〇〇種もある地方劇の中で、特に宋元南戯の系統をひく伝統のある劇種ということになる。

ただ、潮州劇は、もっぱら南戯の音楽と演目の範囲にとどまる梨園劇と異なり、北方劇の要素を含んでいる。この点では、潮州劇の成立において、隣接する海陸豊劇との関係を考えなくてはならない。海陸豊劇は、南戯の系統をひいて福建系方言の口語で演じる白字戯と、北方の中原から伝わって北方語の官話で演じる正字戯の二種からなる、その他に、これも北方陝西劇の系譜をひく西秦戯をも演じる。つまり北方劇と南方劇の双方を持っている。潮州劇もかっては、正字戯（北劇）と白字戯（南戯）の双方を持っていたが、今は、正字戯を失い、白字戯だけになってしまった。しかし、正字戯の音楽である鑼鼓を保持しており、梨園戯風の優美な音楽に加えて力強い北方音楽を擁して、いわば南戯と北劇の二元構造になっている。しかも、海陸豊劇が、北劇系の正字戯、西秦戯などの武劇（戦闘場面を主とする演劇）と、南戯系の白字戯（男女の愛情劇）を別々に演じるのに対し（両者は、音楽も方言も異なるから、別の劇種であり、同時に演じることはできない）、潮劇では、同じ潮州方言を用いる白字戯を南戯系の弦楽と北劇系の鑼鼓の双方を用い、一つの白字戯の中で、戦闘場面と愛情場面を混在させて演じる。いわば、南戯と北劇を融合した形で演じている。それだけ、演劇としての幅がひろがり、人情劇から歴史劇まで、演目が豊かになっている。とくに鑼鼓音楽を背景に、悲劇に長じている点が潮州劇の特徴である（この点は後述）。潮州人と海陸豊人は元来、同じエスニックグループに属するが、海陸豊人は、小規模な漁民、農民からなり、いわば貧困者集団であるため、商業によって富裕となった潮州人は、海陸豊人を軽視して、海陸豊劇が潮劇のルーツであること認めようとしない。しかし、潮州劇もかつては海陸豊劇と同じ芸態を持っていたのであり、海陸豊劇は潮州劇の前身、または先行形態であるということは、否定できない。海陸豊劇と潮州劇は、多くの共通の演目を持っていることも、この両者の密接な関係をうかがわせる。

五　潮州劇の歴史記録

一般に地方派の演劇は、文人から注目されることが少なかっただけに、歴史記録にとぼしい。しかし、潮劇は例外的に明初、宣徳年間に琵琶記、金釵記の劇本（抄本）が残っているほか、明中期の嘉靖年間にも茘鏡記（陳三五娘）の刊刻本が出ている。これらのテキストの字句の特徴から見て、潮州劇テキストは、明代初期から江西、安徽を中心に江南一帯に流行していた弋陽腔に属することが判明している。したがって、潮州劇が海陸豊劇から継承してきた北方劇の要素は、この弋陽腔を媒介として入ってきたことがわかる。弋陽腔の特徴は、これを記録した徐文長の『南詞叙録』によると、喧噪と称されており、鑼鼓音楽であったことは明らかであり、潮州劇、及び海陸豊劇の大鑼鼓は、この弋陽腔から来たことがわかる。また『茘鏡記』は、明末の莆田の文人、曾楚卿が記録した当時の流行戯曲の対聯の中に記録されている点から見て、福建の北部にも伝播していたことがわかる。この物語の主人公である陳三は泉州の人であり、五娘は、潮州の人である点を見ても、潮州劇が、梨園劇の本拠地、泉州や、莆仙劇の根拠地、莆田と交流があったことも推定できる。福建省を挟んで北方に境を接する浙江省南部地区（浙南）、南方に境を接する広東省東部地区（粤東）を合わせた地域は、東南沿海地区として、一つのまとまった地文的独立地域である。この地域の沿海部は、島嶼が散在して、平水面に恵まれ、海上交通で相互に結ばれていた。海陸豊人や潮州人は、自らの祖先が北方から粤東に移住したルートとして、しばしば、福建莆田を経由して現住地に入ったと伝えている。この点からも、潮州劇や海陸豊劇が福建沿海の都市と深い関係にあったことが推定される。

六　潮州劇の上演形態

一九八〇年代の香港、シンガポールにおいては、潮州劇は旧暦七月の盂蘭盆会と旧暦一一月の歳晩酬神を中心に祭祀演劇としての上演機会が多く、隆盛といえる情況であった。香港では、韓江、昇芸、三正順、玉梨春、新天芸、新天彩、新楽声の七劇団があり、それぞれ特色があった。新天芸、新天彩は、伝統的な様式を守る旧派であり、古劇に強みを発揮しているのに対し、韓江、昇芸は、近代的な様式を取り入れて華麗な演出を見せる。玉梨春、新楽声は規模が小さく、旧派に近い。三正順は規模が大きく新派に近い。かって六〇年代、潮劇は映画化されて多数の観客を動員した。広東劇が現代化して話劇に近くなっていたのに対し、潮劇は、伝統的な歴史劇（古装劇）の枠内で、勧善懲悪、仁義忠孝、忠奸闘争など伝統的故事を演じ、様式も古式を守って、洋式化に走らなかったことが、当時の古い世代に観客に歓迎されたためである。新天彩は、この分野で活躍した。香港の潮劇団は、祭祀演劇の場合、三日三晩の上演をおこなう。第一日は午後八時から一二時まで、第二日は午後八時から真夜中の二時まで、最後は午後八時から翌朝六時まで、徹夜上演を行う。同一演目を三日連続して上演することも少なくない（連台）。このため本格的な長編南戯劇を演じることができ、明清時代の地方劇上演の面影を再現しているといえる。

シンガポールでは、老賽桃源、老三正順、新栄和興、織雲、金鷹、老玉楼春、老富貴春、星馬新天彩など、八劇団を擁する。これらはマレーシアでも公演活動をしている。劇団の規模は、香港に比べて小さく、背景なども貧弱であるが、武劇を得意とするなど、正字戯の面影を残す点がある。ただシンガポールでは、上演時間を夜一二時までに制限されるため、香港のような長編を上演しにくい。

別に、広州には広東潮劇院があり、第一団、第二団、第三団に編成されて、広東各地を巡回公演している。ただ、大陸では、祭祀演劇は禁止され、劇場での上演に限られるため、上演時間は二時間が限度である。勢い、短編の愛情故事などに演目がかたより、長編歴史故事劇を得意とする潮劇の本領が発揮できない。研究対象としては物足りない。

なお潮州劇は、タイ国にも大きな勢力をもっており、バンコクには、潮劇専門の劇場がある（泰中戯院）。またタイの梅正潮劇団はマレーシアにも巡回公演をおこなっている。東南アジアにおいては、広東劇、福建劇が現代化し（洋風化）、中国色を失い、海南劇、福州劇、莆田劇などの少数グループの劇種が衰退する中で、潮州劇は、潮州人のみならず、福建人の古老の間にも人気を持ち、中国劇の代表としての地位を占めている。今後もその地位は変わらないであろう。

七　潮州劇の特徴——悲劇性

中国の戯曲は、悲劇に乏しいと言われている。先ず、この点を考察して置く。ヨーロッパでは、ギリシャ以来、演劇の主流は、悲劇であった。近世にはいっても、一六世紀のイギリスのシェイクスピア、フランスのラシーヌなど、名作と言われる戯曲は、すべて悲劇である。そして、この悲劇の美感は、アリストテレスによると、苦悩を通して心が浄化されるカタルシスにあるという。近世では、カントが、通常の温和な自然に対して人間が美しいと感じる「優美」と、それとは別に高山大川、怒涛瀑布、雷鳴豪雨など、自らの把握力を越える巨大なものに直面した人間が、一旦はその巨大さに圧倒されながら、これに対して抵抗し、はね返そうとする心理が働き、それが無限なものに向かって噴出する人間理性を誘発させ、美的陶酔感、高揚感を感じるに至るとし、これを一種の美意識と考えて、「壮美」と名付けた。そして、観客が悲劇に対して感じる美意識は、まさしくこの「壮美」であるとした。中国戯曲史の開拓者、王国維は、このカントの説に共鳴し、すべてハッピー・エンドで終わる中国近世の戯曲には、カントのいう人間理性の高揚に連なる「壮美」の戯曲としての悲劇がほとんどない、これは中国文化の一大欠陥であると考え、中国の戯曲の中では、わずかに一三―一四世紀に北方で流行した元人雑劇のみが悲劇の名に値するとし、それ以後の明清の戯曲を価値がないとして切り捨て、その歴史を書こうとしなかった。確かに上述したように江南の正統派戯曲には、悲劇がない、悲劇でなければ戯曲ではないとし、これを切り捨てて顧みなかった王国維の考えは、一つの見識である。ただ、前述のように、中国の戯曲には、江南正統派戯曲のほかに、周辺地域に地方派の戯曲がある。その中には、ハッピー・エンドではなく、徹頭徹尾の悲劇と言えるものも存在する。この点について、清代中期、江蘇省甘泉県出身の劇評家、焦循（一七六三―一八二〇）は、その著『花部農譚』（一八一九）において、当時の梨園（宮廷戯曲）の内部で併存していた正統派戯曲の雅部と地方派戯曲の花部を比較して次のように述べている。

雅部に属する呉の音楽（昆曲）は、複雑で、その戯曲は、楽譜どおりに歌われるが、聴いている方は、そのテキストを見なければ、中身が理解できない。琵琶記、殺狗記、邯鄲夢、一棒雪など、十数種を除いて、多くは男女の猥褻な物語で、例えば、西楼記や紅梨記のごとき、まったくくだらない。これに対して、花部の方は、元の雑劇の系統を引いていて、忠・孝・節・義を内容とするものが多く、人を感動させる。そのセリフは、素直で素朴であり、女子供にもよくわかるし、その音曲は、激しく悲壮であり、聴く者は、血気がはやり、高揚感を覚える。この花部系の地方劇は、郊外の各村において、農耕の順調を神に祈る春の二月と、豊作を神に感謝する秋の八月に、村ごとにかわるがわる演じられ、農民や漁民が集まってその上演を楽しんできた。その由来は、古いのである。

王国維は、明清の江南文人社会に流行した正統派戯曲（昆曲）に悲劇が欠けていることをふまえながら、例外として、明朝滅亡の際の名妓、李香君の悲劇を描いた孔尚任の『桃花扇』を悲劇として評価したが、純粋な悲劇とは言えず、政治的色彩が混入していると評している。しかし、王国維は、宋元以来、農村地帯に伝承されてきた地方派の戯曲を視野に入れていない。地方劇は、焦循のいうように、忠孝節義のために死んでゆく英雄烈女を演じることが多いのであり、元雑劇の悲劇性は、地方劇に継承されている、と言える。潮州劇は、まさしくこの地方派戯曲の系統に属しており、その悲劇性を継承している。

八　潮劇劇の悲劇演出

以下、潮州劇にみえる悲劇の例をあげる。

1　《夫人城》[1] 晋

晋泰元三年（三七八）春、秦王符堅、子符丕を遣わして南を侵し、中原に進攻、襄陽を衝いた。襄陽を守っていた梁州刺史朱序は秦兵の暴行に憤慨し、符丕の降伏勧告を拒絶。母親韓氏の建議に従い、城池を固めて、堅守し抵抗した。ただ、兵力の多寡に懸隔があり、連続して大将が戦死した。序は陣頭指揮して敵と戦おうとし、陣営の守将に人がいないため、母韓氏に兵権をゆだねる。韓氏は奇襲によって符丕を敗る。序は勝ちに乗じて敵陣を襲うが敵と内通する李伯護に裏切られて、敵に捕らえられる。李伯護はまた西北の城壁が弱いという情報を秦兵に伝える。符丕は兵を率いて猛攻、韓氏は自ら将兵を督戦して防衛するとともに、全城の婦女を集めて内側にも城壁を築かせ、遂に秦兵を防ぎおおせた。城攻めに失敗した符丕は、朱序を城の前に引き出し、韓氏に降伏を迫った。韓氏は悲痛の極に追いつめられるが、愛国の大義を嫁の楊氏と孫娘巧児に説き、城を子の命に代えることを拒否。符丕は面罵されて逆上し、遂に朱序を殺し、城側の出撃を挑発した。韓氏は兵を按じて動かず、孫娘巧児を都に派遣して救援を請う一方、内通者の李伯護を誅し、大いに秦兵を破って、襄陽を守り通した。人民は韓氏の義勇と全城の婦女の築城防衛に感激し、その名を「夫人城」と名づけて記念とした。城内の婦女は、城外に朱序を傷む。（一九七〇年代、福建平和潮劇団演出、新編歴史劇）

2　《守揚州》(2)　元

元軍南下、南宋は存亡の瀬戸際に追い詰められる。都の臨安は陥落し、ひとり揚州だけは、守将、李廷芝の奮戦により、三年に及ぶ籠城に耐えている。しかし、李の妻、王氏は元軍に捕らわれの身となる。攻めあぐねた元軍は、臨安で捕らえた若い宋帝とその母、太后を揚州に移送し、李廷芝以下の城兵に投降を呼びかけさせる。元に降った奸臣李虎は、太后に時勢は元に傾き、宋室の挽回は不可能と説く。元の攻城軍総大将、阿朮は、太后に向かって李廷芝あてに投降勧告の手紙を書くように要求する。太后はしぶしぶ筆を執る。阿朮はさらに捕らえた李廷芝の妻、王氏にも夫宛に投降勧告の手紙を書くように強要する。太后、李虎も傍から勧める。しかし王氏はかえって、太后、李虎を面罵し受け付けない。このとき、李廷芝は、皇帝と太后が揚州に連行されてきたという情報を得て、派州に出撃し、二人の奪還をはかる。阿朮は、李の妻、王氏を引き出す。李廷芝と妹の李玉蘭ははるかに捕らわれの妻と対面する。気丈な王氏は夫を励まし、自分の命を顧慮することなく忠義に徹するように説く。阿朮は大釜を据え、王氏を釜茹での刑に処すると脅す。王氏は自ら大釜に飛び込んで死ぬ。その夜、李廷芝は妹、玉蘭と明月のもとで一家離散の悲運を悲しむ。そこへ部下の朱煥が訪ねてきて、投降やむなしという意見をのべる。李は声を励ましてこれを退ける。元軍は十里、兵を引き、李虎が太后の投降勧告の詔書を持って、城に入り、李廷芝にこれを示す。

李は驚くが、李虎を追い出し、太后と直接に話をすることを求める。太后は城外に現れ、李と言葉を交わし、投降を進める。李は拒否し、兵馬を率いて打って出る。裏切りの部下、朱煥を斬り捨て、自らも自刎して果てる。

3 《剪月蓉[3]（掲陽案）》明

明崇禎二年に赴任した掲陽県知県結凌標は、妻曾氏のほかに妾黄月蓉を娶る。黄氏は夫の寵愛を受けて男子を産む。妻曾氏は黄氏を嫉妬し、夫の留守に侍女楊梅とはかり、黄氏を自室におびき出す。楊梅の誘を受けた黄氏は、侍女の秋香に万一のときは子供を抱いて邸から逃避するように頼んで、曾氏の部屋に赴く。自室で待ち受けていた曾氏は黄氏を問責の上、棒でたたき、散々に折檻したあと、柱に縛り、顔を鋏で切り、楊梅に命じて焼け火箸で首をしめて殺させる。遺体は黄岐山に埋め、霊位を東閣に置き、帰宅した結には、傷風で病死したと告げる。その夜、結の夢枕に黄氏の亡霊が立ち、曾氏に殺されたことを告げる。墓地に赴くと、そこでも月容の亡霊が出る。結は侍女を呼び出し真相をつかんだ上、焼いた鉄板で曾氏を殺す。

［補記：残酷な劇で、大陸では禁止されていたが、香港では、海陸豊劇の白字戯として、頻繁に上演されている。］

4 《両代孤孀[4]》清

周氏夫妻は夫婦ともに若死にし、あとに姉の周素貞、弟の周賢の二人の幼児が残される。妻の弟、李仁義がひきとって育てる。姉の素貞は一七歳、かつて程氏の息子と婚約していたが、婿は夭折して、弟の成人を楽しみに貧苦の日を送る。朝廷の大官、老翰林の程学道の兄学□（?-）の未亡人朱氏は、一八歳のとき、重病の婚約者学□（?-）に無理に嫁がされ、直ぐに学□（?-）が死去したために一八歳で寡婦となり、節を守ること五三年、既に七〇歳になっていた。学道はこの嫂のために郷里に貞節牌坊を建てることを請い、皇帝の許可を得る。朱氏には夫の夭折のあと、学道の子、崇義が養子に入って家を継いでいたが、これも一〇歳で夭折していた。学道は貞節牌坊の勅許を得たついでに、この既に死んでいる崇義にも貞節の寡婦を配して二代の貞婦を演出しようと目論み、一七歳の周素貞を冥婚の相手と定め、叔父の李仁義に話をつけ、いやがる素貞を無理やりに花轎に載せて連れ去る。程家内の朱氏の住む家堂に迎え入れ、崇義の位牌と結婚させる。朱氏と周素貞は同居し、「二代の孤孀」として位牌に仕える。貞節牌坊の建ったとき、巡按の左維明が招かれるが、維明は学道が一〇歳で死んだ崇義に一七歳の女性を冥婚させ、「二代孤孀」の形を作り出したと聞き、道義に反する蛮行として学道を厳しく非難する。学道の次男、崇礼は好色の徒で、周素貞の美貌に目をつける。その後、何度も言い寄っては拒絶されるが、ある夜、素貞の部屋に忍びこみ、迷魂香を使って素貞を失神させ、これを犯して去る。失神から醒めた素貞は床の上に残された扇から、崇礼に犯されたことと知り、恥じて自殺をはかるが、朱氏の侍女荷花に止められて、しばらく思いとどまる。しかし、素貞は三か月後、崇礼のために身ごもったことを知り、自殺の道をさぐる。崇礼はさらに朱氏の侍女荷花にも目をつけてこれを追うが、荷花は花園に逃げる。そのとき、程家に寄寓していた書生呉宗文が花園に出ていて、縊死を図ろうとした周素貞に遇い、その身の上を聞く。呉は朱氏に訴えるように勧める。ひそかに二人の話を盗み聞いた崇礼は、悪事の露見を恐れ、父の学道に呉宗文と周素貞が不義密通をしていると告げる。学道は崇礼とともに花園に駆けつけ、二人を捕らえようとする。そこへ荷花に支えられて朱氏が現れ、学道から素貞の不義を聞いて素貞を難詰する。しかし、宗文に激励された素貞は朱氏に崇礼に犯されたことを訴える。崇礼は素貞が宗文との不義を暴かれたので、罪を自分に転嫁したのだと言い立て、学道も之を信じ、宗文を捉えて去る。学道は素貞の妊娠させた人物を詮議し、子の崇礼であることをつきとめ、これを厳しく折檻し、法廷に突き出す決意をする。しかし、学道の妻陳氏と崇礼の妻葉氏が崇礼の助命を策し、裁判の場で、崇礼が素貞を妊娠させたことが露見すれば、貞節牌坊を申請した程氏一門は面目を失い、存続が危うくなると進言する。学道も之を恐れ、すべて素貞と宗文に罪を転嫁して、二人を江に沈め、保身を図ることにする。しかしこの計画は、家僕の程旺に盗み聞きされる。一方、朱氏は素貞に事情を問いただし、素貞から証拠として卓上に残された扇を示される。朱氏は納得し、素貞に脱出を勧める。このとき侍女の桂花を通じて、程旺からの情報が伝えられ、学道父子が素貞と宗文を豚籠にいれて江に投げ込もうとしていることがわかる。陳氏と葉氏は宗文に妊娠三か月の素貞との仲をただす。宗文は三か月前には不在であったことを告げ、両夫人は宗文を逃がす。素貞と宗文は江辺に逃げるが追ってきた学道、崇礼に捕まる、学道は素貞を江に突き落とす。追ってきた朱氏はこれを見て江に身を投げる。学道は牌坊建設を申請した立場を失い狼狽するが、崇礼はかまわず、宗文を江に突き落とそうとする。そこへ巡按左維明が官兵を率いて登場、程家の家卒を蹴散らす。学道はあわてて身を隠し、崇礼は逃げるが逮捕される。之より先、李仁義と周賢は、江水のほとりで、江中に浮いている素貞を発見し、救い上げる。三人は役所に訴えようとする。左維明は裁判を開く。崇礼に自白を迫り、杖で打つところへ学道が登場、素貞と宗文を捕らえて一件落着したと主張する。そこへ程旺が登場して学道のたくらみを暴く。さらに死んだと思っていた素貞が登場し、崇礼と対質し、すべてが明らかになる。左維明は崇礼を斬刑に処する。母陳氏、妻葉氏は、死体を見て嘆く。学道はこれを見て、法廷の案に頭を打ち付けて自殺する。左維明は素貞と宗文、程旺と荷花の二組の男女を結婚させ、大団円となる。

［補記：宗族の貞節を顕彰するために、貧窮の女性を買ってきて位牌と結婚させ、未亡人に仕立て上げるなど、「礼教、人を食う」の類であり、人道に叛き、残酷を極める。この劇も、香港ではしばしば上演される。］

九　結　語

以上、述べたように、潮劇の場合、戦場の悲劇、家庭内の悲劇など、悲惨な結末で終わる劇が少なくない。もちろん、中国劇の常として、最後は団円で結ぶケースの方が多いが、たとえ団円で終わる場合でも、そのプロセスでは、多くの人の死の悲劇が演じられる。その死は、忠孝節義のためというケースが多く、政治性を帯びた悲劇であり、真の悲劇とは言いがたい。特に身分の低いもの、貧しいものは、簡単に殺されていく。その意味では、封建社会の暗黒を反映していると言えるが、鑼鼓音楽の強い響きを背景に、潮州劇独特の優婉な歌唱によって表現される悲壮なシーンは、それ自体、真の悲劇、運命悲劇に近い緊張感を観衆にあたえる。それは、数ある地方戯曲の中で、特に優れた悲劇的演出に富む劇種として、評価できるものである。

注

（1）香港潮劇《夫人城》劇本、田佩蘭、柳錦蘭、鄭鶴珠、穂映凱、李鈞裕、陳元慎など演唱。香港芸声唱片公司作製、レコードATC-431, 432 外装、《潮劇劇目祉深》一八五頁《夫人城》梗概、七〇年代、福建平和潮劇団演出。

（2）香港三正順潮劇団《碧血揚州》劇本、許雲波、柳惜春、陳恵芳、周楽、方漢粧、李漢　均、陳振東など演唱、香港文志唱片公司作製、録音カセット MCCS1023-5 付録。《潮劇劇目祉深》一五〇五頁《碧血揚州》梗概、五〇年代末、六〇年代、潮劇院四団、怡香潮劇団、饒平潮劇団演出。

（3）香港恵州劇団《剪月蓉》劇本、蔡可明、鍾麗君、黄梅英、郭珠蘭、など演唱、香港文志唱片公司作製、録音カセット（一）（二）（MCCS6033-6034）付録。一九七〇年代演出と推定。

（4）香港東風潮劇団《両代孤孀》劇本、陳美雲、羅桂鳳、陳振東、姚佳雄、方漢粧、荘静、荘承業、方麗紅など演唱。香港麗風唱片公司作製、録音カセット（LFT2007）付録。

あとがき

編者が初めて「潮州人」なる人々に接したのは、一九九二年の夏、研究生として香港中文大学に留学していたときのことである。香港に来てまだ二か月、なにもかもが珍しく、旧暦七月に入るとすぐに、香港のあちこちで開かれる盂蘭勝会を見に出かけた。その一つが、今ではどこだったのか覚えていないが、潮州人コミュニティの主催する盂蘭勝会だった。今でこそ香港では、廟宇や祭礼の関係者が学生たちや観光客の見学を歓迎し、「歴史文物の保護育成」になるのであればと、しろうとの質問に対しても愛想よく応対してくれるようになったが、当時は広東語もおぼつかない、どこの馬の骨とも知れない日本人などに対しては、つっけんどんな態度で、けんもほろろに応対されるのが普通だった。なかでも潮州系念仏社の経師たちはとくに愛想がなく、常にとっつきにくい雰囲気を漂わせていた。

その後しばらくして、知り合いの紹介を得て、ある潮州系念仏社に出入りするようになり、潮州の功徳法事を見学することが何度かあった。拙文でとりあげた法師の許志博氏と知り合ったのもそのときである。念仏社で知り合った経師たちは、盂蘭勝会で見たときほど愛想は悪くなかったが、なんとなくドライな印象を受けた。当時は潮州式を含めて、功徳法事に関する資料をたくさん集めたが、かといって論文が書けるほどではなく、いつしか資料は本棚の隅にしまい込まれ、そのままになった。

二〇〇〇年代以降、編者は広東省東部の海陸豊地域で無縁死者の信仰に関する調査を始め、その流れで二〇〇六年に初めて汕頭に行き、善堂の調査を開始した。それから毎年のように潮汕地域を訪れるようになり、そこで見聞きしたことが香港留学時代の記憶と結びついて、ああそうだったのかと腑に落ちることが何度もあった。恵来県の禅僧、宋禅祖師（宋超月）の信仰もその一つである。いつだったか香港の念仏社を訪ねたら、お参りにやってきた中高年の女性たちで狭い堂内がごった返しており、「今日はいったい何の日ですか」と尋ねると、宋禅祖師の誕生日だというのである。そのときは宋禅祖師とはいったいだれなのか、まったく何の知識もなかったのだが、恵来県の善堂に宋禅祖師が祀られているのを見たとき、「ああ、あのときの」と、香港の念仏社での記憶が鮮明に蘇ってきた。

二〇〇八年頃から、タイ、ベトナム、マレーシアなど、東南アジア各地を訪れるたびに潮州系の善堂を参観するようになり、海外に渡った潮州系移民についてもっと知りたいと思うようになった。だが、編者は東南アジア地域を専門としているわけでも、潮州語やタイ語ができるわけでもない。それにどうがんばったところで、一人の人間ができることは限られている。そこで、東南アジアの華僑華人研究を専門とする何人かの研究者に共同研究を呼びかけた。二〇一二年度から三年間にわたって日本学術振興会科学研究費補助金による研究計画「東南アジアの華人慈善団体に関する人類学的研究——潮州系のエスニシティとネットワーク」（基盤研究C、課題番号：24520920、研究代表者：志賀市子）を実施したのは、こうした経緯によるものであった。

二〇一三年の春、タイで知り合った潮州人から、香港の普慶善堂という潮州系念仏社を紹介してもらい、もう一度改めて、香港の潮籍盂蘭勝会や潮州式功徳法事の調査を始めた。そしてその年の一二月、八〇歳を越えてまだ現役で仕事を続けていた許志博氏と再会した。振り返ってみればこの二〇年間、潮州系移民の行先を辿ってあちこちさまよい、最後にふりだしにもどってきたことになる。本棚の隅でほこりにまみれていた「潮州功徳」のファイルは、ここでようやく日の目を見ることになった。

中国から香港、台湾、タイ、ベトナム、シンガポール、マレーシア、さらにはフランスのパリまで辿ってきて改めて思うことは、潮州系移民とその子孫たちのエスニックなカテゴリーや呼称や意識はたとえ変化しようとも、彼らが運んだ文化は、まちがいなくその地において根を生やし、種をまき、新しい芽を生み出しているということだ。台湾南部の影絵芝居で用いられる「潮調」と呼ばれる潮州由来の民間音楽を聴いたときも、またパリの法国潮州会館で、潮州語で念じられる仏教のお経を聴いたときも、そのように感じた。言語が意外に早く忘れられていく一方で、儀礼や音楽がエスニシティを越えて根強く残っていくのはなぜなのだろう。儀礼や音楽のように、慣習的で、身体的、情緒的感覚を伴う文化は持続性があり、また共感を得られやすいからだろうか。

むろん、すべての移民の儀礼や音楽に持続性があり、ホスト社会に根を下ろしていくわけではないし、また、すべての中国人移民の儀礼や音楽がそうだというわけでもない。だが、少なくとも言えることは、潮州人の儀礼や音楽が、他のエスニック・グループのものに比べて洗練されており、見ごたえがあって、しかも美しい旋律と音色を持っているということ、さらにはホスト社会において、エスニシティや世代を越えて、そのように評価されてきたということである。つまり潮州人の儀礼や音楽は、それを求める人々がいたからこそ、生き残ってきたのだと言えるだろう。

本書の基礎となったのは、先述したように、二〇一二年度から二〇一四年度にかけて実施した日本学術振興会科学研究費補助金による共同研究と、その成果報告として行った第一二回日本華僑華人学会（二〇一四年一一月三〇日）での分科会「『潮州人』エスニシティの形成と潮州善堂文化」（代表者：志賀市子）である。科研のメンバーは、志賀市子、芹澤知広氏、黃蘊氏、玉置充子氏、石高真吾氏の四名だったが、本論集を企画するにあたって、新たに蒲豊彦氏、横田浩一氏、河合洋尚氏、稲澤努氏、片岡樹氏の五名に加わっていただいた。

また海外の潮州文化研究を牽引する研究者の論文を加えたいと考え、香港中文大学の蔡志祥氏と華僑大学の陳景熙氏に声をかけたところ、寄稿を快諾していただいた。お二人の論文は、川瀬由高氏と阿部朋恒氏という優秀な若き人類学徒の助力によって、日本語に翻訳してもらうことができた。

最後に、中国華南地域から東南アジア地域に広がる華人のエスニック・グループとその宗教や演劇に関する研究のパイオニアともいうべき田仲一成先生に寄稿をお願いし、快諾していただくという僥倖に恵まれた。編者が一九九二年の夏に香港の盂蘭勝会を訪ね歩いたとき、参考文献として背中のデイパックに入れていたのが、田仲先生の『中国祭祀演劇研究』の巻末に掲載されている一四三か所の「港九新界の粤劇・恵劇・潮劇組織」の表と分布図のコピーだった。

それから二〇年以上が経ち、華僑華人研究の分野も研究の蓄積が進み、東南アジア地域の華人移民の研究も大きく進展したが、日本では、潮州出身者が少ないせいもあってか、「潮州人」という名称はあまり浸透していない。客家は日本語ウィキペディアの記事まであるというのに、日本では潮州という地域名すらほとんど知られていないのである。本書が、潮州人のエスニシティと文化について、ひいては華人移民のエスニシティと文化について、理解を深める一助となれば幸いである。

なお、潮州人の「ドライでとっつきにくい」という印象は、初対面のときや表面上のことで、これまで編者が現地調査や資料収集でお世話になった潮州人の多くは、「自己人」（自分たちの仲間）ではない編者を温かく迎え、協力を惜しまず、ときにはおせっかいなまでに「熱情」（親切）な人たちであった。おそらく本書の執筆者たちも同じような思いを持っていることだろう。紙幅の都合上、お世話になった方々の一人一人のお名前を挙げることはできないが、執筆者を代表して感謝の意を表したい。

本書の刊行にあたって、編者の勤務する茨城キリスト教大学の出版助成を受けた。記して感謝したい。最後に、超多忙の中、出版を引き受けてくださった風響社の石井雅氏に心からお礼を申し上げたい。

二〇一七年一一月

編者　志賀市子

ま

や

ら

わ

な

は

た

さ

索　引

あ

か

学術出版会、2014年、編著)、論文として、「上座仏教を実践する「華人」たち—マレーシアの上座仏教徒についての考察」津田浩司・櫻田涼子・伏木香織(編)『「華人」という描線—行為実践の場からの人類学的アプローチ』(風響社、2016年) など。

芹澤知広(せりざわ　さとひろ)

1966年奈良県生まれ。

1997年、大阪大学大学院人間科学研究科博士後期課程単位取得満期退学。博士(人間科学)。

専攻は文化人類学。

現在、奈良大学社会学部教授。

主著に、「移民—香港の人の動きから考える」『東アジアで学ぶ文化人類学』(上水流久彦・太田心平・尾崎孝宏・川口幸大編、昭和堂、2017年)、『日本人の中国民具収集—歴史的背景と今日的意義』(風響社、2008年、共編著)、など。

玉置充子(たまき　みつこ)

1965年生まれ。

2009年、慶應義塾大学文学研究科博士課程単位取得退学。

専攻は東アジア近現代史、東南アジア地域の華人社会研究。

現在、拓殖大学海外事情研究所附属台湾研究センター専任研究員。

主著書として、『入門東南アジア現代政治史(改訂版)』(福村出版、2016年、共著)、『「華人」という描線—行為実践主義の場からの人類学的アプローチ』(風響社、2016年、共著)、論文として「第二次世界大戦後におけるタイ華人の祖国救済運動—『暹羅華僑救済祖国糧荒委員会』(1945～1948)を中心に」(『華僑華人研究』8号、2011年) など。


陳景煕(チェン・ジンシー　Chen Jingxi)

1972年生まれ。

2010年、中山大学歴史学系博士課程修了。博士(歴史学)。

専攻は歴史学。主な研究テーマは海外華人宗教信仰研究、潮汕僑郷と潮汕族群歴史文化研究。

現在、華僑大学華僑華人研究院副教授、華僑大学海外華人宗教研究センター副主任、『華僑華人文献学刊』副主編、中国社会科学院世界宗教研究所海外華人宗教研究基地副主任。

主著書として、『潮州学論集』(汕頭大学出版社, 2006年)、『学者観徳教』(社会科学文献出版社, 2011年、共編著)、『海外華人文献與中華文化伝承：新馬徳教紫系研究』(社会科学文献出版社, 2016年)、『故土與他郷：檳城潮人社会研究』(三聯書店, 2016年) など。

阿部　朋恒(あべ　ともひさ)

1979年生まれ。

2010年、首都大学東京大学院人文科学研究科修士課程修了。修士(社会人類学)。専攻は社会人類学、東アジア地域研究。

現在、首都大学東京大学院博士課程在籍中。

主著書として、『文化遺産と生きる』(臨川書店、2017年、共著)。『フィールドワーク—中国という現場、人類学という実践』(風響社、2017年、共著)。論文として、「先住民族からみた『世界遺産』—紅河ハニ棚田の世界遺産登録をめぐって」(『国立民族学博物館調査報告136　中国地域の文化遺産—人類学の視点から』、2016年)、「日本民間信仰研究回顧—従反思二分法視点的角度来看」(『宗教人類学』第四輯、2013年) など。

片岡　樹(かたおか　たつき)

1967年生まれ。

2003年、九州大学大学院比較社会文化研究科博士課程単位取得退学。博士(比較社会文化)。

専攻は文化人類学、東南アジア地域研究。

現在、京都大学大学院アジア・アフリカ地域研究研究科准教授。

主著書として、『タイ山地一神教徒の民族誌—キリスト教徒ラフの国家・民族・文化』(風響社、2007年)、『東アジアにおける宗教文化の再構築』(風響社、2010年、共著)、『民族文化資源とポリティクス—中国南部地域の分析から』(風響社、2016年、共著)、論文として、「架空の識字力—現代タイ国における漢文経典の知識をめぐって」(『華僑華人研究』13号、2016年)、「想像の海峡植民地—現代タイ国のババ文化にみる同化と差異化」(『年報タイ研究』14号、2014年) など。

田仲一成(たなか　いっせい)
1932年生まれ。
1962年、東京大学大学院人文科学研究科博士課程単位取得退学。1983年、文学博士(東京大学)。
専攻は中国演劇史
現在は、公益財団法人東洋文庫常務理事、図書部長。東京大学名誉教授。日本学士院会員。
主著に、『中国祭祀演劇研究』(東京大学出版会、1981年)、『中国の宗族と演劇』(東京大学出版会、1985年)、『中国巫系演劇研究』(東京大学出版会、1993年)、『中国演劇史』(東京大学出版会、1998年) など。

執筆者紹介（掲載順）

蒲　豊彦（かば　とよひこ）

1957年生まれ。

1986年　京都大学大学院文学研究科博士課程単位取得退学。

専攻は歴史学、広東省農村史研究。

現在、京都橘大学教授。

論文として、「長江流域教案と“子ども殺し”」（『長江流域社会の歴史景観』、2013年）、「宣教師，中国人信者と清末華南郷村社会」（『東洋史研究』62巻3号、2003年）、「地域史のなかの広東農民運動」（『中国国民革命の研究』、1992年）など。


蔡志祥（チョイ　チチョン　Choi Chi-cheung）

1955年生まれ。

1989年東京大学大学院東洋史研究科博士取得。博士（東洋史）。

専攻は社会経済史。

現在、香港中文大学歴史系教授。

主著書として、『打醮—香港的節日與地域社会』（三聯書店、2000年）、『許舒博士所蔵商業及土地契約文書：乾泰隆文書2：商業契據』（香港科技大学華南研究中心、2003年）、『延続与変遷—香港社区建醮伝統的民族志』（香港中文大学出版社、2014年、合編）。論文として “Rice, treaty ports and the Chaozhou Chinese Lianhao Associate companies: construction of a South China-Hong Kong-Southeast Asia commodity network 1850s-1930s”（in Yuju Lin and Madeleine Zelin eds., *Merchant Communities in Asia*, 1600-1980, Pickering & Chatto Publishers Ltd., 2014）、“Kinship and business: paternal and maternal kin in the Chaozhou Chinese family firms”（*Business History*, 40(1), 1998）など。

川瀬由高（かわせ　よしたか）

1986年生まれ。

2012年首都大学東京大学院人文科学研究科博士前期課程修了。修士（社会人類学）。

専攻は社会人類学、中国江南地域研究。

現在、日本学術振興会特別研究員（DC2）／首都大学東京大学院博士後期課程。

主な論文として、「費孝通の学問的背景—複数の機能主義に就いて」（『知性と創造：日中学者の思考』4号、2013年）、「流しのコンバイン—収穫期の南京市郊外農村における即興的分業」（『社会人類学年報』42号、2016年）、など。

横田浩一（よこた　こういち）

1979年生まれ。

2014年、首都大学東京大学院人文科学研究科単位取得満期退学。

専門は社会人類学、中国研究。

現在、亜細亜大学国際関係学部等非常勤講師。

論文として、「農村社会と『国家』言説—広東省潮汕地域における農村住民の日常生活から」（『白山人類学』19号、2016年）、「潮汕族群の宗教・信仰研究に関する動向と課題」『華僑華人研究』13号、2016年）など。

河合洋尚（かわい ひろなお）

1977年生まれ。

2009年、東京都立大学大学院社会科学研究科博士課程修了。博士（社会人類学）。

専攻は社会人類学、漢族研究。

現在、国立民族学博物館グローバル現象研究部准教授。

主著書として、『景観人類学の課題—中国広州における都市景観の表象と再生』（風響社、2013年）、『日本客家研究的視角与方法—百年的軌跡』（社会科学文献出版社、2013年、編著）、『全球背景下的客家文化景観的創造—環南中国海的個案』（暨南大学出版社、2015年、共編著）、『景観人類学—身体･政治･マテリアリティ』（時潮社、2016年、編著）、『フィールドワーク—中国という現場、人類学という実践』（風響社、2017年、共編著）ほか。

稲澤　努（いなざわ　つとむ）

1977年生まれ。

2011年、東北大学大学大学院環境科学研究科博士課程単位取得退学。博士（学術）。

専攻は文化人類学、華南地域研究。

現在、尚絅学院大学総合人間科学部准教授。

主著書として、『消え去る差異、生み出される差異—中国水上居民のエスニシティ』（東北大学出版会、2016年）、編著書として『僑郷—華僑のふるさとをめぐる表象と実像』（行路社、2016年、共編著）、『食をめぐる人類学—飲食実践が紡ぐ社会関係』（昭和堂､2017年､共編著）､論文として「汕尾客家与『漁民』的文化景観創造」夏遠鳴・河合洋尚（編）『全球化背景下客家景観的創造—環南中国海的個案』（暨南大学出版社、2015年）など。

黄　蘊（こう　うん）

1974年、中国陝西省生まれ。

2005年、大阪大学大学院人間科学研究科博士課程単位取得退学。博士（人間科学）。

専攻は文化人類学、東南アジア地域研究。

現在、尚絅大学文化言語学部准教授。

主著書として、『東南アジアの華人教団と扶鸞信仰—徳教の展開とネットワーク化』（風響社､2011年）、『往還する親密性と公共性—東南アジアの宗教・社会組織にみるアイデンティティと生存』（京都大学

編者紹介

志賀市子（しが　いちこ）

1963年生まれ。

1997年、筑波大学大学院歴史・人類学研究科博士課程修了。文学博士。

専攻は文化人類学、中国華南地域の近代道教史及び民間信仰研究。

現在、茨城キリスト教大学文学部教授。

主著書として、『近代中国のシャーマニズムと道教―香港の道壇と扶乩信仰』（勉誠出版、1999年）、『中国のこっくりさん―扶鸞信仰と華人社会』（大修館書店、2003年）、『〈神〉と〈鬼〉の間―中国東南部における無縁死者の埋葬と祭祀』（風響社、2012年）、『香港道教與扶乩信仰―歴史與認同』（香港中文大学出版社、2013年、監訳）。論文として、「十九世紀の嶺南地域における新しい道教コミュニティの生成―聖地、救劫経、ネットワーク」（『東方宗教』124号、2014年）、「清末民初嶺南地区的呂洞賓信仰之地方化」（『道教研究学報：宗教、歴史與社会』第7期、2015年）など。

潮州人　華人移民のエスニシティと文化をめぐる歴史人類学

2018年2月20日　印刷
2018年2月28日　発行

編　者　志賀市子

発行者　石井　雅
発行所　株式会社　風響社

東京都北区田端4-14-9（〒114-0014）
TEL 03(3828)9249　振替 00110-0-553554
印刷　モリモト印刷

ISBN978- 4-89489-247-7 C3039